ALCOHÓLICOS ANÓNIMOS

OTROS LIBROS

DOCE PASOS Y DOCE TRADICIONES
*Un comentario interpretativo del programa de A.A.
escrito por uno de los cofundadores*

A.A. LLEGA A SU MAYORÍA DE EDAD
Una corta historia de las dos primeras décadas de A.A.

COMO LO VE BILL
(anteriormente LA MANERA DE VIVIR DE A.A.)
Una selección de escritos del cofundador de A.A.

EL DR. BOB Y LOS BUENOS VETERANOS
*Una biografía con recuerdos de los comienzos de A.A.
en el oeste central de los EE.UU.*

'TRANSMÍTELO'
La historia de la vida de Bill: cómo llegó el mensaje de A.A. al mundo

REFLEXIONES DIARIAS
*Un libro de reflexiones escritas por miembros de A.A.
para miembros de A.A.*

DE LAS TINIEBLAS HACIA LA LUZ
*Traducciones de todas las historias publicadas
en la Cuarta Edición del Libro Grande en inglés*

LIBRILLOS
LLEGAMOS A CREER
Las experiencias espirituales de 75 miembros de A.A.

VIVIENDO SOBRIO
Sugerencias prácticas que se han oído en reuniones

A.A. EN PRISIONES: DE PRESO A PRESO
*Artículos publicados originalmente en el Grapevine escritos por
personas que encontraron A.A. en prisiones*

ALCOHÓLICOS ANÓNIMOS

El relato de
Cómo Muchos Miles de Hombres y Mujeres
Se Han Recuperado del Alcoholismo

TERCERA EDICIÓN

ALCOHOLICS ANONYMOUS WORLD SERVICES, INC.
NEW YORK CITY
2008

ALCOHÓLICOS ANÓNIMOS

Tercera edición, nueva y revisada 2008
Edición en caracteres grandes:
Primera impresión, febrero 2008
Undécima impresión, enero 2020

*Esta literatura está aprobada por la
Conferencia de Servicios Generales.*

Dirección postal:
Box 459, Grand Central Station
New York, NY 10163

www.aa.org

Número de Control de la Biblioteca del Congreso:
2008920577

ISBN 978-1-893007-99-4

Impreso en los Estados Unidos

CONTENIDO

HISTORIAS PERSONALES

PRIMERA PARTE
Pioneros de A.A.

Cofundador de Alcohólicos Anónimos. El nacimiento de nuestra Sociedad data del primer día de su sobriedad permanente: el 10 de junio de 1935.

Miembro pionero del Grupo Nº 1 de Akron, el primer grupo de A.A. en el mundo. Preservó su fe, y por esto, él y otros muchos encontraron una vida nueva.

SEGUNDA PARTE
Dejaron de beber a tiempo

PRÓLOGO A LA TERCERA EDICIÓN
EN ESPAÑOL

*E*STA EDICIÓN, la tercera, del Libro Grande en español, *Alcohólicos Anónimos*, es fruto de un largo trabajo colaborativo que se originó en el año 2004, con una Acción Recomendable de la 54ª Conferencia de Servicios Generales de los Estados Unidos y Canadá. La Conferencia, por medio de esa acción, recomendó que se elaborara un borrador de una tercera edición del Libro Grande, *Alcohólicos Anónimos*, en español. Con este objetivo se formó sin demora un subcomité encargado de 1] hacer una detenida revisión del texto básico y 2] ampliar la sección de historias sustancialmente de manera que sea de un tamaño parecido al de la cuarta edición en inglés con miras a alcanzar a cada vez más personas de diversa procedencia, clase y condición. Al seleccionar las nuevas historias los miembros del comité tenían el cometido de utilizar los mismos criterios basados en las sugerencias de Bill W. que se utilizaron para la preparación de la Cuarta Edición del Libro Grande en inglés. Según el texto de la recomendación: "Cada historia, conforme con lo recomendado por Bill, debe poder alcanzar al recién llegado que todavía busca la solución de A.A y cada historia debe ser una historia típica de A.A. que cuenta cómo era, lo que sucedió y cómo es ahora."

El comité revisó detenidamente el texto básico, hizo varias correcciones y unánimamente propuso algunas revisiones. Entonces, copias del texto básico con las revisiones indicadas fueron distribuidas a todas las oficinas de servicio de países de habla hispana para así asegurar una mayor cohesión y una más amplia conciencia de grupo. Mientras tanto, como respuesta a una solicitud de manuscritos publicada por la OSG, llegaron a la oficina casi doscientos manuscritos. Al final, tras un duro y esmerado proceso de selección, los miembros del comité coincidieron en publicar 32 de las historias.

Estas historias las cuentan miembros de A.A. hispanohablantes de tres continentes y más de diez países: entre ellos, un maestro, un militar, una profesora, un agricultor, un hombre y una mujer de negocios, un policía, un camionero y un sacerdote. Todas estas personas, por muy diferentes que fuesen, tenían en común el mismo sufrimiento y numerosas experiencias que compartir. Casi todos insistían largo tiempo en poder controlar su forma de beber, a pesar de las repetidas y cada vez más contundentes pruebas de lo contrario. Al final, cada uno por su propio camino, todos tuvieron que admitir su derrota y lo irresistible que les era el alcohol. Algunos se creían ya perdidos; otros se dieron cuenta de que, a paso lento o acelerado, se estaban acercando a la ruina total, a la locura o a la muerte. Todos cruzaron el umbral de A.A. armados nada más que con la humilde admisión de su impotencia ante el alcohol y, una vez adentro, rodeados por sus compañeros de fatigas, encontraron la posibilidad de reponerse y de vivir una nueva vida de alegría y utilidad.

Estas historias te ayudarán, tal vez, a decidir si eres alcohólico y si Alcohólicos Anónimos tiene algo que ofrecerte, algo que más de 2,000,000 de alcohólicos de todas partes del mundo aprovechan hoy día: la libertad y la oportunidad de vivir rica y plenamente en sobriedad.

PREFACIO

ESTE ES el prefacio de la Cuarta Edición [en inglés] del libro *Alcohólicos Anónimos*. La primera edición apareció en abril de 1939 y en los siguientes 16 años se pusieron en circulación más de 300,000 ejemplares. La segunda edición, publicada en 1955, alcanzó una circulación total de más de 1,150,000 ejemplares. La tercera edición, que salió de la imprenta en 1976, tuvo una circulación de unos 19,550,000 ejemplares en todos los diversos formatos.

Ya que se ha convertido en el texto básico de nuestra Comunidad y ha ayudado a grandes cantidades de alcohólicos y alcohólicas a recuperarse, hay un fuerte sentimiento en contra de hacer cambios drásticos en el libro. Por lo tanto, con referencia a las revisiones que se han hecho en la segunda, tercera y cuarta ediciones, la primera sección de este volumen, en la que se describe el programa de recuperación de A.A. se ha dejado en su mayor parte sin cambiar. La sección titulada "La opinión del médico" queda en la forma en que fue escrita originalmente en 1939 por el difunto Dr. William D. Silkworth, el gran benefactor médico de nuestra Sociedad.

A la segunda edición se añadieron los apéndices, las Doce Tradiciones y las indicaciones de cómo ponerse en contacto con A.A. Pero el cambio más importante se hizo en la sección de historias personales, que se amplió para reflejar el desarrollo de la Comunidad. "La historia de Bill", "La pesadilla del Dr. Bob", y otra historia de la primera edición quedaron sin cambiar; tres fueron revisadas y a una de ellas se le puso un nuevo título; se escribieron nuevas versiones de dos historias con nuevos títulos; se añadieron 30 historias nuevas; y la sección de historias fue dividida en tres partes, con los mismos encabezamientos que se utilizan ahora.

En la tercera edición, Parte I ("Pioneros de A.A.") quedó sin cambiar. En la segunda parte ("Dejaron de beber a tiempo") se dejaron nueve historias de la segunda edición y se añadieron ocho historias nuevas. En la tercera parte ("Casi lo perdieron todo") se dejaron ocho historias y se añadieron cinco nuevas.

En la cuarta edición se incluyen los Doce Conceptos para el Servicio Mundial y se ha revisado la sección de historias personales de la siguiente manera: Se ha añadido una historia a la primera parte y dos que originalmente aparecieron en la tercera parte ahora aparecen en la primera parte; se han quitado seis historias. En la segunda parte se mantienen seis historias, se han añadido once nuevas y se han quitado once. En la tercera parte ahora hay doce historias nuevas; se han quitado ocho (aparte de las dos que se trasfirieron a la primera parte).

Todos los cambios que se han hecho a lo largo de los años en el Libro Grande (el nombre que los A.A. han puesto cariñosamente a este volumen) han tenido el mismo propósito: representar más fielmente la composición de la Comunidad de Alcohólicos Anónimos y de esta manera llegar a más alcohólicos. Si tienes un problema con la bebida, esperamos que al leer una de las 42 historias personales hagas una pausa y digas: "Sí, eso me pasó a mí"; o, más importante, "Sí, yo me sentía así"; o aún más importante, "Sí, creo que este programa me dará buenos resultados a mí también".

PRÓLOGO A LA PRIMERA EDICIÓN
EN INGLÉS

*Éste es el Prólogo tal como apareció en la primera
impresión de la primera edición en 1939*

NOSOTROS, los Alcohólicos Anónimos, somos más de un centenar de hombres y mujeres que nos hemos recuperado de un estado de mente y cuerpo aparentemente incurable.

El propósito principal de este libro es mostrarle a otros alcohólicos *precisamente cómo nos hemos recuperado.* Esperamos que estas páginas les resulten tan convincentes que no les sea necesaria más autenticación. Creemos que nuestras experiencias le ayudarán a cada uno a entender mejor al alcohólico. Muchos no comprenden que el alcohólico es una persona muy enferma. Y además, estamos seguros de que nuestro modo de vivir tiene sus ventajas para todos.

Es importante que nosotros permanezcamos anónimos porque en el presente somos muy pocos para atender el gran número de solicitudes personales que pueden resultar de esta publicación. Siendo la mayoría gente de negocios o profesionales, no podríamos realizar bien nuestro trabajo en tal evento. Quisiéramos que se entienda que nuestra labor alcohólica no es profesional.

Cuando escribimos o hablamos públicamente sobre el alcoholismo, recomendamos a cada uno de nuestros miembros omitir su nombre, presentándose en cambio como "un miembro de Alcohólicos Anónimos".

Muy seriamente le pedimos a la prensa también observar esta recomendación, de otra manera estaremos grandemente incapacitados.

Nosotros no somos una organización en el sentido convencional de la palabra. No hay honorarios ni cuotas de ninguna clase. El único requisito para ser miembro es un deseo sincero de dejar la bebida. No estamos aliados con ninguna religión en particular, secta o denominación, ni nos oponemos a ninguna. Simplemente deseamos ser serviciales para aquellos que sufren esta enfermedad.

Estamos interesados en saber de las experiencias de aquellos que están obteniendo resultados de este libro, particularmente de los que han empezado a trabajar con otros alcohólicos. Nos gustaría ser serviciales en tales casos.

Las preguntas de sociedades científicas, médicas y religiosas serán bien recibidas.

ALCOHÓLICOS ANÓNIMOS.

PRÓLOGO A LA SEGUNDA EDICIÓN EN INGLÉS

*Las cifras citadas en este prólogo describen la
Comunidad tal como era en 1955*

DESDE que se redactó el prólogo original de este libro en 1939, ha ocurrido un milagro de grandes proporciones. En nuestra primera edición se expresaba la esperanza de que "todo alcohólico que viaje, al llegar a su destino, encuentre la Comunidad de Alcohólicos Anónimos". El texto original continúa diciendo: "Ya han brotado en otros pueblos grupos de dos, tres y cinco de nosotros".

Han transcurrido 16 años entre la aparición de nuestra primera edición y la publicación en 1955 de la segunda. En este corto plazo, Alcohólicos Anónimos ha crecido con una rapidez dramática y ahora cuenta con casi 6,000 grupos compuestos por mucho más de 150,000 alcohólicos recuperados. Se encuentran grupos en todos los estados de los EE.UU. y todas la provincias del Canadá. Hay grupos de A.A. que prosperan en las Islas Británicas, los países escandinavos, Sudamérica, África del Sur, México, Alaska, Australia y Hawai. En total se han hecho comienzos prometedores en unos 50 países extranjeros y territorios de los EE.UU. Algunos grupos han empezado a tomar forma en Asia. Muchos de nuestros amigos nos dan ánimo diciendo que esto no es más que un comienzo, solamente el augurio de un desarrollo futuro más grande.

En Akron, Ohio, en junio de 1935, de una conversación entre un corredor de Bolsa de Nueva York y un médico de Akron, se produjo la chispa que iba a convertirse en el primer grupo de A.A. Seis meses antes, después de un encuentro con un amigo alcohólico que había estado en contacto con los Grupos Oxford de aquel entonces, una súbita experiencia espiritual le había quitado al corredor de bolsa la obsesión por beber. También le había ayudado mucho el ahora difunto Dr. William Silkworth, un especialista en alcoholismo de Nueva York, a quien los A.A. de hoy día consideran como un santo de la medicina, y cuya narración de los primeros días de nuestra Sociedad aparece en páginas posteriores. Por intervención de este médico, el corredor comprendió la gravedad del alcoholismo. Aunque no podía aceptar todos los preceptos de los Grupos Oxford, estaba convencido de la necesidad de un inventario moral, una confesión de los defectos de la personalidad, reparación a quienes se había hecho daño, así como de la necesidad de ser de utilidad y ayuda a otros y de creer en Dios y depender de Él.

Antes de viajar a Akron, el corredor de bolsa había trabajado duramente con muchos alcohólicos, basándose en la teoría de que sólo un alcohólico podía ayudar a otro alcohólico; pero sólo logró mantenerse sobrio a sí mismo. Estaba en Akron por un asunto de negocios que, por haber fracasado, le dejó con gran miedo de volver a beber. Se dio cuenta repentinamente de que, para salvarse a sí mismo, tenía que llevar el mensaje a otro alcohólico. Ese otro alcohólico resultó ser el médico de Akron.

Ese doctor había tratado repetidas veces de resolver su dilema alcohólico por medios espirituales, sin poder lograrlo. Pero cuando el corredor de bolsa le comunicó la descripción dada por el Dr. Silkworth del alcoholismo y de la desesperanza de quien lo sufre, el médico comenzó a buscar el remedio espiritual de su enfermedad con una buena voluntad que nunca antes había tenido. Logró su sobriedad y, por el resto de su vida —murió en 1950— no volvió a beber. Esto parecía demostrar que un alcohólico podía afectar a otro de una forma en que ninguna persona no alcohólica pudiera hacerlo. Indicaba también que un trabajo arduo y dedicado, de un alcohólico con otro, era vital para la recuperación permanente.

Desde ahí, los dos hombres empezaron a trabajar casi frenéticamente con los alcohólicos que llegaban al pabellón del Hospital Municipal de Akron. Su primer caso, uno muy extremo, se recuperó inmediatamente, convirtiéndose en el A.A. número tres. Nunca volvió a beber. Siguieron haciendo trabajos en Akron durante todo el verano del 1935. Hubo muchos fracasos, pero, aquí y allá, un éxito alentador. Cuando el corredor de Bolsa regresó a Nueva York en el otoño de 1935, se había formado el primer grupo de A.A., aunque en aquel entonces, nadie se dio cuenta de esa realidad.

Otro grupo pequeño prontamente tomó forma en Nueva York, seguido en 1937 por la formación en Cleveland del tercer grupo. Aparte de estos tres grupos, había otros alcohólicos esparcidos que habían captado las ideas básicas en Akron o Nueva York y estaban intentando formar otros grupos en otras ciudades. Para fines de 1937, el número de miembros que llevaban sobrios un tiempo sustancial era suficiente como para convencer a todos los miembros de que una nueva luz había penetrado el mundo oscuro del alcohólico.

A estos primeros grupos, aún poco seguros, les pareció que ya era hora de comunicar al mundo su mensaje y experiencia única. Esa resolución dio fruto en la primavera de 1939 con la publicación de este volumen. En esa fecha, había alrededor de 100 miembros, hombres y mujeres. La sociedad, todavía en ciernes y sin nombre, empezó a conocerse entonces por el del título de su libro — Alcohólicos Anónimos. El período de volar a ciegas terminó y A.A. entró en una nueva fase de sus tiempos pioneros.

Con la aparición del nuevo libro, empezaron a suceder

muchas cosas. El Dr. Harry Emerson Fosdick, clérigo distinguido, hizo una reseña halagadora del texto. En el otoño de 1939, Fulton Oursler, editor en aquel entonces de *Liberty*, publicó un artículo en la revista titulado "Los Alcohólicos y Dios". El artículo suscitó una avalancha de unas 800 desesperadas solicitudes de información que llegaron a la pequeña oficina que se había establecido en Nueva York. Cada solicitante recibió una respuesta detallada; se enviaron folletos y libros por correo. A los viajantes de negocios, miembros de grupos de A.A. ya existentes, se les informó de estos posibles principiantes. Se iniciaron nuevos grupos, y para el asombro de todos, se vio que el mensaje de A.A. podía transmitirse tanto por correo como de boca en boca. A fines de 1939, se estimaba que unos 800 alcohólicos estaban en camino de recuperación.

En la primavera de 1940, John D. Rockefeller, Jr. celebró una cena para muchos de sus amigos, a la cual invitó a unos A.A. para que contaran sus historias. Las agencias de noticias internacionales hicieron reportajes acerca del evento; otra vez, la oficina fue abrumada por solicitudes de información y mucha gente iba a las librerías buscando ejemplares del libro "Alcohólicos Anónimos." Para marzo de 1941, el número de miembros había ascendido rápidamente a 2,000. Luego, Jack Alexander redactó una crónica que aparecería como artículo principal en el *Saturday Evening Post*, la cual pintaba una imagen tan convincente de A.A. para el público en general que experimentamos una verdadera inundación de alcohólicos que necesitaban ayuda. Para fines de 1941, A.A. tenía unos 8,000 miembros y estaba creciendo a toda velocidad. A.A. se había convertido en una institución nacional.

Entonces, nuestra Sociedad entró en el período tumultuoso y emocionante de su adolescencia. La prueba a la que tenía que enfrentarse era la siguiente: ¿Podrían reunirse y trabajar en armonía estos numerosos y una vez erráticos alcohólicos? ¿Habría disputas acerca de los requisitos para ser miembro, acerca de la dirección y del mando, y del dinero? ¿Habría aspiraciones de poder y de prestigio? ¿Habría diferencias de opinión que pudieran causar un cisma en A.A.? Pronto A.A. se vio asediada por estos mismos problemas en todas partes y en todo grupo. Pero de esa experiencia, al principio espantosa y trastornadora, surgió el convencimiento de que los A.A. tenían que mantenerse unidos o morir solos. Teníamos que unificar A.A. o desaparecer de la escena.

Así como habíamos descubierto los principios según los cuales el alcohólico individual podría vivir, de la misma manera tuvimos que desarrollar principios según los cuales los grupos de A.A. y A.A. como un todo pudieran sobrevivir y funcionar con eficacia. Se creía que no se podría excluir a ningún hombre o mujer de nuestra Sociedad; que nuestros líderes podrían servir, pero nunca gobernar; que cada grupo debería ser autónomo y que no debería haber ningún tipo de terapia profesional. No habría honorarios ni cuotas; se cubrirían nuestros gastos por nuestras contribuciones voluntarias. No debería haber sino un mínimo de organización, incluso en nuestros centros de servicio. Nuestras relaciones públicas se basarían en la atracción y no en la promoción. Se decidió que todos los miembros deberían ser anónimos ante la prensa, la radio, la TV y el cine. Y no deberíamos, bajo ningún concepto, dar recomendaciones a entidades ajenas, forjar afiliaciones o meternos en controversias públicas.

Esto era la sustancia de las Doce Tradiciones de A.A., enunciadas completamente en la página 513 de este libro. Aunque ninguno de estos principios tenía la fuerza de regla ni ley, para 1950 habían llegado a tener una aceptación tan generalizada que fueron confirmados por nuestra primera Convención Internacional, efectuada en Cleveland. Hoy día, la unidad extraordinaria de A.A. es una de la ventajas más grandes que tiene la Sociedad.

Según se iban allanando las dificultades de nuestra adolescencia, la aceptación de A.A. por parte del público en general iba creciendo a pasos agigantados. Para esto había dos razones principales: el gran número de recuperaciones, y de familias reunidas. En todas partes, estos hechos dejaban su impresión. El 50% de los alcohólicos que llegaron a A.A. e hicieron un esfuerzo sincero lograron la sobriedad y se mantenían sobrios; el 25% logró la sobriedad después de algunas recaídas, y, entre los demás, los que se quedaban en A.A. mejoraban. Otros miles llegaron a A.A. y, al comienzo, decidieron que no querían el programa. Pero muchos de ellos —alrededor de los dos tercios— empezaron a volver a A.A. con el paso del tiempo.

Otra razón para la extensa aceptación de A.A. eran los buenos oficios de nuestros amigos de la medicina, la religión y la prensa, quienes, con otros incontables, se convirtieron en competentes y dedicados partidarios nuestros. Sin su apoyo, A.A. no habría hecho sino un progreso lentísimo. Algunas de las recomendaciones de los primeros amigos de A.A. de la medicina y la religión se encuentran en páginas posteriores.

Alcohólicos Anónimos no es una organización religiosa. Ni tampoco ha adoptado A.A. ningún punto de vista médico en particular, aunque cooperamos mucho y muy a menudo con los médicos y los clérigos.

Ya que el alcohol no respeta a nadie, constituimos una muestra representativa de la población norteamericana, y, en otros países, se está desenvolviendo el mismo proceso democrático de igualación. Entre nuestros miembros contamos con católicos, protestantes, judíos e hindúes, así como con algunos musulmanes y budistas. Más del 15% de los miembros son mujeres.

En la actualidad, el número de miembros va aumentando en un 20% cada año. Hasta la fecha, sólo hemos arañado la superficie del problema global del alcoholismo, de los millones de alcohólicos y posibles alcohólicos del mundo. Con toda probabilidad, nunca podremos tocar más que una fracción razonable del problema del alcohol con todas sus ramificaciones. Ciertamente no tenemos el monopolio de la terapia para el alcohólico. No obstante, nuestra gran esperanza es que aquellos que todavía no han encontrado una respuesta, puedan empezar a encontrarla en las páginas de este libro y que pronto se unirán a nosotros en el camino de una nueva libertad.

PRÓLOGO A LA TERCERA EDICIÓN EN INGLÉS

En marzo de 1976, al enviar la presente edición a la imprenta, según un cálculo moderado, hay en el mundo casi 1,000,000 de miembros de A.A., y unos 28,000 grupos que se reúnen en 90 países.

Las encuestas que se han realizado en los Estados Unidos y Canadá indican que A.A. no solamente está alcanzando cada vez a más gente, sino también a una variedad de individuos cada vez más amplia. Las mujeres representan un cuarto del total de la Comunidad; entre los nuevos miembros, la proporción es de casi un tercio; el siete por ciento de los A.A. encuestados son menores de 30 años de edad, incluidos muchos jóvenes adolescentes.

Parece que los principios básicos de A.A. se aplican con la misma eficacia a gente de muy diversa condición y manera de vivir, así como el programa ha llevado a la recuperación a individuos de muchas nacionalidades distintas. Los Doce Pasos que resumen el programa puede que se llamen *The Twelve Steps* en algún país y *Les Douze Étapes* en otro; no obstante, señalan el mismo camino hacia la sobriedad que abrieron los primeros miembros de Alcohólicos Anónimos.

A pesar del gran aumento en tamaño y alcance, la comunidad permanece en su corazón sencilla y personal. Cada día, en alguna parte del mundo, empieza la recuperación cuando un alcohólico habla con otro, compartiendo su experiencia, fortaleza y esperanza.

PRÓLOGO A LA CUARTA EDICIÓN
EN INGLÉS

*L*a cuarta edición en inglés del libro *Alcohólicos Anónimos* salió de la imprenta en noviembre de 2001, al comienzo de un nuevo milenio. Desde la publicación en 1976 de la tercera edición en inglés, el número de miembros de A.A. del mundo entero casi se ha duplicado, alcanzando a dos millones o más en casi 100,800 grupos que se reúnen en unos 150 países de todas partes del mundo.

La literatura ha desempeñado un papel significativo en el desarrollo de A.A., y un fenómeno impresionante del pasado cuarto de siglo ha sido la traducción de nuestra literatura básica a multitud de idiomas y dialectos. En los países donde se ha sembrado, la semilla de A.A. ha germinado y arraigado, y el brote ha venido creciendo lentamente al comienzo y luego, al estar disponible la literatura, a pasos agigantados. Hasta la fecha el libro Alcohólicos Anónimos ha sido traducido a 43* idiomas.

Conforme el mensaje de recuperación ha llegado a más gente, ha tocado la vida de una más amplia variedad de alcohólicos enfermos. Cuando en 1939 se escribió la frase "Somos gente que en circunstancias normales no nos mezclaríamos" (ver página 17 de este libro) se refería a una Comunidad compuesta en su mayor parte de hombres (y unas pocas mujeres) de procedencia y circunstancia social, étnica y económica bastante similares. Así como otras muchas frases del texto básico de A.A., ese enunciado también ha resultado ser mucho más visionario de lo que los cofundadores se hubieran podido imaginar. Las historias que se han añadido a esta edición reflejan una comunidad cuyas características de edad, sexo, raza y cultura han cam-

*En 2020, *Alcohólicos Anónimos* está traducido a setenta idiomas.

biado y se han ampliado para incluir a casi todo individuo a quien los cien primeros miembros hubieran podido esperar a alcanzar.

Al mismo tiempo que nuestra literatura ha preservado la integridad del mensaje de A.A., ha habido cambios radicales en la sociedad en general que se ven reflejados en nuevas costumbres y prácticas dentro de la Comunidad. Por ejemplo, aprovechando los adelantos tecnológicos, los miembros de A.A. con computadoras pueden participar en reuniones en línea y compartir con sus compañeros alcohólicos de todas partes del país y del mundo. En todas las reuniones, en cualquier rincón de la tierra, los A.A. comparten experiencia, fortaleza y esperanza, unos con otros, con el fin de mantenerse sobrios y ayudar a otros alcohólicos. Módem-a-módem, o cara-a-cara, los A.A. hablan el lenguaje del corazón con todo su poder y sencillez.

LA OPINIÓN DEL MÉDICO

Los que pertenecemos a Alcohólicos Anónimos consideramos que puede interesar al lector la opinión médica acerca del plan de recuperación que se describe en este libro. No cabe duda de que un testimonio convincente debe venir de médicos que han tenido experiencia de nuestros sufrimientos y presenciado nuestro retorno a la salud. Un eminente doctor, que es el director médico de un hospital conocido nacionalmente y especializado en el tratamiento de adictos al alcohol y a las drogas, dio a Alcohólicos Anónimos la siguiente carta:

A quien corresponda:

Durante muchos años me he especializado en el tratamiento del alcoholismo.

A fines del año 1934 atendí a un paciente que, a pesar de haber sido un competente hombre de negocios, con mucha aptitud para ganar dinero, era un alcohólico de un tipo que yo había llegado a considerar como irremediable.

En el transcurso de su tercer tratamiento adquirió ciertas ideas sobre un posible método de recuperación. Como parte de su rehabilitación, empezó a dar a conocer sus conceptos a otros alcohólicos, inculcándoles la necesidad de que ellos a su vez hicieran lo mismo con otros. Esto ha llegado a ser la base de una agrupación de estos hombres y sus familiares, la cual está creciendo rápidamente. Parece que este individuo y más de otros cien se han recuperado.

Personalmente conozco decenas de casos del tipo con el cual han fallado por completo otros métodos.

Estos hechos parecen tener una gran importancia médica; debido a las extraordinarias posibilidades de crecimiento inherentes a este grupo, pueden marcar una nueva época en los anales del alcoholismo. Estos hombres bien pueden tener un remedio para miles de esas situaciones.

Usted puede tener absoluta confianza en cualquier manifestación de los Alcohólicos Anónimos sobre ellos mismos.

Su atento y seguro servidor,

William D. Silkworth, M.D.

El médico que a petición nuestra nos facilitó esta carta ha tenido la bondad de ampliar sus ideas en otra declaración que exponemos a continuación. En ésta, confirma que los que hemos sufrido la tortura alcohólica tenemos que creer que el cuerpo del alcohólico es tan anormal como su mente. No nos convencía la explicación de que no podíamos controlar nuestra manera de beber sencillamente porque estábamos desadaptados a la vida; porque estábamos en plena fuga de la realidad; o porque teníamos una franca deficiencia mental. Estas cosas eran verídicas hasta cierto punto y, de hecho, en grado considerable en algunos de nosotros, pero además estamos convencidos de que nuestros cuerpos también estaban enfermos, y opinamos que es incompleto cualquier cuadro del alcohólico que no incluya este factor físico.

La teoría del doctor, de que tenemos una alergia al alcohol, nos interesa. Aunque nuestra opinión, no profesional, sobre su validez signifique poco, como ex bebedores del tipo que se convierte en problema, podemos decir que esa explicación parece aceptada. Aclara muchas cosas que de otro modo nosotros no podíamos explicar.

Aunque nosotros trabajamos por nuestra solución en un plano espiritual y altruista, estamos a favor de la hospitalización del alcohólico que está muy agitado o con la mente nublada. La mayoría de las veces será necesario esperar hasta que se aclare la mente del individuo para conversar con él, ya que entonces habrá más posibilidades de que entienda y acepte lo que podemos ofrecerle.

El doctor escribe:

Me parece que el tema presentado en este libro es de suma importancia para quienes están afligidos de la adicción alcohólica.

Digo esto después de muchos años de experiencia como director médico de uno de los más antiguos hospitales del país especializado en el tratamiento de la adicción al alcohol y a las drogas.

Por lo tanto, sentí verdadera satisfacción cuando se me pidió la contribución de unas cuantas palabras sobre el tema tratado en estas páginas tan detalladamente, y con tanta maestría.

Desde hace mucho tiempo los médicos nos hemos dado cuenta de que alguna forma de psicología moral es de apremiante importancia para el alcohólico, pero su aplicación presentaba dificultades fuera de nuestros conceptos. Las normas ultramodernas y el enfoque científico que aplicamos a todo pueden ser la causa de que estemos mal preparados para aplicar los poderes del bien que no encajan en nuestros conocimientos sintéticos.

Hace muchos años, uno de los principales colaboradores de este libro estuvo bajo nuestro cuidado en este hospital y durante ese tiempo adquirió algunas ideas que inmediatamente llevó a la práctica.

Más adelante, solicitó permiso para contar su historia a otros pacientes y, con cierta desconfianza, se lo concedimos. Los casos que hemos observado en todo su transcurso han sido sumamente interesantes y de hecho muchos de ellos han resultado asombrosos. La abnegación, la falta total de un afán de lucro y su espíritu comunitario, son algo realmente inspirador para quien ha trabajado fatigosamente —y por mucho tiempo —en el terreno del alcoholismo. Creen en ellos mismos, pero mucho más en el Poder que arranca a los alcohólicos crónicos de las garras de la muerte.

Naturalmente, el alcohólico necesita ser liberado de su deseo imperioso por el alcohol y esto requiere, con frecuencia, un procedimiento definido de hospitalización para poder obtener el máximo de beneficios de las medidas psicológicas.

Creemos, y así lo sugerimos hace unos años, que la acción del alcohol en estos alcohólicos crónicos es la manifestación de una alergia; que el fenómeno del deseo imperioso sólo se presenta en esta clase y nunca en la de los bebedores moderados comunes. Estos tipos alérgicos nunca pueden usar sin peligro el alcohol, cualquiera que sea la forma de éste. Cuando ya han adquirido el hábito y se han percatado de que no pueden liberarse de él, cuando ya han perdido la confianza en las cosas humanas y en ellos mismos, sus problemas se acumulan y se vuelven sorprendentemente difíciles de resolver.

El estímulo emocional de un consejo bien intencionado raramente les basta. El mensaje que puede interesar y mantener su interés tiene que ser profundo y de peso. En casi todos los casos, sus ideales tienen que cimentarse en un poder superior a ellos mismos, si es que han de rehacer sus vidas.

Si hay algunos que creen que, como psiquiatras dirigentes de un hospital para alcohólicos, parecemos algo sentimentales, les invitamos a que nos acompañen a la línea de fuego; que vean las tragedias, las esposas desesperadas, los pequeños hijos; que la solución de este problema sea parte de su trabajo cotidiano y hasta de sus momentos de reposo, y aun el más escéptico no se sorprenderá de que hayamos aceptado y alentado este movimiento. Creemos, después de muchos años de experiencia, que no hemos encontrado nada que haya contribuido más a la rehabilitación de estos hombres que el movimiento altruista que se está desarrollando entre ellos.

Los hombres y las mujeres beben, esencialmente, porque les gusta el efecto que produce el alcohol. La sensación es tan evasiva que, aunque admiten lo dañino, no pueden después de algún tiempo discernir la diferencia entre lo verdadero y lo falso. Les parece que su vida alcohólica es la única normal. Están inquietos, irritables y descontentos hasta que no vuelven a experimentar la sensación de tranquilidad y bienestar que inmediatamente les produce apurar unas cuantas copas, copas que ven a otros tomar con impunidad. Después de haber vuelto a sucumbir al deseo imperioso, como les sucede a muchos, pasan por todas las bien conocidas etapas de la borrachera, emergiendo de ésta llenos de remordimientos y con la firme resolución de no volver a beber. Esto se repite una y otra vez y, a menos que la persona pueda experimentar un cambio psíquico completo, hay muy pocas esperanzas de que se recupere.

Por otra parte, por extraño que parezca a quienes no lo entienden, una vez que ha ocurrido el cambio psíquico, la misma persona que parecía condenada a muerte, que tenía tantos problemas y se creía incapaz de resolverlos, repentinamente descubre que puede fácilmente controlar su deseo por el alcohol y que el único esfuerzo para ello es el de seguir unas sencillas normas.

Algunos individuos han recurrido a mí, presas de la desesperación, y me han dicho con sinceridad: "¡Doctor, no puedo seguir así! ¡Tengo toda la vida por delante! ¡Tengo que parar pero no puedo! ¡Usted tiene que ayudarme!"

Cuando se tiene que afrontar este problema, si el médico es sincero consigo mismo, a veces tiene que sentir su propia insuficiencia. A pesar de que dé todo lo que pueda dar, con frecuencia no es suficiente. Uno piensa que se necesita la intervención de algo más que el poder humano para que se produzca el cambio psíquico esencial. Aunque el conjunto de recuperaciones como resultado de esfuerzos psiquiátricos es considerable, los médicos tenemos que admitir que hemos hecho poca mella en el problema en conjunto. Hay muchos tipos que no responden al enfoque psicológico ordinario.

No estoy de acuerdo con los que creen que el alcoholismo es enteramente un problema de control mental. He tratado a muchos individuos que, por ejemplo, habían trabajado por espacio de meses en un problema o negocio que tenía que resolverse favorablemente para ellos en determinada fecha. Se habían bebido una copa, uno o dos días antes de esa fecha, y el fenómeno del deseo imperioso había adquirido una preponderancia inmediata sobre los demás intereses y, por lo tanto, no habían cumplido con aquel compromiso tan importante. Estos individuos no bebían para escapar; estaban bebiendo para aplacar un deseo imperioso que estaba más allá de su control mental.

Hay muchas situaciones motivadas por el fenómeno del deseo imperioso que impulsa a los hombres a consumar el supremo sacrificio en vez de seguir luchando.

La clasificación de los alcohólicos parece sumamente difícil, y el tratar de hacerla con detalle está fuera de los propósitos de este libro. Existe, por ejemplo, el psicópata, mentalmente desequilibrado. Todos estamos familiarizados con este tipo, el que constantemente está diciendo que va a dejar de beber para siempre. Siente un arrepentimiento exagerado y hace muchas resoluciones pero nunca toma una decisión.

Existe el individuo que no está dispuesto a admitir que no puede beber ni una copa; planea distintas maneras de beber y cambia de marca o de lugar. Tenemos el que cree que después de un período de haber estado sin beber, puede hacerlo sin peligro. También tenemos el maniaco-depresivo —tal vez éste sea el que menos pueden comprender sus amigos— acerca del cual puede escribirse todo un capítulo.

Luego están los individuos enteramente normales en todos los aspectos, excepto en el que se refiere al efecto que el alcohol produce en ellos. Estos son frecuentemente individuos capaces, inteligentes y amigables.

Todos los citados y muchos otros tienen un síntoma en común; no pueden empezar a beber sin que se presente en ellos el fenómeno del deseo imperioso. Este fenómeno, como lo hemos sugerido, puede ser la manifestación de una alergia que distingue a esta gente de los demás y que la sitúa en un grupo distinto. Nunca ha sido posible erradicarlo con ninguno de los métodos conocidos. El único método que podemos sugerir es la abstinencia completa.

Esto nos precipita inmediatamente en un hervidero de discusiones. Mucho se ha dicho y escrito a favor y en contra, pero la opinión generalizada entre los médicos parece ser la de que la mayoría de los alcohólicos crónicos no tiene remedio.

¿Cuál es la solución? Tal vez pueda contestar mejor a esta pregunta relatando una de mis experiencias.

Aproximadamente un año antes de tener esta experiencia, trajeron a un individuo para que se le tratara su alcoholismo crónico. Se había recuperado parcialmente de una hemorragia gástrica y parecía ser un caso de deterioro mental patológico. Había perdido todo lo que valía la pena en la vida y solamente vivía para beber. Admitió francamente, y lo creía, que no había remedio para él. Después de que se hubo desalojado al alcohol de su organismo, se comprobó que no había ninguna lesión cerebral permanente. Aceptó el plan que se expone en este libro. Un año después vino a verme y tuve una extraña sensación. Lo conocía por su nombre y pude reconocer parcialmente sus facciones, pero eso era todo. De una ruina temblorosa y desesperada, había surgido un individuo radiante de alegría y de confianza en sí mismo. Estuve hablando con él un rato pero no podía convencerme de que lo conocía. Para mí, era un extraño y lo fue hasta que se marchó. Ha pasado mucho tiempo y no ha vuelto a probar el alcohol.

Cuando siento la necesidad de levantarme el ánimo, pienso a menudo en un caso que trajo un eminente médico de Nueva York. El paciente había hecho su propio diagnóstico y, decidiendo que su situación era irremediable, fue a encerrarse en un granero vacío decidido a morir; ahí lo encontraron unas personas que lo buscaban y me lo trajeron en una condición desesperada. Después de su rehabilitación física, tuvo una conversación conmigo, y con entera franqueza, me manifestó que consideraba una pérdida de esfuerzos el tratamiento a menos de que yo pudiera asegurarle lo que nadie había hecho nunca: que en el futuro tendría "la fuerza de voluntad" necesaria para resistir el impulso de beber.

Su problema alcohólico era tan complejo y su depresión tan grande, que pensamos en la entonces llamada "psicología moral" como única esperanza para él, y dudando de que aun ésta tuviese algún efecto.

Sin embargo, lo convencieron las ideas que encierra este

libro. No ha bebido ni una copa en muchos años. Lo veo de vez en cuando y es un espécimen de la naturaleza humana tan excelente como uno pueda imaginarse.

Aconsejo muy seriamente a todo alcohólico que lea con atención todo el libro y, aunque es posible que a primera vista lo tome como objeto de burla, quizás después se quede meditando y eleve una oración.

William D. Silkworth, M.D.

Capítulo 1

LA HISTORIA DE BILL

*L*A FIEBRE de la guerra era alta en el pueblecito de Nueva Inglaterra, al que fuimos destinados los jóvenes oficiales de Plattsburg. Nos sentimos muy halagados cuando los primeros ciudadanos nos llevaban a sus casas y nos trataban como héroes. Allí estaban el amor, los aplausos y la guerra: momentos sublimes con intervalos de júbilo. Por fin, estaba yo viviendo la vida y en medio de esa conmoción, descubrí el licor. Al descubrirlo, olvidé las serias advertencias y los prejuicios de mi familia respecto a la bebida. Llegó el momento en que nos embarcamos para Europa; entonces me sentí muy solo y nuevamente recurrí al alcohol.

Desembarcamos en Inglaterra. Visité la catedral de Winchester; muy conmovido me dediqué a pasear por sus exteriores, y llamó mi atención una vieja lápida en la que leí esta inscripción:

> "Aquí yace un granadero de Hampshire
> quien encontró su muerte
> bebiendo cerveza fría.
> Un buen soldado nunca es olvidado
> sea que muera por mosquete
> o por jarra de cerveza".

Amenazadora advertencia a la que no hice caso.

Veterano de guerra en el extranjero a la edad de veintidós años, regresé a mi hogar. Me imaginaba ser un líder, porque ¿no era cierto que los hombres de mi batería me habían dado una muestra de su especial estimación? Yo imaginaba que, por mi talento para el liderazgo, llegaría a estar al frente de importantes empresas que manejaría con sumo aplomo.

Seguí un curso nocturno de leyes y obtuve un empleo como investigador en una compañía de seguros. Había emprendido el camino para el logro del triunfo, y le demostraría al mundo lo importante que yo era. Mi trabajo me llevaba a Wall Street y poco a poco empecé a interesarme en el mercado de valores, en el que muchos perdían dinero pero algunos se hacían muy ricos. ¿Por qué no había de ser yo uno de estos afortunados? Estudié economía y comercio a la vez que leyes. Como alcohólico potencial que era, estuve a punto de ser suspendido en leyes; en uno de los exámenes finales estaba demasiado borracho para pensar o escribir. Aunque mi manera de beber todavía no era continua, preocupaba a mi esposa; teníamos largas conversaciones al respecto, en las que yo desvanecía sus temores argumentando que los hombres geniales concebían mejor sus proyectos cuando estaban borrachos; y que las más majestuosas concepciones de la filosofía habían sido originadas así.

Cuando terminé el curso de leyes comprendí que esa profesión no era para mí. El atrayente torbellino de Wall Street me tenía en sus garras. Los líderes en los negocios y en las finanzas eran mis héroes. De esta aleación de la bebida y la especulación, comencé a forjar el arma que un día se convertiría en bumerán y casi me haría pedazos. Viviendo modestamente, mi esposa y yo ahorramos mil dólares, que invertimos en unos valores que entonces estaban a un precio bajo y que no eran muy populares; acertadamente pensé que algún día tendrían una considerable alza. No pude convencer a mis amigos corredores de bolsa para que me enviaran en una gira para visitar fábricas y otros negocios, pero sin embargo, mi esposa y yo decidimos hacerla. Desarrollé la teoría de que la mayoría de la gente perdía dinero con los valores debido a una falta de conocimiento de los mercados. Después descubrí muchos otros motivos.

Renunciamos a nuestros empleos y emprendimos la marcha en una motocicleta cuyo carro lateral abarrotamos con una tienda de campaña, cobertores, una muda de ropa y tres enormes libros de consulta para asuntos financieros. Nuestros amigos pensaron que debía nombrarse una comisión para investigar nuestra locura. Tal vez tenían razón. Había tenido algunos éxitos con la especulación y por ello teníamos algún dinero, aunque una vez tuvimos que trabajar en una granja para no tocar nuestro pequeño capital. Éste fue el último trabajo manual honrado que haría en mucho tiempo. En un año recorrimos toda la parte este de los Estados Unidos. Al finalizar el año, mis informes a Wall Street me valieron un puesto allí con una cuenta muy liberal para mis gastos. Una operación de bolsa nos dejó un beneficio de varios miles de dólares ese año.

Durante unos cuantos años más, la fortuna me deparó dinero y aplausos. Había triunfado. Mis ideas y mi criterio eran seguidos por muchos al son de las ganancias en papel. La gran bonanza del final de los años veinte estaba en plena ebullición y expansión. La bebida estaba desempeñando un importante y estimulante papel en mi vida, y en la euforia que tenía. Se hablaba a gritos en los sitios de jazz de Manhattan. Todos gastaban miles y hablaban de millones. Podían burlarse los que quisieran. ¡Al diablo con ellos! Tuve muchos amigos de ocasión.

Mi manera de beber asumió proporciones más serias, pues bebía todos los días y casi todas las noches. Las advertencias de mis amigos terminaban en pleito y me convertí en un lobo solitario. Hubo muchas escenas desagradables en nuestro suntuoso apartamento. No hubo realmente infidelidades porque la lealtad a mi esposa, ayudada a menudo por mis borracheras extremas, evitaban que me enredara en esos líos.

En 1929 contraje la fiebre del golf. Inmediatamente nos fuimos al campo, mi esposa a aplaudirme y yo a superar a Walter Hagen. Pero el licor me ganó antes de que pudiera alcanzar a Walter. Empecé a estar tembloroso por las mañanas. El golf me permitía beber todos los días y todas las noches. Me causaba satisfacción pasear por el exclusivo campo de golf, que tanto admiraba de muchacho, luciendo la impecable tez tostada que suelen tener los caballeros acomodados. El banquero local observaba con divertido escepticismo el movimiento de cheques grandes.

En octubre de 1929 se derrumbó repentinamente el mercado de valores de Nueva York. Después de uno de esos días infernales, me fui tambaleando del bar de un hotel a la oficina de un corredor de bolsa. Eran las ocho, cinco horas después del cierre del mercado de valores. El indicador de cotizaciones todavía matraqueaba; azorado, vi una pulgada de la cintilla con la inscripción XYZ-32. En la mañana estaba a 52. Estaba arruinado y muchos de mis amigos también. Los periódicos daban las noticias de individuos que saltaban de las distintas torres de Wall Street. Eso me repugnó. Yo no saltaría. Regresé al bar. Mis amigos habían perdido varios millones. ¿De qué me preocupaba yo? Mañana sería otro día. Mientras bebía, la antigua y fiera determinación de triunfar se apoderó de mí nuevamente.

A la mañana siguiente telefoneé a un amigo de Montreal. Le quedaba bastante dinero y creía que era mejor que yo fuera al Canadá. Para la primavera estábamos viviendo en la forma a que nos habíamos acostumbrado. Me sentía como Napoleón regresando de Elba. ¡Para mí no habría Santa Elena! Pero la bebida me ganó la partida otra vez, y mi generoso amigo tuvo que despedirme. Esta vez estábamos arruinados.

Nos fuimos a vivir con los padres de mi esposa. Encontré trabajo, y lo perdí luego por causa de una pelea con un taxista. Gracias a Dios, nadie sospecharía que no iba a tener un empleo real en cinco años, ni estar sobrio casi ni un solo momento. Mi esposa empezó a trabajar en una tienda, llegando agotada a casa para encontrarme borracho. En los círculos de la bolsa se llegó a considerarme como un allegado indeseable.

El licor dejó de ser un lujo; se convirtió en una necesidad. Mi dosis cotidiana era de dos o tres botellas de ginebra de fabricación casera. En ocasiones, alguna pequeña operación me dejaba unos cientos de dólares con los que pagaba mis deudas en bares y tiendas de comestibles. Esta situación se prolongaba indefinidamente y empecé a despertar tremendamente tembloroso; necesitaba beberme una copa de ginebra seguida de media docena de botellas de cerveza para poder desayunar. A pesar de esto, aún creía que podía controlar la situación y tenía períodos de sobriedad que hacían renacer las esperanzas de mi esposa.

Paulatinamente, las cosas empeoraban. Tomó posesión de la casa el hipotecario; murió mi suegra; mi esposa y mi suegro enfermaron.

En esos días se me presentó la oportunidad de un negocio prometedor. Las acciones estaban en el punto más bajo de 1932 y, de alguna manera, yo había formado un grupo de compradores. Mi participación en las utilidades sería ventajosa; pero entonces emprendí una borrachera tremenda y esa oportunidad se esfumó.

Desperté. Eso no podía seguir; me di cuenta de que no podía tomar ni una copa. Dejaría de beber para siempre. Anteriormente había hecho muchas promesas, pero esta vez mi esposa notó con alegría que había seriedad en mi actitud; y así era.

Poco después llegué borracho a la casa; no había hecho ningún esfuerzo para evitarlo. ¿Dónde estaba mi firme resolución? Sencillamente no lo sabía. Alguien me había puesto una copa enfrente y la tomé. ¿Estaba yo loco? Empecé a pensarlo, porque tamaña falta de perspectiva parecía acercarse a la locura.

Renovando mi resolución, hice otra prueba. Pasó algún

tiempo y la confianza empezó a ser reemplazada por el engreimiento. ¡Podía reírme de la ginebra! Ahora podía hacerlo. Un día entré a un café para usar el teléfono. En menos que canta un gallo estaba golpeando el mostrador de la barra y preguntándome cómo había sucedido. Mientras el whisky se me subía a la cabeza, me decía que la próxima vez lo haría mejor pero que, por lo pronto, lo sensato era emborracharme bien, y así lo hice.

El remordimiento, el terror y la desesperación de la mañana siguiente son inolvidables. No tenía suficiente valor para luchar. Mis pensamientos volaban descontrolados y me atormentaba el terrible presentimiento de una calamidad. Casi no me atrevía a cruzar la calle por miedo a que me atropellara algún camión. Apenas comenzó a amanecer, entré a un lugar que permanecía abierto día y noche y ahí me sirvieron una docena de vasos de cerveza que calmó mis atormentados nervios. En un periódico leí que el mercado de valores se había derrumbado de nuevo. Bueno ¡pues yo también! El mercado podía recuperarse, pero yo no. Resultaba duro pensarlo. ¿Debía suicidarme? ¡No! Ahora no. Entonces me envolvió una densa niebla mental. Con ginebra se arreglaría todo. Por lo pronto, dos botellas y a olvidar.

La mente y el cuerpo son mecanismos maravillosos, ya que los míos soportaron esta agonía más de dos años. Cuando el terror y la locura se apoderaban de mí por la mañana había veces que robaba a mi esposa el poco dinero que tenía en su bolso; otras veces me asomaba a la ventana y sentía vértigo, o me paraba vacilante frente al botiquín del baño —en el que sabía que había veneno— y me decía que yo era un débil. Mi mujer y yo íbamos de la ciudad al campo y del campo a la ciudad, tratando de escapar. Luego hubo una noche en la que la tortura física y mental fue tan infernal que creí que iba a saltar por la ventana. Como pude, llevé el colchón al piso de abajo para no saltar al vacío. Fue a verme un médico y me recetó un fuerte sedante; al día siguiente estaba tomando el sedante, y la ginebra. Esta combinación pronto me causó un descalabro. Temían que enloqueciera; yo también. Comía poco o nada porque no podía hacerlo, y mi peso llegó a ser cuarenta libras menos del normal.

Mi cuñado es médico y gracias a él y a mi madre, se me internó en un hospital para la rehabilitación física y mental de alcohólicos, conocido nacionalmente. Bajo el tratamiento de belladona se aclaró mi cerebro; la hidroterapia y los ejercicios ligeros ayudaron mucho. Lo mejor de todo fue que conocí a un médico que me explicó mi caso diciéndome que aunque yo había actuado egoísta e imprudentemente, también era cierto que estaba gravemente enfermo física y mentalmente.

Me produjo cierto alivio enterarme de que la voluntad del alcohólico se debilita sorprendentemente cuando se trata de combatir el licor, aunque en otros aspectos pueda seguir siendo fuerte. Estaba explicado mi proceder ante un deseo vehemente de dejar de beber. Comprendiéndome ahora, me sentí alentado por nuevas esperanzas. Durante tres o cuatro meses las cosas marcharon bien. Iba a la ciudad con regularidad y hasta ganaba algún dinerito. Seguramente en eso estaba la solución; conocerse a sí mismo.

Pero no lo estaba, porque llegó el día temible en que volví a beber. La trayectoria de mi decaimiento, físico y moral descendió como la curva que describe el esquiador en un salto de altura. Después de algún tiempo regresé al hospital. Me parecía que aquello era el fin, la caída del telón. Mi esposa, fatigada y desesperada, recibió el informe de que en un año todo acabaría con una falla del corazón durante un delirium tremens o tal vez con un edema cerebral. Pronto tendrían que llevarme a un manicomio o a una funeraria.

No tenían que decírmelo. Lo sabía y casi acogía con regocijo la idea. Fue un golpe devastador para mi orgullo. Yo, que tenía un concepto tan bueno de mí mismo, de mis aptitudes, de mi capacidad para vencer obstáculos, estaba por fin acorralado. Ahora me sumiría en la oscuridad, uniéndome al interminable desfile de borrachines que me precedían. Pensé en mi pobre esposa. A pesar de todo, habíamos sido muy felices. ¡Qué no hubiera dado yo para poder reparar los daños! Pero eso ya había pasado.

No hay palabras para describir la soledad y desesperación que encontré en ese cenagal de autoconmiseración; sus arenas movedizas se extendían por todos lados. No pude más. Estaba hundido. El alcohol era mi amo.

Tembloroso, salí del hospital totalmente doblegado. El temor me sostuvo sin beber por algún tiempo. Pero volvió la locura insidiosa de la primera copa y el Día del Armisticio de 1934 volví a beber. Todos se resignaron a la certeza de que se me tendría que encerrar en algún sitio o que dando tumbos llegaría a mi fin miserable. ¡Qué oscuro parecía todo antes de amanecer! En realidad, eso era el principio de mi última borrachera. Pronto sería lanzado como por una catapulta hacia lo que me da por llamar cuarta dimensión de la existencia. Llegaría a saber lo que son la felicidad y la tranquilidad; el ser útil en un modo de vivir que va siendo más maravilloso a medida que transcurre el tiempo.

Al finalizar aquel frío mes de noviembre, estaba sentado en la cocina de mi casa bebiendo. Con cierta satisfacción pensé que tenía escondida suficiente ginebra para esa noche y el día siguiente. Mi esposa estaba en su trabajo. Dudé si me atrevería a esconder una botella cerca de la cabecera de la cama. La necesitaría antes del amanecer.

Mis cavilaciones fueron interrumpidas por el timbre

del teléfono. La alegre voz de un antiguo compañero de colegio me preguntaba si podía ir a verme. *Estaba sobrio*. No podía recordar ninguna ocasión anterior en la que mi amigo hubiese llegado a Nueva York en esas condiciones. Me quedé sorprendido, pues se decía que lo habían internado por demencia alcohólica. ¿Cómo habría logrado escapar? Claro que vendría a cenar y entonces podría beber libremente con él. Sin preocuparme de su bienestar, sólo pensé en revivir el espíritu de días pasados. ¡Hubo una ocasión en que alquilamos un avión para completar la juerga! Su visita era un oasis en el desierto de la futilidad. ¡Exactamente eso, un oasis! Los bebedores son así.

Se abrió la puerta y ahí estaba él, fresco el cutis y radiante. Había algo en sus ojos. Era inexplicablemente diferente. ¿Qué era lo que le había sucedido?

En la mesa, le serví una copa; no la aceptó. Desilusionado pero lleno de curiosidad, me preguntaba qué le habría sucedido al individuo. No era el mismo.

"Vamos, ¿de qué se trata?" —le pregunté. Me miró a la cara; con sencillez y sonriendo me contestó: "Encontré la religión".

Me quedé estupefacto. ¡Así es que era eso! El pasado verano un alcohólico chiflado y ahora, sospechaba, un poco más chiflado por la religión. Tenía esa mirada centelleante. Sí, el hombre ciertamente ardía en fervor. Pero, ¡que dijera disparates si así le convenía! Además, mi ginebra duraría más que sus sermones.

Pero no desvarió. En una forma muy natural me contó cómo se habían presentado dos individuos ante el juez solicitando que se suspendiera su internación. Habían expuesto una idea religiosa sencilla y un programa práctico de acción. Hacía dos meses de eso y el resultado era evidente de por sí. Surtió efecto.

Había venido para pasarme su experiencia — si yo

quería aceptarla. Me sentía asustado pero a la vez interesado. Tenía que estarlo, puesto que no había más remedio para mí.

Estuvo horas hablando. Los recuerdos de la niñez acudieron a mi memoria. Me parecía estar sentado en la falda de la colina, como en aquellos tranquilos domingos, oyendo la voz del ministro; recordé la promesa del juramento de temperancia, que nunca firmé; el desprecio bonachón de mi abuelo hacia alguna gente de la iglesia y sus actos; su insistencia en que los astros realmente tenían su música, y también su negación del derecho que tenía el ministro de decirle cómo interpretar las cosas; su falta de temor al hablar de esto poco antes de morir. Estos recuerdos surgían del pasado. Me hacían sentir un nudo en la garganta. Recordé aquel día en la pasada guerra, en la catedral de Winchester.

Siempre había creído en un Poder superior a mí mismo. Muchas veces me había puesto a pensar en estas cosas. Yo no era ateo. Pocas personas lo son en realidad, porque esto significa tener una fe ciega en la extraña proposición de que este universo se originó de la nada y que marcha raudo, sin destino. Mis héroes intelectuales, los químicos, los astrónomos y hasta los evolucionistas, sugerían que eran grandes leyes y fuerzas las que operaban. A pesar de las indicaciones contrarias, casi no tenía duda de que había de por medio una fuerza y un ritmo poderosos. ¿Cómo podría haber leyes tan perfectas e inmutables sin que hubiera una Inteligencia? Sencillamente, tenía que creer en un Espíritu del Universo que no sabe de tiempo ni limitaciones. Pero sólo hasta aquí.

De los clérigos y de las religiones del mundo, de eso precisamente era de lo que yo me separaba. Cuando me hablaban de un Dios personal que era amor, poder sobrehumano y dirección, me irritaba y mi mente se cerraba a esa teoría.

A Cristo le concedía la certeza de ser un gran hombre, no seguido muy de cerca por aquellos que lo invocaban. Su enseñanza moral, óptima. Había adoptado para mí lo que me parecía conveniente y no muy difícil; de lo demás no hacía caso.

Las guerras que se habían librado, los incendios y los embrollos que las disputas religiosas habían provocado me causaban repugnancia. Yo dudaba sinceramente de que, haciendo un balance, las religiones de la humanidad hubiesen hecho algún bien. A juzgar por lo que había visto en Europa, el poder de Dios en los asuntos humanos resultaba insignificante y la hermandad entre los hombres era una broma. Si existía el Diablo, éste parecía ser el amo universal, y ciertamente me tenía dominado.

Pero mi amigo, sentado frente a mí, manifestó categóricamente que Dios había hecho por él lo que él no había podido hacer por sí mismo. Su voluntad humana había fallado; los médicos lo habían desahuciado; la sociedad estaba lista para encerrarlo. Como yo, había admitido una completa derrota. Entonces, efectivamente, había sido resucitado de entre los muertos, sacado repentinamente del montón de desperdicios y conducido a un plano de vida mejor de lo que él nunca había conocido.

¿Se había originado en él este poder? Obviamente no había sido así. No había existido en él más poder del que había en mí mismo en ese momento, y en mí no había absolutamente ningún poder.

Eso me dejó maravillado. Empezó a parecerme que, después de todo, la gente religiosa tenía razón. Aquí estaba trabajando en un corazón humano algo que había hecho lo imposible. En esos mismos momentos revisé drásticamente mis ideas sobre los milagros. No importaba el triste pasado, aquí estaba un milagro, sentado a la mesa frente a mí. En voz alta proclamaba las buenas nuevas.

Me di cuenta de que mi amigo había experimentado

algo más que una simple reorganización interior. Estaba sobre una base diferente. Sus raíces habían agarrado una nueva tierra.

A pesar del ejemplo viviente de mi amigo, todavía quedaban en mí vestigios de mi viejo prejuicio. La palabra "Dios" todavía despertaba en mí cierta antipatía, y este sentimiento se intensificaba cuando se hablaba de que podía haber un Dios personal. Esta idea no me agradaba. Podía aceptar conceptos tales como Inteligencia Creadora, Mente Universal o Espíritu de la Naturaleza; pero me resistía al concepto de un Zar de los Cielos, por más amoroso que fuera Su poder. Desde entonces he hablado con decenas de personas que pensaban lo mismo.

Mi amigo sugirió lo que entonces parecía una idea original. Me dijo: "*¿Por qué no escoges tu propio concepto de Dios?*"

Esto me llegó muy hondo; derritió la montaña de hielo intelectual a cuya sombra había vivido y tiritado muchos años. Por fin me daba la luz del sol.

Sólo se trataba de estar dispuesto a creer en un Poder superior a mí mismo. Nada más se necesitaba de mí para empezar. Me di cuenta de que el crecimiento podía partir de ese punto. Sobre una base de completa y buena voluntad, podría yo edificar lo que veía en mi amigo. ¿Quería tenerlo? Claro que sí, ¡lo quería!

Así me convencí de que Dios se preocupa por nosotros los humanos cuando a Él lo queremos lo suficiente. Al fin de mucho tiempo, vi, sentí y creí. La venda del orgullo y el prejuicio cayó de mis ojos. Un mundo nuevo estuvo a la vista.

El verdadero significado de mi experiencia en la Catedral se me hizo evidente de golpe. Por un breve instante había necesitado y querido a Dios. Había tenido una humilde voluntad de que estuviera conmigo y vino. Pero su presencia fue borrada por los clamores mundanos, más aún por los que bullían dentro de mí. ¡Y así había sido siempre! ¡Qué ciego había estado yo!

En el hospital me quitaron el alcohol por última vez. Se consideró indicado el tratamiento porque daba señales de delirium tremens.

Allí me ofrecí humildemente a Dios, tal como lo concebía entonces, para que se hiciera en mí su voluntad; me puse incondicionalmente a su cuidado y bajo su dirección. Por primera vez admití que por mí mismo no era nada; que sin Él estaba perdido. Sin ningún temor encaré mis pecados y estuve dispuesto a que mi recién encontrado Amigo me los quitara de raíz. Desde entonces no he vuelto a beber ni una sola copa.

Mi compañero de escuela fue a visitarme y lo puse al tanto de mis problemas y mis deficiencias. Hicimos una lista de las personas a quienes había dañado o contra las que tenía resentimientos. Yo expresé mi completa disposición para acercarme a esas personas, admitiendo mis errores. Nunca debería criticarlas. Repararía esos daños lo mejor que pudiese.

Pondría a prueba mi manera de pensar con el nuevo conocimiento consciente que tenía de Dios. De esta forma, el sentido común se convertiría en sentido no común. Cuando estuviera en duda, permanecería en quietud y le pediría a Él dirección y fortaleza para enfrentarme a mis problemas tal y como Él lo dispusiera. En mis oraciones nunca pediría para mí excepto cuando mis peticiones estuviesen relacionadas con mi capacidad para servir a los demás; solamente entonces podría yo esperar recibir; pero eso sería en gran escala.

Mi amigo prometió que cuando hiciera todo esto entraría en una nueva relación con mi Creador; que tendría los elementos de una manera de vivir que era la respuesta a todos mis problemas. La creencia en el poder de Dios, más la suficiente buena voluntad, honradez y humildad para establecer y mantener el nuevo orden de cosas, eran los requisitos esenciales.

Sencillo, pero no fácil; tenía que pagarse un precio. Significaba la destrucción del egocentrismo. En todas las cosas debía acudir al Padre de la Luz que preside sobre todos nosotros.

Éstas eran proposiciones revolucionarias y drásticas, pero en el momento en que las acepté el efecto fue electrificante. Tuve una sensación de victoria, seguida por una paz y serenidad como nunca había conocido. Había una confianza total. Me sentí transportado, como si me invadiera el aire puro de la cumbre de una montaña. Dios llega a la mayoría de los hombres gradualmente, pero Su impacto en mí fue súbito y profundo.

Momentáneamente me alarmé y llamé a mi amigo el doctor, para preguntarle si yo todavía estaba cuerdo. Escuchó sorprendido mientras yo hablaba.

Finalmente movió la cabeza diciendo: "Le ha sucedido a usted algo que no comprendo. Pero es mejor que se aferre a ello. Cualquier cosa es mejor que lo que tenía usted". Ese buen doctor ve ahora a muchos hombres que han tenido tales experiencias. Sabe que son reales.

Mientras estuve en el hospital me vino la idea de que había miles de alcohólicos deshauciados que estarían felices de tener lo que tan gratuitamente se me había dado. Tal vez podría ayudar a algunos de ellos. Ellos a su vez podrían trabajar con otros.

Mi amigo había hecho hincapié en la absoluta necesidad de demostrar estos principios en todos los actos de mi vida. Era particularmente imperioso trabajar con otros, tal como él lo había hecho conmigo. La fe sin obras es fe muerta, me dijo ¡Y cuán cierto es, tratándose de alcohólicos! Porque si un alcohólico deja de perfeccionar y engrandecer su vida espiritual a través del trabajo y del sacrificio por otros, no podrá sobrellevar las pruebas y decaimientos que con certeza vendrán más adelante. Si él no trabajaba era seguro que volvería a beber, y si bebía, seguramente moriría. La fe estaría muerta entonces. Tratándose de nosotros, es precisamente así.

Mi esposa y yo nos entregamos con entusiasmo a la idea de ayudar a otros alcohólicos a resolver su problema. Afortunadamente fue así porque las personas con las que había tenido tratos de negocios permanecieron escépticas por más de un año, durante el cual pude conseguir poco trabajo. No estaba muy bien entonces; me acosaban olas de autoconmiseración y de resentimiento. Esto, a veces, casi me llevaba a la bebida; pero pronto percibí que, cuando todas las otras medidas me fallaban, el trabajo con otros alcohólicos salvaba el día. Estando desesperado, he ido muchas veces a mi viejo hospital. Al hablar con alguien de allí, me sentí asombrosamente reanimado, parado sobre mis propios pies. Es un plan de vida que funciona cuando las cosas se ponen duras.

Empezamos a hacer muchos amigos, y entre nosotros ha crecido una agrupación de la cual, el ser parte es algo maravilloso. Sentimos la alegría de vivir aun bajo tensiones y dificultades. He visto a cientos de familias poner sus pies en el sendero que sí llega a alguna parte; he visto componerse las situaciones domésticas más imposibles; peleas y amarguras de todas clases eliminadas. He visto salir de manicomios a individuos para reasumir un lugar vital en la vida de sus familias y de sus comunidades. Hombres y mujeres que recuperan su posición. No hay casi ninguna clase de dificultad y de miseria que no haya sido superada entre nosotros. En una ciudad del Oeste hay un millar de nosotros y de nuestras familias. Nos reunimos con frecuencia para que los recién llegados puedan encontrar la agrupación que ellos buscan. A estas reuniones informales suelen asistir entre 50 y 200 personas. Estamos creciendo en número así como en fortaleza.*

Un alcohólico en sus copas es un ser despreciable. Nuestra lucha con ellos puede ser fatigosa, cómica o trágica. Un infeliz se suicidó en mi casa. No podía o no quería darse cuenta de nuestra manera de vivir.

Sin embargo, dentro de todo esto queda un amplio margen para divertirse. Me imagino que algunos pueden escandalizarse ante esta mundanalidad y ligereza; pero detrás de esto hay una gran seriedad. La fe tiene que operar en y a través de nosotros las venticuatro horas del día, o de lo contrario pereceremos.

La mayoría de nosotros creemos que ya no necesitamos buscar más la Utopía. La tenemos entre nosotros aquí y ahora. Aquella sencilla charla de mi amigo en la cocina de mi casa se multiplica más, cada día, en un círculo creciente de paz en la tierra y de buena voluntad para con los hombres.

*Bill W., cofundador de A.A.,
murió el 24 de enero de 1971.*

*En 2020, hay unos 123,450 grupos de A.A.

Capítulo 2

HAY UNA SOLUCIÓN

*N*OSOTROS, los que pertenecemos a Alcohólicos Anónimos, conocemos a miles de hombres y mujeres para quienes, como para Bill, no había remedio. Casi todos se han recuperado; han resuelto el problema de la bebida.

Somos americanos típicos. Todos los sectores de este país y muchas de las ocupaciones están aquí representadas, así como muchos de los medios políticos, sociales, económicos y religiosos. Somos gente que en circunstancias normales no nos mezclaríamos. Pero existe entre nosotros un compañerismo, una amistad y una comprensión indescriptiblemente maravillosas. Somos como los pasajeros de una gran embarcación recién salvados de un naufragio, cuando la camaradería, la democracia y la alegría prevalecen en el barco desde las bodegas hasta la mesa del capitán; pero, a diferencia del sentir de los pasajeros del barco, nuestra alegría por haber escapado del desastre no decrece al ir cada cual por su lado. La sensación de haber participado en un peligro común es uno de los poderosos elementos que nos unen. Pero eso, en sí, nunca nos hubiera mantenido unidos tal como lo estamos.

El hecho tremendo para cada uno de nosotros es que hemos descubierto una solución común. Tenemos una salida en la que podemos estar completamente de acuerdo, y a través de la cual podemos incorporarnos a la acción fraternal y armoniosa. Ésta es la gran noticia, la buena nueva que este libro lleva a los que padecen del alcoholismo.

Una enfermedad de esta clase, y hemos llegado al convencimiento de que es una enfermedad, afecta a los que nos rodean como no lo hace ningún otro padecimiento humano. Si una persona tiene cáncer, todos sienten pena por ella y nadie se enfada ni se siente dolido. Pero no así con el enfermo de alcoholismo, porque con este mal viene la aniquilación de todas las cosas que valen la pena en la vida; involucra a todas aquellas vidas que están relacionadas en alguna forma con la del enfermo; acarrea malentendidos, resentimiento feroz, inseguridad económica, vidas torcidas de niños inocentes, esposas y padres apesadumbrados, amigos y patrones descontentos. Cualquiera puede aumentar esta lista.

Deseamos que este libro informe y consuele a los que están o pudieran estar afectados. Hay muchos de ellos.

Psiquiatras competentes en alto grado, que han tratado con nosotros, han encontrado a veces imposible persuadir a un alcohólico para que discuta abiertamente su situación. Resulta bastante extraño que los familiares y amigos íntimos nos encuentren aún más inaccesibles que el psiquiatra o el médico.

Pero el ex bebedor que ha encontrado la solución de su problema y que está equipado adecuadamente con los hechos acerca de sí mismo, generalmente puede ganarse toda la confianza de otro alcohólico en unas cuantas horas. Mientras no se llegue a tal entendimiento, poco o nada puede lograrse.

El hecho de que el individuo que está abordando a otro ha tenido la misma dificultad, que obviamente sabe de qué está hablando, que todo su comportamiento le dice al candidato a toda voz que tiene la verdadera respuesta, que su actitud no es de santurrón, que no le mueve absolutamente nada más que el sincero deseo de poder ayudar, que no hay cuotas ni honorarios que pagar, que no hay asperezas que limar, nadie con quien se tenga que "quedar bien", no hay sermones que soportar — éstas son las condiciones que hemos encontrado más favorables. Muchos individuos, después de haber sido abordados de esta forma, "toman su lecho y vuelven a andar".

Ninguno de nosotros hace de este trabajo su sola vocación, ni creemos que aumentaría su efectividad si así lo hiciéramos. Creemos que el abstenernos de beber no es más que el principio. Una demostración más importante de nuestros principios nos espera en nuestros respectivos hogares, ocupaciones y asuntos. Todos nosotros dedicamos mucho de nuestro tiempo libre al tipo de labor que vamos a describir; unos cuantos tienen la suerte de estar en una situación que les permite dedicar casi todo su tiempo a esa labor.

Si continuamos por el camino que estamos siguiendo, no hay duda de que mucho bien se logrará; pero aun así apenas se habría arañado la superficie del problema. Los que vivimos en grandes ciudades nos sentimos anonadados al pensar que muy cerca de nosotros hay tantos que caen en el olvido todos los días. Muchos podrían recuperarse si tuvieran la misma oportunidad que nosotros. ¿Cómo entonces, podemos presentar eso que tan generosamente se nos ha dado?

Hemos optado por publicar un libro anónimo para exponer el problema tal como lo vemos nosotros. Aportaremos a la tarea el conjunto de nuestras experiencias y de nuestros conocimientos. Esto debe sugerir un programa útil para cualquiera que esté afectado por un problema con la bebida.

Necesariamente, tendrán que discutirse asuntos médicos, psiquiátricos, sociales y religiosos. Sabemos que éstos son materia contenciosa por su misma naturaleza. Nada nos agradaría más que escribir un libro que no diera ninguna base a contenciones o discusiones. Haremos todo lo posible para lograr este ideal. La mayoría de nosotros siente que la verdadera tolerancia de los defectos y puntos de vista de los demás y el respeto a sus opiniones son actitudes que hacen que podamos servir mejor a nuestros semejantes. Nuestras mismas vidas, como ex bebedores problema que somos, dependen de nuestra constante preocupación por otros y de la manera en que podamos satisfacer sus necesidades.

El lector probablemente ya se habrá preguntado por qué todos nosotros nos enfermamos por la bebida. Sin duda sentirás curiosidad por descubrir cómo y cuándo, en contra de la opinión de los expertos, nos hemos recuperado de una irremediable condición del cuerpo y de la mente. Si tú eres un alcohólico que quiere sobreponerse a esa condición, tal vez ya te estés preguntando: "¿Qué es lo que tengo que hacer?"

El propósito de este libro es contestar específicamente a esas preguntas. Te diremos qué es lo que nosotros hemos hecho. Pero antes de entrar en una discusión pormenorizada, conviene resumir algunos puntos tal y como los vemos.

Cuántas veces nos han dicho: "Yo puedo beber o no beber, ¿por qué no puede él?"; "Si no puedes beber como la gente decente, ¿por qué no lo dejas?"; "Este tipo no sabe beber"; "¿Por qué no bebes vino o cerveza solamente?"; "Deja la bebida fuerte"; "Debe tener muy poca fuerza de voluntad"; "Él podría dejar de beber si le diera la gana"; "Es una mujer tan agradable que él debería dejar de beber por ella"; "Ya le dijo el médico que si volvía a beber se moriría y ahí está con la gran borrachera".

Éstas son observaciones comunes acerca de los bebedores, que se oyen en todo momento. En el fondo de ellas hay un abismo de ignorancia, y falta de comprensión. Nos damos cuenta de que estas observaciones se refieren a personas cuyas reacciones son muy diferentes a las nuestras.

Los bebedores moderados tienen poca dificultad para dejar el licor completamente si tienen una buena razón para hacerlo. Pueden tomarlo o dejarlo.

Luego tenemos cierto tipo de bebedor que bebe con exceso. Puede tener el hábito en tal forma que gradualmente llegará a perjudicarle en lo físico y en lo mental. Puede causarle una muerte prematura. Si se presenta una razón suficientemente poderosa —mala salud, enamoramiento, cambio de medio ambiente, o la advertencia de un médico— este individuo puede también dejar de beber o hacerlo con moderación, aunque esto le resulte difícil o tal vez hasta necesite ayuda médica.

Pero ¿qué pasa con el verdadero alcohólico? Puede empezar como bebedor moderado; puede o no volverse un bebedor asiduo. Pero en alguna etapa de su carrera como bebedor, empieza a perder todo control sobre su consumo de licor una vez que empieza a beber.

Aquí tenemos al individuo que te ha motivado la confusión, especialmente por su falta de control. Hace cosas absurdas, increíbles, o trágicas mientras está bebiendo. Es un verdadero "Dr. Jekyll y Mr. Hyde" (El Hombre y el Monstruo). Rara vez se embriaga a medias. En mayor o menor grado, siempre tiene una borrachera loca. Mientras está bebiendo, su modo de ser se parece muy poco a su naturaleza normal. Puede ser una magnífica persona; pero, si bebe un día, probablemente se volverá repugnante, y hasta peligrosamente antisocial. Tiene verdadero talento para embriagarse exactamente en el momento más inoportuno, y particularmente cuando tiene alguna decisión importante que tomar o compromiso que cumplir. Con frecuencia es perfectamente sensato y bien equilibrado en todo menos en lo que concierne al alcohol; en este respecto es increíblemente egoísta y falto de honradez. Frecuentemente posee habilidades y aptitudes especiales, y tiene por delante una carrera prometedora. Usa sus dones para labrar un porvenir para él y los suyos echando luego abajo lo que ha construido, con una serie de borracheras insensatas. Es el individuo que se acuesta tan borracho que necesitaría dormir 24 horas; sin embargo, a la mañana siguiente busca como un loco la botella — y no se acuerda dónde la puso la noche anterior. Si su situación económica se lo permite, puede tener licor escondido por toda la casa para estar seguro de que nadie le quite toda su reserva para tirarla por el fregadero. A medida que empeoran las cosas, empieza a tomar una combinación de sedantes potentes y de licor para aplacar sus nervios y poder ir a su trabajo. Entonces llega el día en que sencillamente no puede hacerlo, y se vuelve a emborrachar. Tal vez vaya al médico para que le dé morfina o algún otro sedante para irse cortando la borrachera poco a poco. Pero entonces empieza a ingresar en hospitales y sanatorios.

Esto no es de ninguna manera un cuadro completo del alcohólico, ya que nuestras maneras de comportarnos varían. Pero esta descripción debería identificarlo de un modo general.

¿Por qué se comporta así? Si cientos de experiencias le han demostrado que una copa significa otro desastre con todos los sufrimientos y humillaciones que lo acompañan, ¿por qué se toma esa primera copa? ¿Por qué no puede estarse sin beber? ¿Qué ha pasado con el sentido común y la fuerza de voluntad que todavía muestra con respecto a otros asuntos?

Quizá no haya nunca una respuesta completa para estas preguntas. Las opiniones varían considerablemente acerca de por qué el alcohólico reacciona de forma diferente que la gente normal. No sabemos por qué. Una vez que se ha llegado a cierto punto, es bien poco lo que se puede hacer por él. No podemos resolver este acertijo.

Sabemos que mientras el alcohólico se aparta de la bebida, como puede hacerlo por meses o por años, sus reacciones son muy parecidas a las de otros individuos. Tenemos la certeza de que, una vez que se introduce en su sistema cualquier dosis de alcohol, algo sucede, tanto en el sentido físico como en el mental, que le hace prácticamente imposible parar de beber. La experiencia de cualquier alcohólico confirma esto ampliamente.

Estas observaciones serían académicas y no tendrían objeto si nuestro amigo no se tomara nunca la primera copa, poniendo así en movimiento el terrible ciclo. Por consiguiente, el principal problema del alcohólico está centrado en su mente más que en su cuerpo. Si se le pregunta por qué empezó esa última borrachera, lo más probable es que tenga a mano una de las cien coartadas que hay para esos casos. Algunas veces estos pretextos tienen cierta plausibilidad, pero en realidad, ninguno de ellos tiene sentido a la luz del estrago que causa la borrachera de un alcohólico. Tales pretextos se parecen a la filosofía del individuo que teniendo dolor de cabeza se la golpea con un martillo para no sentir el dolor. Si se le señala lo falaz de este razonamiento a un alcohólico, lo tomará a broma o se enfadará, negándose a hablar de ello.

De vez en cuando puede decir la verdad. Y la verdad, extraño como parezca, es que generalmente no tiene más idea que la que tú puedes tener de por qué bebió esa primera copa. Algunos bebedores tienen pretextos con los que se satisfacen parte del tiempo; pero en sus adentros no saben realmente por qué lo hicieron. Una vez que este mal se arraiga firmemente, hace de ellos unos seres desconcertantes. Tienen la obsesión de que algún día, de alguna manera, podrán ser los ganadores de este juego. Pero frecuentemente sospechan que están fuera de combate.

Pocos se dan cuenta de lo cierto que es esto. Sus familiares y sus amigos se dan cuenta vagamente de que estos bebedores son anormales, pero todos aguardan esperanzados el día en que el paciente saldrá de su letargo y hará valer su fuerza de voluntad.

La trágica verdad es que, si el individuo es realmente un alcohólico, ese día feliz puede no llegar. Ha perdido el control. En cierto punto de la carrera de bebedor de todo alcohólico, éste pasa a un estado en que el más vehemente deseo de dejar de beber es absolutamente infructuoso. Esta trágica situación se presenta prácticamente en cada caso, mucho antes de que se sospeche que exista.

El hecho es que la mayoría de los alcohólicos, por razones que todavía son oscuras, cuando se trata de beber, han perdido su capacidad para elegir. Nuestra llamada fuerza de voluntad se vuelve prácticamente inexistente. Somos incapaces a veces de hacer llegar con suficiente impacto a nuestra conciencia el recuerdo del sufrimiento y la humillación de hace apenas una semana o un mes. Estamos indefensos contra la primera copa.

Las casi seguras consecuencias que suceden después de tomar, aunque sólo sea un vaso de cerveza, no acuden a nuestra mente para detenernos. Si se nos ocurren estos pensamientos, son vagos y fácilmente suplantados por la vieja y usada idea de que esta vez podremos controlarnos como lo hacen los demás. Hay una falta total del tipo de defensa que evita que pongamos la mano en el fuego.

El alcohólico puede decirse en la forma más natural: "Esta vez no me quemaré; así es que, ¡salud!" O tal vez no piense en nada. Cuántas veces hemos empezado a beber en esta forma despreocupada y, después de la tercera o cuarta copa, hemos golpeado el mostrador de la cantina con el puño diciéndonos: "Por el amor de Dios, ¿cómo empecé de nuevo?" Solamente para suplantar ese pensamiento con el de "Bueno, a la sexta paro", o "Ahora, ¿qué más da?"

Cuando esta manera de pensar se establece plenamente en un individuo con tendencias alcohólicas, probablemente ya se ha colocado fuera del alcance de la ayuda humana y, a menos que se le encierre, puede morirse o volverse loco para siempre. Esta dura y espantosa realidad ha sido confirmada por legiones de alcohólicos en el transcurso del tiempo. A no ser por la gracia de Dios, habría miles más de convincentes demostraciones. ¡Hay tantos que quieren dejar de beber, pero no pueden!

Hay una solución. A casi ninguno de nosotros le gustó el examen de conciencia, la nivelación del orgullo o la confesión de las faltas, que requiere este proceso para su consumación. Pero vimos que era efectivo en otros, y habíamos llegado a reconocer la inutilidad y la futileza de la vida tal como la habíamos estado llevando. Por consiguiente, cuando se nos acercaron aquellos cuyo problema ya había sido resuelto, lo único que tuvimos que hacer fue tomar el simple juego de instrumentos espirituales que ponían en nuestras manos. Hemos descubierto un rincón del paraíso y hemos sido propulsados a una cuarta dimensión de la existencia con la que ni siquiera habíamos soñado.

Ésta es la gran realidad y nada más: que hemos tenido experiencias espirituales profundas y efectivas* que han transformado toda nuestra actitud ante la vida, hacia nuestros semejantes y hacia el universo de Dios. El hecho central en nuestras vidas es actualmente la certeza de que nuestro Creador ha entrado en nuestros corazones y en nuestras vidas en una forma ciertamente milagrosa. Ha empezado a realizar por nosotros cosas que nosotros no podríamos hacer solos.

Si tu estado alcohólico es tan grave como era el nuestro, creemos que no existe ninguna solución a medias. Nosotros estábamos en una situación en que la vida se estaba volviendo imposible y, si pasábamos a la región de la que no se regresa por medio de la ayuda humana, teníamos sólo dos alternativas: Una era la de llegar hasta el amargo fin, borrando la conciencia de nuestra intolerable situación lo mejor que pudiésemos; y la otra, aceptar

*Ampliamente explicado en el Apéndice II.

ayuda espiritual. Esto último fue lo que hicimos porque honestamente queríamos hacerlo, y estábamos dispuestos a hacer el esfuerzo necesario.

Cierto hombre de negocios, apto y con buen sentido, durante años estuvo pasando de un sanatorio a otro y en consultas con los más conocidos psiquiatras norteamericanos. Luego se fue a Europa, sometiéndose al tratamiento de un célebre médico (el psiquiatra Dr. Jung). Pese a que su experiencia lo había hecho escéptico, terminó el tratamiento con una confianza no habitual en él. Física y mentalmente su condición era excepcionalmente buena. Creía haber adquirido tal conocimiento del funcionamiento interior de su mente y de sus resortes escondidos, que una recaída era algo inimaginable. A pesar de esto, al poco tiempo estaba borracho. Lo más desconcertante era que no podía explicarse satisfactoriamente su caída.

Por lo tanto, regresó donde este médico, a quien admiraba, y le preguntó sin rodeos por qué no se recuperaba. Por encima de todo, quería recobrar el control de sí mismo. Parecía bastante racional y bien equilibrado con respecto a otros problemas. A pesar de esto, no tenía absolutamente ningún control sobre el alcohol. ¿Por qué?

Le suplicó al médico que le dijera toda la verdad, y el médico se la dijo: Era un caso desahuciado; nunca más podría recuperar su posición en la sociedad y tendría que encerrarse bajo llave o tener un guardaespaldas si esperaba vivir largo tiempo. Esa fue la opinión de un gran médico.

Pero este hombre vive todavía, y es un hombre libre. No necesita de un guardaespaldas y no está internado. Puede ir a cualquier parte del mundo como cualquier hombre libre, sin que le suceda ningún desastre, siempre que conserve la buena voluntad de mantener cierta sencilla actitud.

Algunos de nuestros lectores alcohólicos pensarán, quizá, que pueden pasarla sin ayuda espiritual. Permítasenos por lo tanto, contar el resto de la conversación que nuestro amigo tuvo con el médico.

El médico le dijo: "Tiene usted la mente de un alcohólico crónico. En los casos en los que han existido estados mentales similares al suyo, nunca he visto recuperarse a nadie". Nuestro amigo se sintió como si las puertas del infierno se hubiesen cerrado con estruendo tras él.

Preguntó al médico: "¿No hay ninguna excepción?"

"Sí", le contestó el médico, "sí la hay. Las ha habido desde tiempos remotos. Aquí y allá, de vez en cuando, algunos alcohólicos han tenido experiencias espirituales vitales. Para mí estos casos son fenómenos. Parecen ser una especie de enormes desplazamientos y reajustes emocionales. Desechadas repentinamente las ideas, emociones y actitudes que fueron una vez las fuerzas directrices de las vidas de estos hombres, un conjunto completamente nuevo de conceptos y motivos empezó a dominarlos. De hecho, yo he estado tratando de producir dentro de usted un arreglo emocional de esa índole. He empleado estos métodos con muchos individuos y han dado resultados satisfactorios, pero nunca he tenido éxito con un alcohólico de sus características".*

Al oír esto, nuestro amigo se sintió algo tranquilizado, porque pensó que después de todo era fiel a sus prácticas religiosas. Esta esperanza se la echó abajo el doctor diciéndole que, en tanto que sus convicciones religiosas eran muy buenas, en su caso no significaban la experiencia espiritual fundamental que era necesaria.

Éste era el tremendo dilema en que se encontraba nuestro amigo cuando tuvo la extraordinaria experiencia que, como hemos dicho, lo convirtió en un hombre libre.

*Ver el Apéndice II para amplificación.

Por nuestra parte, nosotros hemos buscado la misma salida con toda la desesperación del hombre que se está ahogando. Lo que al principio parecía un endeble junquillo ha resultado ser la amante y poderosa mano de Dios. Se nos ha dado una vida nueva o, si se prefiere, "un plan para vivir" que resulta verdaderamente efectivo.

El distinguido psicólogo norteamericano William James señala en su libro *Varieties of Religious Experience* (Las variedades de la Experiencia Religiosa) una multitud de modos en que los hombres han descubierto a Dios. No tenemos ninguna intención de convencer a nadie de que solamente hay una manera de adquirir la fe. Si lo que hemos aprendido, sentido y visto, significa algo, quiere decir que todos nosotros, cualquiera que sea nuestro color, raza o credo, somos criaturas de un Creador viviente con el que podemos establecer una relación basada en términos sencillos y comprensibles tan pronto como tengamos la buena voluntad y la honradez suficiente para tratar de hacerlo. Los que profesan algún credo no encontrarán aquí nada que perturbe sus creencias o sus ceremonias. No hay desavenencias entre nosotros por estos motivos.

Consideramos que no nos concierne la cuestión de las agrupaciones religiosas con las que se identifican en lo individual nuestros miembros. Este debe ser un asunto enteramente personal que cada uno decida por sí mismo a la luz de sus asociaciones pasadas o de su elección presente. No todos nosotros ingresamos en agrupaciones religiosas, pero la mayoría estamos en favor de esas afiliaciones.

En el siguiente capítulo aparece una explicación del alcoholismo, tal como nosotros lo entendemos, y luego viene un capítulo dirigido al agnóstico. Muchos de los que una vez estuvieron dentro de esa clasificación se cuentan entre nuestros miembros. Aunque parezca sorprendente, encontramos que esas convicciones no son un gran obstáculo para una experiencia espiritual.

Más adelante se dan indicaciones claras que muestran cómo nos recuperamos. Éstas van seguidas de historias de experiencias personales.

En las historias personales, cada individuo describe, con su propio lenguaje y desde su propio punto de vista, la manera en que él ha establecido su relación con Dios. Estas historias nos ofrecen una muestra representativa de nuestros miembros y una idea clara de lo que realmente ha sucedido en sus vidas.

Esperamos que nadie considere estos relatos personales como de mal gusto. Nuestra esperanza es que muchos alcohólicos, hombres y mujeres, desesperadamente necesitados, vean estas páginas, y creemos que solamente descubriéndonos a nosotros mismos y hablando francamente de nuestros problemas, ellos serán persuadidos a decir, "sí, yo soy uno de ellos también; yo debo obtener esto".

Capítulo 3

MÁS ACERCA DEL ALCOHOLISMO

*L*A MAYORÍA de nosotros hemos estado poco dispuestos a admitir que éramos realmente alcohólicos. A nadie le agrada pensar que es física y mentalmente diferente a sus semejantes. Por lo tanto, no es extraño que nuestras carreras de bebedores se hayan caracterizado por innumerables y vanos esfuerzos para probar que podíamos beber como otras personas. La idea de que de alguna forma, algún día, llegará a controlar su manera de beber y a disfrutar bebiendo, es la gran obsesión de todo bebedor anormal. La persistencia de esta ilusión es sorprendente. Muchos la persiguen hasta las puertas de la locura o de la muerte.

Llegamos a comprender que teníamos que admitir plenamente, en lo más profundo de nuestro ser, que éramos alcohólicos. Éste es el primer paso hacia la recuperación. Hay que acabar con la ilusión de que somos como la demás gente, o de que pronto lo seremos.

Nosotros, los alcohólicos, somos hombres y mujeres que hemos perdido la capacidad para controlar nuestra manera de beber. Sabemos que no hay nadie realmente alcohólico que recupere *jamás* ese control. Todos nosotros creímos a veces que estábamos recobrando el control, pero esos intervalos, generalmente breves, eran inevitablemente seguidos de todavía menos control, que con el tiempo nos llevaba a una lastimosa e inexplicable desmoralización. Unánimemente estamos convencidos de que los alcohólicos de nuestro tipo padecemos de una enfermedad progresiva. Después de cierto tiempo empeoramos, nunca mejoramos.

Somos como individuos que han perdido las piernas; a éstos nunca les salen otras. Tampoco parece haber ninguna clase de tratamiento que haga que los alcohólicos como nosotros seamos como la demás gente. Hemos probado todos los remedios imaginables. En algunos casos ha habido una recuperación pasajera, seguida siempre por una recaída más grave. Los médicos que están familiarizados con el alcoholismo están de acuerdo en que no hay manera de convertir a un alcohólico en un bebedor normal. Puede ser que la ciencia lo logre algún día, pero todavía no lo ha hecho.

No obstante todo lo que podamos decir, muchos que realmente son alcohólicos no van a creer que pertenecen a esa clase. Tratarán, a base de toda clase de ilusiones y de experimentos, de convencerse a sí mismos de que son la excepción a la regla y, por consiguiente, que no son alcohólicos. Si cualquiera que está demostrando incapacidad para controlarse con la bebida puede cambiar completamente y beber como un caballero, nos descubrimos ante él. ¡Sólo Dios sabe lo que hemos hecho durante tanto tiempo para beber como otras personas!

Éstos son algunos de los métodos que hemos probado: Beber únicamente cerveza, limitar el número de copas, nunca beber solo, nunca beber por la mañana, beber solamente en casa, nunca tener bebida en casa, nunca beber durante las horas de trabajo, beber solamente en fiestas, cambiar una clase de licor fuerte por otro, beber solamente vinos naturales, prometer renunciar al empleo si llegáramos a emborracharnos en el trabajo, hacer un viaje, no hacer un viaje, jurar dejar de beber para siempre (con o sin solemnidad), hacer más ejercicio físico, leer libros conducentes a la inspiración, ir a granjas de salud y sanatorios, aceptar voluntariamente ser internados en centros de tratamiento… Podríamos prolongar la lista hasta el infinito.

No nos gusta decirle a un individuo que es alcohólico, pero tú mismo puedes diagnosticarte rápidamente. Entra al bar más cercano y trata de beber en forma controlada. Trata de beber y dejar de hacerlo bruscamente. Haz la prueba más de una vez. No tardarás mucho en poder decidir, si eres sincero contigo mismo. Puede valer la pena sufrir una gran temblorina, si con esto te das cuenta cabal de tu condición.

Aunque no hay manera de comprobarlo, creemos que pudimos haber dejado de beber al principio de nuestras carreras de bebedores, pero la dificultad está en que son pocos los alcohólicos que tienen el suficiente deseo de dejar de beber mientras todavía les queda tiempo para hacerlo. Hemos oído de algunos casos en que individuos, con señales definidas de alcoholismo, y debido a un imperioso deseo de hacerlo, pudieron dejar de beber por un largo período.

Uno de esos casos es el de un individuo de treinta años de edad, que vivía en continuas parrandas. A la mañana siguiente de una borrachera estaba muy nervioso y se calmaba con más licor. Tenía la ambición de triunfar en los negocios, pero se daba cuenta de que nada lograría si seguía bebiendo. Una vez que empezaba, ya no tenía absolutamente ningún control. Tomó la decisión de no probar ni una gota hasta que hubiera triunfado en los negocios y se hubiera jubilado. Hombre excepcional, estuvo seco hasta los tuétanos durante veinticinco años, retirándose cuando cumplió los cincuenta y cinco, después de una carrera productiva y afortunada. Entonces fue víctima de una creencia que tiene prácticamente todo alcohólico: que su largo período de sobriedad y autodisciplina le había capacitado para beber como las demás personas. Se puso las pantuflas y descorchó la botella… A los dos meses estaba en un hospital, confuso y humillado. Trató de regular su manera de beber durante algún tiempo mientras experimentaba algunos internamientos en el hospital. Entonces, reuniendo todas sus fuerzas, trató de dejar de beber totalmente, y se dio cuenta de que no podía. Estaban a su disposición todos los medios que podían conseguirse con dinero para resolver su problema. Todas las tentativas fallaron. A pesar de que al retirarse de los negocios era un hombre robusto, se desmoronó rápidamente y murió cuatro años después.

Este caso encierra una lección importantísima. La mayoría de nosotros hemos creído que si permanecíamos sobrios por bastante tiempo, después podríamos beber normalmente. Pero aquí tenemos el caso de un individuo que a los cincuenta y cinco años se dio cuenta de que estaba exactamente donde había quedado a los treinta. Hemos visto esta verdad demostrada una y otra vez, "Una vez alcohólico, alcohólico para siempre". Si comenzamos a beber después de un período de sobriedad, al poco tiempo estamos tan mal como siempre. Si estamos haciendo planes para dejar de beber, no debe haber reserva de ninguna clase, ni ninguna idea oculta de que algún día seremos inmunes al alcohol.

La experiencia del individuo antes citado puede motivar a los jóvenes a creer que es posible dejar de beber a base de fuerza de voluntad, tal como él lo hizo. Dudamos de que muchos puedan hacerlo porque ninguno querrá realmente dejar de beber. Y será muy raro el que lo haga, debido a la peculiar característica mental que ya se habrá adquirido. Algunos de los de nuestra agrupación, individuos de treinta años de edad, y aún menos, habían estado bebiendo durante pocos años, pero se encontraron en una situación tan desesperada como la de los que habían estado bebiendo veinte años.

Para estar gravemente afectado no es necesario que uno haya estado bebiendo durante mucho tiempo, ni que beba tanto como lo hicimos algunos de nosotros. Esto es particularmente cierto en las mujeres. Las alcohólicas en potencia a menudo se convierten en tales, y en pocos años su caso está muy avanzado. Ciertas bebedoras, que se sentirían gravemente ofendidas si se les llamara alcohólicas, se sorprenden de su incapacidad para dejar de beber. Nosotros, que estamos familiarizados con los síntomas, vemos un gran número de alcohólicos potenciales entre los jóvenes en todas partes. ¡Pero trata de hacer que ellos lo vean!*

Mirando al pasado, nos damos cuenta de que habíamos seguido bebiendo muchos años después del momento en que nos hubiera sido posible dejar de hacerlo a base de nuestra fuerza de voluntad. Si alguien duda de que ya haya entrado en este peligroso terreno, que haga la prueba de apartarse del licor durante un año. Si realmente es un alcohólico y su caso está muy avanzado, hay escasas posibilidades de éxito. Al principio de nuestra época de bebedores hubo ocasiones en que permanecimos sin beber por un año o más tiempo, para después transformarnos en serios bebedores. Pese a que uno pueda dejar de beber por un período considerable, puede ser, sin embargo, un alcohólico potencial. Creemos que pocos de los que sientan el llamamiento de este libro pueden permanecer sin beber aun durante un año. Algunos estarán borrachos al día siguiente de haber hecho sus resoluciones; la mayoría de ellos, en unas cuantas semanas.

Para los que no pueden beber con moderación, el problema consiste en cómo dejar de hacerlo totalmente. Nos suponemos, desde luego, que el lector quiere dejar de beber. El que la persona que está en esas condiciones pueda dejar de beber sobre una base no espiritual, depende del grado en que haya perdido el poder de elegir entre beber o no beber. Muchos de nosotros creíamos que teníamos mucho carácter. Existía siempre el tremendo apremio de dejar de beber. A pesar de esto, nos resultaba imposible hacerlo. Ésta es la característica desconcertante del alcoholismo, tal como lo conocemos; esa total incapacidad para dejar la bebida sin importar lo grande que sea la necesidad o el deseo de hacerlo.

¿Cómo podremos, entonces, ayudar a nuestro lector a decidir, a su propia satisfacción, si es uno de nosotros? El

---

*Esto era cierto cuando se publicó este libro por primera vez. Un estudio hecho en 2014 de la comunidad en los EE.UU. y Canadá indicó que la onceava parte de los A.A. tenían 30 años de edad o menos.

experimento de dejar de beber por un tiempo ayudará; pero creemos poder hacer un servicio más grande a los que padecen del alcoholismo, y tal vez incluso a la profesión médica. Por lo tanto, describiremos algunos de los estados mentales que preceden a la recaída en la bebida, porque obviamente éste es el punto crucial del problema.

¿Qué clase de pensamiento predomina en el alcohólico que repite una y otra vez el desesperante experimento de la primera copa? Los amigos que han razonado con él, después de una borrachera que lo ha llevado hasta el punto del divorcio o la bancarrota, se quedan desconcertados cuando lo ven ir directamente a la cantina. ¿Por qué lo hace? ¿En qué está pensando?

Nuestro primer ejemplo es el amigo a quien llamaremos Jim. Este individuo tiene una esposa y una familia encantadoras. Heredó una lucrativa agencia de automóviles; tiene una recomendable hoja de servicios de la Guerra Mundial; es un buen vendedor y goza de simpatías generales. Es un hombre inteligente; normal hasta donde podemos ver, excepto por su índole nerviosa. No bebió hasta los treinta y cinco. Al cabo de unos cuantos años se ponía tan violento cuando bebía, que hubo necesidad de internarlo. Al salir del centro de tratamiento se comunicó con nosotros.

Le hablamos de lo que sabíamos acerca del alcoholismo y de la solución que habíamos hallado. Puso manos a la obra. Su familia se reunió nuevamente, y empezó a trabajar como vendedor en el negocio que había perdido por sus borracheras. Todo marchó bien por algún tiempo, pero no cultivó su vida espiritual. Para su consternación, se emborrachó media docena de veces en rápida sucesión. En cada una de estas ocasiones trabajamos con él examinando cuidadosamente lo que había sucedido. Estuvo de acuerdo en que era un alcohólico y que su condición era grave. Sabía que se enfrentaba a otra estancia en el centro de tratamiento si seguía bebiendo. Más aún, perdería a su familia, por la que sentía un gran cariño.

Pese a todo esto, volvió a emborracharse. Le pedimos que nos dijera exactamente cómo había sucedido. Ésta es la historia: "Fui a trabajar el martes por la mañana. Recuerdo que me sentí disgustado porque tenía que ser vendedor en un negocio del que antes había sido dueño. Crucé unas palabras con el patrón, pero no fue nada serio. Entonces decidí irme al campo en mi automóvil a ver a un posible cliente. En el campo sentí hambre y me detuve en un lugar donde hay una cantina. No tenía intención de beber; solamente pensé en comerme un sandwich. También se me ocurrió que podía encontrar algún cliente en ese lugar ya conocido porque lo había frecuentado durante años. Me senté ante una mesa y pedí un sandwich y un vaso de leche. Todavía no pensaba en beber. Luego pedí otro sandwich y decidí tomarme otro vaso de leche.

"Repentinamente cruzó por mi mente la idea de que si le pusiera una onza de whisky a la leche no podría hacerme daño teniendo el estómago lleno. Pedí el whisky y se lo eché a la leche. Vagamente percibí que no estaba siendo muy vivo, pero me tranquilicé pensando que estaba bebiendo el licor con el estómago lleno. El experimento iba tan bien, que pedí otro y lo eché en más leche. Esto no pareció molestarme, así que lo repetí".

Así empezó para Jim un viaje más al centro de tratamiento. Existía ahora la amenaza del encierro, la pérdida de la familia y del empleo, sin mencionar el intenso sufrimiento físico y mental que la bebida le causaba siempre. *Se conocía bien como alcohólico. A pesar de esto, fueron apartadas fácilmente todas las razones para no beber en favor de la disparatada idea de que podía tomar whisky si lo mezclaba con leche.*

Cualquiera que sea la definición precisa de la palabra, nosotros la llamamos simplemente locura. ¿Cómo puede llamársele de otro modo a semejante desproporción en la capacidad para pensar con cordura?

Puedes creer que éste es un caso extremo. Para nosotros no lo es, porque esta manera de pensar ha sido característica de cada uno de nosotros. A veces hemos reflexionado más que Jim acerca de las consecuencias, pero siempre se produjo el curioso fenómeno mental de que, paralela al razonamiento cuerdo, corrió alguna excusa dementemente trivial para tomar la primera copa. Nuestra cordura no fue suficiente para frenarnos; la idea descabellada predominó. Al día siguiente nos preguntábamos, con toda seriedad y sinceridad, cómo había podido suceder eso.

En algunas circunstancias hemos ido a emborracharnos deliberadamente, sintiéndonos justificados por el nerviosismo, la ira, la preocupación, la depresión, los celos o cualquier otra cosa por el estilo. Pero aun tratándose de esta forma de empezar, estamos obligados a admitir que nuestra justificación para una borrachera fue insensatamente insuficiente teniendo en cuenta lo que siempre había pasado. Ahora vemos que, cuando empezábamos a beber deliberadamente en vez de casualmente, durante el período de premeditación nuestra manera de pensar en lo que podrían ser las terribles consecuencias era poco seria o efectiva.

Con respecto a la primera copa nuestro proceder es tan absurdo e incomprensible como el del individuo, pongamos por caso, que tiene la manía de cruzar a media calle. Siente cierto placer en saltar frente a vehículos que van a gran velocidad. Durante unos años se divierte así, a pesar de las amistosas advertencias. Hasta aquí, tú lo calificarás como un tonto con ideas raras acerca de lo que es divertirse. Más tarde la suerte lo abandona y es lastimado levemente varias veces seguidas. Pensarías que aquel individuo, si es normal, no lo volvería a hacer. Al poco tiempo, sin embargo, reincide, y esta vez sufre una fractura de cráneo. Después de una semana de salir del hospital le atropella un tranvía y le rompe un brazo. Te dice que ha decidido dejar de cruzar a media calle de una vez por todas, pero a las pocas semanas le rompen las dos piernas.

A través de los años continúa esta conducta, acompañada de sus promesas de ser cuidadoso y de alejarse de la calle del todo. Por fin, ya no puede trabajar, su esposa se divorcia de él y queda en ridículo ante todos. Trata por todos los medios imaginables de quitarse de la cabeza la idea de cruzar a media calle. Se encierra en un centro de tratamiento con la esperanza de enmendarse, pero el día que sale, se cruza enfrente de un carro de bomberos que le rompe la columna vertebral. Un individuo como éste tiene que estar loco. ¿No es así?

Puede parecerte que nuestra ilustración es muy ridícula.

Pero, ¿es así? Nosotros, que hemos tenido experiencias agobiantes, tenemos que admitir que si se sustituyera "manía de cruzar a media calle" por "alcoholismo" la ilustración encajaría perfectamente en nuestro caso. Por muy inteligentes que hayamos demostrado ser en otros aspectos, en lo que concierne al alcohol hemos sido extrañamente dementes. Éstas son palabras duras pero ¿no son ciertas?

Algunos de ustedes estarán pensando: "Sí, lo que dices es cierto, pero no del todo aplicable. Admitimos que tenemos algunos de esos síntomas, pero no hemos llegado a los extremos que ustedes llegaron; ni parece que llegaremos, porque nosotros nos comprendemos tan bien después de lo que nos dijeron que tales cosas no podrán volver a suceder. No hemos perdido todo en la vida por la bebida y desde luego no tenemos la intención de que así suceda. Gracias por la información".

Eso puede ser verdad para ciertas personas no alcohólicas, que si bien bebían irresponsablemente y en exceso pueden parar o moderarse porque su cerebro y su cuerpo no se han dañado como pasó con los nuestros. Pero el que es efectiva y potencialmente alcohólico, con casi ninguna excepción, será absolutamente incapaz de dejar de beber a base del conocimiento de sí mismo. Éste es un punto que queremos enfatizar y reenfatizar para que les entre bien en la cabeza a nuestros lectores alcohólicos así como se nos ha sido revelado a nosotros a través de la amarga experiencia. Pasemos a otro ejemplo.

Fred es socio de una bien conocida empresa de contabilidad. Sus entradas son buenas, tiene un magnífico hogar, está casado felizmente y es padre de muchachos prometedores de edad universitaria. Tiene una personalidad muy atractiva que hace amistad con todos. Si ha habido un hombre de negocios próspero, Fred lo es. Según todas las apariencias, es un individuo estable y bien equilibrado. A pesar de todo esto, Fred es un alcohólico. Lo vimos por primera vez hace un año en un hospital, al que había ido a recuperarse de un tembloroso ataque de nervios. Era su primera experiencia de esa clase y estaba muy avergonzado de lo que le pasaba. Lejos de admitir que era alcohólico, se decía a sí mismo que había ido al hospital a calmar los nervios. El médico le indicó con firmeza que podía estar peor de lo que creía. Durante unos días se sintió deprimido por su condición. Tomó la resolución de dejar de beber totalmente. Nunca pensó que tal vez no lo pudiera hacer, a pesar de su carácter y de su posición. No creía ser un alcohólico y mucho menos aceptaba un remedio espiritual para su problema. Le dijimos lo que sabíamos acerca del alcoholismo. Se interesó y concedió que tenía algunos de esos síntomas, pero distaba mucho de admitir que no podía hacer nada por sí mismo. Estaba convencido de que esta humillante experiencia, unida a los conocimientos que había adquirido, lo mantendría sobrio el resto de la vida. El conocimiento de sí mismo lo arreglaría todo.

No volvimos a oír de Fred por algún tiempo. Un día nos dijeron que había regresado al hospital. Esta vez estaba muy tembloroso. Pronto indicó que estaba ansioso de vernos. La historia que nos contó es sumamente instructiva, porque se trata de un individuo absolutamente convencido de que tenía que dejar de beber, que no tenía ninguna excusa para beber, que demostraba un juicio y una determinación extraordinarios en todos sus otros asuntos, pero que a pesar de todo esto era impotente ante su problema.

Dejemos que sea él quien te lo cuente: "Me impresionó mucho lo que ustedes dijeron acerca del alcoholismo y francamente no creí posible que yo volviera a beber. Aprecié mucho sus ideas sobre la sutil demencia que precede a la primera copa, pero tenía confianza en que no me podía suceder a mí después de lo que había sabido. Razoné que mi caso no estaba tan avanzado como los de la mayoría de ustedes, que había tenido un éxito excepcional en vencer mis otros problemas personales y que, por consiguiente, también tendría un buen éxito donde ustedes habían fallado. Sentía que tenía todas las razones para tener confianza en mí mismo, que sólo era cuestión de ejercer mi fuerza de voluntad y de mantenerme alerta.

"En este estado de ánimo volví a mi vida normal y todo fue bien por algún tiempo. No tenía dificultad en rehusar las copas que me brindaban y empecé a pensar si yo no había estado complicando un asunto tan sencillo. Un día fui a Washington para presentar unos comprobantes de contabilidad en un departamento del gobierno. Ya me había ausentado con anterioridad durante este período de abstinencia, así es que no era nada nuevo. Físicamente me sentía muy bien; tampoco tenía problemas o preocupaciones apremiantes. Mi negocio salió bien, estaba satisfecho y sabía que también lo estarían mis socios. Era el final de un día perfecto y no había ninguna nube en el horizonte.

"Me fui a mi hotel y me vestí despacio para ir a cenar. *Al cruzar el umbral del comedor me vino a la mente la idea de que sería agradable tomar un par de cócteles antes de la cena. Eso fue todo; nada más*. Pedí un cóctel y mi cena; luego pedí otro cóctel. Después de la cena decidí dar un paseo. Cuando regresé al hotel se me ocurrió que me sentaría bien un traguito antes de acostarme; entré al bar y me tomé uno… Recuerdo haber tomado algunos más esa noche y bastantes el día siguiente. Tengo el recuerdo nebuloso de haber estado en un avión rumbo a Nueva York y de haber encontrado en el aeropuerto a un taxista muy servicial, en vez de a mi esposa. Aquel taxista fue una especie de cuidador mío durante varios días. Poco sé de adónde fui o de lo que oí o dije… por fin, me encontré en el hospital con un insoportable sufrimiento físico y mental.

"Tan pronto como recobré la capacidad de pensar, repasé cuidadosamente lo sucedido aquella noche en Washington. *No solamente había estado desprevenido sino que no había opuesto ninguna resistencia a la primera copa. Esta vez no había pensado para nada en las consecuencias*. Había empezado a beber tan descuidadamente como si los cócteles fueran simples refrescos. Recordé entonces lo que me habían dicho mis amigos alcohólicos; me habían vaticinado que si tenía mentalidad de alcohólico, el momento y el lugar se presentarían: volvería a beber. Habían dicho que a pesar de que opusiera resistencia, ésta se derrumbaría por fin ante cualquier pretexto trivial para beber una copa. Pues bien, eso fue precisamente lo que pasó, y algo más, porque lo que había aprendido acerca del alcoholismo no me vino a la mente para nada. Desde ese momento supe que tenía una mentalidad de alcohólico. Me di cuenta de que la fuerza de voluntad y el conocimiento de uno mismo no podrían remediar esas extrañas lagunas mentales. Nunca había podido comprender a las personas que decían que un problema los había derrotado irremediablemente. Entonces lo comprendí. Fue un golpe demoledor.

"Dos miembros de Alcohólicos Anónimos vinieron a visitarme. Sonrieron al verme, lo cual no me agradó mucho; me preguntaron si esta vez ya creía que era un alcohólico y que estaba derrotado. Tuve que aceptar ambas cosas. Me dieron un montón de pruebas al efecto de que una mentalidad de alcohólico como la que yo había manifestado en Washington era una condición desesperada. Citaron docenas de casos basados en su propia experiencia. Este procedimiento apagó la última llama de la convicción de que yo mismo podía realizar la tarea.

"Entonces delinearon la solución espiritual y el programa de acción que cien de ellos habían seguido con éxito. A pesar de que solamente había sido miembro nominal de una iglesia, sus propuestas no me eran difíciles de aceptar, intelectualmente. Pero el programa de acción, aunque enteramente sensato, era bastante drástico; quería decir que tendría que arrojar por la ventana varios conceptos que había tenido toda mi vida. Eso no era fácil. Pero en el momento en que me decidí a poner en práctica el procedimiento, tuve la curiosa sensación de que mi condición alcohólica se aliviaba, como resultó en efecto.

"Más importante fue el descubrimiento de que serían los principios espirituales los que resolverían mis problemas. Desde entonces he sido conducido a un modo de vivir infinitamente más satisfactorio y, espero, una vida más provechosa que la que llevé antes. Mi antigua manera de vivir no tenía nada de malo, pero no cambiaría sus mejores momentos por los peores que tengo ahora. No regresaría a ella ni aunque pudiera hacerlo".

La historia de Fred es elocuente por sí misma. Quisiéramos que les llegara a lo más hondo a miles como él. Él llegó a sentir sólo los primeros dolores del tormento. La mayoría de los alcohólicos tienen que llegar a estar bastante destrozados antes de empezar a resolver realmente sus problemas.

Muchos médicos y psiquiatras están de acuerdo con nuestras conclusiones. Uno de éstos, médico de un hospital de renombre mundial, recientemente nos hizo la declaración siguiente: "Lo que dicen ustedes acerca de la irremediabilidad general de la condición del alcohólico es, en mi opinión, correcto. En lo que respecta a dos de ustedes cuyas historias he conocido, no me cabe ninguna duda de que eran ciento por ciento irremediables, salvo por intervención divina. Si se hubieran presentado como pacientes a este hospital, de haberlo podido evitar, no los habría aceptado. Personas como ustedes destrozan el corazón. Aunque no soy una persona religiosa, siento un respeto profundo por el enfoque espiritual en casos como los de ustedes. Para la mayoría de estos casos, prácticamente no hay otra solución".

Una vez más insistimos en que, en ciertas ocasiones, el alcohólico no tiene ninguna defensa mental efectiva contra la primera copa. Excepto en unos cuantos casos raros, ni él ni ningún otro ser humano puede proveer tal defensa. Su defensa tiene que venir de un Poder Superior.

Capítulo 4

NOSOTROS LOS AGNÓSTICOS

$\mathcal{E}$N LOS CAPÍTULOS anteriores has aprendido algo sobre el alcoholismo. Nuestro deseo es que hayamos establecido con claridad la diferencia entre el alcohólico y el que no lo es. Si cuando deseándolo sinceramente te das cuenta de que no puedes dejarlo del todo, o si cuando bebes, tienes poco control de la cantidad que tomas, probablemente eres alcohólico. Si éste es el caso, tú puedes estar sufriendo de una enfermedad que sólo una experiencia espiritual puede vencer.

A aquel que se considera ateo o agnóstico, tal experiencia le parece imposible, pero seguir siendo como es significa el desastre, especialmente si es un alcohólico del tipo que no tiene remedio. No siempre es fácil enfrentarse a la alternativa de estar condenado a una muerte por alcoholismo o vivir sobre una base espiritual.

Pero no es tan difícil. Casi la mitad de los miembros de nuestra agrupación original eran exactamente de ese tipo. Al principio, algunos de nosotros tratamos de eludir el tema, esperando contra toda esperanza que no fuéramos realmente alcohólicos. Pero después de algún tiempo tuvimos que enfrentarnos al hecho de que teníamos que encontrar una base espiritual para nuestra vida, o si no atenernos a las consecuencias. Tal vez éste sea tu caso. Pero alégrate, casi la mitad de nosotros nos considerábamos ateos o agnósticos. Nuestra experiencia demuestra que no debes sentirte desconcertado.

Si un mero código de moral o una mejor filosofía de la vida fueran suficientes para superar el alcoholismo, muchos de nosotros ya nos hubiéramos recuperado desde hace largo tiempo. Pero descubrimos que tales códigos y filosofías no nos salvaban, por mucho que lo intentáramos. Podíamos desear ser morales, podíamos desear ser confortados filosóficamente; en realidad, podíamos desear todo esto con todas nuestras fuerzas, pero el poder necesario no estaba ahí. Nuestros recursos humanos bajo el mando de nuestra voluntad no eran suficientes; fallaban completamente.

Falta de poder; ese era nuestro dilema. Teníamos que encontrar un poder por el cual pudiéramos vivir, y tenía que ser un *Poder superior a nosotros mismos*. Obviamente. ¿Pero dónde y cómo íbamos a encontrar ese Poder?

Pues bien, eso es exactamente de lo que trata este libro. Su objetivo principal es ayudarte a encontrar un Poder superior a ti mismo que resuelva tu problema. Eso quiere decir que hemos escrito un libro que creemos es espiritual así como también moral. Y quiere decir, desde luego, que vamos a hablar acerca de Dios. Aquí surge la dificultad con los agnósticos. Muchas veces hablamos con un nuevo individuo y vemos despertarse sus esperanzas a medida que discutimos sus problemas alcohólicos y que le explicamos de nuestra agrupación. Pero frunce el ceño cuando hablamos de asuntos espirituales, especialmente cuando mencionamos a Dios, porque hemos reabierto un tema que nuestro hombre creía haber evadido hábilmente o completamente ignorado.

Sabemos cómo él se siente. Hemos compartido sus sinceros prejuicios y dudas. Algunos de nosotros hemos sido apasionadamente antirreligiosos. Para otros, la palabra "Dios" traía una idea particular de Él, con la que alguien había tratado de impresionarlos en su niñez. Tal vez rechazamos este concepto particular porque nos parecía inadecuado. Quizá imaginábamos que con ese rechazo habíamos abandonado por completo la idea de Dios. Nos molestaba la idea de la fe y la dependencia de un Poder ajeno era en cierta forma débil e incluso cobarde. Veíamos con profundo escepticismo a este mundo de individuos en guerra, de sistemas teológicos en pugna y de calamidades inexplicables. Mirábamos con recelo a muchos que decían ser piadosos. ¿Cómo podía un Ser Supremo tener algo que ver con todo esto? Y de todos modos ¿quién podía comprender a un Ser Supremo? Sin embargo, en otros momentos, al sentir el encanto de una noche estrellada pensábamos: "¿Quién, pues, hizo todo esto?" Había un momento de admiración y de asombro, pero era fugaz y pronto pasaba.

Sí, nosotros los agnósticos hemos tenido esos pensamientos y experiencias. Nos apresuramos en asegurártelo. Nos dimos cuenta de que tan pronto como pudimos hacer a un lado el prejuicio y manifestar siquiera la voluntad de creer en un Poder superior a nosotros mismos, comenzamos a obtener resultados; aunque le fuera imposible a cualquiera de nosotros definir o comprender cabalmente a ese Poder, que es Dios.

Para gran consuelo nuestro, descubrimos que no necesitábamos tomar en cuenta el concepto que cualquier otro tuviera de Dios. Nuestro propio concepto, por muy inadecuado que fuese, era suficiente para acercarnos y efectuar un contacto con Él. Tan pronto como admitimos la posible existencia de una Inteligencia creadora, de un espíritu del Universo como razón fundamental de todas las cosas, empezamos a estar poseídos de un nuevo sentido de poder y dirección, con tal de que diéramos otros pasos sencillos. Encontramos que Dios no impone condiciones muy difíciles a quienes le buscan. Para nosotros, el Reino del Espíritu es amplio, espacioso, siempre inclusivo nunca exclusivo o prohibitivo para aquellos que lo buscan con sinceridad. Nosotros creemos que está abierto a todos los seres humanos.

Por consiguiente, cuando te hablamos de Dios, nos referimos a tu propio concepto de Dios. Esto se aplica también a otras expresiones espirituales que puedes encontrar en este libro. No dejes que ningún prejuicio que puedas tener en contra de los términos espirituales te impida preguntarte sinceramente a ti mismo lo que significan para ti. Al principio, esto era todo lo que necesitábamos para comenzar el desarrollo espiritual, para efectuar nuestra primera relación consciente con Dios, tal como lo concebíamos. Después, nos encontramos aceptando muchas cosas que entonces parecían inaccesibles. Eso era ya un adelanto. Pero si queríamos progresar, teníamos que empezar por alguna parte. Por lo tanto, usamos nuestro propio concepto a pesar de lo limitado que fuese.

Solamente necesitábamos hacernos una breve pregunta: "¿Creo ahora, o estoy dispuesto a creer siquiera, que hay un Poder superior a mí mismo?" Tan pronto como una persona pueda decir que cree o que está dispuesta a creer, podemos asegurarte enfáticamente que ya va por buen camino. Repetidamente se ha comprobado entre nosotros que sobre esta primera piedra puede edificarse una maravillosamente efectiva estructura espiritual.*

Esa fue una gran noticia para nosotros porque habíamos supuesto que no podíamos hacer uso de principios espirituales a menos que aceptáramos muchas cosas sobre la fe que parecían difíciles de creer. Cuando nos presentaban enfoques espirituales, cuántas veces dijimos: "Yo quisiera tener la fe que tiene esa persona; estoy seguro de que me daría resultado si creyera como ella cree. Pero no puedo aceptar como una verdad segura muchos artículos de fe que son tan claros para ella". Así que fue reconfortante aprender que podíamos empezar en un nivel más sencillo.

Además de una aparente incapacidad para aceptar muchas cosas por fe, frecuentemente nos encontrábamos

---

*Por favor, no dejes de leer el Apéndice sobre "Experiencia Espiritual".

limitados por la obstinación, la sensibilidad y los prejuicios irracionales. Muchos de nosotros hemos sido tan susceptibles que hasta la referencia casual a cosas espirituales nos hacía encrespar de antagonismo. Esta manera de pensar tuvo que ser abandonada. Aunque algunos de nosotros nos resistimos, no encontramos muy difícil desechar tales sentimientos. Viéndonos frente a la destrucción alcohólica, pronto nos volvimos tan receptivos con los asuntos espirituales como habíamos tratado de serlo con otras cuestiones. En este aspecto, el alcohol fue un instrumento efectivo de persuasión. Finalmente a base de golpes nos hizo entrar en razón. A veces resultaba un proceso tedioso; no le deseamos a nadie que mantenga sus prejuicios tanto tiempo como algunos de nosotros.

Puede ser que el lector todavía se pregunte por qué debe creer en un Poder superior a él mismo. Creemos que hay buenas razones para ello. Vamos a examinar algunas:

El individuo práctico de hoy en día da mucha importancia a los hechos y a los resultados. A pesar de eso, en el siglo veinte se aceptan fácilmente teorías de todas clases, siempre que estén sólidamente basadas en hechos. Tenemos numerosas teorías; acerca de la electricidad, por ejemplo. Todos creen en ellas sin un reproche ni una duda. ¿Por qué esta fácil aceptación? Sencillamente, porque es imposible explicar lo que vemos, sentimos, dirigimos y usamos, sin una suposición razonable como punto de partida.

En la actualidad todos creen en docenas de suposiciones de las que hay buena evidencia, pero ningún testimonio visual perfecto. Y, ¿no demuestra la ciencia que el testimonio visual es el más inseguro? Constantemente se está demostrando, a medida que se va estudiando el mundo material, que las apariencias externas no son de ninguna manera la realidad interior. Ilustraremos esto:

La prosaica viga de acero es una masa de electrones girando uno alrededor del otro a una velocidad increíble. Estos cuerpos insignificantes son gobernados por leyes precisas, y estas leyes son válidas en todo el mundo material. La ciencia nos dice que así es; no tenemos ninguna razón para dudarlo. Pero cuando se sugiere la perfectamente lógica suposición de que, detrás del mundo material, tal como lo vemos, hay una Inteligencia Todopoderosa, Dirigente, y Creadora, ahí mismo salta a la superficie nuestra perversa vanidad y laboriosamente nos dedicamos a convencernos de que no es así. Leemos libros atiborrados de pedante erudición y nos enfrascamos en discusiones pomposas pensando que no necesitamos de ningún Dios para explicarnos o comprender este universo. Si fuesen ciertas nuestras pretensiones, resultaría de ellas que la vida se originó de la nada, que no tiene ningún significado y que va hacia la nada.

En vez de considerarnos como agentes inteligentes, puntas de lanza de la siempre progresiva Creación de Dios, nosotros los agnósticos y los ateos preferimos creer que nuestra inteligencia humana es la última palabra, Alfa y Omega, principio y fin de todo. ¿No parece algo vanidoso de nuestra parte?

Nosotros, los que recorrimos este ambiguo camino, te suplicamos que hagas a un lado los prejuicios, incluso aquellos en contra de la religión organizada. Hemos aprendido que, cualesquiera que sean las debilidades humanas de los distintos credos, esos credos han proporcionado un propósito y una dirección a millones de seres. La gente de fe tiene una idea lógica del propósito de la vida. En realidad, no teníamos absolutamente ningún concepto razonable. Nos divertíamos criticando cínicamente las creencias y prácticas espirituales en vez de observar que la gente de todas las razas, colores y credos estaba demostrando un grado de estabilidad, felicidad y utilidad que nosotros mismos debíamos haber buscado.

En vez de hacerlo, mirábamos los defectos humanos

de estas personas y a veces nos basábamos en sus faltas individuales para condenarlas a todas. Hablábamos de intolerancia mientras que nosotros mismos éramos intolerantes. Se nos escapaba la belleza y la realidad del bosque porque nos distraía la fealdad de algunos de sus árboles. Nunca escuchamos con imparcialidad las cosas relativas a la parte espiritual de la vida.

En nuestras historias individuales puede encontrarse una amplia variación en la forma en que cada uno de los relatores enfoca y concibe a un Poder que es superior a él mismo. El que estemos de acuerdo o no con determinado enfoque o concepto, parece que tiene poca importancia. La experiencia nos ha enseñado que, para nuestro propósito, estos son asuntos acerca de los cuales no necesitamos preocuparnos. Son asuntos que cada individuo resuelve por sí mismo.

Sin embargo, hay un asunto en el que estos hombres y mujeres están sorprendentemente de acuerdo. Cada uno de ellos ha encontrado un Poder superior a sí mismo y ha creído en Él. Este Poder ha logrado en cada caso lo milagroso, lo humanamente imposible. Como lo ha expresado un célebre estadista americano: "Veamos el expediente".

He aquí a miles de hombres y mujeres, con experiencia de la vida, ciertamente. Declaran categóricamente que desde que empezaron a creer en un Poder superior a ellos mismos, a tener cierta actitud hacia ese Poder y hacer ciertas cosas sencillas, ha habido un cambio revolucionario en su manera de pensar y de vivir. Ante el derrumbamiento y desesperación, ante el fracaso completo de sus recursos humanos, encontraron que un poder nuevo, una paz, una felicidad y un sentido de dirección afluía en ellos. Esto les sucedió poco después de haber cumplido de todo corazón con unos cuantos sencillos requisitos. Antes confundidos y desconcertados por la aparente futilidad de su existencia, demuestran las razones subyacentes por las que les resultaba difícil la vida. Dejando a un lado la cuestión de la bebida, cuentan por qué la vida les resultaba tan insatisfactoria. Demuestran cómo se produjo el cambio en ellos. Cuando muchos cientos de personas pueden decir que el conocimiento consciente de la Presencia de Dios es hoy el hecho más importante de sus vidas, están presentando una poderosa razón por la que uno debe tener fe.

Este mundo nuestro ha realizado en un siglo más progresos materiales que en todos los miles de años anteriores. Casi todos conocen la razón. Los investigadores de la historia antigua nos dicen que la inteligencia de los hombres de entonces era igual a la de los de la actualidad. A pesar de eso, en la antigüedad era penosamente lento el progreso material. El espíritu moderno de indagación, investigación e inventiva científica era casi desconocido. En el dominio de lo material, la mente del hombre estaba encadenada por la superstición, la tradición y toda clase de obsesiones. Algunos de los contemporáneos de Colón consideraban como algo absurdo el que la Tierra fuera redonda. Otros estuvieron a punto de dar muerte a Galileo por sus herejías astronómicas.

Nosotros nos preguntamos lo siguiente: ¿No somos tan irrazonables y estamos tan predispuestos en contra del dominio del espíritu como lo estaban los antiguos respecto al dominio de lo material? Aún en el presente siglo, los periódicos americanos tuvieron miedo de publicar el relato del primer vuelo venturoso que los hermanos Wright hicieron en Kitty Hawk. ¿No habían fracasado todos los intentos de volar? ¿No se había hundido en el río Potomac la máquina voladora del profesor Langley? ¿No era cierto que los más grandes matemáticos habían comprobado que el hombre no podría volar nunca? ¿No había dicho la gente que Dios había reservado ese privilegio para los pájaros? Solamente treinta años después, la conquista del aire era historia antigua y los viajes en avión estaban en pleno apogeo.

Pero en la mayoría de los terrenos, nuestra generación ha presenciado una completa liberación de nuestra manera de pensar. Si se le enseña a cualquier estibador un periódico en el que se informe un proyecto para llegar a la luna en un cohete, exclamará: "Apuesto a que lo harán, y pronto". ¿No se caracteriza nuestra época por la facilidad con que se cambian viejas ideas por nuevas, con que desechamos una teoría o un aparato que ya no sirve por otros que sí sirven?

Tuvimos que preguntarnos por qué no aplicábamos a nuestros problemas humanos esa aptitud para cambiar nuestro punto de vista. Teníamos dificultades en nuestras relaciones interpersonales, no podíamos controlar nuestra naturaleza emocional, éramos presa de la angustia y de la depresión, no encontrábamos un medio de vida, teníamos la sensación de ser inútiles, estábamos llenos de temores, éramos infelices, parecía que no podíamos servirles para nada a los demás. ¿No era más importante la solución básica de estos tormentos que la posibilidad de ver la noticia de un viaje a la luna? Desde luego que lo era.

Cuando vimos a otros resolver sus problemas mediante una confianza sencilla en el Espíritu del Universo, tuvimos que dejar de dudar en el poder de Dios. Nuestras ideas no servían; pero la idea de Dios sí.

La casi infantil fe de los hermanos Wright en que podían construir un aparato que volara, fue el principal móvil de su realización. Sin eso, nada hubiera pasado. Los que éramos agnósticos y ateos nos estuvimos aferrando a la idea de que la autosuficiencia resolvería nuestros problemas. Cuando otros nos demostraron que la "dependencia de Dios" les daba resultados, empezamos a sentirnos como aquellos que insistieron en que los hermanos Wright nunca volarían.

La lógica es una gran cosa. Nos gustaba. Todavía nos gusta. No se nos dio por casualidad la facultad de razonar, de examinar la evidencia de nuestros sentidos y de llegar a conclusiones. Éste es uno de los atributos magníficos del ser humano. Los que nos inclinamos al agnosticismo no nos sentiríamos satisfechos con una proposición que no se preste a ser abordada o interpretada razonablemente. De ahí que nos esforcemos tanto por explicar por qué creemos que nuestra fe actual es razonable, por qué pensamos que es más sensato y lógico creer que no creer; por qué decimos que nuestra antigua manera de pensar era débil y exageradamente sentimental cuando, llenos de duda, levantábamos las manos diciendo: "No sabemos".

Cuando nos volvimos alcohólicos, aplastados por una crisis que nosotros mismos nos habíamos impuesto y que no podíamos posponer o evadir, tuvimos que encarar sin ningún temor el dilema de que Dios lo es todo o de otra manera Él no es nada. Dios es, o no es. ¿Qué íbamos a escoger?

Llegados a este punto, nos encontramos cara a cara con la cuestión de la fe. No pudimos evadir el asunto. Algunos de nosotros ya habíamos andado un buen trecho sobre el Puente de la Razón con rumbo a la deseada ribera de la fe. El delineamiento y la promesa de la Nueva Tierra habían dado brillo a nuestros ojos fatigados y nuevo valor a nuestros postrados espíritus. Manos amistosas se habían tendido para darnos la bienvenida. Estábamos agradecidos de que la Razón nos hubiera llevado tan lejos. Pero de cualquier manera, no podíamos bajar a tierra. Quizá en la última milla estábamos apoyándonos demasiado en la Razón y no queríamos perder nuestro apoyo.

Eso era natural, pero pensémoslo con un poco más de detenimiento. ¿No habríamos sido conducidos, sin saberlo, hasta donde estábamos por determinada clase de fe? Porque, ¿no creíamos en nuestro propio razonamiento?

¿No teníamos confianza en nuestra propia capacidad para pensar? ¿Qué era eso, sino cierta clase de fe? Sí, habíamos tenido fe, una fe ciega y servil en el Dios de la Razón. Por lo tanto, descubrimos en una forma u otra que la fe había tenido que ver con todo, todo el tiempo.

También descubrimos que habíamos sido adoradores. ¡La emoción que esto nos producía! ¿No habíamos adorado indistintamente a personas, objetos, dinero y a nosotros mismos? Y, por otra parte y con mejor razón, ¿no habíamos contemplado con adoración la puesta del sol, el mar o una flor? ¿Quién de entre nosotros no había amado a alguna persona o alguna cosa? ¿Cuánto tenían que ver con la razón pura esos sentimientos, ese amor, esa adoración? Poco o nada, como pudimos ver por fin. ¿No eran estas cosas los hilos que formaban el tejido de nuestras vidas? ¿No determinaban estos sentimientos, después de todo, el curso de nuestra existencia? Era imposible decir que no teníamos capacidad para la fe, para el amor y la adoración. En una u otra forma habíamos estado viviendo por la fe, y casi por nada más.

¡Imagínate la vida sin la fe! Si no hubiera nada más que razón pura, no sería vida. Pero creíamos en la vida — ¡claro que creíamos en ella! No podíamos comprobarla en el sentido en que se puede comprobar que la distancia más corta entre dos puntos es la línea recta; pero sin embargo, ahí estaba. ¿Podíamos decir todavía que todo no era más que una masa de electrones creada de la nada, sin ningún significado, girando hacia un destino que es la nada? Desde luego que no podíamos. Los mismos electrones parecían demostrar mayor inteligencia. Cuando menos eso nos aseguraba la Química.

De allí que nos dimos cuenta de que la razón no lo es todo. Tampoco es la razón, en la forma que la mayoría de nosotros la usamos, algo de lo que se pueda depender por completo aunque venga de las mentes más privilegiadas. Y ¿qué de los que probaron que el hombre jamás volaría?

Sin embargo, habíamos estado viendo otra clase de vuelo: una liberación espiritual de este mundo, gente que se elevaba por encima de sus problemas. Decían que Dios hacía posibles estas cosas, y nosotros sólo sonreíamos. Habíamos visto la liberación espiritual, pero nos gustaba decirnos a nosotros mismos que no era verdad.

En realidad, nos estábamos engañando a nosotros mismos, porque en lo más profundo de cada hombre, mujer y niño, está la idea fundamental de Dios. Puede ser oscurecida por la calamidad, la pompa o la adoración de otras cosas; pero de una u otra forma, allí está. Porque la fe en un Poder superior al nuestro y las demostraciones milagrosas de ese poder en las vidas humanas, son hechos tan antiguos como el mismo hombre.

Nos dimos cuenta, por fin, de que la fe en alguna clase de Dios era parte de nuestra manera de ser, como puede serlo el sentimiento que tenemos para con algún amigo. Algunas veces tuvimos que buscar sin temor, pero allí estaba Él. Él era un hecho tan real como lo éramos nosotros. Encontramos la Gran Realidad en lo más profundo de nosotros mismos. En última instancia, solamente allí es donde Él puede ser encontrado. Así sucedió con nosotros.

Nosotros podemos solamente aclarar el terreno un poco. Si nuestro testimonio ayuda a barrer los prejuicios, te permite pensar objetivamente y te estimula a buscar diligentemente dentro de ti mismo, entonces puedes, si así lo deseas, unirte a nosotros en el camino ancho. Con esta actitud, no puedes fallar. El conocimiento consciente de tu creencia te llegará con seguridad.

En este libro leerás algo sobre la experiencia de un individuo que creía ser ateo. Su historia es tan interesante, que vale la pena contar parte de ella ahora. El cambio que se operó en su corazón fue dramático, convincente y conmovedor.

Nuestro amigo era hijo de un ministro religioso. Asistió a una escuela de su iglesia en donde se rebeló contra lo que creía ser una dosis excesiva de educación religiosa. Durante los años siguientes las dificultades y frustraciones lo persiguieron. Fracasos en los negocios, demencia, enfermedades graves, suicidio — todas estas calamidades ocurridas entre sus familiares cercanos lo amargaron y deprimieron. La desilusión de la postguerra, un alcoholismo cada vez más grave, el inminente colapso físico y mental, lo llevaron al punto de la autodestrucción.

Una noche, estando confinado en un hospital, se le acercó un alcohólico que había tenido una experiencia espiritual. Sintiéndose harto de aquello, gritó amargamente: "Si es que hay un Dios, no ha hecho nada por mí". Pero más tarde, estando solo en su cuarto, se preguntó: "¿Es posible que estén equivocadas todas las personas religiosas a quienes he conocido?" Mientras estuvo tratando de contestarse, se sintió muy mal; pero de pronto, como un rayo, le vino una idea que opacó todo lo demás:

"¿Quién eres tú para decir que no hay Dios?"

Este individuo relata que se levantó precipitadamente de la cama para caer de rodillas. Al cabo de unos segundos se sintió abrumado por la convicción de la Presencia de Dios. Lo saturó la seguridad y majestuosidad de una marea creciente. Las barreras que había construido a través de los años fueron arrolladas. Estaba ante la Presencia del Poder Infinito y del Amor. Había pasado del puente a la orilla. Por primera vez vivía en compañía consciente con su Creador.

Así fue colocada en su lugar la piedra angular de nuestro amigo. Ninguna vicisitud posterior la ha hecho tambalear. Su problema alcohólico fue eliminado. Esa misma noche, hace años, el problema desapareció. Salvo algunos breves momentos de tentación, el pensamiento de beber nunca ha vuelto a su mente; y en esos momentos de tentación ha sentido una gran repulsión. Es aparente que no podría beber, ni aun queriendo hacerlo. Dios le ha devuelto la cordura.

¿Qué es esto sino un milagro de recuperación? Sin embargo, sus elementos son sencillos. Las circunstancias hicieron que estuviera dispuesto a creer. Humildemente se ofreció a su Hacedor — entonces supo.

De igual manera, Dios nos ha devuelto el sano juicio. Para este individuo, la revelación fue súbita. A algunos de nosotros nos llega más lentamente. Pero Él ha llegado a todos los que lo han buscado sinceramente.

Cuando nosotros nos acercamos a Él, Él se nos reveló.

Capítulo 5

CÓMO FUNCIONA

RARA VEZ hemos visto fracasar a una persona que haya seguido concienzudamente nuestro camino. Los únicos que no se recuperan son los individuos que no pueden, o no quieren entregarse de lleno a este sencillo programa; generalmente son hombres y mujeres incapaces, por su propia naturaleza, de ser sinceros con ellos mismos. Hay seres desventurados como éstos. No son culpables; por lo que parece, han nacido así. Por su naturaleza, son incapaces de entender y de realizar un modo de vida que exige la más rigurosa sinceridad. Para éstos, las probabilidades de éxito son pocas. Existen también los que sufren graves trastornos emocionales y mentales, aunque muchos de ellos logran recuperarse si tienen la capacidad de ser sinceros.

Nuestras historias expresan de un modo general cómo éramos, lo que nos aconteció y cómo somos ahora. Si tú has decidido que quieres lo que nosotros tenemos y estás dispuesto a hacer todo lo que sea necesario para conseguirlo, entonces estás en condiciones de dar ciertos pasos.

Nosotros nos resistimos a algunos de ellos. Creímos que podríamos encontrar un camino más fácil y cómodo. Pero no pudimos. Es por ello que, con toda seriedad, te suplicamos que seas valiente y concienzudo desde el mismísimo comienzo. Algunos de nosotros tratamos de aferrarnos a nuestras viejas ideas y el resultado fue nulo hasta que nos deshicimos de ellas sin reserva.

Recuerda que tratamos con el alcohol: astuto, desconcertante y poderoso. Sin ayuda resulta demasiado para nosotros. Pero, hay Uno que tiene todo el poder — Dios. ¡Ojalá Lo encuentres!

Las medidas parciales no nos sirvieron para nada. Estábamos en el punto de cambio. Entregándonos totalmente, le pedimos a Dios su protección y cuidado.

He aquí los pasos que dimos, y que se sugieren como programa de recuperación:

1. Admitimos que éramos impotentes ante el alcohol, que nuestras vidas se habían vuelto ingobernables.

2. Llegamos a creer que un Poder superior a nosotros mismos podría devolvernos el sano juicio.

3. Decidimos poner nuestras voluntades y nuestras vidas al cuidado de Dios, *como nosotros lo concebimos.*

4. Sin temor, hicimos un minucioso inventario moral de nosotros mismos.

5. Admitimos ante Dios, ante nosotros mismos, y ante otro ser humano, la naturaleza exacta de nuestros defectos.

6. Estuvimos enteramente dispuestos a dejar que Dios nos liberase de todos estos defectos de carácter.

7. Humildemente le pedimos que nos liberase de nuestros defectos.

8. Hicimos una lista de todas aquellas personas a quienes habíamos ofendido y estuvimos dispuestos a reparar el daño que les causamos.

9. Reparamos directamente a cuantos nos fue posible, el daño causado, excepto cuando el hacerlo implicaba perjuicio para ellos o para otros.

10. Continuamos haciendo nuestro inventario personal y cuando nos equivocábamos lo admitíamos inmediatamente.

11. Buscamos, a través de la oración y la meditación, mejorar nuestro contacto consciente con Dios, *como nosotros lo concebimos*, pidiéndole solamente que nos dejase conocer su voluntad para con nosotros y nos diese la fortaleza para cumplirla.

12. Habiendo obtenido un despertar espiritual como resultado de estos pasos, tratamos de llevar este mensaje a otros alcohólicos y de practicar estos principios en todos nuestros asuntos.

Muchos de nosotros exclamamos: "¡Vaya tarea! Yo no puedo llevarla a cabo". No te desanimes. Ninguno de nosotros ha podido mantenerse apegado a estos principios en forma ni siquiera aproximada a la perfección. No somos santos. Lo importante es que estamos dispuestos a desarrollarnos de una manera espiritual. Los principios que hemos establecido son guías para nuestro curso. Lo que pretendemos es el progreso espiritual y no la perfección espiritual.

Nuestra descripción del alcohólico, el capítulo sobre los agnósticos y nuestras aventuras personales, antes y después, ponen en claro tres ideas pertinentes:

(a) Que éramos alcohólicos y que no podíamos gobernar nuestras propias vidas.

(b) Que probablemente ningún poder humano hubiera podido remediar nuestro alcoholismo.

(c) Que Dios podía remediarlo y lo remediaría, si Lo buscábamos.

Llegados a este convencimiento, *estábamos en el Tercer Paso*, lo cual quiere decir que pusimos nuestra vida y nuestra voluntad al cuidado de Dios, tal como cada cual lo concibe. Exactamente, ¿qué es lo que queremos decir con eso, y qué es justamente lo que haremos?

El primer requisito es que estemos convencidos de que una vida llevada a base de fuerza de voluntad, difícilmente puede ser venturosa. Sobre esa base siempre estamos en conflicto con algo o con alguien, aunque nuestros motivos sean buenos. La mayoría de la gente trata de vivir por "autopropulsión". Cada persona es como un actor que quiere dirigir todo el espectáculo; que siempre está tratando de arreglar las luces, el ballet, el escenario y los demás actores según sus propias ideas. Si las cosas quedaran como él quiere y las personas hicieran lo que él desea, el espectáculo resultaría magnífico. Todos, incluso él mismo, estarían satisfechos; la vida sería maravillosa. Al tomar estas disposiciones nuestro actor puede ser a veces un dechado de virtudes; puede ser amable, considerado, paciente y generoso, hasta modesto y dispuesto a sacrificarse. Por otro lado, puede ser vil, egoísta, interesado y falso. Pero, como en la mayoría de los seres humanos, es probable que sus características varíen.

¿Qué es lo que generalmente pasa? El espectáculo no sale muy bien. Empieza a pensar que la vida no lo trata bien. Decide esforzarse nuevamente. En esta ocasión es más exigente o más condescendiente, según sea el caso. A pesar de todo, la función no le parece bien. Admitiendo que en parte puede estar errado, está seguro de que otros son más culpables. Se encoleriza, se indigna y se llena de autoconmiseración. ¿Cuál es su dificultad básica? ¿No es un individuo que piensa primero en sí mismo aun cuando está tratando de ser bondadoso? ¿No es víctima de la ilusión de que puede arrancarle satisfacciones y felicidad a este mundo, si lo hace bien? ¿No es evidente para todos los demás actores que éstas son las cosas que él quiere? ¿Y sus acciones no hacen que cada uno de ellos quiera desquitarse sacando del espectáculo todo lo que pueda? ¿No es él, hasta en sus mejores momentos, una fuente de confusión y no de armonía?

Nuestro actor está concentrado en sí mismo, es un egocéntrico como dice la gente en la actualidad. Es como el hombre de negocios retirado que está tendido al sol en Florida durante el invierno y se lamenta de la mala situación que hay en el país; como el ministro de una religión que suspira por los pecados del siglo veinte; como los políticos y reformistas que están seguros de que todo sería utopía si el resto del mundo se portara bien; como el proscrito descerrajador de cajas fuertes que cree que la sociedad lo ha maltratado o como el alcohólico que lo ha perdido todo y está encarcelado. Cualesquiera que sean nuestras protestas — ¿no estamos la mayoría preocupados por nosotros mismos, por nuestros resentimientos y nuestra autoconmiseración?

¡Egoísmo — concentración en sí mismo! Creemos que esta es la raíz de nuestras dificultades. Acosados por cien formas de temor, de vana ilusión, de egoísmo, de autoconmiseración, les pisamos los pies a nuestros compañeros y éstos se vengan. A veces nos hieren aparentemente sin provocación, pero invariablemente encontramos que alguna vez en el pasado tomamos decisiones egoístas que más tarde nos colocaron en posición propicia para ser lastimados.

Así es que nuestras dificultades, creemos, son básicamente producto de nosotros mismos; surgen de nosotros, y el alcohólico es un ejemplo extremo de la obstinación desbocada, aunque él piense que no es así. Por encima de todo, nosotros los alcohólicos tenemos que librarnos de ese egoísmo. ¡Tenemos que hacerlo o nos mata! Dios hace que esto sea posible. Y frecuentemente parece que no hay otra manera de librarse completamente del "yo" más que con su ayuda. Muchos de nosotros teníamos gran cantidad de convicciones morales y filosóficas, pero no podíamos vivir a la altura de ellas a pesar de que hubiéramos querido hacerlo. Tampoco podíamos reducir nuestra concentración en nosotros mismos con sólo desearlo y tratar de hacerlo a base de nuestro propio poder. Tuvimos que obtener la ayuda de Dios.

Éste es el cómo y el porqué de ello. Ante todo, tuvimos que dejar de "jugar a ser Dios". No resultaba. Después, decidimos que en lo sucesivo, en este drama de la vida, Dios iba a ser nuestro Director. Él es el Jefe; nosotros somos Sus agentes. Él es el Padre y nosotros Sus hijos. La mayoría de las buenas ideas son sencillas y este concepto fue la piedra clave del nuevo arco triunfal por el que pasamos a la libertad.

Cuando asumimos sinceramente esa actitud, toda clase

de cosas admirables sucedieron. Teníamos un nuevo Patrón. Siendo Todopoderoso, Él proveía todo lo que necesitábamos si nos manteníamos cerca de Él y desempeñábamos bien Su trabajo. Establecidos sobre esta base, empezamos a interesarnos cada vez menos en nosotros mismos, en nuestros pequeños planes y proyectos. Nos interesamos cada vez más en ver con qué podíamos contribuir a la vida. A medida que sentimos afluir en nosotros un poder nuevo, que gozamos de tranquilidad mental, que descubrimos que podíamos encarar la vida satisfactoriamente, que llegamos a estar conscientes de Su Presencia, empezamos a perder nuestro temor al hoy, al mañana o al futuro. Renacimos.

Estábamos ahora en el Tercer Paso. Muchos de nosotros le dijimos a nuestro Creador, *tal como lo concebimos*: "Dios, me ofrezco a Ti para que obres en mí y hagas conmigo Tu voluntad. Líbrame de mi propio encadenamiento para que pueda cumplir mejor con Tu voluntad. Líbrame de mis dificultades y que la victoria sobre ellas sea el testimonio para aquellos a quien yo ayude de Tu Poder, Tu Amor y de la manera que Tú quieres que vivamos. Que siempre haga Tu Voluntad". Pensamos detenidamente antes de dar este paso, cerciorándonos de que estábamos listos para hacerlo; que finalmente podíamos abandonarnos completamente a Él.

Encontramos muy conveniente dar este paso espiritual con una persona comprensiva, tal como nuestra esposa, nuestro mejor amigo o nuestro consejero espiritual. Pero es mejor reunirse con Dios solo, que con alguien que tal vez no comprenda. Las palabras eran, desde luego, completamente opcionales, siempre que expresáramos la idea sin ninguna reserva. Esto fue solamente el principio, pero cuando se hacía sincera y humildemente, se sentía inmediatamente un efecto a veces muy grande.

Después nos encaminamos por un derrotero de acción vigorosa, en el que el primer paso consiste en una limpieza personal de nuestra casa, la cual muchos de nosotros nunca habíamos intentado. Aunque nuestra decisión fue un paso fundamental y decisivo, su efecto permanente no podía ser mucho a menos que fuera seguido inmediatamente por un esfuerzo enérgico para encarar las cosas que había en nosotros, que nos estaban obstaculizando, y desprendernos de ellas. El licor que bebíamos no era más que un síntoma; por lo tanto teníamos que ir a las causas y las condiciones.

Consecuentemente, empezamos a hacer un inventario personal. *Éste era el Cuarto Paso.* Un negocio del cual no se hace inventario con regularidad va generalmente a la quiebra. El inventario comercial es un proceso para encontrar y encarar los hechos. Es un esfuerzo por descubrir la verdad sobre la mercancía que se tiene. Uno de los fines es encontrar cuál es la mercancía deteriorada o inservible que hay para deshacerse prontamente de ella sin lamentarlo. Si ha de tener éxito el propietario del negocio, no podrá engañarse acerca del valor de su mercancía.

Nosotros hicimos exactamente lo mismo con nuestras vidas. Hicimos un inventario sincero. Primero, buscamos las fallas de nuestro carácter que causaron nuestro fracaso. Estando convencidos de que el ego, manifestado en distintas formas, nos había vencido, consideramos sus manifestaciones comunes.

El resentimiento es el ofensor número uno. Destruye más alcohólicos que cualquier otra cosa. De éste se derivan todas las formas de enfermedad espiritual, ya que nosotros hemos estado no solamente física y mentalmente enfermos, sino también espiritualmente. Cuando es superado el mal espiritual, nos componemos mental y físicamente. Cuando tratamos los resentimientos los escribimos en un papel. Hicimos una lista de personas, instituciones o principios con los que estábamos molestos, y nos preguntamos el porqué. En la mayoría de los casos se descubrió que nuestro amor propio, nuestra cartera, nuestras relaciones personales (incluyendo las sexuales) estaban lastimados o amenazados. Así es que estábamos molestos. Estábamos furiosos.

En nuestra lista de rencores pusimos frente a cada nombre los daños que nos causaban. ¿Eran nuestro amor propio, nuestra seguridad, nuestras ambiciones, nuestras relaciones personales o sexuales, las que habían sido molestadas? Generalmente fuimos tan precisos como en el siguiente ejemplo:

Estoy resentido con	La causa	Afecta mi(s):
El Sr. B.	Sus atenciones hacia mi esposa	Relaciones sexuales Amor propio (temor)
	Le contó a mi esposa lo de mi amante.	Relaciones sexuales Amor propio (temor) Seguridad.
	El señor B. puede ocupar mi puesto en la oficina.	Amor propio (temor)
La Sra. C.	Es una maniática. Me hizo un desaire. Internó a su esposo en un hospital por beber. Él es mi amigo. Ella es una chismosa.	Relaciones personales Amor propio (temor)
Mi patrón	Es irrazonable, injusto, dominante. Me amenaza con despedirme por beber e inflar mi cuenta de gastos.	Amor propio Seguridad (temor)
Mi esposa	Malinterpreta las cosas y me regaña. Le cae bien el Sr. B. Quiere que la casa se ponga a su nombre.	Orgullo — Relaciones sexuales y personales — Seguridad (temor)

Miramos en retrospectiva nuestras vidas. Solamente contaban la minuciosidad y la sinceridad. Cuando terminamos, consideramos cuidadosamente el resultado. La primera cosa aparente fue que este mundo y su gente frecuentemente estaban muy equivocados. La mayoría de nosotros sólo pudo llegar a la conclusión de que los demás estaban equivocados. El resultado común era que la gente continuaba siendo injusta con nosotros y que seguíamos molestos. A veces era remordimiento y entonces nos molestábamos con nosotros mismos. Cuanto más luchábamos por amoldar el mundo a nuestro deseo, más empeoraban las cosas. Como en la guerra, el victorioso solamente *parecía* ganar. Nuestros momentos de triunfo eran de corta duración.

Es evidente que una vida en la que hay resentimientos profundos sólo conduce a la futileza y a la infelicidad. En el grado exacto en que permitimos que esto ocurra, malgastamos unas horas que pudieron haber sido algo que valiera la pena. Pero con el alcohólico, cuya esperanza es el mantenimiento y el desarrollo de una experiencia espiritual, este asunto de los resentimientos es infinitamente grave. Nosotros nos dimos cuenta de que es fatal porque cuando estamos abrigando estos sentimientos nos cerramos a la luz del espíritu. La locura del alcohol regresa y volvemos a beber; y para nosotros beber es morir.

Si íbamos a vivir, teníamos que estar libres de la ira. El descontento y la agitación mental no eran para nosotros. Pueden ser un dudoso lujo para personas normales, pero para los alcohólicos estas cosas son veneno.

Regresamos a la lista que habíamos hecho, porque contenía la clave del futuro. Estábamos preparados para examinarla desde un punto de vista enteramente diferente. Empezamos a percibir que el mundo y la gente que hay en éste en realidad nos dominaban. En ese estado, las maldades de otros, imaginarias o reales, tenían el suficiente poder para matar. ¿Cómo podíamos salvarnos? Nos dimos cuenta de que había que dominar estos resentimientos. ¿Pero cómo? No podíamos hacerlo con sólo desearlo, como tampoco podíamos hacerlo en el caso del alcohol.

Éste fue el curso que seguimos: Nos dimos cuenta de que la gente que era injusta con nosotros tal vez estuviera enferma espiritualmente. A pesar de que no nos parecían bien sus síntomas y la forma en que éstos nos alteraban, ellos, como nosotros mismos, también estaban enfermos. Le pedimos a Dios que nos ayudara a demostrar la misma tolerancia, paciencia y compasión que gustosamente tendríamos para con un amigo enfermo. Cuando alguien nos ofendía nos decíamos a nosotros mismos: "Está enfermo ¿Cómo ayudarlo? Dios me libre de enojarme. Hágase Tu Voluntad".

Evitamos el desquite o la discusión. No trataríamos así a quien estuviese enfermo. Si lo hacemos, destruimos la oportunidad que tenemos de ayudar. No podemos ayudar a toda la gente, pero cuando menos Dios nos mostrará cómo ver con tolerancia a todos y cada uno de nuestros semejantes.

Refiriéndonos una vez más a nuestra lista, quitando de nuestras mentes los errores que los demás habían cometido, buscamos resueltamente nuestras propias faltas. ¿Cuándo habíamos sido egoístas, interesados, faltos de sinceridad y habíamos tenido miedo? Aunque no enteramente culpables de una situación, tratamos de hacer a un lado completamente a la otra persona involucrada en ella. ¿En qué estaba nuestra culpabilidad? El inventario era nuestro inventario y no del otro. Cuando nos dábamos cuenta de nuestras faltas, las apuntábamos. Las poníamos frente a nosotros en "blanco y negro". Admitíamos sinceramente nuestras faltas y estábamos dispuestos a enmendarlas.

Fíjese el lector en que la palabra "temor" está entre paréntesis a un lado de las dificultades con el Sr. B., la Sra. C., el patrón y la esposa. Esta corta palabra (temor) toca de un modo u otro casi todos los aspectos de nuestra vida. Era una hebra maligna y corrosiva; la trama de nuestra existencia la llevaba entrecruzada. Ponía en movimiento una sucesión de circunstancias que nos acarreaban desgracias que no creíamos merecernos. Pero ¿no fuimos nosotros mismos los que echamos a rodar la pelota? A veces creemos que el temor debería clasificarse junto con el robo. Parece que causa aún más daño.

Analizamos concienzudamente nuestros temores. Los escribimos en el papel aunque no tuviésemos resentimientos relacionados con ellos. Nos preguntamos por qué los teníamos. ¿No era porque la confianza en nosotros mismos nos había fallado? La confianza en uno mismo era buena pero no bastaba. Algunos de nosotros tuvimos alguna vez gran confianza en nosotros mismos, pero ésta no resolvía completamente nuestro problema con el temor, ni ningún otro. Cuando esta confianza nos volvía engreídos, la cosa era peor.

Tal vez haya una forma mejor. Nosotros así lo creemos. Porque ahora estamos basándonos en algo diferente: nos basamos y confiamos en Dios. Confiamos en Dios Infinito en vez de en nuestros "egos" limitados. Estamos en el mundo para desempeñar el papel que Él nos asigne. Justamente hasta el punto en que obramos como creemos que Él lo desea y humildemente confiamos en Él, así Él nos capacita para enfrentarnos con serenidad ante las calamidades.

Nunca nos excusamos ante nadie por depender de nuestro Creador. Podemos reírnos de aquellos que creen que la espiritualidad es la senda de la debilidad. Paradójicamente, es la senda de la fortaleza. El veredicto de los siglos es que la fe significa fortaleza. Los que tienen fe, tienen valor; confían en su Dios. Nosotros nunca hacemos apología de Dios. En vez de ello, dejamos que Él demuestre, a través de nosotros, lo que Él puede hacer. Le pedimos a Él que nos libre de nuestro temor y guíe nuestra atención hacia lo que Él desea que seamos. Inmediatamente comenzamos a superar el temor.

Ahora lo referente al sexo. Muchos de nosotros necesitábamos una revisión en este sentido. Pero por encima de todo, tratamos de ser sensatos en esta cuestión. ¡Es tan fácil descarrilarse! Aquí encontramos opiniones humanas que van a los extremos, quizá extremos absurdos. Una serie de voces clama que el sexo es un apetito de lo más bajo de nuestra naturaleza;

un bajo instinto de procreación. Luego tenemos las voces que claman por sexo y más sexo; las que deploran la institución del matrimonio; las que creen que la mayoría de las dificultades de la raza humana tienen su causa en motivos de la sexualidad. Creen que no tenemos suficiente, o que no es de una índole apropiada. Ven su importancia por todas partes. Una escuela no le permite al hombre sazonar sus viandas y la otra quiere que todos estemos a dieta ininterrumpida de pimienta. Nosotros queremos estar fuera de la controversia. No queremos ser árbitros de la conducta sexual de nadie. Todos tenemos problemas sexuales. Difícilmente seríamos humanos si no los tuviéramos. ¿Qué podemos hacer con ellos?

Examinamos nuestra conducta de los años pasados. ¿En qué habíamos sido egoístas, faltos de sinceridad o desconsiderados? ¿A quiénes habíamos herido? ¿Despertamos injustificadamente celos, sospechas o resentimientos? ¿En qué habíamos sido culpables, y qué pudimos haber hecho para evitarlo? Escribimos todo esto en un papel y lo examinamos.

De esta manera tratamos de formarnos un ideal cuerdo y sólido de nuestra futura vida sexual. Pusimos cada relación a esta prueba: ¿Era egoísta o no? Le pedimos a Dios que moldeara nuestros ideales y nos ayudara a vivir a la altura de ellos. Recordamos siempre que Dios nos había dado nuestros poderes sexuales y por consiguiente eran buenos, no para ser usados a la ligera o egoístamente, ni para ser menospreciados o aborrecidos.

Cualquiera que resulte ser nuestro ideal, tenemos que estar dispuestos a que se arraigue en nosotros. Tenemos que estar dispuestos a hacer reparaciones en los casos en que hayamos causado daño, siempre y cuando al hacerlo no causemos más daño aún. En otras palabras, tratamos el problema sexual como lo haríamos con cualquier otro. En meditación, preguntamos a Dios lo que debemos hacer en cada asunto determinado. Si lo deseamos, nos llegará la respuesta correcta.

Solamente Dios puede juzgar nuestra situación sexual. Es conveniente consultar a otras personas, pero dejamos que la decisión final sea la de Dios. Nos damos cuenta de que algunas personas son tan puritanas con respecto al sexo como otras son libertinas. Evitamos pensar o recibir consejos en forma histérica.

Suponiendo que faltamos al ideal escogido y que tropezamos, ¿quiere decir esto que vamos a emborracharnos? Algunos nos dicen que así sería. Pero esto solamente es una verdad a medias. Esto depende de nosotros y de nuestros motivos. Si lamentamos lo que hemos hecho y tenemos el deseo sincero de que Dios nos conduzca a cosas mejores, creemos que seremos perdonados y que habremos aprendido nuestra lección. Si no lo lamentamos y nuestra conducta sigue dañando a otros, es seguro que beberemos. No estamos teorizando. Estos son hechos de nuestra propia experiencia.

Para resumir lo referente al sexo. Oramos sinceramente por un ideal recto, por una guía para cada situación dudosa, por cordura y por fortaleza para hacer lo que es debido. Si el sexo es muy dificultoso, nos dedicamos a trabajar más intensamente para ayudar a otros. Pensamos en sus necesidades y trabajamos para atenderlas. Esto nos hace salir de nosotros mismos; calma el impulso imperioso cuando ceder significaría un pesar.

Si hemos sido concienzudos en nuestro inventario personal, habremos puesto mucho por escrito. Hemos catalogado y analizado nuestros resentimientos; hemos empezado a ver su futilidad y fatalidad y a comprender su terrible poder destructivo. Hemos empezado a aprender la tolerancia, la paciencia y la buena voluntad hacia los hombres, aun hacia nuestros enemigos, porque los vemos como a enfermos. Hemos hecho una relación de las personas a quienes hemos ofendido con nuestro comportamiento y estamos dispuestos a reparar el pasado si podemos.

En este libro leerás una y otra vez que la fe hizo por nosotros lo que solos no pudimos hacer por nosotros mismos. Esperamos que ahora estés convencido de que Dios puede librarte de toda la obstinación que te haya separado de Él. Si ya has tomado una decisión y has hecho un inventario de tus impedimentos más notorios, ya has logrado un buen comienzo. Siendo así, ya has tragado y digerido grandes trozos de la verdad sobre ti mismo.

Capítulo 6

EN ACCIÓN

DESPUÉS de haber hecho nuestro inventario personal, ¿qué hacemos con él? Hemos estado tratando de lograr una nueva actitud, una nueva relación con nuestro Creador, y de descubrir los obstáculos que hay en nuestro camino. Hemos admitido ciertos defectos; hemos determinado en forma general lo que está mal, e indicado exactamente los puntos débiles que hay en nuestro inventario personal. Ahora estos defectos están a punto de ser descartados. Esto requiere acción de nuestra parte, lo cual significa, cuando lo hayamos consumado, que hemos admitido ante Dios, ante nosotros mismos y ante otro ser humano la naturaleza exacta de nuestros defectos. Esto nos lleva al *Quinto Paso* del programa de recuperación que se ha mencionado en el capítulo anterior.

Tal vez esto sea difícil, especialmente el hablar de nuestros defectos con otra persona. Pensamos que ya hemos hecho bastante con admitirlos nosotros mismos. Hay dudas respecto a esto. En la práctica real, generalmente encontramos que una autoadmisión solitaria no es suficiente. Muchos de nosotros creímos que era necesario ir mucho más lejos. Nos avendremos mejor a discutir sobre nosotros mismos con otra persona cuando nos demos cuenta de que hay buenas razones para hacerlo. La mejor razón es: Si saltamos este vital paso, puede ser que no superemos la bebida. Una y otra vez los recién llegados han tratado de guardarse ciertos hechos de sus vidas. Tratando de evadir esta humillante experiencia, se han acogido a ciertos métodos más fáciles. Casi invariablemente se han emborrachado. Habiendo perseverado con el resto del programa, se preguntan por qué han recaído. Creemos que la razón es que nunca acabaron su limpieza interior. Hicieron bien su inventario pero se aferraron a algunos de los peores artículos de sus existencias. Solamente *creyeron* que habían perdido su egoísmo y su temor; solamente *creyeron* que habían sido humildes. Pero no habían aprendido lo suficiente sobre humildad, intrepidez y sinceridad, en el sentido que creemos necesario, hasta que le contaron a otro *toda* la historia de su vida.

Más que la mayoría de las personas, el alcohólico lleva una vida doble. Tiene mucho de actor. Ante el mundo exterior, representa su papel de actor. Éste es el único que le gusta que vean sus semejantes. Quiere gozar de cierta reputación pero sabe en lo más íntimo de su ser que no se la merece.

La inconsistencia es agrandada por las cosas que hace durante sus borracheras. Al volver en sí se siente asqueado por algunos episodios que recuerda vagamente. Estos recuerdos son una pesadilla. Tiembla al pensar que alguien los pudo haber presenciado. Hasta donde puede, guarda estos recuerdos en lo más profundo de su ser. Tiene esperanzas de que no salgan a relucir nunca. Está constantemente en un estado de temor y de tensión — el cual hace que beba más.

Los psicólogos se inclinan a estar de acuerdo con nosotros. Hemos gastado miles de dólares en exámenes. Sólo conocemos pocos casos en los que les hayamos dado una oportunidad justa a estos doctores. Raramente les hemos dicho toda la verdad o seguido sus consejos. Hemos estado poco dispuestos a ser sinceros con estos hombres compasivos, y no hemos sido sinceros con nadie más. No es sorprendente, pues, que los de la profesión médica tengan una mala opinión de los alcohólicos y de sus oportunidades de recuperación.

Si esperamos vivir largo tiempo o felizmente en este

mundo, necesariamente tenemos que ser completamente *sinceros* con alguien. Justa y naturalmente, lo pensamos bien, antes de escoger a la persona o personas con quienes dar este paso íntimo y confidencial. Aquellos de nosotros que pertenezcamos a una religión en la que se requiere confesión, debemos y querremos acudir a la autoridad debidamente designada para recibirla. Aunque no tengamos ninguna conexión religiosa, podemos, a pesar de ello, hacer bien en hablar con alguien que esté ordenado por una religión establecida. Con frecuencia encontramos que una persona así se da cuenta rápidamente de nuestro problema y lo comprende. A veces por supuesto tropezamos con personas que no comprenden a los alcohólicos.

Si no podemos o preferimos no hacer esto, buscamos entre nuestros conocidos a algún amigo reservado y comprensivo. Puede ser que nuestro médico o psicólogo sea la persona indicada. Puede ser alguien de nuestra propia familia, pero no podemos revelar a nuestras esposas ni a nuestros padres nada que pueda lastimarlos y hacerlos desgraciados. No tenemos ningún derecho a salvar nuestro propio pellejo a costa de otro. Estas partes de nuestra historia se las contamos a alguien que comprenda pero que no resulte afectado. La regla es que debemos ser duros con nosotros mismos pero siempre considerados con los demás.

No obstante la gran necesidad de hablar sobre nosotros mismos con alguien, puede que estemos en una situación tal que no encontremos a la persona indicada. Si éste fuese el caso, este paso puede posponerse siempre que nos mantengamos completamente dispuestos a realizarlo en la primera oportunidad que tengamos. Decimos esto porque estamos muy ansiosos de hablar con la persona idónea. Es importante que esa persona pueda guardar el secreto; que comprenda y apruebe plenamente lo que estamos proponiéndonos hacer; que no trate de cambiar nuestro plan. Pero no debemos valernos de esto como una nueva excusa para posponerlo.

Cuando decidimos quién va a escuchar nuestra historia, no perdemos tiempo. Tenemos un inventario escrito y estamos preparados para una larga conversación. Le explicamos a nuestro confidente lo que estamos a punto de hacer y por qué tenemos que hacerlo. Debe comprender que estamos empeñados en algo que es cuestión de vida o muerte. La mayoría de las personas que son abordadas en esta forma nos ayudarán gustosamente; se sentirán honradas porque ponemos en ellas nuestra confianza.

Nos despojamos de nuestro orgullo y ponemos manos a la obra, esclareciendo todos los rasgos de nuestro carácter y todos los resquicios del pasado. Una vez que hemos dado este paso, sin retener nada, nos sentimos encantados. Podemos mirar de frente al mundo; podemos estar solos y perfectamente tranquilos y en paz; nuestros temores desaparecen. Empezamos a sentir la proximidad de nuestro Creador. Podemos haber tenido ciertas creencias espirituales, pero ahora empezamos a tener una experiencia espiritual. La sensación de que el problema de la bebida ha desaparecido frecuentemente se sentirá con intensidad. Sentimos que vamos andando por el Camino Ancho tomados de la mano con el Espíritu del Universo.

Al regresar a casa buscamos la manera de estar solos durante una hora para meditar cuidadosamente sobre lo que hemos hecho. Le damos gracias a Dios desde el fondo de nuestro corazón por conocerlo mejor. Tomamos este libro y lo abrimos en la página en que están los Doce Pasos. Leyendo cuidadosamente las cinco primeras proposiciones, nos preguntamos si hemos omitido algo, porque estamos construyendo un arco por el que pasaremos para llegar a ser, por fin, hombres libres ¿Es firme lo que hemos construido hasta ahora? ¿Están las piedras en su lugar? ¿Hemos escatimado el cemento que usamos para la base? ¿Hemos tratado de hacer sin arena la mezcla de cemento?

Si podemos contestarnos satisfactoriamente, entonces pasamos al *Sexto Paso*. Hemos insistido en que la buena voluntad es indispensable. ¿Estamos ahora dispuestos a dejar que Dios elimine de nosotros todas esas cosas que hemos admitido son inconvenientes? ¿Puede Él, ahora, quitárnoslas todas — todas sin excepción? Si todavía nos aferramos a alguna, de la que no queremos desprendernos, le pedimos a Dios que nos ayude a tener buena voluntad para hacerlo.

Cuando estamos dispuestos, decimos algo como esto: "Creador mío, estoy dispuesto a que tomes todo lo que soy, bueno y malo. Te ruego que elimines de mí cada uno de los defectos de carácter que me obstaculizan en el camino para que logre ser útil a Ti y a mis semejantes. Dame la fortaleza para que al salir de aquí, cumpla con Tu Voluntad. Amen". Entonces hemos completado el *Séptimo Paso*.

Ahora necesitamos más acción, sin la cual encontramos que "la fe sin obras es fe muerta". Veamos el *Octavo* y *Noveno Pasos*. Tenemos una lista de personas a las que hemos perjudicado y estamos dispuestos a reparar esos daños. La hicimos al hacer nuestro inventario. Nos sometimos a una autoevaluación drástica. Ahora vamos a nuestros semejantes y reparamos el daño que hemos causado en el pasado. Tratamos de barrer los escombros acumulados como resultado de nuestro empeño en vivir obstinados y manejarlo todo a nuestro capricho. Si aún no tenemos la voluntad de hacerlo, la pedimos hasta que nos llegue. Recordemos que al principio estuvimos de acuerdo en *que haríamos todo lo que fuese necesario para sobreponernos al alcohol.*

Probablemente todavía nos quedan algunas dudas. Al mirar la relación de conocidos de negocios y de amigos a quienes hemos hecho daño, puede que nos sintamos renuentes a ir a ver a algunos de ellos en un plan espiritual. Tranquilicémonos. Con algunos de ellos no necesitaremos y probablemente no tendremos que dar énfasis a la parte espiritual la primera vez que los abordemos. Podríamos predisponerlos en contra nuestra. Por el momento tratamos de poner en orden nuestras vidas; pero esto no es una finalidad en sí. Nuestro verdadero propósito es ponernos en condiciones para servir al máximo a Dios y a los que nos rodean. Rara vez resulta prudente abordar a un individuo que todavía está dolido por alguna injusticia nuestra para con él y comunicarle que nos hemos vuelto religiosos. Esto en boxeo sería dejar la mandíbula descubierta. ¿Por qué correr el riesgo de que se nos tilde de fanáticos o majaderos religiosos? Podríamos truncar una futura oportunidad para llevar un mensaje beneficioso. Pero es seguro que a nuestro hombre le impresione un deseo sincero de corregir lo que está mal. Le interesará más una demostración de buena voluntad que nuestra charla sobre descubrimientos espirituales.

No nos valemos de esto para desviarnos del tema de Dios. Cuando sea para cualquier fin bueno, estamos dispuestos a declarar nuestras convicciones con tacto y con sentido común. Surgirá el problema de cómo acercarnos al individuo que odiábamos. Puede ser que nos haya hecho más daño del que le hemos causado y que, a pesar de que ya hayamos adoptado una mejor actitud hacia él, no estemos todavía muy dispuestos a admitir nuestros defectos. A pesar de esto, cuando se trata de una persona que nos desagrada, nos empeñamos en hacerlo. Es más difícil ir a ver a un enemigo que a un amigo, pero encontramos que es más beneficioso para nosotros. Le abordamos con el mismo deseo de ser serviciales y de perdonar, confesando nuestro antiguo rencor y expresando nuestro pesar por ello.

Bajo ningún pretexto criticamos a tal persona ni discutimos con ella. Sencillamente le decimos que nunca dejaremos de beber mientras no hayamos hecho todo lo posible por enderezar nuestro pasado. Estamos aquí para barrer nuestro lado de la calle, comprendiendo que no podremos hacer nada que valga la pena hasta que lo hagamos, nunca tratando de decirle qué es lo que él debe hacer. No se discuten sus defectos; nos limitamos a los nuestros. Si nuestra actitud es calmada, franca y abierta, quedaremos complacidos con el resultado.

En nueve de cada diez casos sucede lo inesperado. Algunas veces la persona a quien vamos a ver admite su propia culpa, acabándose así en una hora lo que ha sido una enemistad de años. Rara vez fallamos en lograr un progreso satisfactorio. Nuestros antiguos enemigos a veces alaban lo que estamos haciendo y nos desean el bien: ocasionalmente ofrecerán su ayuda. No debemos dar importancia, sin embargo, a que alguien nos eche de su oficina. Hemos hecho nuestra demostración, hemos cumplido con nuestra parte. Lo que pasó, pasó.

La mayoría de los alcohólicos deben dinero. Nosotros no esquivamos a nuestros acreedores. Al decirles lo que estamos tratando de hacer no ocultamos lo de nuestra manera de beber; de todos modos, generalmente lo saben aunque creamos lo contrario. Tampoco tememos revelar nuestro alcoholismo, basándonos en que ello puede causar un daño económico. Abordado en esta forma, el acreedor más despiadado nos sorprenderá a veces. Al concertar el mejor arreglo posible, podemos hacerles saber a estas personas lo apenados que estamos. Nuestra manera de beber nos ha hecho morosos con nuestros pagos. Tenemos que perder el miedo a los acreedores, sin importar lo mucho que necesitemos hacer para lograrlo, porque estamos expuestos a beber si tenemos miedo de encararlos.

Tal vez hayamos cometido un delito que nos pudiera hacer ir a parar a la cárcel, si llegase a conocimiento de las autoridades. Puede que hayamos malversado fondos que no podamos reponer. Quizá se lo hayamos confesado a otra persona; pero estamos seguros de que, si se nos descubriera, podríamos perder nuestro trabajo, o incluso podrían encarcelarnos. Tal vez sea un delito leve, como haber inflado nuestra cuenta de gastos. La mayoría de nosotros hemos hecho esa clase de cosas. Tal vez estemos divorciados y nos hayamos vuelto a casar pero no estemos cumpliendo con el pago de la pensión a la primera esposa. Por ese motivo, ella se ha indignado y tiene una orden de arresto contra nosotros. Este tipo de dificultad es común.

Aunque estas reparaciones tienen innumerables formas, hay algunos principios generales que nos parecen orientativos. Recordándonos a nosotros mismos que hemos decidido hacer todo lo que fuese necesario para encontrar una experiencia espiritual, pedimos que se nos dé fortaleza y se nos dirija hacia lo que es debido sin importar cuáles pudiesen ser las consecuencias personales. Podemos perder nuestra posición o nuestra reputación o afrontar la cárcel, pero estamos dispuestos. Tenemos que estarlo; no debemos amedrentarnos ante nada.

Sin embargo, generalmente hay otras personas implicadas. Por lo tanto, no hemos de ser el precipitado y tonto mártir que innecesariamente sacrifique a otros para salvarse de caer en el abismo del alcoholismo. Un individuo que conocimos se había vuelto a casar. Debido a los resentimientos y a la bebida no había pagado la pensión de divorcio a su primera esposa. Ésta estaba furiosa; acudió a la Corte y consiguió una orden de arresto contra él. Él había empezado a llevar nuestra manera de vivir, había asegurado una posición y empezaba a levantar cabeza. Hubiera sido de una heroicidad impresionante por su parte presentarse ante el juez y decirle: "Aquí estoy".

Pensamos que debía estar dispuesto a hacerlo si fuese necesario, pero que estando en la cárcel no podría sufragar los gastos de ninguna de las dos familias. Le sugerimos que escribiera a la primera esposa admitiendo sus faltas y pidiéndole perdón. Así lo hizo, incluyendo también una pequeña suma de dinero. Le explicó lo que trataría de hacer en el futuro. Le dijo que estaba absolutamente dispuesto a ir a la cárcel si ella insistía. Desde luego que ella no insistió y toda esa situación quedó resuelta satisfactoriamente hace tiempo.

Antes de proceder drásticamente en algo que puede implicar a otras personas, les pedimos su consentimiento. Si lo hemos obtenido, si hemos consultado el caso con otros, si hemos pedido a Dios que nos ayude y si es indicado dar ese drástico paso, no debemos retroceder.

Esto nos trae a la memoria una historia acerca de uno de nuestros amigos. Cuando bebía, aceptó una suma de dinero de un rival suyo en los negocios a quien odiaba amargamente, sin darle ningún recibo por dicha suma. Posteriormente negó haber recibido el dinero y se valió del incidente para desacreditar a su rival. En esa forma, su propia falta la usó como medio para destruir la reputación de otro. En efecto, su rival se arruinó.

Creía que había causado un daño imposible de remediar. Si desenterraba aquel viejo asunto, ello destruiría la reputación de su socio, acarrearía deshonra a su familia y la privaría de sus medios de sustento económico. ¿Qué derecho tenía a implicar a aquellos que dependían de él? ¿Cómo sería posible hacer una declaración pública exonerando a su rival?

Después de consultar con su esposa y con su socio llegó a la conclusión de que era mejor arrostrar esos riesgos antes que comparecer ante su Creador culpable de una difamación tan funesta. Comprendía que tenía que poner el resultado en manos de Dios o pronto volvería a beber, y todo se perdería entonces. Asistió a la iglesia por primera vez en muchos años. Después del sermón se levantó y serenamente explicó lo sucedido. Su acción tuvo una aprobación general y actualmente es uno de los ciudadanos que goza de mayor confianza en esa población. Esto sucedió hace años.

Lo probable es que tengamos dificultades domésticas. Tal vez estemos enredados con mujeres en una forma que

no quisiéramos que se pregone. Dudamos que los alcohólicos sean fundamentalmente peores en este sentido que
las demás gentes; pero la bebida sí complica las relaciones
sexuales en el hogar. Después de unos cuantos años con
un alcohólico, una esposa se cansa y se vuelve resentida y
poco comunicativa. ¿Cómo podría ser de otro modo? El
marido empieza a sentirse solo y a compadecerse de sí
mismo; comienza a buscar en centros nocturnos y otros
lugares de diversión, algo más que licor. Tal vez tenga
amoríos secretos y emocionantes con alguna "muchacha
comprensiva". Con toda imparcialidad podemos aceptar
que ella comprenda, pero ¿qué vamos a hacer con una
situación como ésta? Un hombre que está enredado
en esa forma frecuentemente tiene muchos remordimientos, especialmente si está casado con una mujer leal
y valiente cuya vida, literalmente, ha sido un infierno por
su causa.

Cualquiera que sea el caso, generalmente tenemos
que hacer algo. Si estamos seguros de que nuestra esposa
no está enterada, ¿debemos decírselo? Creemos que no
siempre. Si ella sabe, en forma general, que hemos sido
alocados, ¿debemos ponerla al tanto de los pormenores?
Indudablemente debemos admitir nuestra falta. Tal vez
ella insista en conocer todos los detalles, querrá saber
quién es la mujer y dónde está. Nosotros pensamos que
debemos contestarle que no tenemos ningún derecho a
involucrar a otra persona. Sentimos lo que hemos hecho
y, Dios mediante, no volverá a suceder. No podemos
hacer nada más que eso; no tenemos derecho a ir más
lejos. Aunque puede haber excepciones justificables y
aunque no queremos fijar regla de ninguna clase, hemos
encontrado que éste es el mejor camino que se puede
seguir.

Nuestro plan de vida no es una calle de dirección única.
Es tan conveniente para la esposa como para el marido. Si

nosotros podemos olvidar, también ella puede. Es mejor, sin embargo, que no nombre uno innecesariamente a una persona en la cual ella pueda desahogar sus celos.

Quizá haya algunos casos en los que se requiere la mayor franqueza. Ningún extraño puede evaluar debidamente una situación íntima. Puede ser que ambos decidan que, de acuerdo con el sentido común y la bondad del amor, lo más indicado es considerar que lo pasado ya pasó. Cada uno puede rezar por ello, pensando en primer lugar en la felicidad del otro. Es necesario tener presente siempre que estamos tratando con esa terrible emoción humana: los celos. El buen táctico militar puede decidir que se ataque el problema por el flanco en vez de arriesgarse a un combate frente a frente.

Si no tenemos complicaciones de esa clase, hay todavía mucho que hacer en casa. A veces oímos decir a algún alcohólico que la única cosa que necesita es mantener su sobriedad. Ciertamente tiene que mantenerse sobrio porque no habría hogar si no lo hace. Pero todavía dista mucho de estar haciendo bien a la esposa o a los padres, a quienes por años ha tratado espantosamente. Rebasa toda comprensión la paciencia que madres y esposas han tenido con los alcohólicos. De no haber sido así, muchos de nosotros hoy en día no tendríamos hogares y tal vez estuviéramos muertos.

El alcohólico es como un huracán rugiente que pasa por las vidas de otros. Se destrozan corazones. Mueren las dulces relaciones. Los afectos se desarraigan. Hábitos egoístas y desconsiderados han tenido el hogar en un constante alboroto. Creemos que es un irreflexivo el hombre que dice que le basta con abstenerse de beber. Esa actitud es como la del campesino que, después de la tormenta, sale de su escondite y sin poner atención a su hogar arruinado dice a su mujer: "No te fijes: aquí no ha pasado nada. Lo bueno es que el viento ha cesado".

Sí, hay por delante un largo período de reconstrucción. Tenemos que tomar la iniciativa. Musitar llenos de remordimientos que estamos arrepentidos es algo que de ninguna manera será suficiente. Debemos sentarnos con nuestros familiares a analizar francamente el pasado tal como lo vemos ahora, teniendo mucho cuidado de no criticarlos a ellos. Sus defectos pueden ser muy notorios, pero es probable que nuestros propios actos sean parcialmente la causa de éstos. Así que dejamos todo en claro con la familia, pidiendo cada mañana que nuestro Creador nos enseñe el camino de la paciencia, de la tolerancia, de la bondad y del amor,

La vida espiritual no es una teoría. *Tenemos que practicarla*. A menos que la familia de uno exprese el deseo de vivir sobre una base de principios espirituales, no debemos apurarlos. No debemos hablarles incesantemente de asuntos espirituales. Ya cambiarán con el tiempo. Nuestro comportamiento les convencerá mejor que nuestras palabras. Debemos recordar que diez o veinte años de borracheras hacen que cualquiera se vuelva escéptico.

Puede haber ciertos agravios que hayamos hecho que nunca puedan repararse completamente. Si podemos decirnos sinceramente que los repararíamos si pudiéramos, no nos preocupamos por ellos. Hay personas a quienes no podemos ver y por lo tanto les enviamos una carta sincera. Y en algunos casos puede haber una razón válida para posponer este paso. Pero no nos demoramos, si podemos evitarlo. Debemos tener sentido común y tacto, ser considerados y humildes, sin ser serviles o rastreros. Como criaturas de Dios llevamos la frente en alto; no nos arrastramos ante nadie.

Si nos esmeramos en esta fase de nuestro desarrollo, nos sorprenderemos de los resultados antes de llegar a la mitad del camino. Vamos a conocer una libertad y una felicidad nuevas. No nos lamentaremos por el pasado ni desearemos cerrar la puerta que nos lleva a él. Comprenderemos el significado de la palabra serenidad y conoceremos la paz. Sin importar lo bajo que hayamos llegado, percibiremos cómo nuestra experiencia puede beneficiar a otros. Desaparecerá ese sentimiento de inutilidad y lástima de nosotros mismos. Perderemos el interés en cosas egoístas y nos interesaremos en nuestros compañeros. Se desvanecerá la ambición personal. Nuestra actitud y nuestro punto de vista sobre la vida cambiarán. Se nos quitará el miedo a la gente y a la inseguridad económica. Intuitivamente sabremos manejar situaciones que antes nos desconcertaban. De pronto comprenderemos que Dios está haciendo por nosotros lo que por nosotros mismos no podíamos hacer.

¿Son éstas promesas extravagantes? No lo creemos. Están cumpliéndose entre nosotros, a veces rápidamente, a veces lentamente, pero siempre se realizarán si trabajamos para obtenerlas.

Este pensamiento nos lleva al *Décimo Paso*, el cual sugiere continuar con nuestro inventario personal y seguir enmendando todas las nuevas faltas que cometamos. Vigorosamente comenzamos a llevar este nuevo modo de vida a medida que rectificamos nuestro pasado. Hemos entrado al mundo del Espíritu. Nuestra siguiente tarea es crecer en entendimiento y eficacia. Éste no es asunto para resolver de la noche a la mañana. Es una tarea para toda nuestra vida. Continuamos vigilando el egoísmo, la deshonestidad, el resentimiento y el miedo. Cuando estos surgen, enseguida le pedimos a Dios que nos libre de ellos. Los discutimos inmediatamente con alguien y hacemos prontamente las debidas reparaciones a quien hayamos ofendido. Entonces, resueltamente encaminamos nuestros pensamientos hacia alguien a quien podamos ayudar. El amor y la tolerancia para con otros son nuestro código.

Y hemos cesado de pelearnos con todo y con todos, aun con el alcohol; porque para entonces se habrá recuperado el sano juicio. Rara vez nos interesaremos por el licor; si sentimos tentación, nos alejamos como si se tratara de una llama candente. Reaccionamos juiciosa y normalmente, y percibimos que esto ha sucedido automáticamente. Comprenderemos que nuestra nueva actitud ante el alcohol nos ha sido otorgada sin pensamiento o esfuerzo algunos de nuestra parte. Sencillamente ha llegado. Ahí está el milagro. No estamos ni peleando ni evitando la tentación. Nos sentimos como si hubiéramos sido colocados en una posición de neutralidad, seguros y protegidos. Ni siquiera hemos hecho un juramento. En lugar de eso, el problema ha sido eliminado. Ya no existe para nosotros. No somos engreídos ni estamos temerosos. Esa es nuestra experiencia. Así es como reaccionamos, siempre que nos mantengamos en buena condición espiritual.

Es fácil descuidarnos en el programa espiritual de acción y dormirnos en nuestros laureles. Si lo hacemos, estamos buscando dificultades porque el alcohol es un enemigo sutil. No estamos curados del alcoholismo. Lo que en realidad tenemos es una suspensión diaria de nuestra sentencia, que depende del mantenimiento de nuestra condición espiritual. Cada día es un día en el que tenemos que llevar la visión de la voluntad de Dios a todos nuestros actos: "¿Cómo puedo servirte mejor?; hágase Tu Voluntad (no la mía)". Estos son pensamientos que deben acompañarnos constantemente. En este sentido podemos ejercitar la fuerza de voluntad todo lo que queramos. Éste es el uso adecuado de la voluntad.

Mucho se ha dicho acerca de recibir fortaleza, inspiración y dirección de Él, que tiene todo el conocimiento y el poder. Si hemos seguido detenidamente las instrucciones, hemos empezado a sentir dentro de nosotros mismos el flujo de Su Espíritu. Hasta cierto grado hemos obtenido un conocimiento consciente de Dios. Hemos empezado a desarrollar este vital sexto sentido. Pero tenemos que ir más lejos, y esto significa más acción.

El *Paso Undécimo* sugiere la oración y la meditación.

No debemos ser tímidos en cuanto a la oración. Hombres mejores que nosotros la emplean constantemente. Funciona, si tenemos la debida actitud y nos empeñamos en usarla. Sería fácil andarse con vaguedades sobre este asunto; sin embargo, creemos que podemos hacer algunas sugerencias precisas y valiosas.

Por la noche, cuando nos acostamos, revisamos constructivamente nuestro día: ¿Estuvimos resentidos, fuimos egoístas, faltos de sinceridad o tuvimos miedo? ¿Le debemos a alguien una disculpa? ¿Hemos retenido algo que debimos haber discutido inmediatamente con otra persona? ¿Fuimos bondadosos y afectuosos con todos? ¿Qué cosa hubiéramos podido hacer mejor? ¿Estuvimos pensando la mayor parte del tiempo en nosotros mismos? o ¿estuvimos pensando en lo que podríamos hacer por otros, en lo que podríamos aportar al curso de la vida? Pero tenemos que tener cuidado de no dejarnos llevar por la preocupación, el remordimiento o la reflexión mórbida porque eso disminuiría nuestra capacidad para servir a los demás. Después de haber hecho nuestra revisión, le pedimos perdón a Dios y averiguamos qué medidas correctivas deben tomarse.

Al despertar, pensemos en las veinticuatro horas que tenemos por delante. Consideremos nuestros planes para el día. Antes de empezar, le pedimos a Dios que dirija nuestro pensamiento, pidiendo especialmente que esté libre de autoconmiseración y de motivos falsos y egoístas. Bajo estas condiciones podemos usar nuestras facultades mentales confiadamente porque, después de todo, Dios nos ha dado el cerebro para usarlo. El mundo de nuestros pensamientos estará situado en un plano mucho más elevado cuando nuestra manera de pensar esté libre de motivos falsos.

Al pensar en nuestro día tal vez nos encontremos indecisos. Tal vez no podamos determinar el curso a seguir. En este caso le pedimos a Dios inspiración, una idea intuitiva o una decisión. Procuramos estar tranquilos y tomamos las cosas con calma, no batallamos. Frecuentemente quedamos sorprendidos de cómo acuden las respuestas acertadas después de haber ensayado esto durante algún tiempo. Lo que antes era una "corazonada" o una inspiración ocasional gradualmente se convierte en parte operante de la mente. Carentes aún de experiencia y recién hecho nuestro contacto consciente con Dios, es probable que no recibamos inspiración todo el tiempo. Tal vez paguemos esta presunción con toda clase de ideas y actos absurdos. Sin embargo, encontramos que, a medida que transcurre el tiempo, nuestra manera de pensar está más y más al nivel de la inspiración. Llegamos a confiar en ello.

Generalmente concluimos el período de meditación orando para que se nos indique a lo largo del día cuál ha de ser nuestro siguiente paso, que se nos conceda lo que fuese necesario para atender esos problemas. Pedimos especialmente ser liberados de la obstinación y nos cuidamos de no pedir sólo para nosotros. Sin embargo, podemos pedir para nosotros siempre que esto ayude a otros. Nos cuidamos de no orar nunca por nuestros propios fines egoístas. Muchos de nosotros hemos perdido mucho tiempo haciéndolo, y no resulta. Fácilmente puedes ver el porqué.

Si las circunstancias lo permiten, pedimos a nuestras esposas o a nuestros amigos que nos acompañen en la meditación de la mañana. Si pertenecemos a alguna religión en la que se requiera asistir a actos de devoción en la mañana también asistimos. Si no se es miembro de ningún organismo religioso, a veces escogemos y memorizamos unas cuantas oraciones que ponen de relieve los principios que hemos estado discutiendo. También hay muchos libros que son muy útiles. Nuestro sacerdote, ministro o rabino puede hacernos sugerencias en este sentido. Prepárate para darte cuenta en dónde están en lo cierto las personas religiosas. Haz uso de lo que ellos te brindan.

A medida que transcurre el día, hacemos una pausa si estamos inquietos o en duda, y pedimos que se nos conceda la idea justa o la debida manera de actuar. Nos recordamos constantemente que ya no somos quienes dirigen el espectáculo, diciéndonos humildemente a nosotros mismos muchas veces al día: "Hágase Tu Voluntad". Entonces corremos menos peligro de excitarnos, de tener miedo, ira, preocupación, o de tomar disparatadas decisiones. Nos volvemos mucho más eficientes. No nos cansamos con tanta facilidad porque no estamos desperdiciando energías tontamente, como lo hacíamos cuando tratábamos de hacer que la vida se amoldara a nosotros.

Funciona, realmente funciona.

Nosotros los alcohólicos somos indisciplinados. Por lo tanto, dejamos que Dios nos discipline de la manera sencilla que acabamos de describir.

Pero eso no es todo. Hay acción y más acción. "La fe sin obras es fe muerta". El siguiente capítulo está dedicado enteramente al *Paso Doce*.

Capítulo 7

TRABAJANDO CON LOS DEMÁS

*L*A EXPERIENCIA práctica demuestra que no hay nada que asegure tanto la inmunidad a la bebida como el trabajo intensivo con otros alcohólicos. Funciona cuando fallan otras actividades. Ésta es nuestra *duodécima sugerencia*: ¡Llevar este mensaje a otros alcohólicos! Tú puedes ayudar cuando nadie más puede. Tú puedes ganarte su confianza cuando otros no pueden. Recuerda que están muy enfermos.

La vida tendrá un nuevo significado. Ver a las personas recuperarse, verlas ayudar a otras, ver cómo desaparece la soledad, ver una comunidad desarrollarse a tu alrededor, tener una multitud de amigos — ésta es una experiencia que no debes perderte. Sabemos que no querrás perdértela. El contacto frecuente con recién llegados y entre unos y otros es la alegría de nuestras vidas.

Tal vez no conozcas a bebedores que quieran recuperarse. Puedes encontrar fácilmente a algunos de ellos preguntando a unos cuantos doctores, sacerdotes y ministros, o en los hospitales. Te ayudarán con mucho gusto. No tomes actitudes de evangelista o de reformador moralista. Desafortunadamente hay muchos prejuicios. Estarás en desventaja si los despiertas con esas actitudes. Los clérigos y los médicos son personas competentes y, si tú quieres, puedes aprender mucho de ellos, pero ocurre que, por tu propia experiencia con la bebida, puedes ser singularmente útil a otros alcohólicos. Así es que coopera; no critiques nunca. Ser útiles es nuestro único propósito.

Cuando descubras a un candidato para Alcohólicos Anónimos, averigua todo lo que puedas sobre él. Si no quiere dejar de beber, no pierdas el tiempo tratando de persuadirlo. Puedes echar a perder una oportunidad posterior. Este consejo es también para la familia. Deben tener paciencia, dándose cuenta de que están tratando con una persona enferma.

Si hay alguna indicación de que quiere dejar de beber, ten una conversación amplia con quien esté más interesado en él — generalmente su esposa. Fórmate una idea de su comportamiento, sus problemas, su medio ambiente, la gravedad de su estado y sus inclinaciones religiosas. Necesitas esta información para ponerte en su lugar, para darte cuenta de cómo querrías que él te abordara si los papeles estuvieran invertidos.

A veces es prudente esperar a que agarre una borrachera. La familia puede poner objeciones a esto pero, a menos de que esté en una condición física peligrosa, es mejor arriesgarse. No trates con él cuando esté muy borracho, a menos que se ponga de tal forma que la familia necesite tu ayuda. Espera a que la borrachera llegue a su fin o cuando menos que tenga un intervalo de lucidez. Entonces deja que su familia o un amigo le pregunte si quiere dejar de beber de una vez por todas, y si estaría dispuesto a hacer lo que sea necesario para lograrlo. Si dice que sí, entonces debe procurarse que se fije en ti como persona recuperada. Deben hablarle de ti como de alguien que pertenece a una comunidad, cuyos miembros tratan de ayudar a otros como parte de su propia recuperación, y decirle que tendrías mucho gusto en hablar con él en caso de que le interese verte.

Si no quiere verte, no trates nunca de forzar la situación. Tampoco debe la familia suplicarle histéricamente que haga nada ni hablarle mucho de ti. Deben esperar a que termine su próxima borrachera. Mientras tanto, podría dejarse este libro donde él pueda verlo. Aquí no se puede dar ninguna regla específica. La familia es la que tiene que decidir estas cosas. Pero recomiéndales que no se inquieten demasiado, porque esto podría echar a perder las cosas.

Usualmente la familia no debe tratar de contar tu historia. Siempre que sea posible, evita conocer a un individuo alcohólico a través de su familia. Es mejor el acercamiento a través de un médico o de una institución. Si el individuo alcohólico necesita hospitalización, debe ser internado, pero sin forzarlo a menos que esté violento. Deja que sea el médico, si a él le parece, quien le diga que tiene algo que puede ser una solución para su problema.

Cuando el enfermo se sienta mejor, el doctor puede sugerir que uno lo visite. Aunque hayas hablado con la familia, no la menciones en la primera entrevista. En esas condiciones, el entrevistado verá que no está bajo presión. Sentirá que puede tratar contigo sin verse acosado por la familia. Visítalo cuando aún esté nervioso. Puede que sea más receptivo estando deprimido.

De ser posible, aborda a tu candidato cuando esté solo. Al principio conversa con él en forma general. Después de un rato, lleva la conversación a alguna fase de la bebida. Háblale lo suficiente sobre tus costumbres de bebedor, síntomas y experiencias, para animarlo a que hable de sí mismo. Si quiere hablar, deja que lo haga. Así te formarás una idea mejor de cómo debes proceder. Si no es comunicativo, hazle un resumen de tu carrera de bebedor hasta que dejaste de beber. Pero por el momento no le digas nada acerca de cómo lo conseguiste. Si él se muestra serio e interesado, háblale de las dificultades que te causó el alcohol, teniendo cuidado de no moralizar o sermonear. Si está alegre, cuéntale algún episodio jocoso de tu carrera de bebedor. Haz que él te cuente uno de los suyos.

Cuando él se dé cuenta de que tú lo sabes todo en el

terreno de la bebida, empieza a describirte a ti mismo como un alcohólico. Háblale de lo desconcertado que estuviste, cómo supiste finalmente que estabas enfermo. Cuéntale de las dificultades que tuviste para dejar de beber. Hazle ver la peculiaridad mental que conduce a la primera copa de una borrachera. Te sugerimos que hagas esto tal como nosotros lo hemos hecho en el capítulo sobre alcoholismo. Si él es un alcohólico, te entenderá enseguida. Comparará tus contradicciones mentales con algunas de las suyas propias.

Si estás convencido de que él es alcohólico, empieza a recalcar la característica incurable del mal. Demuéstrale de acuerdo con tu propia experiencia, cómo la extraña condición mental que impulsa a esa primera copa impide el funcionamiento normal de la fuerza de voluntad. En esta primera etapa no te refieras a este libro, a menos que él ya lo haya visto y quiera discutirlo. Y ten cuidado de no tildarlo de alcohólico. Deja que él saque sus propias conclusiones. Si se obstina en la idea de que todavía puede controlar su manera de beber, dile que es posible si su alcoholismo no está muy avanzado. Pero insiste en que, si está gravemente afectado, puede haber muy pocas probabilidades de que se recupere por sí solo.

Sigue hablando del alcoholismo como una enfermedad, como un mal fatal. Háblale de las condiciones físicas y mentales que lo acompañan. Mantén su atención centrada principalmente en tu propia experiencia personal. Explícale que hay muchos que están sentenciados a muerte y que nunca se dan cuenta de su situación. Los médicos tienen razón de estar poco dispuestos a decírselo todo a sus pacientes alcohólicos a menos que sirva para un buen fin. Pero tú puedes hablarle a él de lo incurable del alcoholismo, porque le ofreces una solución. Pronto tendrás a tu amigo admitiendo que tiene muchos, si no todos, los rasgos del alcohólico. Si su propio médico está dispuesto a decirle que es alcohólico, mucho mejor. A pesar de que tu protegido puede no haber admitido plenamente su condición, ya siente mucha más curiosidad por saber cómo te pusiste bien. Déjale que te lo pregunte. *Dile exactamente qué fue lo que te sucedió.* Haz hincapié sin reserva en el aspecto espiritual. Si el hombre fuese agnóstico o ateo, dile enfáticamente que *no tiene que estar de acuerdo con el concepto que tú tienes de Dios.* Puede escoger el concepto que le parezca, siempre que tenga sentido para él. *Lo principal es que esté dispuesto a creer en un Poder superior a él mismo y que viva de acuerdo a principios espirituales.*

Cuando trates con este tipo de individuo, es mejor que uses un lenguaje corriente para describir principios espirituales. No hay necesidad de suscitar ningún prejuicio que pueda tener él contra ciertos términos y conceptos teológicos acerca de los cuales puede estar confundido. No provoques discusiones de esta índole, cualesquiera que sean tus convicciones.

Puede ser que tu candidato pertenezca a alguna religión. Puede ser que su educación y formación religiosas sean muy superiores a las tuyas. En ese caso él se preguntará cómo podrás agregar algo a lo que él ya sabe. Pero sentirá curiosidad por saber por qué sus propias convicciones no le han dado resultado y por qué las tuyas parecen darlo. Él puede ser un ejemplo de lo cierto que es que la fe por sí sola es insuficiente. Para ser vital, la fe tiene que estar acompañada por la abnegación, por la acción generosa y constructiva. Deja que se dé cuenta de que tú no tienes la intención de instruirlo en religión. Admite que probablemente él sepa más de religión de lo que tú sabes, pero señálale el hecho de que por profundos que sean su fe y sus conocimientos, él no pudo aplicarlos, pues, de haberlo hecho, él no bebería. Tal vez tu historia le ayude a ver en dónde ha fallado en aplicar y practicar los mismos preceptos que conoce tan bien. Nosotros no representamos a ningún credo o religión determinados. Estamos tratando solamente con principios generales que son comunes a la mayoría de las religiones.

Delinéale el programa de acción, explicándole cómo hiciste tu propio inventario personal, cómo desenredaste tu pasado y por qué estás ahora tratando de ayudarlo. Es importante para él que se dé cuenta de que tu tentativa de pasarle esto a él desempeña un papel vital en tu propia recuperación. En realidad, él puede estar ayudándote más de lo que tú le estés ayudando. Pon de manifiesto que él no tiene ninguna obligación contigo; que solamente esperas que él trate de ayudar a otros alcohólicos cuando salga de sus propias dificultades. Indícale lo importante que es anteponer el bienestar de otros al suyo propio. Aclárale que no lo estás presionando, que no tiene que volver a verte si no quiere. No debes ofenderte si él quiere suspender la entrevista, porque él te ha ayudado más a ti que tú a él. Si tu conversación ha sido razonable, serena y llena de comprensión humana, tal vez hayas hecho un amigo. Tal vez lo hayas inquietado en lo de la cuestión del alcoholismo. Todo esto es para bien. Mientras más desesperado se sienta, mejor. Habrá más probabilidades de que acepte tus sugerencias.

Tu candidato puede dar razones de por qué él no necesita seguir todo el programa. Puede que se rebele ante la idea de una limpieza drástica de su propia vida que le requiere hablar con otra gente. No contradigas sus puntos de vista sobre el particular. Explica que tú también tuviste el mismo modo de pensar y sentir, pero que dudas de que hubieras progresado mucho de no haber puesto manos a la obra. En tu primera visita háblale de la agrupación de Alcohólicos Anónimos. Si muestra interés, préstale tu ejemplar de este libro.

A menos que tu amigo quiera seguir hablando de sí mismo, no lo canses con tu visita. Dale la oportunidad de pensarlo. Si te quedas, déjalo que lleve la conversación en el sentido que desee. A veces el candidato está ansioso de proceder con rapidez y tú puedes sentir la tentación de permitírselo. Esto es a veces un error. Si tiene dificultades más adelante, es probable que diga que tú lo precipitaste... Tendrás más éxito con los alcohólicos si no exhibes ninguna pasión por las cruzadas o reformas. Nunca le hables a un alcohólico desde una cumbre moral o espiritual; sencillamente muéstrale el juego de herramientas espirituales para que él las inspeccione. Demuéstrale cómo funcionaron para ti. Ofrécele tu amistad y compañerismo. Dile que, si quiere ponerse bien, tú harás cualquier cosa por ayudarlo.

Si no está interesado en tu solución, si espera que actúes como banquero para sus dificultades económicas o como enfermero en sus borracheras, puede que tengas que dejarlo hasta que cambie de modo de pensar. Puede que lo haga después de haberse lastimado algo más.

Si él está sinceramente interesado y quiere verte otra vez, pídele que lea este libro antes. Después de que lo haga, deberá decidir por él mismo si quiere proseguir. No debe ser empujado ni incitado a hacerlo por ti, su esposa o sus amigos. Si él va a encontrar a Dios, el deseo debe venir de adentro.

Si él cree que puede hacerlo de alguna otra forma, o prefiere algún otro enfoque espiritual, aliéntalo a seguir el dictado de su propia conciencia. No tenemos ningún monopolio de Dios; únicamente tenemos un enfoque que nos ha dado buen resultado. Pero indícale que nosotros, los alcohólicos, tenemos mucho en común y que tú quisieras, en cualquier caso, ser su amigo. Deja la cosa así.

No te desanimes si tu candidato no responde enseguida. Busca a otro alcohólico y trata otra vez. Seguro que encontrarás alguno que esté tan desesperado que acepte ansioso tu oferta. Creemos que es una pérdida de tiempo andar tras un individuo que no puede o que no tiene voluntad para cooperar contigo. Si dejas solo a un individuo como éste, puede suceder que pronto se convenza de que no puede recuperarse por sí mismo. Gastar demasiado tiempo en una determinada situación es negarle a otro alcohólico la oportunidad de vivir y ser feliz. Uno de los de nuestra agrupación fracasó con sus primeros seis candidatos. Frecuentemente dice que, si hubiera seguido trabajando con ellos, podría haber privado de la oportunidad a muchos otros que desde entonces se han recuperado.

Supongamos ahora que tú estás haciendo una segunda visita a un individuo. Él ha leído este volumen y dice que está preparado para llevar a la práctica los Doce Pasos del programa de recuperación. Habiendo tenido ya tú mismo esa experiencia, puedes hacerle indicaciones prácticas. Hazle saber que estás disponible si quiere tomar una decisión y contar su historia, pero no insistas en esto si él prefiere consultarle a otro.

Tal vez esté sin dinero y no tenga hogar. Si es así, puedes ayudarlo a conseguir trabajo o darle alguna pequeña ayuda económica. Pero para hacerlo no debes privar del dinero que les corresponde a tus familiares y acreedores. Tal vez desees tenerlo en tu casa por unos días; pero sé discreto. Asegúrate de que tu familia lo recibirá bien y de que él no está tratando de embaucarte para obtener dinero, relaciones y alojamiento. Permíteselo y solamente lo estarás perjudicando. Estarías haciéndole posible el no ser sincero. Eso sería contribuir a su destrucción más que a su recuperación.

Nunca eludas estas responsabilidades, pero si las asumes, asegúrate de que estás haciendo lo correcto. Ayudar a otros es la piedra fundamental de tu propia recuperación. Un acto bondadoso de vez en cuando no es suficiente. Tienes que hacer de Buen Samaritano todos los días si fuese necesario. Esto puede significar la pérdida de muchas noches de sueño y frecuentes interrupciones en tus distracciones y negocios. Puede significar compartir tu dinero y tu hogar, aconsejar a esposas y otros familiares desesperados, visitar comisarías, sanatorios, hospitales, cárceles y manicomios.

Tu teléfono puede sonar a cualquier hora del día o de la noche. Tu esposa puede decir a veces que te olvidas de ella. Algún borracho puede romperte los muebles de tu casa o quemar un colchón. Quizá tengas que pelear con él si se pone violento. Algunas veces tendrás que llamar al médico y dar a tu candidato sedantes bajo su dirección. Otras veces puede ser que tengas que llamar a la policía o a una ambulancia. Ocasionalmente tendrás que enfrentarte a esas situaciones.

Nosotros rara vez le permitimos a un alcohólico vivir en nuestra casa por mucho tiempo. No es bueno para él y algunas veces crea serias complicaciones para la familia.

A pesar de que un alcohólico no responda, no hay razón para que olvides a su familia. Debes seguir siendo amigable y ofrecerle a esa familia tu propio modo de vida. Si aceptan y practican principios espirituales, las probabilidades de que el jefe de la misma se recupere serán mayores. Y aunque éste continúe bebiendo, la familia tendrá una vida más llevadera.

Tratándose del tipo de alcohólico capaz y deseoso de mejorarse, es muy poca la caridad que, en el sentido ordinario de la palabra, se necesita o se requiere. Los individuos que lloran por dinero o alojamiento antes de haberse sobrepuesto al alcohol, van por mal camino. Sin embargo, cuando tales acciones son justificadas, nosotros nos esforzarnos grandemente por darnos estas mismas cosas los unos a los otros. Esto puede parecer contradictorio, pero nosotros creemos que no lo es.

No se trata de una cuestión de dar, sino de cuándo y cómo hacerlo. En esto está frecuentemente la diferencia entre el éxito y el fracaso. En el momento en que le damos a nuestro trabajo carácter de servicio, el alcohólico comienza a atenerse a nuestra ayuda en vez de a la de Dios. Clama por esto o aquello sosteniendo que no puede dominar el alcohol mientras no sean atendidas sus necesidades materiales. Tonterías. Algunos de nosotros hemos recibido golpes muy fuertes para aprender esta verdad: Con empleo o sin empleo, con esposa o sin esposa, sencillamente no dejamos de beber mientras antepongamos la dependencia de otras personas a la dependencia de Dios.

Graba en la conciencia de cada individuo el hecho de que se puede poner bien a pesar de cualquier otra persona. La única condición es que confíe en Dios y haga una limpieza de su interior.

Ahora, el problema doméstico: Puede haber divorcio, separación o relaciones tirantes. Cuando tu candidato haya hecho a sus familiares las reparaciones que haya podido, y les haya explicado detenidamente los nuevos principios de acuerdo con los cuales está viviendo, debe proceder a llevar a la práctica esos principios en su casa. Eso sí, si es afortunado en tener un hogar. Aunque su familia esté equivocada en muchos aspectos, esto no debe importarle. Debe concentrarse en su propia demostración espiritual. Las discusiones y el encontrar defectos deben evitarse a toda costa. Esto es algo muy difícil de lograr en muchos hogares, pero hay que hacerlo si se espera algún resultado. Si se persevera en ello durante unos cuantos meses, es seguro que el efecto que causará en la familia del individuo será grande. Las personas más incompatibles descubren que tienen una base sobre la cual pueden estar de acuerdo. Poco a poco, la familia puede ver sus propios defectos y admitirlos. Estos pueden discutirse entonces en un ambiente de ayuda y amistad.

Después de que hayan visto resultados palpables, los familiares tal vez quieran participar. Estas cosas sucederán naturalmente y a su debido tiempo, siempre que el alcohólico continúe demostrando que puede estar sobrio y ser considerado y servicial a pesar de lo que cualquiera diga o haga. Por supuesto, no llegamos a este nivel frecuentemente; pero debemos tratar de reparar la avería inmediatamente, de lo contrario pagamos la pena con una borrachera.

Si hubiese divorcio o separación, la pareja no debe darse demasiada prisa para volver a unirse. El individuo debe estar seguro de su recuperación; la esposa debe comprender plenamente el nuevo modo de vivir de él. Si su relación anterior ha de reanudarse, tiene que ser sobre una base mejor, ya que la anterior no resultó satisfactoria. Esto significa una actitud y un ánimo nuevo en todo sentido. A veces resulta muy positivo que una pareja permanezca separada. Es obvio que no puede darse una regla fija. Hay que dejar que el alcohólico continúe día a día con su programa. Cuando llegue el momento oportuno de que vuelvan a vivir juntos, éste será evidente para ambos.

No dejes que ningún alcohólico te diga que no puede recuperarse a menos de que recupere a su familia. Esto simplemente no es así. En algunos casos, por una u otra razón, la esposa no regresará nunca. Recuérdale al candidato que su recuperación no depende de la gente, sino de su relación con Dios. Hemos visto ponerse bien a individuos que nunca recobraron su familia; hemos visto recaer a otros cuya familia regresó demasiado pronto.

Tanto tú como el principiante tienen que ir día a día por el camino del progreso espiritual. Si perseveras, sucederán cosas admirables. Cuando miramos hacia atrás, nos damos cuenta de que las cosas que recibimos cuando nos pusimos en manos de Dios eran mejores de lo que nos hubiésemos imaginado. Sigue los mandatos de un Poder Superior y pronto vivirás en un mundo nuevo y maravilloso, no importa cuál sea tu situación actual.

Cuando estés tratando de ayudar a un individuo y a su familia, debes cuidarte de no participar en sus disputas. Si lo haces, puedes perder la oportunidad de ayudar. Pero recomienda mucho a los familiares del alcohólico que no olviden que éste ha estado muy enfermo y que es necesario tratarlo como corresponde. Debes prevenirlos para que no susciten el resentimiento o los celos. Debes señalar que sus defectos de carácter no van a desaparecer de la noche a la mañana. Demuéstrales que ha entrado en un período de desarrollo. Cuando se impacienten, diles que recuerden el hecho bendito de su sobriedad.

Si has tenido éxito al resolver tus propios problemas domésticos, cuéntales a los familiares del principiante cómo lo lograste. De esta forma puedes orientarlos debidamente sin criticarlos. La historia de cómo tú y tu esposa arreglaron sus dificultades valdrá más que cualquier crítica.

Dado que estamos preparados espiritualmente, podemos hacer toda clase de cosas que se supone no deben hacer los alcohólicos. La gente ha dicho que no debemos ir a lugares donde se sirve licor; que no debemos tenerlo en nuestra casa; que debemos huir de los amigos que beben; que debemos evitar las películas en las que hay escenas donde se bebe; que no debemos ir a bares; que nuestros amigos deben esconder las botellas cuando vamos a su casa; que no se nos debe recordar para nada el alcohol. Nuestra experiencia demuestra que esto no es necesariamente así.

Tropezamos con estas situaciones todos los días. Un alcohólico que no puede encararlas todavía tiene una mentalidad alcohólica; algo le pasa a su estado espiritual. La única probabilidad de sobriedad para él sería que estuviera en el casquete glaciar de Groenlandia, y aun allí podría aparecer un esquimal con una botella de licor, lo que echaría a perder todo. Pregúntale a alguna mujer que haya enviado a su marido a algún lugar lejano basándose en la teoría de que así escaparía del problema de la bebida.

En nuestra opinión, cualquier plan para combatir el alcoholismo que esté basado en escudar al enfermo contra la tentación, está condenado al fracaso. Si un alcohólico trata de escudarse, puede tener éxito por algún tiempo, pero generalmente acaba explotando más que nunca. Hemos probado esos métodos. Los intentos de hacer lo imposible siempre nos han fallado.

Por lo tanto, nuestra norma no es evitar los lugares donde se bebe, *si tenemos una razón legítima para estar allí*. Estos incluyen bares, centros nocturnos, bailes, recepciones, bodas e incluso fiestecitas informales. A una persona que haya tenido experiencia con un alcohólico, puede que esto le parezca tentar a la Providencia, pero no es así.

Notarás que hemos puesto una condición importante. Por consiguiente, en cada ocasión, pregúntate a ti mismo: "¿Tengo alguna buena razón personal, de negocios o social para ir a ese lugar?" o "¿estoy esperando robar un poco de placer indirecto del ambiente de esos sitios?" Si se contesta satisfactoriamente a estas preguntas, no hay por qué sentir aprensión. Entra o aléjate de ellos según te parezca apropiado. Pero asegúrate de que pisas un terreno espiritual firme antes de ir allí y de que tu motivo para ir sea enteramente bueno. No pienses en lo que vayas a sacar de la situación; piensa en lo que puedes aportar a ella. Pero si vacilas, es mejor que busques a otro alcohólico.

¿Para qué ir a sentarse con cara de mártir en lugares donde se bebe, suspirando por "aquellos buenos tiempos"? Si es una ocasión feliz, trata de hacer la ocasión aun más placentera para los que están presentes; si es una reunión de negocios, ve y trata el tuyo con entusiasmo; si estás con una persona que quiere ir a comer a un bar, ¡acompáñala! Hazles saber a tus amigos que no han de cambiar sus costumbres por ti. En el lugar y el momento oportunos, explícales a tus amigos por qué no te sienta bien el alcohol. Si haces esto concienzudamente, serán pocos los que te inviten a beber. Mientras estuviste bebiendo, ibas retirándote de la vida poco a poco; ahora estás regresando a la vida social de este mundo. No empieces a retirarte otra vez sólo porque tus amigos beben licor.

Tu tarea ahora consiste en estar donde puedas ser de máxima ayuda a otros. Así que no vaciles en ir a donde sea si allí puedes ayudar; no debes titubear en ir al lugar más sórdido si es con ese fin. Mantente en la línea de fuego de la vida por esos motivos, y Dios te conservará sano y salvo.

Muchos de nosotros acostumbramos a tener licor en nuestras casas. A veces lo necesitamos para aplacar los graves temblores de algún nuevo candidato, después de una gran borrachera. Algunos de nosotros lo servimos a nuestros amigos, siempre que no sean alcohólicos. Pero otros de los nuestros creen que no debemos servirlo a nadie. Nunca discutimos este punto. Creemos que cada familia debe decidirlo a la luz de sus propias circunstancias.

Tenemos mucho cuidado de no demostrar nunca intolerancia u odio por la bebida como parte de la sociedad. La experiencia demuestra que esa actitud no ayuda a nadie. Cada uno de los alcohólicos recién llegados busca esa actitud entre nosotros y siente un alivio enorme cuando se da cuenta de que no somos tan puritanos. Un espíritu de intolerancia repelería a alcohólicos a quienes podría habérseles salvado la vida de no haber sido por semejante estupidez. Ni siquiera le haríamos ningún bien a la causa de la bebida en moderación, porque no hay un alcohólico entre mil al que le guste que le diga algo del alcohol alguien que lo odia.

Esperamos que algún día Alcohólicos Anónimos ayude al público a darse mejor cuenta de la gravedad del problema alcohólico; pero serviremos de poco si nuestra actitud es de amargura y hostilidad. Los bebedores nunca la tolerarán.

Después de todo, nosotros creamos nuestros problemas. Las botellas fueron solamente un símbolo. Además, hemos dejado de pelear contra todos y contra todo. ¡Tenemos que hacerlo!

Capítulo 8

A LAS ESPOSAS*

CON POCAS EXCEPCIONES, hasta aquí en nuestro libro sólo se ha tratado de hombres; pero lo que hemos dicho es igualmente aplicable a las mujeres. Nuestras actividades en favor de las mujeres van en aumento. Hay claros indicios de que las mujeres recobran la salud tan prontamente como los hombres, cuando ponen a prueba nuestras sugerencias.

Pero por cada hombre que bebe hay otras personas implicadas: la esposa que tiembla de miedo ante la próxima borrachera; la madre y el padre que ven al hijo consumiéndose.

Entre nosotros hay esposas, parientes y amigos cuyo problema ha sido resuelto, así como algunos que todavía no han encontrado una feliz solución. Queremos que las esposas de los Alcohólicos Anónimos se dirijan a las esposas de individuos que beben demasiado. Lo que dicen a continuación es aplicable a casi todas las personas que estén ligadas a un alcohólico por lazos de sangre o de afecto.

Como esposas de Alcohólicos Anónimos, quisiéramos que usted se dé cuenta de que nosotras comprendemos el problema como tal vez pocos puedan. Queremos analizar errores que hemos cometido. Queremos que se quede usted con la sensación de que ninguna situación es demasiado difícil y ninguna infelicidad demasiado grande para ser superadas.

No cabe duda que hemos recorrido un camino rocoso.

*Escrito en 1939, en una época en la que había pocas mujeres miembros de A.A., este capítulo supone que el alcohólico en el hogar es en la mayoría de los casos el marido. No obstante, muchas de las sugerencias hechas al respecto pueden adaptarse para ayudar a la persona que vive con una mujer alcohólica — sea que aún esté bebiendo o esté ya recuperándose en A.A. Al final del capítulo se menciona otro recurso.

Hemos tenido largas citas con el amor propio lastimado, la frustración, la autoconmiseración, la desavenencia y el miedo. Estos no son compañeros agradables. Nos hemos dejado llevar a una compasión sensiblera y a amargos resentimientos. Algunas de nosotras hemos ido de un extremo al otro, siempre con la esperanza de que nuestros seres queridos volvieran a ser ellos mismos.

Nuestra lealtad y el deseo de que nuestros maridos levantaran cabeza y fueran como otros hombres, han originado toda clase de situaciones difíciles. Hemos sido desprendidas y abnegadas. Hemos dicho infinidad de mentiras para proteger nuestro orgullo y la reputación de nuestros maridos. Hemos rezado, hemos suplicado, hemos sido pacientes. Hemos arremetido con malicia. Hemos huido. Hemos estado histéricas. Hemos estado atemorizadas. Hemos buscado la comprensión de los demás. Para vengarnos, hemos tenido aventuras amorosas con otros hombres.

Muchas noches nuestras casas se han vuelto campos de batalla. A la mañana siguiente nos hemos reconciliado. Se nos ha aconsejado abandonar a nuestros maridos y lo hemos hecho muy decididas, sólo para regresar al poco tiempo, siempre con esperanza. Nuestros maridos han jurado con gran solemnidad que nunca volverían a beber; nosotras les hemos creído cuando nadie más quería o podía hacerlo. Luego, después de días, semanas o meses, comenzaban de nuevo.

Rara vez recibíamos a nuestras amistades en casa, porque no sabíamos nunca cómo y cuándo se presentarían los hombres de la casa. Nuestros compromisos sociales eran reducidos; llegamos a vivir casi solas. Cuando nos invitaban a ir a alguna parte, nuestros maridos se tomaban tantos tragos a escondidas que echaban a perder la ocasión. Si, por otra parte, no bebían nada, su autoconmiseración los volvía unos aguafiestas.

Nunca había seguridad económica. Siempre corrían peligro de perder sus puestos o los perdían. Ni un carro blindado hubiera sido suficiente para que la paga llegara a casa. Los fondos de la cuenta del banco se derretían como la nieve en junio.

A veces había otras mujeres; ¡qué desconsolador era descubrirlo; qué cruel que le dijeran a una que ellas los comprendían como no podíamos nosotras!

Cobradores, policías, taxistas enojados, vagos y amigotes llamaban a la puerta y a veces incluso traían mujeres a casa. ¡Y nuestros maridos creían que nosotras no éramos hospitalarias! "Aguafiestas, regañonas", decían de nosotras. Al día siguiente volvían a ser ellos mismos, y nosotras los perdonábamos, y tratábamos de olvidar.

Hemos tratado de mantener vivo el cariño de nuestros hijos para con su padre. Decíamos a nuestros hijos pequeños que su padre estaba enfermo, lo cual se aproximaba a la verdad mucho más de lo que creíamos. Les pegaban a los niños, pateaban las puertas, rompían la loza, arrancaban las teclas del piano. En medio de todo ese caos, salían amenazando con irse a vivir definitivamente con la otra mujer. De tan desamparadas que estábamos, a veces también nos emborrachábamos. El resultado inesperado era que aquello parecía gustarles.

Tal vez al llegar a este punto nos divorciamos y llevamos a los niños a vivir a casa de nuestros padres. Entonces nuestros suegros nos criticaban con dureza por el abandono. Generalmente no nos íbamos; nos quedábamos. Finalmente buscábamos empleo, en vista de que la miseria nos amenazaba.

Empezamos a buscar consejo médico a medida que las borracheras se repetían más frecuentemente. Los alarmantes síntomas físicos y mentales, la cada vez mayor tristeza por el remordimiento, la depresión y el sentimiento de inferioridad que se apoderaba de nuestros seres queridos: todas estas cosas nos aterrorizaban y perturbaban. Como animales en una cinta rodante, pacientes y cansadas trepábamos para caer exhaustas después de cada vano esfuerzo por pisar terreno firme. La mayoría de nosotras hemos llegado a la etapa final con los internamientos en casas de salud, sanatorios, hospitales y cárceles. A veces se presentaban el delirio y la locura. La muerte frecuentemente rondaba cerca.

En estas circunstancias, naturalmente cometíamos equivocaciones. Algunas eran causadas por la ignorancia acerca del alcoholismo. A veces percibíamos vagamente que estábamos tratando con hombres enfermos. De haber comprendido cabalmente la naturaleza de la enfermedad, podríamos habernos comportado en forma diferente.

¿Cómo podían ser tan irreflexivos, tan duros y tan crueles esos hombres que querían a sus esposas y a sus hijos? Pensábamos que no podía haber amor en tales personas. Y precisamente cuando estábamos convencidas de su falta de corazón, nos sorprendían con nuevos propósitos y con atenciones. Por algún tiempo volvían a ser afables como antes, sólo para romper en pedazos otra vez la nueva estructura de afecto. Si se les preguntaba por qué habían vuelto a beber, salían con excusas tontas o no contestaban. ¡Eso era tan desconcertante y desalentador! ¿Podíamos habernos equivocado tanto con los hombres con quienes nos casamos? Cuando bebían eran extraños. Algunas veces eran tan inaccesibles que parecían estar rodeados por una muralla.

Y, aunque no quisieran a sus familias, ¿cómo podrían estar tan ciegos acerca de ellos mismos? ¿Qué había pasado con su capacidad de discernir, su sentido común, su fuerza de voluntad? ¿Por qué no podían ver que la bebida significaba su ruina? ¿Por qué era que cuando se les señalaba el peligro, lo reconocían y aun así se emborrachaban inmediatamente?

Éstas son algunas de las preguntas que pasan por la mente de toda mujer que tiene un marido alcohólico. Tenemos la esperanza de que este libro haya contestado algunas de ellas. Tal vez su marido haya estado viviendo en ese extraño mundo del alcoholismo en el que todo está distorsionado y exagerado. Puede usted darse cuenta de que él la quiere con lo mejor de su ser. Desde luego existe la incompatibilidad, pero casi en todos los casos el alcohólico sólo parece ser nada cariñoso y desconsiderado; generalmente, dice y hace estas cosas espantosas por tener una personalidad deformada y ser un enfermo. En la actualidad, la mayoría de nuestros hombres son mejores maridos y padres de lo que nunca fueron.

Trate de no condenar a su marido alcohólico, a pesar de lo que diga o haga. Sencillamente, es una persona muy enferma e irrazonable. Trátelo, cuando pueda, como si tuviera pulmonía. Cuando la enoje, recuerde que está muy enfermo.

Hay una excepción muy importante a lo anterior. Nos damos cuenta de que algunos hombres son completamente malintencionados, que, por más paciencia que haya, no se cambia nada. Un alcohólico de esta índole puede valerse enseguida de este capítulo como arma contra usted. No deje que lo haga. Si está completamente segura de que es de ese tipo, puede parecerle que lo mejor es abandonarlo. ¿Es correcto, acaso, dejarlo arruinar la vida de usted y la de sus niños? Especialmente cuando tienen disponible una manera de dejar de beber y de cometer abusos, si es que quiere pagar el precio.

El problema con el cual usted lucha, generalmente, pertenece a una de estas cuatro categorías.

Uno: Puede que su marido sea solamente una persona

que bebe mucho. Puede ser que beba constantemente o que solamente lo haga con exceso en ciertas ocasiones. Tal vez gasta demasiado en licor. Puede que la bebida lo esté deteriorando física y mentalmente, sin que él se dé cuenta. A veces pone en situaciones penosas a usted y a sus amistades. Él se siente seguro de que puede controlarse cuando bebe, que no hace daño a nadie, que beber es algo necesario en sus negocios. Probablemente se sentirá insultado si se le llama alcohólico. Este mundo está lleno de personas como él. Algunos llegan a moderarse o dejar de beber completamente, y otros no. De los que siguen bebiendo, un buen número se vuelven alcohólicos después de algún tiempo.

Dos: Su marido está demostrando falta de control, porque no puede apartarse de la bebida ni cuando quiere hacerlo. Frecuentemente se pone desenfrenado cuando bebe. Lo admite, pero está seguro de que la próxima vez lo hará mejor. Ha empezado a probar, con o sin su ayuda, distintas maneras de moderarse o de mantenerse sin beber. Tal vez está empezando a perder amigos. Puede ser que sus negocios estén sufriendo las consecuencias. Se siente preocupado a veces y comienza a percibir que no puede beber como otras personas. A veces bebe por la mañana, y también durante todo el día para mantener a raya sus nervios. Se siente arrepentido después de las borracheras y dice que quiere dejar de hacerlo. Pero cuando se le pasa, empieza a pensar de nuevo en cómo poder hacer para beber con moderación la próxima vez. Creemos que esta persona corre peligro. Tiene las condiciones inequívocas de un verdadero alcohólico. Tal vez pueda todavía atender sus negocios bastante bien. No lo ha arruinado todo, de ninguna manera. Como decimos entre nosotros: *"Quiere querer dejar de beber"*.

Tres: Este marido ha ido mucho más lejos que el número dos. Aunque una vez estuvo como éste, se puso mucho peor. Sus amigos han huido, su casa es casi una ruina y no puede conservar ningún puesto. Tal vez ya se haya llamado al médico y haya empezado la fatigosa peregrinación a sanatorios y hospitales. Admite que no puede beber como otras personas, pero no ve por qué. Se aferra a la idea de que todavía encontrará la manera de hacerlo. Puede que haya llegado al punto en que desesperadamente quiere dejar de beber pero no puede. Su caso presenta interrogantes adicionales que trataremos de responder. Usted puede tener bastantes esperanzas en un caso como éste.

Cuatro: Puede ser que esté completamente desesperanzada con su marido. Ha sido internado una y otra vez. Es violento o parece completamente loco cuando está borracho. A veces bebe apenas sale del hospital. Tal vez haya tenido un delirium tremens. Tal vez los médicos hayan perdido toda esperanza y le hayan dicho que lo interne. Tal vez se haya visto obligada a encerrarlo. Este cuadro puede que no sea tan sombrío como parece. Muchos de nuestros maridos estaban así de avanzados. A pesar de eso, se mejoraron.

Volvamos ahora al marido número uno. Aunque parezca extraño, frecuentemente es difícil de tratar. Disfruta con la bebida; despierta su imaginación; se siente más cerca de sus amigos bebiendo con ellos. Tal vez usted misma disfrute bebiendo con él, mientras no se pasa de la raya. Ustedes han pasado juntos noches felices charlando junto a la chimenea. Tal vez a los dos les gusten las fiestas, que resultarían aburridas sin licor. Nosotras mismas hemos gozado de noches como esa: nos divertíamos. Sabemos lo que es el licor como lubricante social. Algunas, no todas, creemos que tiene sus ventajas cuando se usa moderadamente.

El primer principio para el éxito consiste en no enojarse nunca. Aunque su marido se vuelva insoportable y tenga que dejarlo temporalmente, debe irse sin rencor, si puede hacerlo. La paciencia y la ecuanimidad son sumamente necesarias.

Pensamos que no debe usted decirle nunca qué es lo que él debe hacer sobre su manera de beber. Si se le mete en la cabeza la idea de que es usted una regañona y una aguafiestas, serán pocas las probabilidades que tenga usted de lograr algún resultado. Eso le servirá a él de motivo para beber más. Dirá que no se le comprende. Esto puede conducir a que pase noches muy solas. Puede que él busque a otra persona para que lo consuele, no siempre a otro hombre.

Esté decidida a que la manera de beber de su marido no va a estropear las relaciones de usted con sus niños y con sus amistades. Ellos necesitan su ayuda y su compañía. Es posible que tenga una vida plena y útil, pese a que su marido siga bebiendo. Conocemos a mujeres que no sienten temor, incluso son felices en tales circunstancias. No ponga todo su afán en reformar a su marido. Por mucho que se esfuerce en hacerlo, puede ser que usted sea incapaz de lograrlo.

Sabemos que estas indicaciones son difíciles de seguir a veces, pero se ahorrará muchos pesares si logra observarlas. Su marido puede llegar a apreciar su razonamiento y su paciencia. Esto puede preparar el terreno para una conversación con él sobre su problema alcohólico. Trate de que sea él mismo el que saque a relucir el tema. Esté segura de no criticar en una charla de esas. En vez de esto, trate de ponerse en el lugar de él. Haga usted que se dé cuenta de que quiere ayudarlo y no criticarlo.

Cuando surja una conversación, puede sugerirle que lea este libro o cuando menos el capítulo sobre alcoholismo. Dígale que ha estado preocupada, aunque tal vez innecesariamente; que usted cree que debe conocer mejor el tema, ya que todos deben comprender con claridad el riesgo que corren si beben demasiado. Demuéstrele que tiene usted confianza en que puede dejar de beber o moderarse. Dígale que no quiere ser una aguafiestas; que solamente quiere que cuide su salud. Así, tal vez logre interesarlo en el alcoholismo.

Probablemente haya varios alcohólicos entre las amistades de él. Puede sugerirle que ustedes dos se interesen en ellos. A los bebedores les gusta ayudar a otros bebedores. Su marido puede estar dispuesto a hablar con alguno de ellos.

Si este enfoque del asunto no atrae la atención de su marido, puede ser mejor dejar el tema; pero después de una charla amistosa, su marido será generalmente el que vuelva a tocarlo. Esto puede requerir esperar pacientemente, pero bien valdrá la pena. Mientras tanto, usted puede tratar de ayudar a la esposa de otro bebedor que esté mal. Si obra usted de acuerdo a estos principios, su marido puede dejar de beber o moderarse.

Supongamos, sin embargo, que su marido se ajusta a la descripción del número *dos*. Deben practicarse los mismos principios que se aplican en el caso número *uno*. Pero después de su siguiente borrachera, pregúntele si realmente quiere librarse de la bebida para siempre. No le pida que lo haga por usted ni por nadie más. Unicamente, si le *gustaría* hacerlo.

Lo probable es que quiera hacerlo. Muéstrele su ejemplar de este libro y dígale qué es lo que ha descubierto sobre el alcoholismo. Demuéstrele que, como alcohólicos, los que escribieron este libro lo comprenden. Háblele sobre algunas de las historias interesantes que usted ha leído. Si cree que puede desconfiar de un remedio espiritual, dígale que le dé una ojeada al capítulo sobre alcoholismo. Tal vez se interese entonces en continuar.

Si se entusiasma, la cooperación suya significará mucho. Si su actitud es tibia o cree que no es alcohólico, le sugerimos que lo deje solo. Evite apremiarlo a seguir el programa. La semilla se ha sembrado en su mente. Sabe que miles de hombres que son como él en muchos aspectos se han recuperado. Pero no le recuerde esto después de que haya estado bebiendo porque puede enojarse. Tarde o temprano es posible que lo vea usted volviendo a leer este libro. Espere a que sus repetidos tropiezos lo convenzan de que tiene que actuar; porque mientras más lo apremie, más se puede demorar su recuperación.

Si tiene un marido como el número tres, puede que sea afortunada. Estando segura de que quiere dejar de beber, puede usted ir a él con este libro tan contenta como si le hubiera tocado la lotería. Tal vez él no comparta su entusiasmo, pero es casi seguro que leerá este libro y puede ser que se decida enseguida a probar el programa. Si no fuese así, es probable que no tenga usted que esperar mucho. Una vez más, no debe presionarlo; deje que sea él mismo el que decida. Ayúdelo de buen grado a salir de sus borracheras. No le hable de su condición ni de este libro más que cuando él saque a relucir el tema. En algunos casos puede ser preferible que sea alguien fuera de la familia quien le dé este libro. Pueden urgirlo a poner manos a la obra sin suscitar hostilidad. Si su marido es una persona normal en otros sentidos, en este caso existirán bastantes probabilidades para la recuperación.

Tal vez usted suponga que los hombres que están dentro de la clasificación número cuatro no tienen ningún remedio, pero no es así. Muchos de los Alcohólicos Anónimos eran así. Todos los habían deshauciado. La derrota parecía segura. Sin embargo, estos individuos frecuentemente tenían una recuperación firme y espectacular.

Hay excepciones. Algunos hombres se han deteriorado tanto por el alcohol que ya no pueden dejar de beber. A veces se presentan casos en los que el alcoholismo está complicado con otros desórdenes. Un buen médico o psiquiatra puede determinar si esas complicaciones son serias. En cualquier caso, procure que su marido lea este libro. Su reacción puede ser de entusiasmo. Si ya está internado en alguna institución, pero puede convencerles a usted y a su médico de que está dispuesto a tomar la cosa en serio, déle una oportunidad para probar nuestro método, a menos de que el médico opine que su condición mental es demasiado anormal o peligrosa. Hacemos esta recomendación con cierta confianza. Durante años hemos estado tratando a alcohólicos internados en instituciones. Desde que se publicó por primera vez este libro, A.A. ha sacado de manicomios y hospitales de todas clases a miles de alcohólicos. La mayoría no han regresado nunca. El poder de Dios llega muy lejos.

Puede ser que le encuentre en una situación diametralmente distinta. Tal vez su marido ande suelto pero debiera estar internado. Algunos hombres no quieren o no pueden superar el alcoholismo. Creemos que, cuando se vuelven demasiado peligrosos, encerrarlos es un acto de bondad; pero desde luego siempre debe consultarse con un médico. Las esposas y los hijos de estos individuos sufren horrorosamente, pero no más que ellos mismos.

Algunas veces ocurre que usted tiene que empezar su vida de nuevo. Conocemos a mujeres que lo han hecho. Si las mujeres que están en esta situación adoptan una manera espiritual de vivir, su tarea será más fácil.

Si su marido es un bebedor, probablemente usted se preocupa por lo que está pensando la gente y odia encontrarse con sus amigos. Se encierra en sí misma más y más y cree que todos están hablando de las condiciones que prevalecen en su hogar. Elude el tema de la bebida hasta cuando habla con sus propios padres. No sabe qué decir a sus hijos. Cuando su marido está mal, se convierte en una reclusa temblorosa, deseando que nunca se hubiera inventado el teléfono.

Encontramos que casi todas estas dificultades son innecesarias. Por una parte, no tiene que hablar prolijamente de lo que le sucede a su marido; pero por otra parte, puede explicar discretamente la naturaleza de su enfermedad. Sin embargo, debe tener cuidado de no avergonzar o lastimar a su marido.

Cuando haya explicado cuidadosamente a esas personas que él es un enfermo, habrá creado un ambiente nuevo. Las barreras que habían surgido entre usted y sus amistades desaparecerán con el desarrollo de una comprensión compasiva. Dejará de sentirse cohibida y de creer que tiene que excusar a su marido como si fuese un débil de carácter. Puede que él sea todo menos eso. El valor y buen genio recién adquiridos por usted, y el no sentirse cohibida, le darán maravillosos resultados socialmente.

Los mismos principios son aplicables para el trato con los hijos. A menos de que realmente necesiten ser protegidos contra su padre, es mejor no ponerse de ningún lado en cualquier discusión que surja entre él y ellos mientras el padre está bebiendo. Emplee todas sus energías para promover un mejor entendimiento entre todos. Así disminuirá esa terrible tensión que se apodera del hogar de un bebedor problema.

Con frecuencia se ha visto obligada a decirle al patrón y a los amigos de su marido que éste estaba enfermo, cuando en realidad estaba borracho. Evite, todo lo que pueda, contestar a esa clase de preguntas; cuando sea posible, deje que su marido dé las explicaciones. El deseo que tiene de ayudarlo no debe ser motivo para que mienta a las personas que tienen derecho a saber dónde está y qué está haciendo. Hable de esto con él cuando no esté bebiendo y esté de buen humor. Pregúntele qué es lo que debe usted hacer si la pone en tal situación otra vez. Pero tenga cuidado de no estar resentida por la última vez que se lo hizo.

Hay otro temor que resulta paralizante: Quizá tenga usted miedo a que su marido pierda su puesto y esté pensando en las desgracias y en los días difíciles que eso les acarrearía a usted y a sus hijos. Esto puede llegar usted a experimentarlo, o tal vez le haya sucedido ya varias veces. De volver a sucederle, considérelo desde un punto de vista diferente. ¡Tal vez resulte ser una bendición! Ya que puede convencer a su esposo de que quiera dejar de beber para siempre, y ahora sabe usted que puede dejar de beber si quiere hacerlo. Una y otra vez, esta aparente calamidad ha resultado ser una dádiva que se nos otorga, porque ha abierto el camino que conduce al descubrimiento de Dios.

Ya hemos comentado anteriormente lo mucho mejor que es la vida cuando se vive en un plano espiritual. Si Dios puede resolver el antiquísimo enigma del alcoholismo, también puede resolver los problemas de usted. Nosotras las esposas encontramos que, como todos los demás, padecíamos de orgullo, autoconmiseración, vanidad y todo lo que contribuye a que una persona sea egocéntrica; que no estábamos por encima del egoísmo y de la falta de honradez. A medida que nuestros maridos empezaron a aplicar en sus vidas los principios espirituales, también nosotras empezamos a ver la conveniencia de hacer lo mismo.

Al principio, algunas de nosotras no creíamos que necesitábamos esta ayuda; pensábamos que, en general, éramos mujeres bastante buenas, capaces de ser mejores si nuestros maridos dejaban de beber. Pero la idea de que éramos demasiado buenas para necesitar de Dios era bastante tonta. Ahora tratamos de emplear los principios espirituales en todos los aspectos de nuestras vidas. Cuando lo hacemos, encontramos que eso también resuelve nuestros problemas; la consecuente falta de miedo, de preocupación y de amor propio lastimado resulta algo maravilloso. Recomendamos encarecidamente que prueben nuestro programa, porque nada ayudará tanto al marido como cambiar radicalmente nuestra actitud hacia él, actitud que Dios le mostrará a usted cómo adquirir. Acompañe a su marido si le es posible.

Si usted y su marido encuentran una solución al apremiante problema de la bebida, serán muy felices sin duda, pero no todos los problemas se resolverán enseguida. La semilla ha empezado a germinar en la tierra nueva pero el crecimiento apenas ha comenzado. A pesar de su recién encontrada felicidad, habrá altas y bajas; todavía tendrá muchos de los viejos problemas. Así es como debe ser.

La fe y la sinceridad de ustedes dos serán sometidas a prueba. Estos ejercicios deben considerarse como parte de su educación, porque así estará usted aprendiendo a vivir. Cometerá errores, pero si está tomando la cosa en serio, éstos no la hundirán; por el contrario, podrá capitalizarlos. Un modo de vivir mejor surgirá cuando estos errores sean superados.

Algunos de los obstáculos que encontrará son la irritación, el amor propio lastimado y el resentimiento. Su marido será a veces irrazonable y usted querrá criticarlo. Una mancha insignificante en el horizonte doméstico puede convertirse en tormentosos nubarrones de disputa. Estas diferencias familiares son muy peligrosas, especialmente para su marido. A menudo tendrá usted que llevar la carga de evitarlas o de mantenerlas controladas. No olvide nunca que el resentimiento es un grave riesgo para un alcohólico. No queremos decir que tenga usted que estar de acuerdo con su marido cuando haya una sincera diferencia de opinión, únicamente que tenga cuidado de no estar en desacuerdo de una manera resentida o con un espíritu crítico.

Usted y su marido encontrarán que pueden deshacerse de los problemas serios más fácilmente que de los triviales. La próxima vez que usted y él tengan una discusión acalorada, no importa cuál sea el tema, cualquiera de ustedes dos debe tener derecho a sonreír y decir: "Esto se está poniendo serio. Siento haberme alterado. Hablemos de ello más adelante". Si su marido está tratando de vivir sobre una base espiritual, él también estará haciendo todo lo que esté dentro de sus posibilidades para evitar el desacuerdo y las disputas.

Su marido sabe que le debe a usted más que la sobriedad. Quiere mejorar. Sin embargo, usted no debe esperar demasiado. Su manera de pensar y actuar ya son hábitos de años. Paciencia, tolerancia, comprensión y amor son la consigna. Muéstrele en usted estas cosas y las volverá a recoger después reflejadas en él. Vive y deja vivir, es la regla. Si ustedes dos demuestran buena voluntad en remediar sus propios defectos, habrá poca necesidad de criticarse el uno al otro.

Las mujeres llevamos en nosotras la imagen del hombre ideal, de la clase de individuo que quisiéramos que fueran nuestros maridos. Una vez que está resuelto su problema con la bebida, la cosa más natural del mundo es creer que entonces va a estar a la altura de ese apreciado ideal. Las probabilidades son de que no sea así, porque, como usted misma, él apenas ha empezado a desarrollarse. Tenga paciencia.

Otro sentimiento que es muy probable que abriguemos es el resentimiento de que el amor y la lealtad no pudieron curar a nuestro marido del alcoholismo. No nos gusta la idea de que el contenido de un libro o la labor de otro alcohólico haya logrado en unas cuantas semanas aquello por lo que nosotras luchamos durante años. En esos momentos olvidamos que el alcoholismo es una enfermedad sobre la que no podíamos haber tenido ningún poder.

Su marido será el primero en decir que el afecto y los cuidados de usted lo llevaron al punto en el que le fue posible tener una experiencia espiritual; que sin usted, ya estaría hecho polvo hace mucho tiempo. Cuando acudan pensamientos de resentimiento, trate de hacer una pausa y enumerar las bendiciones que ha recibido. Después de todo, su familia está unida nuevamente, el alcohol ya no es un problema, y usted y su marido están trabajando juntos para un futuro nunca antes soñado.

Otra dificultad más es que puede llegar a estar celosa de las atenciones que él tenga con otras personas, especialmente alcohólicos. Ha estado usted sedienta de su compañía y sin embargo se pasa largas horas ayudando a otros hombres y a sus familiares. Usted piensa que ahora debería ser todo suyo. El hecho es que él tiene que trabajar con otros para sostener su propia sobriedad. Algunas veces estará tan interesado que se volverá muy negligente. Su casa se llenará de extraños, y tal vez no le caigan bien algunos de ellos. Él se interesará en los problemas y en las dificultades de ellos, pero para nada en los de usted. De poco servirá que se lo indique y lo apremie a que le preste mayor atención. Creemos que es un verdadero error enfriar su entusiasmo en el trabajo relacionado con el alcoholismo. Debe unirse a él todo lo que pueda en sus esfuerzos en ese sentido. Le sugerimos que dedique algunos de sus pensamientos a las esposas de sus nuevos amigos alcohólicos; ellas necesitan el cariño de una mujer que ha pasado por lo que usted ha pasado.

Probablemente sea cierto que usted y su marido hayan estado viviendo demasiado solos, porque la bebida muchas veces aísla a la esposa de un alcohólico. Por lo tanto, es probable que usted necesite nuevos intereses y una gran causa como meta en su vida, como los tiene su marido. Si usted coopera, en vez de quejarse, encontrará que el exceso de entusiasmo en él se modera. En ustedes dos se despertará un sentido de responsabilidad por los demás. Usted, lo mismo que su marido, debe pensar en lo que puede aportar a la vida en vez de en cuánto puede sacar de ella. Inevitablemente, sus vidas estarán más llenas al hacerlo. Perderá la vida antigua para encontrar una mucho mejor.

Tal vez su marido tenga un buen comienzo sobre la nueva base, pero precisamente cuando las cosas están marchando muy bien, la desconsuela llegando a casa borracho. Si usted cree que realmente quiere dejar de beber, no tiene por qué alarmarse. Aunque es infinitamente mejor que no tenga ninguna recaída, como ha sido el caso con muchos de nuestros hombres, no es de ninguna manera malo en algunos casos. Su esposo se dará cuenta enseguida de que necesita redoblar sus actividades espirituales si espera sobrevivir; usted no necesita recordarle su deficiencia espiritual. Él la sabe. Anímelo y pregúntele cómo puede usted ayudarlo aún más.

La más insignificante señal de miedo o de intolerancia puede mermar las probabilidades de recuperación que tenga su marido. En un momento de debilidad puede tomar la antipatía de usted hacia sus amigos de "vida alegre" como uno de esos pretextos insensatamente triviales para beber.

Nosotras no tratamos nunca de arreglar la vida de un hombre para protegerlo de la tentación. La más insignificante disposición de parte de usted para dirigir sus citas o sus asuntos para que no sea tentado, será notada por él. Haga que se sienta absolutamente libre de ir y venir como le parezca. Esto es importante. Si él se emborracha, no se culpe usted por ello. Dios le ha quitado su problema alcohólico, o no se lo ha quitado. Si no lo ha hecho, es mejor darse cuenta de ello enseguida; entonces podrán usted y su marido volver a examinar los fundamentos. Si ha de evitarse una repetición, pongan el problema con todo lo demás en manos de Dios.

Nos damos cuenta de que hemos estado dando muchas indicaciones y muchos consejos. Puede parecer que hemos estado sermoneando. Si es así, lo sentimos porque a nosotras mismas no siempre nos caen bien quienes nos sermonean. Pero lo que hemos relatado está basado en nuestras experiencias, algunas de ellas dolorosas. Tuvimos que aprender estas cosas de una manera muy dura. Por eso deseamos que usted comprenda y que evite las dificultades innecesarias.*

Así es que, a ustedes las que están ahí fuera y que pronto pueden estar con nosotras, les deseamos buena suerte, y que Dios las bendiga.

*La asociación de los Grupos Familiares de Al-Anon se formó unos trece años después de escribirse este capítulo. Aunque constituye una comunidad completamente separada de Alcohólicos Anónimos, utiliza los principios generales del programa de A.A. como guías para los esposos, esposas, parientes, amigos y otras personas íntimas de los alcohólicos. Las páginas anteriores, [aunque se dirigen solamente a las esposas] señalan los problemas con los cuales éstas tal vez tengan que enfrentarse. Alateen, para los hijos adolescentes de alcohólicos, forma parte de Al-Anon.

Si el número de teléfono de Al-Anon no se encuentra inscrito en su guía de teléfonos local, puede obtener mayor información escribiendo a su Oficina de Servicio Mundial: 1600 Corporate Landing Parkway, Virginia Beach, VA 23454-5617. Sitio web: www.al-anon.org.

Capítulo 9

LA FAMILIA DESPUÉS

$\mathcal{E}$N EL CAPÍTULO anterior se han indicado ciertas actitudes que puede adoptar una esposa para con el marido que se está recuperando. Tal vez esas indicaciones hayan creado la impresión de que debe envolvérsele en algodones y ponerlo en un pedestal. Un reajuste satisfactorio significa justamente lo contrario. Todos los miembros de la familia deben tener como base, de común acuerdo, la tolerancia, la comprensión y el cariño. Esto supone un proceso de desinflamiento. El alcohólico, su esposa, sus hijos, sus suegros, es probable que cada uno de ellos tenga determinadas ideas acerca de la actitud de la familia hacia él o ellos mismos. Cada uno tiene interés en que se respeten sus deseos. Encontramos que, cuanto más exige un miembro de la familia que se ceda a sus demandas, más resentidos se vuelven los demás. Esto contribuye a la discordia y la infelicidad.

¿Y por qué? ¿No es porque cada uno quiere ser el actor principal? ¿No está tratando cada uno de arreglar la familia de acuerdo con lo que le parece? ¿No está tratando de ver qué puede sacar de la familia, en vez de darle?

El dejar de beber no es más que el primer paso para el alejamiento de una condición tensa y anormal. Un médico nos ha dicho: "Años de convivencia con un alcohólico puede volver neuróticos a cualquier esposa o niño. Toda la familia está enferma hasta cierto grado". Hay que hacer que los familiares se den cuenta, al comenzar el viaje, de que no siempre va a hacer buen tiempo. Cada uno a su vez puede cansarse o puede rezagarse. Puede haber senderos y atajos seductores por los que pueden errar y perder su camino.

Suponga que le decimos cuáles son algunos de los obstáculos que encontrará una familia, y que le sugerimos cómo pueden evitarse, incluso cómo pueden ser de utilidad para otros. La familia del alcohólico ansía el retorno de la felicidad y de la seguridad. Sus miembros recuerdan cuando papá era cariñoso, considerado y próspero. La vida de hoy se compara con la de años anteriores y, si no llega a esa altura, la familia puede sentirse infeliz.

La confianza que la familia siente en papá aumenta. Creen que pronto volverán los días buenos. ¡Algunas veces exigen que papá haga que vuelvan inmediatamente! Creen que Dios casi les debe esta recompensa por una deuda que ya venció. Pero el jefe de la casa se ha pasado años echando abajo la estructura de los negocios, el amor, la amistad, la salud — cosas que ahora están en ruinas o dañadas. Se necesitará tiempo para quitar los escombros. A pesar de que los edificios viejos son reemplazados eventualmente por otros mejores, las nuevas estructuras tardarán años en ser acabadas.

Papá sabe que él tiene la culpa; tal vez le cueste años de duro trabajo reestablecerse económicamente, pero la familia no debe reprochárselo. Quizá nunca vaya a tener mucho dinero. No obstante, su comprensiva familia le admirará no por sus ambiciones económicas, sino por su empeño en transformar su vida.

De vez en cuando los familiares serán molestados por los espectros del pasado, porque la carrera de bebedor de casi todo alcohólico ha sido marcada por aventuras jocosas, humillantes, vergonzosas o trágicas. El primer impulso será el de guardar bajo llave en algún lugar escondido esos trapos sucios. Quizá la familia está bajo la influencia de la idea de que la felicidad futura sólo puede basarse en el olvido del pasado. Nosotros creemos que ese punto de vista es egocéntrico y diametralmente opuesto al nuevo modo de vivir.

Henry Ford hizo una vez un atinado comentario en el sentido de que la experiencia es la cosa de valor supremo en la vida. Eso resulta cierto solamente si uno está dispuesto a aprovechar el pasado. Crecemos por nuestra buena voluntad para encarar y rectificar errores y convertirlos en logros. Así, el pasado del alcohólico se convierte en el principal recurso de la familia y frecuentemente en casi el único.

Este doloroso pasado puede ser de enorme valor para otras familias que todavía están luchando con su problema. Creemos que cada familia que ha sido liberada de su problema le debe algo a aquellas que no lo han sido. Y cuando lo requiera la ocasión, cada uno de sus miembros debe estar enteramente dispuesto a sacar a relucir antiguos errores, por muy penosos que sean. El mostrarle a otros que sufren cómo se nos ayudó, es precisamente lo que hace ahora que la vida nos parezca de tanto valor. Confíe en la idea de que el tenebroso pasado, estando en manos de Dios, es su más preciada posesión, clave de la vida y de la felicidad de otros. Con ella puede usted evitarles a otros la muerte y el sufrimiento.

Es posible desenterrar actos pasados de mala conducta, de manera que estos se convierten en una calamidad, una verdadera plaga. Por ejemplo, conocemos de situaciones en las que el alcohólico o su esposa han tenido intrigas amorosas. Llevados por la animación inicial del desarrollo espiritual, se perdonaron mutuamente y se unieron más. El milagro de la reconciliación estaba a mano. Luego, debido a una u otra provocación, el agraviado desenterraba la vieja intriga y lleno de ira aventaba sus cenizas. Unos cuantos de nosotros hemos padecido los dolores del crecimiento, y duelen mucho. Maridos y esposas se han visto a veces obligados a separarse por un tiempo hasta poder obtener una nueva perspectiva y una nueva victoria sobre el amor propio. En la mayoría de los casos el alcohólico sobrelleva esta prueba sin recaer, pero no siempre. Por lo tanto creemos que, a menos que sirvan para un buen propósito, no debemos hablar de hechos pasados.

En las familias de Alcohólicos Anónimos son pocos los secretos del pasado que escondemos. Cada uno conoce las dificultades que los otros tienen con el alcohol. Ésta es una situación que en la vida ordinaria produciría infinidad de pesares; podría ser motivo de un chismorreo escandaloso, de risa a costa de otras personas, y de una tendencia a sacar ventaja del conocimiento de asuntos de carácter íntimo. Entre nosotros esto sólo sucede raras veces. Hablamos mucho el uno del otro, pero casi invariablemente templa esas conversaciones un espíritu de tolerancia y de afecto.

Otro principio que observamos cuidadosamente es el de no contar las experiencias íntimas de otra persona, a menos que estemos seguros de que ésta lo aprobaría. Encontramos que es mejor, cuando se puede, limitarnos a nuestra propia historia. Un individuo puede criticarse o reírse de sí mismo y esto afectará favorablemente a otros, pero cuando es otro el que lo critica o ridiculiza, se produce el efecto contrario. Los miembros de una familia deben tener especial cuidado con estas cuestiones porque se ha dado el caso de que una observación atolondrada y desconsiderada arma un lío. Nosotros los alcohólicos somos personas sensibles; algunos tardamos mucho tiempo en superar esa desventaja.

Muchos alcohólicos son entusiastas. Se van a los extremos. Al principio de su recuperación tomarán, por regla general, una de estas dos direcciones: Pueden meterse de cabeza en un esfuerzo desesperado para salir adelante en los negocios, o encontrarse con su ánimo tan dominado por su nueva vida que no hablen ni piensen en nada más. En cualquiera de los casos surgen ciertos problemas de familia. Hemos tenido experiencia con muchísimos de estos casos.

Creemos peligroso que se precipite de lleno a su problema económico. La familia también resultará afectada, al principio agradablemente al ver que están por resolverse sus problemas de dinero, luego no tan agradablemente cuando se sienten olvidados. El padre puede estar cansado por la noche y preocupado por el día; puede interesarse poco por los niños y enfadarse cuando se le reprochan sus actos de mala conducta. Si no está irritable, puede parecer desanimado y aburrido y no alegre ni afectuoso como la familia quisiera que fuera. La madre puede quejarse de la falta de atención. Todos se sienten defraudados y muchas veces se lo demuestran. Simultáneamente, al comienzo de esas quejas se levanta una barrera. Él está forzando sus nervios todo lo posible para recuperar el tiempo perdido; está empeñándose en recuperar su fortuna y reputación, y piensa que lo está haciendo bien.

A veces la esposa y los hijos no piensan que sea así. Como en el pasado han sido olvidados y maltratados, piensan que el padre les debe más de lo que están recibiendo. Quieren que haga la gran alharaca con ellos. Esperan que les proporcione los ratos agradables de que disfrutaban antes de que él empezara a beber tanto, y que se muestre arrepentido por lo que han sufrido. Pero papá no da de sí mismo fácilmente. Crece el resentimiento; se vuelve aún menos comunicativo. A veces explota por una menudencia. La familia está desconcertada; lo critican, señalándole cómo está decayendo en su programa espiritual.

Esta clase de cosas puede evitarse. Tanto el padre como la familia están equivocados, aunque cada parte tenga alguna justificación. De poco sirve discutir y sólo empeora el atolladero. La familia tiene que darse cuenta de que papá, aunque maravillosamente mejorado, todavía está convaleciente. Deben estar agradecidos de que se mantenga sobrio y pueda estar de nuevo en este mundo. Que elogien sus progresos; que recuerden que la bebida causó toda clase de daños y que la reparación de éstos puede tardar. Si perciben estas cosas, no tomarán tan en serio sus períodos de mal humor, depresión o apatía, los cuales desaparecerán cuando haya tolerancia, cariño y comprensión espiritual.

El jefe de la casa debe recordar que él es el principal culpable de lo que le ha sucedido a su hogar. Apenas podría saldar la cuenta en todo el curso de su vida. Pero debe ver el peligro de concentrarse demasiado en el éxito económico. Aunque la recuperación económica esté en camino para muchos de nosotros, encontramos que no podíamos anteponer el dinero a todo. Para nosotros, el bienestar material siempre siguió al espiritual; nunca lo precedió.

Dado que el hogar ha sido afectado más que ninguna otra cosa, es bueno que un hombre se esfuerce allí. No es probable que consiga mucho si no logra demostrar desprendimiento y cariño bajo su propio techo. Sabemos que hay esposas y familias difíciles, pero el individuo que esté superando el alcoholismo debe recordar que él contribuyó mucho a hacerlas así.

A medida que cada miembro de una familia resentida empieza a ver sus propios defectos y los admite ante los otros, sienta la base para una discusión provechosa. Estas conversaciones en la familia serán constructivas, si pueden tenerse sin discusión acalorada, sin autoconmiseración y sin autojustificación o crítica resentida. Poco a poco la madre y los hijos se darán cuenta de que piden demasiado y el papá se dará cuenta de que da muy poco. Dar, en vez de recibir, será el principio que sirva de guía.

Supongamos por otra parte, que el padre ha tenido al empezar un despertar espiritual. De la noche a la mañana, digamos, es un hombre nuevo. Se vuelve muy religioso; no puede concentrarse en nada más. Tan pronto como se empieza a tomar su sobriedad como algo común y corriente, puede ser que la familia empiece a ver al extraño nuevo papá, primero con aprensión y luego con irritación. Hay charlas sobre asuntos espirituales día y noche. Puede ser que exija que la familia encuentre a Dios enseguida, o que demuestre una sorprendente indiferencia hacia ellos y diga que está por encima de las consideraciones mundanas. Puede ser que diga a la esposa, devota durante toda su vida, que ella no sabe nada del asunto y que lo mejor sería que adoptara su modo espiritual de vivir mientras tenga la oportunidad de hacerlo.

Cuando el padre actúa de esta forma, la familia puede reaccionar desfavorablemente; pueden sentirse celosos de que Dios les haya robado el cariño del padre. Aunque estén agradecidos de que él ya no beba, puede ser que no les guste la idea de que Dios haya logrado el milagro en tanto que ellos fracasaron. Frecuentemente se olvidan de que papá ya estaba fuera de toda ayuda humana. Puede ser que no vean por qué su cariño y su dedicación no lo corrigieron. Dirán que el padre no es tan espiritual, después de todo. Si tiene intenciones de reparar sus pasados errores, ¿por qué tanta preocupación por todo el mundo, menos por su propia familia? y ¿qué pensar acerca de lo que dice, de que Dios cuidará de ellos? Sospechan que su padre está un poco "chiflado".

No está tan desequilibrado como puede suponerse. Muchos de nosotros hemos experimentado la euforia de este padre. Nos hemos entregado a esa embriaguez espiritual. Como el demacrado explorador, después de apretarse el cinturón a la barriga vacía, hemos encontrado oro. La alegría que sentimos por la liberación de toda una vida de frustraciones no tuvo límites. Papá piensa que ha encontrado algo mejor que el oro. Durante algún tiempo puede ser que trate de abrazarse solo al nuevo tesoro. Puede ser que, de momento, no haya visto que apenas ha arañado un filón inagotable, que le dará dividendos solamente si lo trabaja el resto de su vida e insiste en regalar todo el producto.

Si la familia coopera, el padre pronto se dará cuenta de que está padeciendo de una distorsión de valores. Percibirá que un desarrollo espiritual que no incluya sus obligaciones con la familia no puede ser tan perfecto como él lo suponía. Si la familia considera que la conducta del padre no es más que una fase de su desarrollo, todo marchará bien. En el seno de una familia afín y comprensiva, estas extravagancias del desarrollo espiritual del padre desaparecerán pronto.

Lo contrario puede suceder si la familia censura y critica. El padre puede pensar que, durante años, su manera de beber lo ha situado desventajosamente en cada discusión, pero que ahora, con Dios de su parte, se ha vuelto una persona superior. Si la familia insiste en la crítica, este error puede arraigarse más en él. En vez de tratarla como debería hacerlo, puede ser que se retraiga más y crea que tiene una justificación espiritual para hacerlo.

A pesar de que la familia no esté completamente de acuerdo con las actividades espirituales del padre, deben dejarle hacer lo que quiera. Aun cuando demuestre cierta despreocupación e irresponsabilidad con la familia, es bueno dejarlo que llegue al nivel que desee en su ayuda a otros alcohólicos. Durante esos primeros días de convalecencia, eso contribuirá más que nada a asegurar su sobriedad. Aunque algunas de las manifestaciones que tiene son alarmantes y desagradables, creemos que él estará sobre una base más firme que el individuo que está poniendo el éxito económico o profesional por delante del desarrollo espiritual. Será menos probable que beba de nuevo, y cualquier cosa es preferible antes que eso.

Aquellos de nosotros que hemos pasado mucho tiempo en un mundo de ensueño, eventualmente nos hemos dado cuenta de la puerilidad de ello. Ese mundo de ensueño ha sido reemplazado por un gran sentido de la determinación acompañado de una creciente conciencia del poder de Dios en nuestras vidas. Hemos llegado a creer que Él quisiera que tuviéramos la cabeza con Él en las nubes, pero que nuestros pies deben estar firmemente plantados en la tierra. Aquí es donde están nuestros compañeros de viaje y donde tiene que realizarse nuestro trabajo. Éstas son nuestras realidades. No hemos encontrado nada incompatible entre una poderosa experiencia espiritual y una vida de sana y feliz utilidad.

Una sugerencia más: Ya sea que la familia tenga o no convicciones espirituales, sería bueno que examinase los principios con los cuales está tratando de regir su vida el alcohólico de la familia. Es difícil que puedan dejar de aprobar estos sencillos principios, aunque el jefe de la casa todavía falle algo en seguirlos. Nada puede ayudar más al individuo que se va por una tangente espiritual que la esposa que adopta el mismo programa, haciendo mejor uso práctico de ello.

Habrá otros cambios profundos en el hogar. El licor incapacitó al padre durante tantos años, que la madre se convirtió en jefe de la casa; se enfrentó a estas responsabilidades valerosamente. Por la fuerza de las circunstancias, frecuentemente se veía obligada a tratar al padre como a un niño enfermo o descarriado. Aun cuando él quería hacerse valer, no podía porque su manera de beber constantemente hacía que no tuviera razón. La madre lo planeaba y dirigía todo. Cuando el padre estaba sobrio, generalmente obedecía. De esa forma, la madre, sin proponérselo, se acostumbró a llevar los pantalones en la familia. El padre, al volver a la vida de repente, con frecuencia empieza a hacerse valer. Esto trae dificultades, a menos de que la familia vigile las tendencias de ambas partes y se llegue a un mutuo entendimiento amistoso.

La bebida aísla del mundo exterior a la mayoría de los hogares. Puede ser que el padre haya hecho a un lado desde hace años todas las actividades normales, tales como las de los clubes, círculos cívicos y los deportes. Cuando se renueva su interés en tales cosas, esto puede dar lugar a celos. La familia puede pensar que tiene una hipoteca tan fuerte sobre el padre que no quede ninguna cantidad para nadie más que ellos mismos. En vez de emprender nuevas actividades, la madre y los hijos exigen que él se quede en casa y supla la falta de éstas.

Desde el mismo principio la pareja debe enfrentarse al hecho de que cada uno va a tener que ceder de vez en cuando si es que la familia va a desempeñar un papel efectivo en la nueva vida. El padre necesitará pasar mucho tiempo con otros alcohólicos, pero esta actividad debe ser equilibrada. Puede hacer amistad con personas no alcohólicas y tomar en consideración sus necesidades. Los problemas de la comunidad también solicitarán su atención. Aunque la familia no tenga conexiones de carácter religioso, puede ser que sus miembros deseen tener contacto con algún organismo religioso o hacerse miembros de alguno.

A los alcohólicos que se han burlado de la gente devota, les ayudará esa clase de conexiones. Al tener una experiencia espiritual, el alcohólico encontrará que tiene mucho en común con esta gente, aunque no esté de acuerdo con ellos en muchas cuestiones. Si no discute sobre religión, hará nuevos amigos y es seguro que encuentre nuevos derroteros de utilidad y de placer. Él y su familia pueden ser motivo de alegría en esas congregaciones. Puede ser que lleve nueva esperanza y nuevo valor a muchos sacerdotes, ministros o rabinos que dan todo de sí mismos para servir a este nuestro angustiado mundo. En lo anterior sólo nos anima el deseo de hacerle una sugerencia útil; no hay nada de obligatorio en ello. Como grupo no sectario no podemos tomar decisiones por otros. Cada individuo debe consultar con su propia conciencia.

Le hemos estado hablando a usted de cosas serias y a veces trágicas. Hemos estado tratando con el alcohol en su peor aspecto. Pero no somos una partida de malhumorados. Si los recién llegados no pudieran ver la alegría y el gozo que hay en nuestra vida, no la desearían. Insistimos absolutamente en disfrutar la vida. Tratamos de no caer en el cinismo en lo que se refiere a la situación de las naciones y de no llevar sobre nuestros hombros las dificultades del mundo. Cuando vemos a un hombre hundiéndose en el fango del alcoholismo, le damos los primeros auxilios y ponemos lo que tenemos a su disposición. Por su bien, relatamos y casi volvemos a vivir los horrores de nuestro pasado. Pero aquellos de nosotros que hemos tratado de cargar con todo el peso de las dificultades de otros, encontramos que pronto nos rinden.

Así es que creemos que la alegría y el sano reír contribuyen a la utilidad. Los extraños a veces se escandalizan cuando soltamos la carcajada por una aparentemente trágica experiencia del pasado. Pero ¿por qué no hemos de reír? Nos hemos recuperado y se nos ha dado el poder para ayudar a otros.

De todos es sabido que los que están mal de salud y los que rara vez se divierten, no *ríen* mucho. Así es que cada familia debe divertirse junta o separadamente, todo lo que las circunstancias lo permitan. Estamos seguros de que Dios quiere que seamos felices, alegres y libres. No podemos endosar la creencia de que la vida es un valle de lágrimas, aunque en ocasiones haya sido justamente eso para muchos de nosotros. Pero es bien claro que nosotros mismos forjamos nuestra propia desgracia. Dios no lo hizo. Por lo tanto, evite forjar deliberadamente una desgracia; pero si se presentan dificultades, aprovéchelas como oportunidades para demostrar la omnipotencia de Él.

Ahora, algo acerca de la salud. No es frecuente que un organismo seriamente quemado por el alcohol se recupere de la noche a la mañana, ni que los pensamientos torcidos y la depresión desaparezcan en un abrir y cerrar de ojos. Estamos convencidos de que la manera espiritual de vivir es un poderoso reconstituyente de la salud. Nosotros, los que nos hemos recuperado de un grave problema con la bebida, somos milagros de salud mental. Pero hemos visto transformaciones notables en nuestros organismos: raro es entre nosotros el que conserva señas de disipación.

Pero esto no quiere decir que hagamos caso omiso de las medidas humanas de salud. Dios ha dado a este mundo abundancia de magníficos médicos, psicólogos y especialistas en varias ramas de la medicina. No vacile en consultar a personas como éstas acerca de su problema de salud. La mayoría de ellos dan de sí mismos generosamente para que sus semejantes puedan disfrutar de cuerpos y mentes sanos. Trate de recordar que, aunque Dios ha hecho milagros entre nosotros, nunca debemos menospreciar los conocimientos de un buen médico o psiquiatra; sus servicios son a veces indispensables para tratar a un recién llegado y darle seguimiento después.

Uno de los muchos médicos que tuvo oportunidad de leer el manuscrito de este libro nos dijo que frecuentemente era beneficioso para el alcohólico consumir dulces, pero siempre de acuerdo con el consejo del médico. Opinaba que todos los alcohólicos deben tener dulces de chocolate a la mano, por su valor como reconstituyente rápido de energía cuando hay cansancio; añadió que ocasionalmente se presentaba por la noche un deseo indefinido que podría satisfacerse con dulces. Muchos de nosotros hemos notado una tendencia a comer dulces y hemos encontrado que esa costumbre es beneficiosa.

Una palabra acerca de las relaciones sexuales. El alcohol estimula tanto sexualmente a algunos hombres que éstos han abusado en ese sentido. Las parejas ocasionalmente se sienten consternadas al descubrir que cuando se suspende la bebida, el hombre tiende a ser impotente. A menos de que se comprenda la razón de esto, puede presentarse un trastorno emocional. Algunos de nosotros hemos tenido esta experiencia, para disfrutar a los pocos meses de una intimidad más hermosa que nunca. Si la condición persiste, no se debe vacilar en consultar a un médico o psicólogo. No sabemos de muchos casos en los que se haya prolongado demasiado esta dificultad.

El alcohólico puede encontrar que le es difícil reanudar relaciones amigables con sus hijos; esas mentes jóvenes fueron impresionadas mientras él estuvo bebiendo. Sin decirlo, puede ser que lo odien cordialmente por lo que les ha hecho a ellos y a su madre. Muchas veces domina a los hijos una dureza y un cinismo patéticos. Parece que no pueden olvidar y perdonar. Esto puede durar meses, mucho más de lo que la madre se ha demorado en aceptar la nueva manera de vivir del padre.

Con el tiempo se darán cuenta de que él es un hombre nuevo, y, a su modo, se lo harán notar. Cuando suceda esto, puede invitarlos a participar en la meditación de la mañana, y pueden tomar parte en la discusión diaria sin rencor ni prejuicios. De este punto en adelante el progreso será rápido. Frecuentemente se producen resultados maravillosos después de una reconciliación como ésta.

Ya sea que la familia siga sobre una base espiritual o no, el miembro que es alcohólico tiene que hacerlo si se ha de recuperar. Los otros tienen que estar convencidos de su nueva posición sin ninguna duda. Ver es creer para la mayoría de los miembros de una familia que han tenido que vivir con un bebedor.

Aquí tenemos un caso muy a propósito de lo que se está tratando: Uno de nuestros amigos era un bebedor de café y un fumador exagerado. No había duda de que abusaba en ese sentido. Viendo esto y con el ánimo de ayudarlo, su esposa empezó a reprenderlo. El admitió que se estaba extralimitando, pero le dijo con toda franqueza que no estaba dispuesto a dejar de hacerlo. Como su esposa es una de esas personas que realmente creen que hay algo pecaminoso en esos hábitos, lo estuvo regañando y con su intolerancia hizo que finalmente estallara en cólera. Se emborrachó.

Desde luego que nuestro amigo estaba equivocado, completamente equivocado. Tuvo que admitirlo dolorosamente y reparar sus defensas espirituales. Aunque actualmente es un miembro muy eficaz de Alcohólicos Anónimos, todavía fuma y bebe café; pero ni su esposa ni nadie más lo juzga. Ella se da cuenta de que no tenía razón en discutir acaloradamente un asunto como ése, cuando sus males más graves estaban remediándose rápidamente.

Tenemos tres pequeños lemas que son pertinentes:

Lo primero es lo primero
Vive y deja vivir
Poco a poco se va lejos

Capítulo 10

A LOS PATRONES

DE ENTRE los muchos patrones de hoy en día, pensamos en un miembro que ha pasado una gran parte de su vida en el mundo de los grandes negocios. Ha contratado y despedido a cientos de hombres. Conoce al alcohólico desde el punto de vista del patrón. Sus opiniones actuales deben resultar excepcionalmente útiles a los hombres de negocios de todas partes.

Pero dejemos que él le hable a usted:

Una vez fui subgerente de la división de una corporación que daba empleo a seis mil seiscientas personas. Un día mi secretaria me avisó que el señor B. insistía en hablar conmigo por teléfono. Le dije que le dijera que no me interesaba hablar con él. Le había advertido varias veces que solamente tenía una oportunidad más, y poco tiempo después me había llamado por teléfono dos días consecutivos, tan borracho que casi no podía hablar. Le dije que habíamos terminado con él definitivamente.

Regresó mi secretaria a decirme que no era el señor B. el que estaba al teléfono sino un hermano de él y que tenía un recado para mí. Todavía me esperaba que se tratara de otra súplica de clemencia, pero estas fueron las palabras que me llegaron por el auricular: "Solamente quería decirle que mi hermano se tiró por la ventana de un hotel y que dejó una nota diciendo que usted fue el mejor patrón que tuvo y que no debía culpársele de nada".

Otra vez, al abrir una carta que había sobre mi escritorio cayó de ella un recorte de periódico. Era la noticia de la defunción del mejor vendedor que había tenido. Después de dos semanas de beber, había disparado con el dedo del pie una escopeta cuyo cañón se había puesto en la boca. Seis semanas antes lo había despedido por beber.

Una experiencia más: La voz de una mujer me llegaba débilmente por teléfono, desde Virginia. Quería saber si todavía estaba en vigor el seguro que su marido tenía en la compañía. Cuatro días antes se había colgado en su leñera. Me había visto obligado a despedirlo por la bebida, a pesar de que era eficiente y alerta, uno de los mejores organizadores que había conocido.

Aquí tenemos tres casos: tres hombres excepcionales perdidos para este mundo porque yo no comprendía el alcoholismo como lo comprendo ahora. ¡Qué ironía, yo mismo me volví alcohólico! Y si no hubiera sido por la intervención de una persona comprensiva, podría haber seguido los pasos de ellos. Mi caída le costó a la comunidad de negocios quién sabe cuántos miles de dólares, porque cuesta mucho dinero adiestrar a un individuo para un puesto de ejecutivo. Esta clase de pérdidas sigue sin disminuir. Creemos que la trama de los negocios está atravesada de parte a parte por una situación que podría mejorarse mediante un buen entendimiento entre las partes interesadas.

Casi todo patrón moderno siente una responsabilidad moral por el bienestar de sus empleados y trata de cumplir con estas responsabilidades. El que no lo haya hecho siempre con el alcohólico es fácil de comprender. A él le ha parecido frecuentemente que el alcohólico es un tonto de primera magnitud. Debido a la capacidad especial del empleado o al afecto especial que siente por él, a veces el patrón conserva en su trabajo a un hombre como éste mucho más tiempo de lo razonable. Algunos patrones han probado todos los remedios que se conocen. Sólo en pocos casos ha habido falta de paciencia y de tolerancia. Y nosotros, que hemos abusado de los mejores patrones, no podemos culparlos por haber sido bruscos con nosotros.

He aquí un ejemplo típico: Un funcionario de una de las más grandes instituciones bancarias de Norteamérica sabe que ya no bebo. Un día me habló de un ejecutivo del mismo banco, el cual de acuerdo con su descripción, era indudablemente alcohólico. Esto me pareció una oportunidad de ser servicial y estuve dos horas hablando del alcoholismo, la enfermedad, y describiendo los síntomas y los resultados lo mejor que pude. Su comentario fue, "muy interesante, pero estoy seguro de que este hombre ha terminado con la bebida. Ha regresado después de un permiso de tres meses; ha estado sometido a una cura, se le ve muy bien, y para rematarlo todo, la junta directiva le ha comunicado que esta es su última oportunidad".

La única respuesta que pude darle fue que si el individuo seguía la norma común, agarraría una borrachera mayor que las anteriores. Creía que esto era inevitable y me preguntaba si el banco no estaría cometiendo una injusticia con este individuo. ¿Por qué no ponerlo en contacto con algunos de los de nuestro grupo? Podría ser una oportunidad para él. Señalé que yo no había bebido nada en tres años, y esto teniendo en cuenta que había tenido dificultades que hubieran conducido a beber a la gran mayoría de las personas. ¿Por qué no brindarle, cuando menos, la oportunidad de oír mi historia? "¡Ah, no!", dijo mi amigo, "O este hombre deja de beber, o se queda sin empleo. Si tiene la fuerza de voluntad y el valor de usted, logrará su propósito".

Me sentí desconcertado porque vi que había fracasado en ayudar a comprender a mi amigo el banquero. Sencillamente él no podía creer que su colega ejecutivo sufriera una grave enfermedad. No quedaba más que esperar.

Al poco tiempo el individuo recayó y fue despedido. Después de su despido, nos pusimos en contacto con él. Sin mucho trabajo aceptó los principios y procedimientos que nos habían ayudado a nosotros. Está indudablemente en vía de recuperación. Para mí, este incidente ilustra la falta de comprensión acerca de lo que realmente aflige al alcohólico, y la falta de conocimientos sobre el papel que los patrones pueden desempeñar provechosamente en la salvación de sus empleados enfermos.

Si usted desea ayudar, estaría bien que hiciera caso omiso de su propia manera de beber, o del hecho de que no bebe. Ya sea que usted beba mucho, moderadamente o no beba, puede tener ideas muy arraigadas y tal vez prejuicios. Los que beben moderadamente pueden sentirse más molestos por un alcohólico que el que no bebe; bebiendo ocasionalmente y comprendiendo sus propias reacciones, le es posible llegar a estar seguro de muchas cosas que en lo que se refiere al alcohólico no son siempre así. Como bebedor moderado puede usted tomar o dejar el licor; siempre que usted quiere, controla su manera de beber. Puede correrse una parranda moderada una noche, levantarse a la mañana siguiente, sacudir la cabeza y marcharse a su trabajo. Para usted el alcohol no es un verdadero problema; no puede ver por qué tiene que serlo para nadie, a menos que se trate de un débil o de un estúpido.

Cuando se trata con un alcohólico puede causarle una molestia natural el pensar que un hombre puede ser tan débil, estúpido e irresponsable. Aun cuando usted comprenda mejor el mal, puede que este sentimiento aumente.

Una mirada al alcohólico que está en su organización, a veces aclara muchas cosas. ¿No es, por regla general, talentoso, ágil de pensamiento, imaginativo y agradable?

Cuando está sobrio, ¿no trabaja duro y tiene cierto don para hacer las cosas? ¿Si tuviera estas cualidades y no bebiera, no valdría la pena conservarlo? ¿Debe tenérsele las mismas consideraciones que a los demás empleados enfermos? ¿Vale la pena salvarlo? Si su decisión es afirmativa, ya sea por motivos humanitarios o económicos o de las dos clases, entonces las indicaciones siguientes pueden serle útiles.

¿Puede usted desechar el sentimiento de que solamente está tratando con un hábito, con una terquedad o con una voluntad débil? Si le es difícil deshacerse de estas creencias, valdría la pena releer los capítulos segundo y tercero, en los que la enfermedad del alcoholismo se discute extensamente. Usted, como hombre de negocios, quiere conocer las necesidades antes de considerar el resultado. Si concede que su empleado está enfermo, ¿puede perdonársele lo que ha hecho en el pasado? ¿Pueden echarse al olvido los actos absurdos de su pasado? ¿Puede considerarse que ha sido víctima de una manera de pensar torcida, causada directamente por la acción del alcohol en su cerebro?

Recuerdo bien el susto que recibí cuando un eminente médico de Chicago me habló de casos en los que la presión del líquido espinal causaba de hecho una ruptura del cerebro. ¡Con razón el alcohólico es tan extrañamente irracional! ¿Quién no lo sería con un cerebro tan febril? Los bebedores normales no son afectados así, ni pueden entender las aberraciones de un alcohólico.

Su hombre tal vez haya estado tratando de esconder varios líos, que probablemente están bastante enredados, y puede que sean repugnantes. Puede que usted no acierte a entender cómo un individuo aparentemente tan franco haya podido enredarse así. Pero estos líos, sin importar lo graves que sean, pueden generalmente atribuirse a la acción anormal del alcohol en su mente. Cuando está bebiendo o se le está pasando la borrachera, un alcohólico que a veces es modelo de honradez cuando está normal, hará cosas increíbles. Después tendrá una tremenda repulsión. Casi siempre, estas extravagancias no indican más que una condición temporal.

Esto no quiere decir que todos los alcohólicos sean honrados y probos cuando no están bebiendo; desde luego que no es así. Puede darse el caso de que traten de abusar de usted. Al ver los esfuerzos que usted hace por comprender y tratar de ayudar, hay quienes pretenderán aprovecharse de su bondad. Si usted está seguro de que su hombre no quiere dejar de beber, lo mejor es despedirlo y mientras más pronto, mejor. No le está haciendo ningún favor manteniéndolo en su empleo; despedir a tal individuo puede significar una bendición para él. Puede ser precisamente la sacudida que necesita. Sé que en mi propio caso, nada de lo que la empresa hubiera hecho por mí me habría detenido porque, mientras pudiera conservar mi puesto, no me era posible darme cuenta de lo grave que era mi situación. Si me hubieran despedido primero y luego dado los pasos necesarios para que llegara a mí la solución que contiene este libro, podría haber regresado a ellos —ya estando bien— seis meses después.

Pero hay muchos hombres que quieren dejar de beber y con ellos puede usted hacer mucho. El tratamiento comprensivo de sus casos le producirá dividendos.

Tal vez ya tenga en mente a esa clase de individuo: uno que quiera dejar de beber y al que usted quiere ayudar, aunque no sea más que una cuestión de negocios. Ahora sabe usted más acerca del alcoholismo; puede darse cuenta de que él está física y mentalmente enfermo; está usted dispuesto a pasar por alto su conducta pasada. Supongamos que lo aborda así:

Manifiéstele usted que sabe cómo bebe y que necesita dejar de hacerlo. Puede decirle que estima sus aptitudes y quisiera retenerlo, pero que esto no será posible si sigue bebiendo. Una actitud firme a esta altura nos ha ayudado a muchos de nosotros.

Luego puede asegurarle que no trata de sermonearlo, moralizarlo o condenarlo; que si anteriormente hubo algo de esto fue por un malentendido. Si es posible, demuéstrele que no guarda ningún resentimiento hacia él. En este punto podría ser bueno explicarle lo que es el alcoholismo, como enfermedad; dígale que cree que él es una persona gravemente enferma, que su condición puede ser fatal y pregúntele si quiere ponerse bien; explíquele que si le hace esa pregunta es porque hay muchos alcohólicos que, apartados del camino recto e intoxicados, no quieren dejar de beber. Pero ¿quiere él? ¿Dará todos los pasos necesarios y se someterá a todo lo que se requiera para ponerse bien, y así dejar de beber para siempre?

Si dice que sí, ¿quiere realmente decir sí o está pensando para sus adentros que lo está engañando y que, después de un descanso y un tratamiento, podrá salirse con la suya tomándose unas copas de vez en cuando? Asegúrese de que no le esté engañando, o engañándose a sí mismo.

El que mencione este libro o no, depende del criterio suyo. Si él contemporiza y todavía cree que puede volver a beber, aunque sea una cerveza, lo mejor es despedirlo después de la próxima borrachera que, si es alcohólico, es casi seguro que pescará. Debe entender esto perfectamente bien. ¿Está usted tratando con un individuo que puede y quiere ponerse bien? Si no quiere, ¿para qué perder el tiempo con él? Esto puede parecer muy duro pero generalmente es el mejor camino.

Después de que usted se haya cerciorado de que su hombre quiere recuperarse y de que hará todo lo posible para lograrlo, puede indicarle un curso definitivo de acción. Para la mayoría de los alcohólicos que están bebiendo o acaban de salir de una borrachera, es conveniente y hasta, a veces, imprescindible cierto grado de tratamiento médico. Este es un asunto que debe, desde luego, ponerse en manos de su propio médico. Cualquiera que sea el método que se siga, su finalidad es la de dejar el organismo y la mente limpios de los efectos del alcohol. En manos competentes, esto raramente cuesta o tarda mucho. Le irá mucho mejor a su hombre si se le deja en condiciones físicas que le permitan pensar correctamente y de no sentir ansia por el licor. Si le propone usted un procedimiento como éste, puede ser necesario un anticipo para cubrir el costo del tratamiento; pero creemos que debe aclarárse le que cualquier gasto le será deducido de su sueldo más adelante. Es mejor para él que se sienta totalmente responsable.

Si su hombre acepta la oferta que le hace, debe señalársele que el tratamiento fisiológico no es más que una pequeña parte del procedimiento. Aunque usted le esté proporcionando la mejor atención médica posible, debe comprender que necesita cambiar de sentimientos. Para sobreponerse a la bebida necesitará experimentar una transformación de su manera de pensar y de su actitud, Todos tuvimos que dar prioridad a nuestra recuperación, porque sin recuperación habríamos perdido hogar y negocio, todo.

¿Puede usted sentir completa confianza en la capacidad de él para recuperarse? ¿Puede usted adoptar una actitud en el sentido de que, en lo concerniente a usted, esto será un asunto estrictamente privado y que los descuidos alcohólicos de él y el tratamiento que está por seguirse nunca serán discutidos sin el conocimiento de él? Sería bueno tener con él una amplia conversación a su regreso.

Pero volvamos a la materia de que trata este libro. Este

contiene indicaciones completas para que el empleado pueda resolver su problema. Algunas de estas ideas son nuevas para usted; tal vez no simpatice del todo con el enfoque que sugerimos. De ninguna manera lo ofrecemos como algo inmejorable, pero en lo que respecta a nosotros nos ha dado resultados satisfactorios. Después de todo ¿no está usted buscando resultados más que métodos? Su empleado, aunque no le guste, conocerá la inflexible verdad acerca del alcoholismo. Eso no puede hacerle ningún mal, aunque no sea partidario de este remedio.

Le sugerimos que mencione este libro al médico que vaya a atender a su paciente durante el tratamiento. Si el paciente lee el libro en el momento que pueda, mientras tenga una depresión aguda, puede que se dé cuenta de su condición.

Esperamos que el médico le diga la verdad al paciente acerca de su condición, cualquiera que ésta sea. Cuando se entregue este libro al individuo, es mejor que nadie le diga que tiene que seguir sus sugerencias. Él debe decidirlo por su cuenta.

Desde luego está usted apostando a que, con el cambio de actitud más este libro, se resolverá el problema. En algunos casos será así, y en otros puede que no. Pero creemos que, si persevera, el porcentaje de éxitos le dará muchas satisfacciones. A medida que se extiende nuestra labor y el número de nosotros aumenta, esperamos que sus empleados puedan ponerse directamente en contacto con algunos de nosotros. Mientras tanto, creemos que puede lograrse mucho con el sólo empleo de este libro.

Cuando regrese su empleado, hable con él. Pregúntele si cree que ya ha encontrado las respuestas. Si se siente con libertad para discutir sus problemas con usted; si sabe que usted comprende y piensa que no le desconcertará nada de lo que él quiera decir, probablemente se encamine rápidamente.

Respecto a esto, ¿puede usted conservar su serenidad si el individuo le cuenta cosas horribles? Por ejemplo, puede revelarse que ha alterado a su favor su cuenta para gastos o que ha planeado quitarle a usted sus mejores clientes. En realidad, puede decir casi cualquier cosa si ha aceptado nuestra solución, la cual, como usted sabe, exige una rigurosa sinceridad. ¿Puede olvidar esto como una deuda perdida y comenzar de nuevo con él? Si le debe dinero, puede ser que usted quiera llegar a un arreglo con él.

Si él habla de la situación de su hogar, es indiscutible que usted puede hacerle sugerencias útiles. ¿Puede hablar francamente con usted siempre que sea discreto respecto a los negocios y no critique a sus compañeros de trabajo? Con esta clase de empleado, tal actitud impondrá una lealtad imperecedera.

Los enemigos más grandes que tenemos los alcohólicos son los resentimientos, los celos, la envidia, la frustración y el miedo. Dondequiera que haya hombres agrupados para algún negocio, existirán rivalidades y como derivación de éstas, cierto grado de "política de oficina". Algunas veces nosotros los alcohólicos tenemos la idea de que la gente está tratando de hacernos caer. Frecuentemente no es así de ninguna manera. Pero algunas veces nuestra manera de beber se utilizará con fines políticos.

Cabe recordar el caso de un individuo malicioso que siempre estaba haciendo chistes sobre las hazañas de un alcohólico cuando bebía. En esta forma estaba chismeando disimuladamente. En otro caso, un alcohólico fue internado en un hospital para su tratamiento; al principio sólo sabían esto unos cuantos, pero al poco tiempo lo supieron todos. Naturalmente, esto disminuyó la probabilidad de recuperación del individuo. Muchas veces el patrón puede proteger a la víctima contra esa clase de rumores. El no puede ser parcial, pero siempre puede defender al individuo contra provocaciones innecesarias y críticas injustas.

Como clase, los alcohólicos son gente enérgica. Trabajan con brío y se divierten igualmente. Su hombre debe estar dispuesto a hacerlo, y lo mejor posible. Estando algo debilitado y afrontando un reajuste físico y mental a una vida sin alcohol, puede excederse. Puede que le sea necesario refrenar su deseo de trabajar 16 horas al día. Puede que usted tenga que animarlo a que se divierta de vez en cuando. Puede ser que quiera hacer mucho por otros alcohólicos y que algo de esto surja en las horas de trabajo. Un grado razonable de libertad le servirá de mucho. Este tipo de trabajo es muy necesario para que conserve su sobriedad.

Después de que su hombre haya pasado sin beber unos meses, es posible que pueda usted valerse de sus servicios con otros empleados que le están causando dificultades, siempre que a éstos les parezca bien la intervención de un tercero. Un alcohólico que se ha recuperado, aunque ocupe un puesto de relativamente poca importancia, puede hablarle a uno que ocupe uno más alto. Como ya sigue una norma de vida radicalmente diferente, nunca tratará de aprovecharse de la situación.

Puede tener confianza en él. Es natural que se sienta desconfianza después de una larga experiencia con las excusas del alcohólico. La próxima vez que llame su esposa para avisar que está enfermo, puede que llegue a la conclusión de que está borracho. Si lo está, pero está tratando de recuperarse, lo admitirá, aunque signifique la pérdida de su trabajo. Porque se dará cuenta de que, si espera vivir, tiene que ser sincero. Le agradecerá saber que usted no se preocupa demasiado por él, que no tiene sospechas y no está tratando de controlar su vida para protegerlo contra la bebida. Si está siguiendo concienzudamente el programa de recuperación, puede ir a cualquier parte que su oficina necesite mandarlo.

En el caso de que recaiga aunque sea una vez, tendrá que decidir si lo va a despedir. Si está usted seguro de que no está tomando la cosa en serio, no cabe duda de que debe ser despedido. Si, por el contrario, está seguro de que él está haciendo todo lo que puede, es posible que quiera darle otra oportunidad. Pero no debe sentir ninguna obligación para retenerlo, porque usted ya ha cumplido con su obligación.

Hay otra cosa que posiblemente usted desee hacer. Si la organización es grande, podría poner este libro en manos de sus ejecutivos subalternos. Puede hacerles saber que no tiene nada en contra de los empleados alcohólicos de su organización. Estos ejecutivos subalternos frecuentemente están en una situación difícil. A menudo se da el caso de que las personas a su cargo son amigos suyos. Así que, por una u otra razón, los encubren con la esperanza de que mejoren las cosas. A veces ponen en peligro sus propios empleos tratando de ayudar a individuos que beben en exceso, a los que se debió haber despedido desde hace mucho tiempo o haberles dado una oportunidad para ponerse bien.

Después de haber leído este libro, uno de esos ejecutivos puede acercarse a nuestro individuo y decirle más o menos esto: "Mira José ¿quieres o no quieres dejar de beber? Me pones en un aprieto cada vez que te emborrachas. Esto no es justo ni para mí ni para la empresa. He estado aprendiendo algo acerca del alcoholismo. Si eres un alcohólico como parece ser, estás muy enfermo. La firma quiere ayudarte en esto y si te interesa, hay una manera de salir de la dificultad. Si aceptas, tu pasado será olvidado y no se mencionará el hecho de que has estado ausente para someterte a un tratamiento. Pero si no puedes o no quieres dejar de beber, creo que debes renunciar a tu empleo".

Puede ser que el ejecutivo subalterno no esté de acuerdo con el contenido de este libro. No necesita y a menudo no debe enseñárselo al candidato alcohólico; pero, cuando menos, comprenderá el problema y no se dejará llevar por promesas. Podrá asumir una actitud equitativa con un individuo de este tipo. Ya no tendrá por qué encubrir más a un empleado alcohólico.

Se resume en lo siguiente: Nadie debe ser despedido sólo porque es alcohólico. Si quiere dejar de beber, debe proporcionársele una oportunidad real. Si no puede o no quiere dejar de beber, debe despedírsele. Las excepciones son pocas.

Creemos que con este enfoque se logran varias cosas. Se permitirá la rehabilitación de hombres buenos. A la misma vez, no se vacilará en librarse de aquellos que no pueden o no quieren dejar de beber. El alcoholismo puede estar causando muchos daños a su organización por pérdidas en concepto de tiempo, hombres y prestigio. Deseamos que nuestras sugerencias le ayuden a evitar estos daños, que a veces son serios. Creemos que somos sensatos al instarle a detener ese desperdicio y darle una oportunidad al empleado que se la merezca.

El otro día se abordó al vicepresidente de una empresa industrial grande. Su comentario fue éste: "Me alegro mucho de que ustedes se hayan sobrepuesto a la bebida. Pero la política de esta compañía es no intervenir en las costumbres de sus empleados. Si uno de nuestros hombres bebe tanto que perjudica su trabajo, le despedimos. No veo cómo podrían ustedes ayudarnos; porque, como ven, no tenemos ningún problema de alcoholismo". Esa misma compañía gasta millones cada año en investigación. El costo de su producción es calculado hasta una fracción mínima. Proporciona medios de recreo a sus empleados y los asegura. Existe un verdadero interés, tanto humano como económico, por los empleados. Pero ¿el alcoholismo? pues, sencillamente no creen que sea un problema.

Tal vez sea ésta una actitud típica. Nosotros que, colectivamente, hemos visto mucho del mundo de los negocios, cuando menos desde el punto de vista del alcoholismo, tuvimos que sonreírnos por la sincera opinión de este caballero. Podría asustarse si supiera cuánto le está costando al año a su organización el alcoholismo. En esa compañía puede haber muchos alcohólicos de hecho o potencialmente. Nosotros creemos que los gerentes de las grandes empresas tienen poca idea de lo muy generalizado que está este problema. Aun cuando usted piense que su empresa no tiene ningún problema alcohólico, puede que valga la pena fijarse con más detenimiento. Puede que haga algunos descubrimientos interesantes.

Desde luego, este capítulo se refiere a los alcohólicos, hombres enfermos, trastornados. Lo que tenía en la mente nuestro amigo el vicepresidente era el bebedor habitual, el bebedor que lo hace para divertirse. Con este tipo de bebedor, su política resulta indudablemente muy sana, pero no hizo distinción entre esta gente y los que son alcohólicos.

No es de esperar que a un empleado alcohólico se le dedique tiempo y atención en forma desproporcionada. No debe haber favoritismo con él. El individuo recto, el que quiere recuperarse, no querrá este tratamiento; no abusará. Lejos de eso, trabajará muy duro y le estará agradecido toda la vida.

En la actualidad soy dueño de una pequeña compañía. Hay en ella dos empleados alcohólicos que rinden lo que cinco vendedores normales. Pero ¿por qué no? Tienen una nueva actitud y han sido salvados de una muerte en vida. Ha sido un verdadero gusto para mí cada uno de los momentos que he empleado para encaminarlos a su recuperación.*

*Ver Apéndice VI. No duden en comunicarse con nosotros si podemos serles de ayuda.

Capítulo 11

UNA VISIÓN PARA TI

PARA LA MAYORÍA de la gente normal, beber significa cordialidad, compañerismo y una imaginación vivaz. Quiere decir liberación de las inquietudes, del aburrimiento y de la preocupación. Es alegre intimidad con los amigos y sentimientos de que la vida es buena. Pero no así para nosotros en esos últimos días de beber excesivo. Se fueron los placeres de antes. Eran sólo un recuerdo. Nunca pudimos recuperar los buenos momentos del pasado. Había un anhelo persistente de gozar de la vida como lo hicimos una vez y una dolorosa obsesión de que algún nuevo milagro de control nos permitiese hacerlo. Siempre había un intento más — y un fracaso más.

Cuanto menos nos toleraba la gente, más nos retirábamos de la sociedad, de la vida misma. Al convertimos en vasallos del Rey Alcohol, en temblorosos súbditos de su irracional reino, la fría bruma que es la soledad se asentaba sobre nosotros ennegreciéndose cada vez más. Algunos de nosotros buscábamos lugares sórdidos, esperando encontrar compañía comprensiva y aprobación. Momentáneamente las encontrábamos — luego venía el olvido, y el terrible despertar para enfrentarse a los espantosos Cuatro Jinetes: Terror, Aturdimiento, Frustración y Desesperación. ¡Los infelices bebedores que lean estos párrafos comprenderán!

De vez en cuando, alguien que bebe mucho y está seco por el momento exclamará: "No me hace ninguna falta el licor; me siento mejor ahora; trabajo mejor y me divierto más". Como ex bebedores problema que somos, esta salida nos hace sonreír. Sabemos que este amigo es como el niño que silba en la oscuridad para darse valor. Se está engañando. En sus adentros daría cualquier cosa por poder tomarse media docena de copas y salir impune con ellas. Eventualmente hará la prueba otra vez con el viejo jueguito, porque no se siente feliz con la sobriedad que tiene. No puede concebir la vida sin alcohol. Llegará el día en que no podrá concebirla sin éste ni con éste. Entonces conocerá como pocos la soledad. Estará en el momento de dar el salto al otro lado. Deseará que llegue el fin.

Nosotros hemos demostrado cómo salimos del fondo. Tú dirás: "Sí, estoy dispuesto. Pero, ¿se me va a condenar a una vida en la que seré un estúpido, aburrido y malhumorado como algunas personas 'virtuosas' que conozco? Sé que tengo que arreglármelas para vivir sin alcohol, pero ¿cómo voy a hacerlo? ¿Tienen ustedes algún substituto?"

Sí, hay un substituto y es mucho más que eso. Es la participación en la comunidad de Alcohólicos Anónimos. Allí encontrarás la liberación de las inquietudes, del aburrimiento y de la preocupación. Tu imaginación encontrará estímulos. La vida tendrá al fin un significado. Los años más satisfactorios de tu existencia están por delante. Eso encontramos en la comunidad y tú también lo encontrarás.

"¿Cómo va a suceder eso?", te preguntarás. "¿Dónde voy a encontrar a esa gente?"

Vas a conocer a estos nuevos amigos en tu propia comunidad. Cerca de ti hay alcohólicos que se están muriendo sin ningún auxilio, como los náufragos de un barco que se hunde. Si vives en una población grande, hay cientos de ellos. De la clase alta y de la baja, ricos y pobres: estos son los futuros miembros de Alcohólicos Anónimos. Entre ellos encontrarás amigos para toda la vida. Te unirán a ellos nuevos y excelentes lazos, porque habrán escapado juntos del desastre Y, hombro con hombro, iniciarán el camino común. Entonces sabrás lo que es dar de ti mismo para que otros puedan sobrevivir y volver a descubrir la vida. Aprenderás el significado completo de "Amarás a tu prójimo como a ti mismo".

Puede parecer increíble que estos hombres vayan a ser de nuevo felices, respetados y útiles. ¿Cómo pueden sobreponerse a tanta desgracia, mala reputación, y desesperanza? La respuesta positiva es que ya que estas cosas han sucedido entre nosotros, también pueden sucederte a ti. Si las deseas por encima de todo y si estás dispuesto a valerte de nuestra experiencia, estamos seguros de que las obtendrás. Todavía vivimos en la era de los milagros. Nuestra propia recuperación lo prueba.

Nuestra esperanza es que cuando este libro sea lanzado a la marea mundial del alcoholismo, los bebedores derrotados se aprovecharán de él siguiendo sus indicaciones. Estamos seguros de que muchos se pondrán en pie por sí mismos para emprender la marcha. Ellos se acercarán a más enfermos y, así, podrán surgir comunidades de Alcohólicos Anónimos en cada ciudad y aldea, refugios para quienes tienen que encontrar una solución.

En el capítulo "Trabajando con los demás" pudiste darte una idea de cómo abordamos a otros y los ayudamos a recuperar la salud. Supongamos que a través de ti varias familias han adoptado esta manera de vivir; querrás saber algo más acerca de cómo proceder a partir de ese punto. Quizá la mejor manera de obsequiarte con un destello de tu futuro sea describir el desarrollo de la comunidad entre nosotros. He aquí un breve relato:

Hace años, en el 1935, uno de nuestros miembros hizo un viaje a cierta ciudad del oeste. Desde el punto de vista de los negocios, el viaje le fue mal. Si hubiera tenido éxito en su empresa se habría podido levantar económicamente lo cual, entonces, parecía de vital importancia. Pero la operación terminó en un litigio y fracasó completamente. En lo sucedido hubo mucho de mala voluntad y de controversia.

Amargamente desilusionado, un día se encontró en un lugar extraño, desacreditado y casi sin un centavo. Todavía débil físicamente y sobrio sólo unos meses, se dio cuenta de que su situación era difícil. Sentía mucha necesidad de hablar con alguien; pero ¿con quién?

Una tarde triste, paseaba por el salón de entrada de su hotel preguntándose cómo iba a pagar su cuenta. En un rincón del lugar había una vitrina con un directorio de las iglesias locales. Al fondo del salón, una puerta daba a un atractivo bar. Podía ver la gente alegre allí adentro. Ahí encontraría compañía y liberación. Pero, a menos que se tomara unas copas, no tendría valor para trabar amistad con nadie y pasaría un fin de semana muy solo.

Por supuesto que no podía beber pero ¿por qué no sentarse a una mesa con un refresco? Después de todo, ¿no había estado sobrio seis meses? Tal vez pudiera con, digamos, tres copas — ¡ni una más! El temor se apoderó de él. Su posición era débil. Otra vez esa vieja e insidiosa locura: esa primera copa. Se dirigió temblando a donde estaba el directorio de las iglesias. La música y la alegre charla le llegaban desde el bar.

Pensó en sus responsabilidades: su familia y aquellos hombres que morirían porque no sabrían cómo ponerse bien; sí, aquellos otros alcohólicos. Sin duda había muchos de ellos en esa población. Telefonearía a algún clérigo. Le volvió la cordura y dio gracias a Dios. Después de escoger al azar una iglesia entró en la cabina y descolgó el teléfono.

Su llamada al clérigo lo llevó finalmente a cierto residente de la población, el cual, aunque había sido un hombre capaz y respetado, estaba entonces acercándose al punto más bajo de la desesperación alcohólica. La situación era la de siempre: el hogar en peligro, la esposa enferma, los hijos desorientados, las cuentas sin pagar y la reputación por los suelos. Tenía un deseo desesperado de dejar de beber, pero no encontraba la salida después de haber ensayado casi todas las vías de escape. Dolorosamente consciente de que había algo anormal en él, el hombre no podía darse cuenta cabalmente de lo que quería decir ser alcohólico.*

Cuando nuestro amigo contó su experiencia, el que lo escuchaba estuvo de acuerdo en que toda la fuerza de voluntad de que pudiera hacer acopio no podría hacerle dejar de beber por mucho tiempo. Convino en que era absolutamente necesario tener una experiencia espiritual, pero que, sobre la base que se sugería, parecía demasiado alto el precio que había que pagar por ella. Habló de cómo vivía constantemente preocupado por aquellos que podían enterarse de su alcoholismo. Tenía, por supuesto, la muy conocida obsesión alcohólica de que pocos estaban enterados de su manera de beber. ¿Por qué, sostenía, había de perder lo que quedaba de su negocio, solamente para acarrear aún más sufrimiento a su familia, al admitir estúpidamente su apuro ante personas con las que ganaba su subsistencia? Dijo que él haría cualquier cosa, menos eso.

Pero como se quedó intrigado, invitó a su casa a nuestro amigo. Algún tiempo después, y justamente cuando creía que estaba logrando un control en su consumo de licor, pescó una tremenda borrachera. Para él, ésta fue la que puso fin a todas sus borracheras. Se dio cuenta de que tendría que enfrentarse a todos sus problemas con toda

---

*Esto se refiere al primer encuentro entre Bill y el Dr. Bob. Estos dos hombres fueron más tarde los co-fundadores de A.A. El texto del libro comienza con la historia de Bill; la historia del Dr. Bob empieza en la página 165.

sinceridad para que Dios pudiera concederle el dominio necesario.

Una mañana agarró al toro por los cuernos y empezó a decirles a todos aquellos a quienes temía cuál era el mal que padecía. Se sorprendió de lo bien que fue recibido y se enteró de que muchos sabían cómo bebía. Se subió a su coche e hizo un recorrido de las personas a quienes había perjudicado. Temblaba mientras iba del uno al otro, porque eso podría significar su ruina; especialmente tratándose de alguna persona dedicada a la misma actividad que él.

A media noche regresó a casa exhausto pero muy feliz. Desde entonces no ha bebido ni una copa. Como veremos, él significa mucho para la comunidad, y las mayores cuentas pendientes de treinta años de beber excesivamente han sido saldadas con creces.

Pero la vida no era fácil para los dos amigos. Se presentaban infinidad de dificultades. Ambos se dieron cuenta de que tenían que mantenerse activos espiritualmente. Un día llamaron a la directora de enfermeras de un hospital local; le explicaron la necesidad que tenían y le preguntaron si tenía algún candidato alcohólico de primera clase.

Ella contestó: "Sí, tenemos uno de primera. Es un individuo que acaba de golpear a dos enfermeras. Pierde la cabeza completamente cuando está bebiendo; pero es una magnífica persona cuando está sobrio, aunque ha estado aquí ocho veces en los últimos seis meses. Debo decirles que ha sido un abogado muy conocido en la ciudad, pero en estos momentos lo tenemos bien atado".*

Allí había un candidato, sin duda, pero por la descripción el caso no parecía muy prometedor. El empleo

---

*Esta historia se refiere a la primera visita que Bill y el Dr. Bob hicieron al A.A. Número Tres. Tuvo como resultado la formación del primer grupo de A.A. en Akron, Ohio.

de principios espirituales en tales circunstancias no se comprendía tan bien como ahora. Pero uno de los dos amigos dijo: "Póngalo en un cuarto privado. Luego iremos a verlo".

Dos días después, un futuro miembro de Alcohólicos Anónimos miraba con ojos vidriosos a los extraños sujetos sentados cerca de su cama. "¿Quiénes son ustedes, y por qué estoy en este cuarto privado? Antes siempre había estado en una sala común con otros pacientes".

Uno de los visitantes le dijo: "Le estamos dando un tratamiento para el alcoholismo".

La cara del individuo demostraba a las claras una total falta de esperanza al replicar: "¡Ah! Pero de nada servirá. Nada hay que pueda componerme; soy un hombre perdido. Las últimas tres veces me emborraché saliendo de aquí para ir a mi casa. Tengo miedo de salir por esa puerta. No puedo comprenderlo".

Durante una hora los dos amigos estuvieron hablándole de sus experiencias. Y una y otra vez decía: "Ese soy yo, ese soy yo. Así bebo yo".

Se le explicó a aquel hombre que sufría una intoxicación aguda, cómo ésta deteriora el organismo de un alcohólico y cómo desvía su mente. Se habló mucho sobre el estado mental que precede a la primera copa.

"Sí, ese soy yo", repetía el enfermo, "es mi propia imagen. Ustedes entienden esto, pero no veo de qué puede servir. Cada uno de ustedes es alguien, yo también lo fui pero ahora soy un don nadie. Por lo que me dicen, sé mejor que nunca que no puedo dejar de beber". Al escuchar esto, los dos visitantes soltaron la carcajada. El futuro miembro de Alcohólicos Anónimos comentó: "¡Caramba! No veo que nada de esto sea motivo de risa".

Los dos amigos hablaron de su experiencia espiritual, y le contaron del plan de acción que llevaron a cabo.

Él los interrumpió: "Yo estaba muy a favor de la Iglesia,

pero eso no lo arreglará. Esas mañanas de borracheras le oraba a Dios y le juraba que no volvería a beber ni una gota, pero a las nueve de la mañana ya estaba más borracho que una cuba".

Al siguiente día el candidato estaba más receptivo. Había estado considerándolo. "Tal vez tengan ustedes razón", les dijo, "Dios debe poder hacer cualquier cosa". Luego añadió: "Ciertamente no hizo mucho por mí cuando estuve tratando de combatir las borracheras solo".

Al tercer día, aquel abogado decidió entregarse al cuidado de Dios y manifestó que estaba dispuesto a hacer todo lo que fuese necesario. Su esposa fue a verlo, apenas atreviéndose a tener esperanzas aunque ya creyó ver en su esposo algo diferente. Había empezado a tener una experiencia espiritual.

Ese mediodía se vistió y salió del hospital convertido en un hombre libre. Tomó parte en una campaña política, pronunciando discursos, frecuentando centros de reunión de hombres de todas las clases, y con frecuencia, pasando en vela toda la noche. Perdió sólo por un escaso margen. Pero había encontrado a Dios y, al hacerlo, se había encontrado a sí mismo.

Eso sucedió en junio de 1935. Jamás volvió a beber. Él también ha llegado a ser un miembro respetado y útil de su comunidad. Ha ayudado a otros a recuperarse y es una persona respetada en su iglesia, de la cual estuvo apartado por mucho tiempo.

Así es que, como verás, había tres alcohólicos en esa población que sentían que tenían que dar a otros lo que habían encontrado o de lo contrario se hundirían. Después de varios fracasos para encontrar a otros, apareció un cuarto hombre. Había acudido por conducto de una amistad que había oído las buenas nuevas. Resultó ser un joven al que no le importaba nada y cuyos padres no podían darse cuenta de si quería dejar de beber o no. Eran personas muy devotas que estaban escandalizadas por la negativa de

su hijo a tener nada que ver con la iglesia. Sufría horrible-
mente a consecuencia de sus borracheras, pero parecía que
no se podía hacer nada por él. Sin embargo, consintió en
ir al hospital en el que ocupó precisamente el cuarto que
había desocupado recientemente el abogado.

Tuvo tres visitantes. Al poco rato de oírlos dijo: "La
forma en que ustedes ponen la cosa espiritual tiene sentido. Estoy listo para entrar en tratos. Supongo que los
viejos tenían razón, después de todo". Así se sumó uno
más a la Comunidad.

Nuestro amigo, el del incidente en el hotel donde se
hospedaba, permaneció en esa ciudad durante tres meses.
Cuando regresó a su casa, había dejado allí al que había
conocido primero, al abogado y al despreocupado joven.
Estos hombres habían encontrado algo completamente
nuevo en la vida. Aunque sabían que tenían que ayudar
a otros alcohólicos para permanecer sobrios, este motivo
se volvió secundario. Fue superado por la felicidad que
encontraron en darse a otros. Compartían sus casas y sus
escasos recursos, y gustosamente dedicaban sus horas
libres a compañeros de fatigas. Estaban dispuestos, día
y noche, a internar a uno nuevo en el hospital para ir
a visitarlo luego. Crecieron en número. Tuvieron unos
cuantos fracasos penosos, pero en esos casos se esforza-
ban por atraer a los familiares del individuo a una manera
espiritual de vivir, aliviándose así sus preocupaciones y
sufrimientos.

Año y medio más tarde, estos tres habían tenido éxito
con siete más. Como se veían muy a menudo, era rara la
noche que no hubiese una pequeña reunión en casa de
algunos de aquellos hombres y mujeres, felices por su
liberación y pensando constantemente en cómo poder dar
su nuevo descubrimiento al recién llegado. Además de
estas reuniones informales, se volvió costumbre apartar
un día de la semana para una sesión a la que podía asistir

cualquiera o todos aquellos interesados en una manera de vivir espiritual. Aparte de la compañía y la sociabilidad, el objeto primordial era el de proporcionar la ocasión y el lugar para que otros llevasen sus problemas.

Personas ajenas a la agrupación empezaron a enterarse. Un individuo y su esposa pusieron su casa, que era grande, a la disposición de este extrañamente variado conjunto. Esta pareja se ha interesado tanto desde entonces, que han dedicado su casa a esta labor. Más de una esposa aturdida ha visitado esa casa para encontrar compañía comprensiva y cariñosa entre mujeres que conocían su problema, para oír de boca de los maridos de éstas lo que les ocurría a ellos, para que se le indicara cómo su propio marido descarriado podía ser hospitalizado y abordado cuando tropezara la próxima vez.

Más de un hombre, todavía ofuscado por su experiencia en el hospital, ha traspuesto el umbral de esta casa para encontrar la libertad. Más de un alcohólico que ha entrado allí ha salido con una solución. Se ha rendido ante esa alegre turba que se reía de sus propios infortunios y comprendía los de él. Impresionado por aquellos que lo visitaron en el hospital, capituló completamente cuando escuchó después, en un cuarto de esta casa, la historia de algún individuo cuya experiencia tenía mucha concordancia con la suya. La expresión en la cara de las mujeres, ese algo indefinido en los ojos de los hombres, el ambiente estimulante y conmovedor del lugar, contribuyeron a hacerle saber que había tocado, por fin, puerto seguro.

El muy práctico enfoque de sus problemas, la ausencia de intolerancia de cualquier índole, la falta de ceremonia, la genuina democracia y la maravillosa comprensión de esa gente, eran irresistibles. Él y su esposa salían de allí alborozados por la idea de lo que ahora podrían hacer por algún amigo atacado de ese mal y por su familia. Sabían que tenían muchos nuevos amigos y les parecía como si estos extraños hubiesen sido sus conocidos de siempre. Habían visto milagros y ahora uno se iba a realizar en ellos. Habían percibido la Gran Realidad: Su Amado y Todopoderoso Creador.

Actualmente esa casa no tiene cabida suficiente para los que la visitan semanalmente, que suman de sesenta a ochenta por lo general. Los alcohólicos son atraídos desde cerca y desde lejos. Familias de las poblaciones circunvecinas viajan para estar presentes. En una de las poblaciones cercanas hay quince miembros de Alcohólicos Anónimos. Siendo ésta una ciudad bastante grande, creemos que algún día su comunidad ascenderá a centenares.*

Pero la vida entre los Alcohólicos Anónimos entraña algo más que la asistencia a reuniones y visitas a los hospitales. Es necesario limar viejas rencillas; ayudar a arreglar desavenencias familiares; abogar por el hijo descarriado y desheredado ante padres coléricos; prestar socorro económico y conseguir trabajo a miembros en desgracia y llevar a cabo muchos otros cometidos cuando las circunstancias lo requieran. Nadie se ha desprestigiado ni se ha hundido demasiado como para no ser bienvenido entre nuestros miembros, si es que se acerca con buenas intenciones. Distinciones sociales, recelos y rivalidades son cosas que brillan por su ausencia en nuestros grupos. Habiendo naufragado en el mismo barco, habiendo sido rescatados y reunidos bajo un Dios, con corazones y mentes afines al bienestar de otros, las cosas que son tan importantes para otras personas, dejan de tener importancia para nosotros. ¿Cómo habrían de tenerla?

En condiciones que son sólo ligeramente distintas, lo mismo está sucediendo en muchas ciudades del este. En una de éstas hay un conocido hospital para el tratamiento

*Escrito en 1939.

del alcoholismo y la drogadicción. Hace seis años, uno de nuestro grupo estuvo internado allí. Muchos de nosotros hemos sentido por primera vez la Presencia y el Poder de Dios dentro de sus paredes. Tenemos una deuda de gratitud con el médico responsable de ese establecimiento, porque, aunque podría perjudicar su propio trabajo, nos ha dicho de su creencia en el nuestro.

Cada dos o tres días, este doctor nos indica a uno de sus pacientes para abordarlo. Como comprende nuestra labor, puede hacer esto con buen ojo para seleccionar a aquellos que están deseosos y pueden recuperarse sobre una base espiritual. Muchos de nosotros, antiguos pacientes, vamos allí a ayudar. En esa ciudad también hay reuniones informales como las que hemos descrito y en las que ahora pueden verse docenas de miembros. Se traban amistades con la misma facilidad, existe la misma servicialidad del uno hacia el otro que se encuentra entre nuestros amigos del oeste. Se viaja mucho del este al oeste y prevemos un gran incremento de este útil intercambio.

Tenemos la esperanza de que algún día todo alcohólico que viaje encuentre en su lugar de destino una comunidad de Alcohólicos Anónimos. Esto ya es verdad hasta cierto punto. Algunos de nosotros somos vendedores y viajamos, vamos de un lado a otro. Pequeños grupos de dos, tres o cinco de nosotros han surgido en varias comunidades a través de contactos con nuestros dos grandes centros. Aquellos de nosotros que viajamos acudimos a ellos cada vez que podemos. Esta costumbre nos permite echar una mano, a la vez que evitar ciertas seductoras atracciones del camino, sobre las que cualquier agente de ventas puede informarte.*

Así crecimos y así puede sucederte a ti aunque no seas más que un individuo con este libro en tus manos.

---

*Escrito en 1939. En 2020 hay más de 123,450 grupos. A.A. tiene actividades en 180 países con una afiliación total de más de 2,100,000 de miembros.

Creemos y tenemos la esperanza de que éste contenga todo lo que necesitas para empezar.

Sabemos lo que estás pensando. Te estás diciendo a ti mismo: "Estoy tembloroso y me siento solo. Yo no podría hacerlo". Pero sí puedes. Se te olvida que acabas de encontrar una fuente de poder mucho más grande que tú mismo. Con este respaldo, puedes hacer lo mismo que hemos hecho nosotros. Sólo es cuestión de buena voluntad, paciencia y una labor perseverante.

Conocemos a un alcohólico que vivía en una comunidad grande. Después de estar allí apenas unas semanas, pudo darse cuenta de que en aquel lugar probablemente había un porcentaje mayor de alcohólicos que el de cualquiera otra ciudad de este país. Esto sucedía unos días antes de escribir estas palabras (año 1939). Las autoridades del lugar estaban muy preocupadas. Nuestro amigo se puso en contacto con un eminente psiquiatra que había asumido la responsabilidad de velar por la salud mental de la comunidad. Este doctor resultó ser muy capaz y estaba realmente interesado en adoptar cualquier sistema factible para poder manejar aquella situación. Por lo tanto, le preguntó a nuestro amigo cuál era la idea que tenía.

Nuestro amigo procedió a explicarle, con tan buen resultado que el doctor estuvo de acuerdo en hacer un ensayo entre sus pacientes y otros alcohólicos de una clínica que él atendía. También se hicieron arreglos con el jefe de psiquiatría de un hospital público para seleccionar otros más de entre el flujo de miseria que pasaba por esa institución.

Así es que nuestro compañero de labores pronto tendrá muchísimos amigos. Puede ser que algunos de ellos caigan, y tal vez no se levanten nunca; pero si nuestra experiencia puede servir de criterio, más de la mitad de aquellos a quienes se aborde llegarán a ser miembros de Alcohólicos Anónimos. Cuando unos cuantos individuos de esa ciudad se hayan descubierto a sí mismos y hayan descubierto la alegría de ayudar a otros a encarar la vida de nuevo, no se darán tregua hasta que todos los de dicha población hayan tenido su propia oportunidad para recuperarse, si pueden y quieren hacerlo.

Todavía podrías decir: "Pero yo no tendré la oportunidad de entrar en contacto con los que escribieron este libro". ¡Quién lo sabe! Dios será quien lo determine; así es que tienes que recordar que tu verdadera dependencia siempre recae en Él. Él te enseñará cómo formar la Agrupación que anhelas.*

Nuestra intención al escribir este libro es que su contenido tenga un carácter de sugerencia. Nos damos cuenta de lo poco que sabemos. Dios constantemente nos revelará más, a ti y a nosotros. Pídele a Él, en tu meditación por la mañana, que te inspire lo que puedes hacer ese día por el que todavía está enfermo. Recibirás la respuesta si tus propios asuntos están en orden. Pero, obviamente, no se puede transmitir algo que no se tiene. Ocúpate, pues, de que tu relación con Él ande bien y grandes acontecimientos te sucederán a ti y a infinidad de otros. Ésta es para nosotros la Gran Realidad.

Entrégate a Dios, tal como tú Lo concibes. Admite tus faltas ante Él y ante tus semejantes. Limpia de escombros tu pasado. Da con largueza de lo que has encontrado y únete a nosotros. Estaremos contigo en la Fraternidad del Espíritu, y seguramente te encontrarás con algunos de nosotros cuando vayas por el Camino del Destino Feliz.

Que Dios te bendiga y conserve hasta entonces.

---

*Alcohólicos Anónimos tendrá mucho gusto en recibir noticias de usted. La dirección es: P.O. Box 459, Grand Central Station, New York N.Y. 10163, U.S.A. Sitio web: www.aa.org.

HISTORIAS PERSONALES

Cómo cuarenta y cuatro alcohólicos
se recuperaron de su enfermedad.

Comenzando con el relato del Dr. Bob, co-fundador de A.A. aquí se presentan tres grupos de historias personales

PRIMERA PARTE

LOS PIONEROS DE A.A.

Este grupo de trece relatos muestra que la sobriedad
en A.A. puede durar

SEGUNDA PARTE

DEJARON DE BEBER A TIEMPO

Dieciséis relatos que pueden ayudarle a decidir si usted
es alcohólico; también, si A.A. es para usted

TERCERA PARTE

CASI LO PERDIERON TODO

Aquellos que creen que su forma de beber no tiene
esperanza pueden encontrar otra vez esperanza en estas
quince impresionantes historias

PRIMERA PARTE

PIONEROS DE A.A.

El Dr. Bob y los 12 hombres y mujeres que a continuación cuentan sus historias figuraban entre los primeros miembros de los grupos pioneros.

Hoy día hay otros centenares de miembros de A.A. que llevan sobrios 50 años o más sin recaer.

Todos éstos entonces, son los pioneros de A.A. Sirven como una prueba patente de que es posible liberarse del alcoholismo permanentemente.

LA PESADILLA DEL DOCTOR BOB

Co-fundador de Alcohólicos Anónimos. El nacimiento de nuestra Sociedad data del primer día de su sobriedad permanente: el 10 de junio de 1935.

Hasta 1950, año en que falleció, llevó el mensaje de A.A. a más de 5,000 hombres y mujeres alcohólicos, y prestó a todos ellos sus servicios sin pensar en cobrar.

En este prodigio de servicio contó con la eficaz ayuda de la Hermana Ignacia, en el Hospital Santo Tomás, de Akron, Ohio, una de las mejores amigas que jamás podrá tener nuestra Comunidad.

NACÍ EN un pueblo de Nueva Inglaterra, de unas siete mil almas. La norma general de moral era, según recuerdo, muy superior a la prevaleciente en aquel tiempo. No se vendía cerveza ni licor en la vecindad; solamente en la agencia del Estado había la posibilidad de conseguir una pinta si se podía convencer al agente de que uno la necesitaba realmente. Sin una prueba a ese efecto, el comprador esperanzado se veía obligado a marcharse con las manos vacías, sin nada de aquello que llegué a creer más tarde era la panacea para todos los males. Aquellos que recibían sus pedidos de licor por correo expreso desde Nueva York o Boston, eran vistos con mucha desconfianza y desaprobación por la mayoría de los vecinos. El pueblo estaba bien dotado de iglesias y escuelas en las que desarrollé mis primeras actividades educacionales.

Mi padre fue un profesional de reconocida capacidad, y tanto él como mi madre participaban muy activamente en asuntos de la iglesia. Ambos tenían una inteligencia que estaba por encima de lo común.

Desgraciadamente para mí, fui hijo único; lo cual tal vez creó en mí el egoísmo que tuvo tanto que ver en que se presentara en mí el alcoholismo.

Desde mi niñez hasta que empecé a cursar estudios en la escuela secundaria, se me obligó más o menos a ir a la iglesia, a la doctrina y servicios dominicales nocturnos, a los servicios de los lunes y algunas veces a las oraciones de los miércoles por la noche. Por eso, decidí que, cuando estuviera libre del dominio de mis padres, nunca volvería a pisar la puerta de una iglesia. Cumplí con constancia esta resolución durante cuarenta años, excepto cuando las circunstancias parecían indicar que sería imprudente no presentarme.

Después de la escuela secundaria estudié dos años en una de las mejores universidades del país, en la que beber parecía ser la principal actividad al margen del plan de estudios. Parecía que casi todos participaban en ella. Yo lo hice más y más, y me divertía mucho sin sufrir ni física ni económicamente. A la mañana siguiente parecía recuperarme mejor que la mayoría de mis amigos que tenían la mala suerte (o tal vez la buena) de levantarse con fuertes náuseas. Nunca en la vida he tenido un dolor de cabeza, hecho que me hace creer que fui un alcohólico casi desde el principio. Toda mi vida parecía estar concentrada alrededor de hacer lo que yo quería hacer, sin tener en cuenta los derechos, deseos o prerrogativas de nadie más; un estado de ánimo que llegó a ser más y más predominante con el transcurso de los años. Me gradué con los máximos honores ante la fraternidad de los bebedores, pero no ante el decano de la universidad.

Los siguientes tres años los pasé en Boston, Chicago y Montreal como empleado de una importante compañía manufacturera, vendiendo repuestos para ferrocarriles, motores de gasolina de todas clases y muchos otros artículos de ferretería pesada. Durante esos años bebí todo lo que mi bolsillo me permitía, todavía sin pagar mucho por las consecuencias, a pesar de que a veces empezaba a estar tembloroso por las mañanas. Durante estos tres años sólo perdí medio día de trabajo.

Mi paso siguiente consistió en emprender el estudio de la medicina, ingresando en una de las universidades más grandes del país. Allí me dediqué a la bebida con mucho mayor empeño del que hasta entonces había demostrado. Debido a mi enorme capacidad para beber cerveza, fui elegido como miembro de una de las sociedades de bebedores y pronto llegué a ser uno de sus principales miembros. Muchas mañanas me encaminaba a las clases y, aunque iba completamente bien preparado, regresaba a la casa de la fraternidad porque, debido a los temblores que tenía, no me atrevía a entrar al aula por miedo a hacer una escena si se me pedía que diese la lección.

Esto fue de mal en peor hasta la primavera de mi segundo año de estudios en que, después de un largo tiempo de estar bebiendo, decidí que no podía terminar el curso; hice mi maleta y me fui al sur a pasar un mes en una gran hacienda de un amigo mío. Cuando se me despejó la mente, decidí que sería una gran tontería dejar la escuela y que era mejor regresar y continuar mis estudios. Cuando llegué a la escuela descubrí que el profesorado tenía otras ideas sobre el particular, Después de muchas discusiones me permitieron regresar y presentar mis exámenes, todos los cuales pasé honrosamente. Pero estaban muy disgustados y me dijeron que tratarían de arreglárselas sin mí. Después de muchas discusiones penosas, me dieron al fin mis créditos y me marché a otra de las principales universidades del país, entrando en ella ese otoño como estudiante del penúltimo año.

Allí empeoró tanto mi manera de beber, que los muchachos de la casa de la fraternidad donde vivía se vieron obligados a llamar a mi padre, el cual hizo un largo viaje con el inútil propósito de corregirme. Poco efecto surtió esto pues seguí bebiendo — y más licor que en años anteriores.

Al llegar a los exámenes finales, agarré una borrachera bastante grande. Cuando traté de escribir mis pruebas, me temblaban tanto las manos que no podía sostener el lápiz. Entregué tres libretas, por lo menos, completamente en blanco. Por supuesto, se me llamó a cuentas en seguida y el resultado fue que tuve que repetir dos trimestres y abstenerme completamente de beber para poder graduarme. Lo hice y tuve la aprobación del profesorado, tanto en conducta como en estudios.

Me porté tan honorablemente que pude conseguir un codiciado internado en una ciudad del oeste, en la que estuve dos años. Durante esos dos años me tuvieron tan ocupado que casi no salía del hospital para nada. Por lo tanto, no podía meterme en dificultades.

Al cabo de esos dos años puse un consultorio en el centro de la ciudad. Tenía algún dinero, disponía de mucho tiempo y padecía bastante del estómago. Pronto descubrí que un par de copas me aliviaban mis dolores gástricos por lo menos por unas horas y por lo tanto no me fue difícil volver a mis antiguos excesos.

Para entonces estaba empezando a pagarlo muy caro físicamente y, con la esperanza de encontrar alivio, me encerré voluntariamente en uno de los sanatorios locales al menos una docena de veces. Ahora estaba "entre Escila y Caribdis" porque si no bebía me torturaba mi estómago y si bebía, eran mis nervios los que me torturaban. Después de tres años de esto acabé en un hospital donde trataron de ayudarme; pero yo hacía que algún amigo me llevara licor a escondidas, o robaba el alcohol en el edificio; de manera que empeoré rápidamente.

Por fin, mi padre tuvo que mandar del pueblo a un médico que se las arregló para llevarme a casa, y estuve dos meses en cama antes de poder salir a la calle. Permanecí allí unos dos meses más y regresé a reanudar la práctica de mi profesión. Creo que debí de haber estado verdaderamente asustado de lo que había pasado, o del médico, o probablemente de las dos cosas, y por lo tanto no bebí una copa hasta que se decretó la ley seca en el país.

Con la promulgación de la "Ley Seca" me sentí bastante seguro. Sabía que todos comprarían botellas o cajas de licor, según sus posibilidades, y que pronto se acabaría. Por lo tanto no importaba mucho que yo bebiera algo. Entonces no me daba cuenta del abastecimiento casi ilimitado que el gobierno nos permitía a los médicos, ni tenía ninguna idea del contrabandista de licor que pronto apareció en escena. Al principio bebía con moderación, pero tardé relativamente poco tiempo en volver a esos hábitos que tan desastrosos resultados me habían dado antes.

Con el transcurso de unos cuantos años más, se desarrollaron en mí dos fobias: Una era el miedo a no dormir y la otra, el miedo a quedarme sin licor. Al no ser un hombre rico, sabía que si no estaba lo suficientemente sobrio para ganar dinero, se me acabaría el licor. Por eso no me tomaba ese trago que tanto ansiaba por la mañana, pero en vez de esto tomaba grandes dosis de sedantes para aplacar los temblores que tanto me angustiaban. De vez en cuando me rendía al trago de la mañana, pero cuando lo hacía, a las pocas horas ya no estaba en condiciones de trabajar. Esto disminuía las probabilidades que tenía de meter a escondidas en la casa algo de licor por la noche, lo que a la vez significaría una noche de dar vueltas en la cama en vano, seguida por una mañana de insoportables temblores. Durante los siguientes quince años tuve el suficiente sentido común para no ir nunca al hospital ni generalmente recibir pacientes si había estado bebiendo. Por entonces adopté la costumbre de irme a veces a uno de los clubes a los que pertenecía, y a veces, acostumbraba a alojarme en algún hotel inscribiéndome con un nombre ficticio; pero generalmente mis amigos me encontraban y me iba a mi casa, si me prometían no regañarme.

Si mi esposa decidía salir por la tarde, yo compraba una buena provisión de licor, la metía a escondidas en la casa y la escondía en la carbonera, entre la ropa sucia, sobre los batientes de las puertas o en los resquicios del sótano. También me servían los baúles y cofres, el recipiente de las latas viejas e incluso el de la ceniza. Nunca usé el depósito de agua del excusado porque me parecía demasiado fácil. Después descubrí que mi esposa lo inspeccionaba frecuentemente. Cuando los días de invierno eran suficientemente oscuros, metía botellas chicas de alcohol en un guante y las tiraba al porche de atrás. El contrabandista que me surtía, escondía licor en la escalera de atrás para que yo lo tuviera a mano. Solía metérmelo en los bolsillos, pero me los registraban y esto se volvió muy arriesgado. También solía meterme botellas pequeñas en los calcetines; esto dio muy buen resultado hasta que mi esposa y yo fuimos al cine a ver una película y descubrió mi truco.

No voy a relatar todas mis experiencias en hospitales y sanatorios.

Durante todo este tiempo nuestros amigos nos condenaron más o menos al ostracismo. No podían invitarnos porque era seguro que me emborracharía y mi esposa no se atrevía a invitar a nadie por la misma razón. Mi fobia por el insomnio imponía que me emborrachara cada noche, pero para poder conseguir licor para la siguiente tenía que estar sobrio por la mañana y abstenerme de beber hasta las cuatro de la tarde por lo menos. Proseguí con esta rutina durante diecisiete años con pocas interrupciones. En realidad era una pesadilla horrible ese ganar dinero, conseguir licor, meterlo a escondidas a la casa, emborracharme, temblar por las mañanas, tomar grandes dosis de sedantes para poder ganar más dinero y así *ad nauseam*. Les prometía que no volvería a beber a mi esposa, a mis hijos y a mis amigos — promesas que raramente me mantenían sobrio ni durante un día a pesar de haber sido muy sincero al hacerlas.

Para beneficio de los inclinados a los experimentos, debo mencionar el llamado experimento de la cerveza. Poco tiempo después de suspenderse la prohibición de vender cerveza, creí que estaba a salvo. La cerveza me parecía inocua; podía beber toda la que quisiera. Nadie se emborrachaba con cerveza. Con el consentimiento de mi buena esposa llené de cerveza el sótano hasta los topes. Al poco tiempo estaba consumiendo cuando menos una caja y media de botellas por día. Subí de peso treinta libras en unos dos meses, parecía un cerdo y me sentía incómodo por falta de respiración. Entonces se me ocurrió que, cuando todo uno olía a cerveza, nadie podía decir lo que había bebido, así que empecé a reforzar mi cerveza con puro alcohol. Desde luego, el resultado fue muy malo, y esto puso fin al experimento de la cerveza.

Más o menos en la época de este experimento fui a dar con un grupo de personas que me atraían por su aparente equilibrio, buena salud y felicidad.

Hablaban sin ninguna turbación, cosa que yo nunca podía hacer, se les veía muy reposados en cualquier ocasión y parecían muy saludables. Por encima de estos atributos, parecían felices. Me sentía cohibido e intranquilo la mayor parte del tiempo, mi salud era precaria y me sentía completamente infeliz. Tuve la sensación de que ellos tenían algo que yo no tenía y que podría aprovechar de buena gana. Supe que se trataba de algo de índole espiritual, lo cual no me atraía mucho pero pensé que no podría hacerme ningún daño. Le dediqué mucho tiempo y estudié el asunto durante dos años y medio, pero a pesar de eso me emborrachaba todas las noches. Leí todo lo que pude encontrar y hablé con todo el que creía que sabía algo acerca de ello.

Mi esposa se interesó mucho y fue su interés el que sostuvo el mío a pesar de que entonces no veía que pudiera ser una solución para mi problema con el licor. Nunca sabré cómo mi esposa conservó su fe y su valor durante todos esos años, pero lo hizo. Si no hubiera sido así, sé que desde hace mucho yo estaría muerto. Quién sabe por qué, nosotros los alcohólicos parece que tenemos el don de escoger a las mujeres mejores del mundo. Por qué han de ser sometidas a las torturas que les infligimos es algo que no puedo explicarme.

Por aquellos días una señora llamó a mi esposa un sábado por la tarde para decirle que quería que yo fuese a su casa esa noche, a conocer a un amigo de ella que podría ayudarme. Era la víspera del Día de la Madre y había llegado a casa bien borracho llevando una planta en una maceta que puse en la mesa; acto seguido subí a mi cuarto y perdí el conocimiento. Al día siguiente volvió a llamar aquella señora. Queriendo ser cortés aunque me sentía muy mal, dije: "Vamos a hacer la visita" e hice a mi esposa prometerme que no nos quedaríamos más de quince minutos.

Llegamos a su casa a las cinco y eran las once y cuarto cuando salimos. Tuve posteriormente dos conversaciones más breves con este hombre y dejé de beber repentinamente. Este período seco duró como tres semanas. Entonces fui a Atlantic City para asistir a una reunión de una sociedad nacional de la que era miembro y que duró algunos días. Me bebí todo el whisky que llevaban en el tren y compré varias botellas de camino al hotel. Esto sucedió un domingo; me emborraché esa noche, estuve sin beber el lunes hasta después de la comida y procedí a embriagarme otra vez. Bebí todo lo que me atreví a beber en el bar y me fui a mi cuarto a terminar la borrachera. El martes empecé por la mañana y por la tarde ya estaba bien arreglado. No quise quedar mal y por eso pagué mí cuenta y me fui del hotel. En el camino a la estación del ferrocarril compré licor. Tuve que esperar algún tiempo la salida del tren. A partir de entonces no recuerdo nada sino hasta que desperté en la casa de un amigo que vivía en un pueblo cercano. Esas buenas personas avisaron a mi esposa y ella mandó a mi nuevo amigo para que me llevara a mi casa. Llegó, me llevó, me acostó, me dio unas copas esa noche y una botella de cerveza el día siguiente.

Eso fue el 10 de junio de 1935, y fue mi última copa. Al escribir esto han pasado casi cuatro años.

La pregunta que podría venirte a la mente sería: "¿Qué fue lo que dijo o hizo ese hombre que fue tan diferente de lo que otros habían dicho o hecho?" Debe recordarse que yo había leído mucho y hablado con todo aquel que sabía, o creía que sabía, algo acerca del alcoholismo. Pero este era un hombre que había pasado por años de beber espantosamente, que había tenido la mayoría de las experiencias de borracho conocidas por el hombre, pero que se había recuperado por los mismos medios que había yo estado tratando de emplear, o sea: el enfoque espiritual. Me dio información sobre el tema del alcoholismo que indudablemente fue de gran ayuda. *Mucho más importante fue el hecho de que él era el primer ser humano con quien yo hablaba que sabía por experiencia personal de lo que estaba hablando cuando se refería al alcoholismo. En otras palabras, hablaba mi propio idioma.* Sabía todas las respuestas y ciertamente, no porque las hubiese sacado de sus lecturas.

Es una maravillosa bendición estar liberado de la terrible maldición que pesaba sobre mí. Mi salud es buena y he recobrado el respeto de mí mismo y el de mis colegas. Mi vida hogareña es ideal y mis negocios todo lo bueno que pueda esperarse en estos tiempos inseguros. Dedico mucho tiempo a pasar lo que aprendí a otras personas que lo quieren y necesitan mucho. Los motivos que tengo para hacerlo son:

1. Sentido del deber
2. Es un placer.
3. Porque al hacerlo estoy pagando mi deuda al hombre que se tomó el tiempo para pasármela a mí.
4. Porque cada vez que lo hago me aseguro un poco más contra una posible recaída.

A diferencia de la mayoría de nosotros, no me sobrepuse totalmente al ansia de licor durante los primeros dos años y medio. Casi siempre la sentía; pero nunca estuve ni siquiera próximo a ceder a ella. Me inquietaba terriblemente ver a mis amigos beber, sabiendo que yo no podía, pero me discipliné a creer que, aunque una vez había tenido ese mismo privilegio, había abusado de él tan espantosamente que me había sido retirado. Así que no me corresponde protestar porque, después de todo, nadie tuvo nunca que tirarme al suelo para echarme el licor por el gaznate.

Si crees que eres un ateo, un agnóstico, un escéptico, o tienes cualquiera otra forma de orgullo intelectual que te impida aceptar lo que hay en este libro, lo siento por ti. Si crees que todavía tienes fuerzas suficientes para ganar solo la partida, es cuestión tuya. Pero si verdaderamente quieres dejar de beber de una vez por todas, y sinceramente sientes que necesitas ayuda, sabemos que tenemos una solución para ti. Nunca falla, si uno se dedica a ello con la mitad del ahínco que tenía la costumbre de demostrar cuando estaba tratando de conseguir otra copa.

¡Tu Padre Celestial nunca te abandonará!

(1)

EL ALCOHÓLICO ANÓNIMO
NÚMERO TRES

Miembro pionero del Grupo Nº 1 de Akron, el primer grupo de A.A. en el mundo. Preservó su fe, y por esto, él y otros muchos encontraron una vida nueva.

*U*NO DE CINCO HIJOS, nací en una granja en el condado de Carlyle, Kentucky. Mis padres eran gente acomodada y un matrimonio feliz. Mi esposa, oriunda también de Kentucky, me acompañó a Akron, donde terminé mis estudios de Leyes en la Facultad de Derecho de Akron.

El mío es en cierto modo un caso inusitado. No hubo episodios de infelicidad durante mi niñez que pudieran explicar mi alcoholismo. Aparentemente, tenía una propensión natural a la bebida. Estaba felizmente casado y, como he dicho, nunca tuve ninguno de los motivos, conscientes o inconscientes, que a menudo se citan para beber. No obstante, como indica mi historial, llegué a convertirme en un caso grave.

Antes de que la bebida me derrotara completamente, logré tener algunos éxitos apreciables, habiendo servido como miembro del consejo municipal y administrador financiero de Kenmore, un suburbio que más tarde se incorporó a la ciudad misma. Pero todo esto se fue esfumando según bebía cada vez más. Así que, cuando llegaron Bill y el Dr. Bob, mis fuerzas se habían agotado.

La primera vez que me emborraché, tenía ocho años.

No fue culpa de mi padre ni de mi madre, quienes se oponían fuertemente a la bebida. Un par de trabajadores estaban limpiando el granero de la finca, y yo les acompañaba montado en el trineo. Mientras ellos cargaban, yo bebía sidra de un barril que había en el granero. Después de dos o tres recorridos, en un viaje de vuelta, perdí el conocimiento y me tuvieron que llevar a casa. Recuerdo que mi padre tenía whisky en la casa con propósitos medicinales y para servir a los invitados, y yo lo bebía cuando no había nadie a mi alrededor y luego añadía agua a la botella para que mis padres no se dieran cuenta.

Seguí así hasta que me matriculé en la universidad estatal y, pasados cuatro años, me di cuenta de que era un borracho. Mañana tras mañana me despertaba enfermo y temblando, pero siempre disponía de una botella colocada en la mesa al lado de mi cama. La cogía, me echaba un trago y, a los pocos minutos, me levantaba, me echaba otro, me afeitaba, desayunaba, me metía en el bolsillo un cuarto de litro de licor, y me iba a la universidad. En los intervalos entre mis clases, corría a los servicios, bebía lo suficiente como para calmar mis nervios y me dirigía a la siguiente clase. Eso fue en 1917.

En la segunda parte de mi último año en la universidad, dejé mis estudios para alistarme en el ejército. En aquel entonces, a esto lo llamaba patriotismo. Más tarde, me di cuenta de que estaba huyendo del alcohol. En cierto grado, me ayudó, ya que me encontré en lugares en donde no podía conseguir nada de beber, y así logré romper el hábito.

Luego entró en vigor la Prohibición, y el hecho de que lo que se podía obtener era tan malo, y a veces mortal, unido al de haberme casado y tener un trabajo que no podía descuidar, me ayudaron durante un período de unos tres o cuatro años; aunque cada vez que podía conseguir una cantidad de licor suficiente para empezar, me emborrachaba. Mi esposa y yo pertenecíamos a algunos clubs de bridge, en donde se comenzaba a fabricar y a servir vino. No obstante, después de dos o tres intentos, supe que esto no me convencía, ya que no servían lo suficiente para satisfacerme, así que rehusé beber. Ese problema, sin embargo, pronto se resolvió cuando empecé a llevarme mi propia botella conmigo y a esconderla en el retrete o entre los arbustos.

Según pasaba el tiempo, mi forma de beber iba empeorando. Me ausentaba de la oficina durante dos o tres semanas; días y noches espantosas en las que me veía tirado en el suelo de mi casa, buscando la botella a tientas, echándome un trago y volviéndome a hundir en el olvido.

Durante los primeros seis meses de 1935, me hospitalizaron ocho veces por embriaguez y me ataron a la cama durante dos o tres días antes de que supiera dónde estaba.

El 26 de junio de 1935, llegué otra vez al hospital, y me sentí desanimado, por no decir más. Cada una de las siete veces que me había ido del hospital durante los últimos seis meses, salí resuelto a no emborracharme — por lo menos durante ocho meses. No fue así; no sabía cuál era el problema, y no sabía qué hacer.

Aquella mañana me trasladaron a otra habitación, y allí estaba mi esposa. Pensé: "Bueno, me va a decir que hemos llegado al fin". No podía culparla, y no tenía intención de tratar de justificarme. Me dijo que había hablado con dos personas acerca de la bebida. De esto me resentí mucho, hasta que me informó que eran un par de borrachos como yo. Decírselo a otro borracho no era tan malo.

Me dijo: "Vas a dejarlo". Esto valió mucho, aunque no

lo creía. Luego me dijo que los borrachos con quienes había hablado, tenían un plan a través del cual creían que podían dejar de beber, y una parte del plan era el contárselo a otro borracho. Esto iba a ayudarles a mantenerse sobrios. Toda la demás gente que había hablado conmigo quería ayudarme, y mi orgullo no me dejaba escucharlos, creándome únicamente resentimientos. Me pareció, no obstante, que sería una mala persona si no escuchaba por un rato a un par de hombres, si esto les podría curar. También me dijo que no podía pagarles aunque quisiera y tuviera el dinero para hacerlo, dinero que no tenía.

Entraron y empezaron a instruirme en el programa que más tarde se conocería como Alcohólicos Anónimos, y que en aquel entonces no era muy extenso.

Los miré, dos hombres grandes, de más de seis pies de altura, y de apariencia muy agradable. (Más tarde supe que eran Bill W. y el Dr. Bob). Poco después empezamos a relatar algunos acontecimientos de nuestro beber y, naturalmente, me di cuenta rápidamente que ambos sabían de lo que estaban hablando, porque cuando se está borracho, uno puede sentir y oler cosas que no se pueden en otros momentos. Si me hubiera parecido que no sabían de lo que estaban hablando, no habría estado dispuesto en absoluto a hablar con ellos.

Pasado un rato, Bill dijo: "Bueno, has estado hablando mucho; deja que hable yo por unos minutos". Así que, después de escuchar un poco más de mi historia, se volvió hacia el Dr. Bob —creo que él no sabía que lo oía— y dijo: "Bueno, me parece que vale la pena trabajar con él y salvarle". Me preguntaron: "¿Quieres dejar de beber? Tu beber no es asunto nuestro. No estamos aquí para tratar de quitarte ningún derecho o privilegio tuyos; pero tenemos un programa a través del cual creemos que podemos mantenernos sobrios. Una parte de este programa consiste en que lo pasemos a otra persona, que lo necesite y lo quiera. Si no lo quieres, no malgastaremos tu tiempo, y nos iremos a buscar a otro".

Luego, querían saber si yo creía que podía dejar de beber por mis propios medios, sin ayuda alguna; si podía simplemente salir del hospital para no beber nunca. Si así fuera, sería una maravilla, y a ellos les agradaría conocer a un hombre que tuviera tal capacidad. No obstante, buscaban a una persona que supiera que tenía un problema que no podía resolver por sí misma y que necesitara ayuda ajena. Luego me preguntaron si creía en un Poder Superior. Eso no me causó ninguna dificultad, ya que nunca había dejado de creer en Dios, y había tratado repetidas veces de conseguir ayuda, sin lograrla. Luego me preguntaron si estaría dispuesto a recurrir a este Poder para pedir ayuda, tranquilamente y sin reservas.

Me dejaron para que reflexionara sobre esto, y me quedé echado en mi cama del hospital, pensando en mi vida pasada y repasándola. Pensé en lo que el alcohol me había hecho, en las oportunidades que había perdido, en los talentos que se me habían dado y en cómo los había malgastado; y finalmente llegué a la conclusión de que, aunque no deseara dejar de beber, debería desearlo, y que estaba dispuesto a hacer cualquier cosa para dejarlo.

Estaba dispuesto a admitir que había tocado fondo, que me había encontrado con algo con lo que no sabía enfrentarme solo. Así que, después de meditar sobre esto, y dándome cuenta de lo que la bebida me había costado, acudí a este Poder Superior, que para mí era Dios, sin reserva alguna, y admití que yo era impotente ante el alcohol, y que estaba dispuesto a hacer cualquier cosa para deshacerme del problema. De hecho, admití que estaba dispuesto, de allí en adelante, a entregar mi dirección a Dios. Cada día trataría de buscar su voluntad y de seguirla, en vez de tratar de convencer a Dios de que lo que yo pensaba era lo mejor para mí. Entonces, cuando ellos volvieron, se lo dije.

Uno de los hombres, creo que fue el Dr. Bob, me preguntó: "Bueno, ¿quieres dejar de beber?" Respondí: "Sí, me gustaría dejarlo, por lo menos durante unos seis u ocho meses, hasta que pueda poner mis cosas en orden y vuelva a ganarme el respeto de mi esposa y de algunos otros, arreglar mis finanzas, etc..." Y los dos con esto se echaron a reír de buena gana, y me dijeron: "Sería mejor que lo que has estado haciendo, ¿verdad?" lo que era, por supuesto, la verdad. Y me dijeron: "Tenemos malas noticias para ti. A nosotros nos parecieron malas noticias, y a ti probablemente te lo parecerán también. Aunque hayan pasado seis días, meses o años desde que tomaste tu último trago, si te tomas una o dos copas acabarás atado a la cama en el hospital, como has estado durante los seis meses pasados. Eres un alcohólico". Que recuerde yo, esta fue la primera vez que presté atención a aquella palabra. Me imaginaba que era simplemente un borracho, y ellos me dijeron: "No, sufres de una enfermedad y no importa cuánto tiempo pases sin beber, después de tomarte uno o dos tragos, te encontrarás como estás ahora". En aquel entonces, esa noticia me fue verdaderamente desalentadora.

Seguidamente me preguntaron: "Puedes dejar de beber durante 24 horas, ¿verdad?" Les respondí: "Sí, cualquiera puede dejarlo — durante 24 horas". Me dijeron: "De esto precisamente hablamos. Veinticuatro horas cada vez". Esto me quitó un peso de encima. Cada vez que comenzaba a pensar en la bebida, me imaginaba los largos años secos que me esperaban sin beber; esta idea de las veinticuatro horas, y el que la decisión dependiera de mí, me ayudaron mucho.

(En este punto, la Redacción se interpone sólo lo suficiente como para complementar el relato de Bill D., el hombre en la cama, con el de Bill W., el que estaba sentado al lado de la cama). Dice Bill W.

Este último verano hizo 19 años que el Dr. Bob y yo le vimos (a Bill D.) por primera vez. Echado en su cama del hospital, nos miraba con asombro.

Dos días antes, el Dr. Bob me había dicho: "Si tú y yo vamos a mantenernos sobrios, más vale que nos pongamos a trabajar". En seguida, Bob llamó al Hospital Municipal de Akron y pidió hablar con la enfermera encargada de la recepción. Le explicó que él y un señor de Nueva York tenían una cura para el alcoholismo. ¿Tenía ella algún paciente alcohólico con quien la pudiéramos probar? Ella conocía al Dr. Bob desde hacía tiempo, y le replicó bromeando: "Supongo que ya la ha probado usted mismo".

Sí, tenía un paciente — y de primera clase. Acababa de llegar con delirium tremens. A dos enfermeras les había puesto los ojos morados, y ahora le tenían atado fuertemente. ¿Serviría éste? Después de recetarle medicamentos, Bob ordenó: "Ponle en una habitación privada. Le visitaremos cuando se despeje".

A Bill D. no pareció causarle mucha impresión. Con cara triste, nos dijo cansadamente: "Bueno, todo eso es para ustedes estupendo; pero para mí no puede serlo. Mi caso es tan malo que me aterra hasta la idea de salir del hospital. Y tampoco tienen que venderme la religión. Una vez fui diácono, y todavía creo en Dios. Parece que El apenas cree en mí".

Entonces, el Dr. Bob le dijo: "Bueno, quizá te sentirás mejor mañana. ¿Te gustaría vernos otra vez?"

"¡Cómo no!" respondió Bill D., "tal vez no sirva para nada — pero no obstante me gustaría verles. No cabe duda de que saben de lo que están hablando".

Al pasar más tarde por su habitación, le encontramos con su esposa Henrietta. Nos señaló con el dedo diciendo con entusiasmo: "Estos son los hombres de quienes te estaba hablando — los que entienden".

Luego Bill nos contó que había pasado casi toda la noche despierto, echado en la cama. En el abismo de su depresión nació de alguna manera una nueva esperanza. Le había cruzado por la mente como un relámpago la idea: "Si ellos pueden hacerlo yo también lo puedo hacer". Se lo dijo repetidas veces a sí mismo. Finalmente, de su esperanza surgió una convicción. Estaba seguro. Le vino entonces una profunda alegría. Sintió por fin una gran tranquilidad, y se durmió.

Antes de terminar nuestra visita, Bill se volvió hacia su esposa y le dijo: "Tráeme mis ropas, querida. Vamos a levantarnos e irnos de aquí." Bill D. salió del hospital como un hombre libre y nunca más volvió a beber.

El Grupo Número Uno de A.A. data de ese mismo día.

(A continuación sigue la historia de Bill D.)

Durante los siguientes dos o tres días, llegué por fin a la decisión de entregar mi voluntad a Dios y de seguir el programa lo mejor que pudiera. Sus palabras y sus acciones me habían infundido una cierta seguridad. Aunque no estaba absolutamente seguro. No dudaba de que el programa funcionara, dudaba de que yo pudiera atenerme a él; llegué no obstante a la conclusión de que estaba dispuesto a dedicar todos mis esfuerzos a hacerlo, con la gracia de Dios, y que deseaba hacer precisamente esto. En cuanto llegué a esta decisión, sentí un gran alivio. Supe que tenía alguien que me ayudaría, en el que podía confiar, que no me fallaría. Si pudiera apegarme a El y escuchar, conseguiría lo deseado. Recuerdo que, cuando los hombres volvieron, les dije: "Acudí a este Poder Superior, y le dije que estoy dispuesto a anteponer Su mundo a todo lo demás. Ya lo he hecho, y estoy dispuesto a hacerlo otra vez ante ustedes, o a decirlo en cualquier sitio, en cualquier parte del mundo, de aquí en adelante, sin tener vergüenza". Y esto, como ya he dicho, me deparó mucha seguridad; parecía quitarme una gran parte de mi carga.

Me acuerdo haberles dicho también que iba a ser muy duro, porque hacía otras cosas: fumaba cigarrillos, jugaba al póquer y a veces apostaba a los caballos; y me dijeron: "¿No te parece que en el presente la bebida te está causando más problemas que cualquier otra cosa? ¿No crees que vas a tener que hacer todo lo que puedas para deshacerte de ella?" Les repliqué a regañadientes: "Sí, probablemente será así". Me dijeron: "Dejemos de pensar en los demás problemas; es decir, no tratemos de eliminarlos todos de un golpe, y concentrémonos en el de la bebida". Por supuesto, habíamos hablado de varios de mis defectos y hecho un tipo de inventario que no fue difícil de hacer, ya que tenía muchos defectos que eran muy obvios, porque los conocía de sobra. Luego me dijeron. "Hay una cosa más. Debes salir y llevar este programa a otra persona que lo necesite y lo desee".

Llegado a este punto, mis negocios eran prácticamente no existentes. No tenía ninguno. Durante bastante tiempo, tampoco gocé, naturalmente, de mi buena salud. Me llevó un año y medio empezar a sentirme bien físicamente. Me fue algo duro, pero pronto encontré a gente que antes habían sido amigos y, después de haberme mantenido sobrio durante un tiempo, vi a esta gente volver a tratarme como lo habían hecho en años pasados, antes de haberme puesto tan malo que no prestaba mucha atención a las ganancias económicas. Pasé la mayor parte de mi tiempo tratando de recobrar estas amistades y de compensar de alguna forma a mi mujer, a quien había lastimado mucho.

Sería difícil calcular cuánto A.A. ha hecho por mí. Verdaderamente deseaba el programa y quería seguirlo. Me parecía que los demás tenían tanto alivio, una felicidad, un no sé qué, que yo creía que toda persona debía tener. Estaba tratando de encontrar la solución. Sabía que había aún más, algo que no había captado todavía. Recuerdo un día, una o dos semanas después de que salí del hospital, en el que Bill estaba en mi casa hablando con mi esposa y conmigo. Estábamos almorzando, y yo estaba escuchando, tratando de descubrir por qué tenían ese alivio que parecían tener. Bill miró a mi esposa y le dijo: "Henrietta, Dios me ha mostrado tanta bondad, curándome de esta enfermedad espantosa, que yo quiero únicamente seguir hablando de esto y seguir contándoselo a otras gentes".

Me dije: "Creo que tengo la solución". Bill estaba muy, muy agradecido por haber sido liberado de esta cosa tan terrible y había atribuido a Dios el mérito de haberlo hecho y está tan agradecido que quiere contárselo a otras gentes. Aquella frase: "Dios me ha mostrado tanta bondad, curándome de esta enfermedad espantosa, que únicamente quiero contárselo a otras gentes", me había servido como un texto dorado para el programa de A.A. y para mí.

Por supuesto, mientras pasaba el tiempo y yo empezaba a recuperar mi salud, sentí que no tenía que esconderme siempre de la gente — y esto ha sido maravilloso. Todavía asisto a las reuniones, porque me gusta hacerlo. Me encuentro con gente con quien me gusta hablar. Otro motivo que tengo para asistir es que estoy aún tan agradecido de tener tanto el programa como la gente que lo compone, que todavía quiero participar en las reuniones —y tal vez la cosa más maravillosa que me ha enseñado el programa— lo he visto muchas veces en el "A.A. Grapevine", y muchas personas me lo han dicho personalmente, y he visto a otras muchas ponerse de pie en las reuniones y decirlo — es lo siguiente: "Vine a A.A. únicamente con el propósito de lograr mi sobriedad, pero a través del programa de A.A. he encontrado a Dios".

Esto me parece lo más maravilloso que una persona puede hacer.

LAS MUJERES TAMBIÉN SUFREN

*A pesar de tener grandes oportunidades, el alcohol casi
terminó con su vida. Pionera en A.A., difundió la palabra
entre las mujeres de nuestra etapa primera.*

¿QUÉ ESTABA diciendo?... De lejos, como en un
delirio, oí mi propia voz llamando a alguien,
"Dorotea", hablando de tiendas de ropa, de trabajos...
las palabras se fueron haciendo más claras... el sonido
de mi propia voz me asustaba al irse acercando... y de
repente, allí estaba, hablando no sé de qué, con alguien
a quien no había visto nunca antes de aquel momento.
De golpe, paré de hablar. ¿Dónde me encontraba?

Había despertado antes en habitaciones extrañas,
completamente vestida, sobre una cama o un sofá;
había despertado en mi propia habitación, dentro o
sobre mi propia cama, sin saber qué hora del día era,
con miedo a preguntar... pero esto era diferente. Esta
vez parecía estar ya despierta, sentada derecha en una
silla grande y cómoda, en el medio de una animada conversación con una mujer joven, que no parecía extra-
ñarse de la situación. Ella estaba charlando, cómoda y
agradablemente.

Aterrorizada, miré a mi alrededor. Estaba en una
habitación grande, oscura, y amueblada de una manera
bastante pobre — la sala de estar de un apartamento en
el sótano de la casa. Escalofríos empezaron a recorrer
mi espalda; me empezaron a castañear los dientes; mis
manos empezaron a temblar y las metí debajo de mí

para evitar que salieran volando. Mi miedo era real, pero no era el responsable de esas violentas reacciones. Yo sabía muy bien lo que eran — un trago lo arreglaría todo. Debía de haber pasado mucho tiempo desde mi última copa — pero no me atrevía a pedirle una a esta extraña. Tengo que salir de aquí. De cualquier forma, tengo que salir de aquí antes de que se descubra mi abismal ignorancia de cómo llegué aquí, y ella se dé cuenta de que yo estoy totalmente loca. Estaba loca — debía de estarlo.

Los temblores empeoraron y yo miré mi reloj — las seis en punto. La última vez que recuerdo mirar la hora era la una. Había estado sentada cómodamente en un restaurante con Rita, bebiendo mi sexto martini y esperando que el camarero se olvidara de nuestra comida — o, por lo menos, lo suficiente como para tomarme un par de ellos más. Me había tomado sólo dos con ella, pero había conseguido tomarme cuatro en los quince minutos que la estuve esperando, y, naturalmente, los incontados tragos de la botella según me levantaba dolorosamente y me vestía de manera lenta y espasmódica. De hecho, a la una me encontraba muy bien — sin sentir dolor alguno. ¿Qué podía haber pasado? Aquello ocurrió en el centro de Nueva York, en la ruidosa calle 42... esto era obviamente una tranquila zona residencial. ¿Por qué me había traído aquí Dorotea? ¿Quién era esta mujer? ¿Cómo la había conocido? No tenía respuestas y no osaba preguntar. Ella no daba señal de que nada estuviera mal. Pero, ¿qué había estado haciendo en esas cinco horas perdidas? Mi cerebro daba vueltas. Podía haber hecho cosas terribles. ¡Y ni siquiera lo sabía!

De alguna forma, salí de allí y caminé cinco manzanas. No había ningún bar a la vista, pero encontré la estación del Metro. El nombre no me era familiar y tuve que preguntar por la línea de Grand Central. Me llevó tres cuartos de hora y dos trasbordos llegar allí — de vuelta en mi punto de partida. Había estado en las remotas zonas de Brooklyn.

Esa noche me puse muy borracha, lo cual era normal, pero recordé todo, lo que era muy extraño. Me acordé de estar en lo que, mi hermana me aseguró, era mi proceso de todas las noches, de tratar de buscar el nombre de Willie Seabrook en la guía de teléfonos. Recordé mi firme decisión de encontrarle y pedirle que me ayudara a entrar en esa "casa de recuperación", de la que había escrito. Recordé que aseguraba que iba a hacer algo al respecto, que no podía seguir... Recordé el haber mirado con ansia a la ventana como una solución más fácil, y me estremecía con el recuerdo de esa otra ventana, tres años antes, y los seis agonizantes meses en una sala de un hospital de Londres. Recordé cuando llenaba de ginebra la botella del agua oxigenada que guardaba en mi armarito de las medicinas, en caso de que mi hermana descubriera la que escondía debajo del colchón. Y recordé el pavoroso horror de aquella interminable noche en que dormí a ratos y me desperté goteando sudor frío y temblando con una total desesperación, para terminar bebiendo apresuradamente de mi botella y desmayándome de nuevo. "Estás loca, estás loca, estás loca" martilleaba mi cerebro en cada rayo de conocimiento, para ahogar el estribillo con un trago.

Todo siguió así hasta que dos meses más tarde aterricé en un hospital y empezó mi lucha por la vuelta a la normalidad. Había estado así durante más de un año. Tenía treinta y dos años de edad.

Cuando miro hacia atrás y veo ese horrible último año de constante beber, me pregunto cómo pude sobrevivir tanto física como mentalmente. Había habido, naturalmente, períodos en los que existía una clara comprensión de lo que había llegado a ser, acompañada por recuerdos de lo que había sido, y de lo que había esperado ser. El contraste era bastante impresionante. Sentada en un bar de la Segunda Avenida, aceptando tragos de cualquiera que los ofreciese, después de gastar lo poco que tenía; o sentada en casa sola, con el inevitable vaso en la mano, me ponía a recordar y, al hacerlo, bebía más de prisa, buscando caer rápidamente en el olvido. Era difícil reconciliar este horroroso presente con los simples hechos del pasado.

Mi familia tenía dinero — nunca había sido privada de ningún deseo material. Los mejores internados, y una escuela privada de educación social en Europa me había preparado para el convencional papel de debutante y joven matrona. La época en la que crecí (la era de la Prohibición inmortalizada por Scott Fitzgerald y John Held, Jr.) me había enseñado a ser alegre con los más alegres; mis propios deseos internos me llevaron a superarles a todos. El año después de mi presentación en la sociedad, me casé. Hasta aquel momento, todo iba bien — todo de acuerdo al plan indicado, como otros tantos miles. Entonces la historia empezó a ser la mía propia. Mi marido era alcohólico — yo sólo sentía desprecio por aquellos que no tenían para la bebida la misma asombrosa capacidad que yo — el resultado era inevitable. Mi divorcio coincidió con la bancarrota de mi padre, y me puse a trabajar, deshaciéndome de todo tipo de lealtades y responsabilidades hacia cualquiera que no fuera yo misma. Para mí, el trabajo era un medio para llegar al mismo fin, poder hacer aquello que quisiera.

Los siguientes diez años, hice sólo eso. Buscando más libertad y emoción me fui a vivir a ultramar. Tenía mi propio negocio, de suficiente éxito como para permitirme la mayoría de mis deseos. Conocía a toda la gente que quería conocer. Veía todos los lugares que quería ver. Hacía todas las cosas que quería hacer — y era cada vez más desgraciada. Testaruda, obstinada, corría de placer en placer y encontraba que las compensaciones iban disminuyendo hasta desvanecerse. Las resacas empezaron a tener proporciones monstruosas, y el trago de por la mañana llegó a ser de urgente necesidad. Las lagunas mentales eran cada vez más frecuentes, y rara vez me acordaba de cómo había llegado a casa. Cuando mis amigos insinuaban que estaba bebiendo demasiado, dejaban de ser mis amigos. Iba de grupo en grupo, de lugar en lugar, y seguía bebiendo. Con sigilosa insidia, la bebida había llegado a ser más importante que cualquier otra cosa. Ya no me proporcionaba placer, simplemente aliviaba el dolor; pero tenía que tenerla. Era amargamente infeliz. Sin duda había estado demasiado tiempo en el exilio; debía volver a América. Lo hice y, para sorpresa mía, mi problema empeoró.

Cuando ingresé en un hospital psiquiátrico para un tratamiento intensivo, estaba convencida de que tenía una seria depresión mental. Quería ayuda y traté de cooperar. Al ir progresando el tratamiento, empecé a formarme una idea más clara de mí misma, y de ese temperamento que me había causado tantos problemas. Había sido hipersensible, tímida, idealista. Mi incapacidad para aceptar las duras realidades de la vida me había convertido en una escéptica desilusionada, revestida de una armadura que me protegía contra la incomprensión del mundo. Esa armadura se había convertido en los muros de una prisión, encerrándome en ella con mi miedo y mi soledad. Todo lo que me quedaba era una voluntad de hierro para vivir mi propia vida a pesar del mundo exterior. Y allí me encontraba yo: una mujer aterrorizada por dentro y desafiante por fuera, que necesitaba desesperadamente un apoyo para continuar.

El alcohol era ese apoyo, y yo no veía cómo podía vivir sin él. Cuando el doctor me decía que no debía de beber nunca más, *no pude permitirme el creerle*. Tenía que insistir en mis intentos por enderezarme, tomando los tragos que necesitara, sin que se volvieran en mi contra. Además, ¿cómo podía él entender? No era bebedor, no sabía lo que era necesitar un trago, ni lo que un trago podía hacer por uno en un apuro. Yo quería vivir, no en un desierto, sino en un mundo normal. Y mi idea de un mundo normal era estar rodeada de gente que bebía; los abstemios no estaban incluidos. Estaba segura de que no podía estar con gente que bebía, sin beber. En esto tenía razón; no me sentía a gusto con ningún tipo de persona sin estar bebiendo. Nunca lo había estado.

Naturalmente, a pesar de mis buenas intenciones y de mi vida protegida tras de los muros del hospital, me emborraché varias veces y quedé asombrada — y muy trastornada.

Fue en aquel momento cuando mi doctor me dio el libro *Alcohólicos Anónimos* para que lo leyera. Los primeros capítulos fueron una revelación para mí. ¡Yo no era la única persona en el mundo que se sentía y comportaba de esa manera! No estaba loca, ni era una depravada; era una persona enferma. Padecía una enfermedad real que tenía un nombre y unos síntomas, como los de la diabetes o el cáncer. ¡Y una enfermedad era algo respetable, no un estigma moral! Pero entonces encontré un obstáculo. No tragaba la religión y no me gustaba la mención de Dios o de cualquiera de las otras mayúsculas. Si aquella era la salida, no era para mí. Yo era una intelectual y necesitaba una respuesta intelectual, no emocional. Así de claro se lo dije a mi doctor. Quería aprender a valerme por mí misma, no cambiar un apoyo por otro, y mucho menos por uno tan intangible y dudoso como aquél era. Así continué varias semanas, abriéndome camino a regañadientes a través del ofensivo libro y sintiéndome cada vez más desesperada.

Entonces, ocurrió el milagro. ¡A mí! A todo el mundo no le ocurre tan de repente, pero tuve una crisis personal que me llenó de cólera justificada e incontenible. Mientras bufaba desesperadamente de la cólera y planeaba coger una buena borrachera para *enseñarles*, mis ojos captaron una frase del libro que estaba abierto sobre la cama, "No podemos vivir con cólera". Los muros se derrumbaron y la luz apareció. No estaba atrapada; no estaba desesperada. Era libre, y no tenía que beber para *enseñarles*. Esto no era la "religión" ¡era libertad! Libertad de la cólera y del miedo, libertad para conocer la felicidad y el amor.

Fui a una reunión para conocer por mí misma al grupo de locos y vagabundos que habían realizado esta obra. Ir a una reunión de gente era una de esas cosas que toda mi vida —desde el día en que dejé mi mundo privado de libros y sueños para encontrarme en el mundo real de la gente, las fiestas, y el trabajo— me había hecho sentir como una intrusa, y para ser parte de ellas necesitaba el estímulo animador de la bebida. Me fui temblando a una casa en Brooklyn llena de gente de mi clase. Hay otro significado de la palabra hebrea que se traduce como "salvación" en la Biblia, y éste es: "volver a casa". Había encontrado mi "salvación". Ya no estaba sola.

Aquel fue el principio de una nueva vida, una vida más completa y feliz de lo que nunca había conocido o creído posible. Había encontrado amigos, amigos comprensivos que a menudo sabían mejor que yo misma, lo que pensaba y sentía y que no me permitían refugiarme en una prisión de miedo y soledad por una ofensa o insulto imaginarios. Comentando las cosas con ellos, grandes torrentes de iluminación me mostraban a mí misma como en realidad yo era, y era como ellos. Todos nosotros teníamos en común cientos de rasgos característicos, de miedos y fobias, gustos y aversiones. De repente pude aceptarme a mí misma, con defectos y todo, como yo era — después de todo, ¿no éramos todos así? Y, aceptando, sentí una nueva paz interior, y la voluntad y la fuerza para enfrentarme a las características de una personalidad con las que no había podido vivir.

La cosa no paró allí. Ellos sabían lo que hacer con esos abismos negros que bostezaban, listos para tragarme cuando me sentía deprimida o nerviosa. Había un programa concreto, diseñado para asegurarnos a nosotros, los evasivos de siempre, la mayor seguridad interior posible. Según iba poniendo en práctica los Doce Pasos, se iba disolviendo la sensación de desastre inminente que me había perseguido durante años. ¡Funcionó!

Miembro en activo de A.A. desde 1939, al fin me siento un miembro útil de la raza humana. Tengo algo con lo que puedo contribuir a la humanidad, ya que estoy peculiarmente cualificada, como compañera de fatigas, para prestar ayuda y consuelo a aquellos que han tropezado y caído en este asunto de enfrentarse con la vida. Tengo mi mayor sensación de logro al saber que he tomado parte en la nueva felicidad que han conseguido otros muchos como yo. El hecho de poder trabajar y ganarme la vida de nuevo, es importante, pero secundario. Creo que mi fuerza de voluntad, una vez exagerada, ha encontrado su justo lugar, porque puedo decir muchas veces al día, "Hágase Tu voluntad, no la mía"... y ser sincera al decirlo.

(3)

EL DESPERTAR DE UN VIAJANTE

En todos sus viajes, no podía eludir la botella ni a sí mismo, logró por fin emerger de una vida amarga y desolada y llegó a ser uno de los primeros mensajeros de A.A. en Puerto Rico.

COMENCÉ a beber a la edad de dieciséis años, en la ciudad de Nueva York. Años más tarde, mientras trabajaba como viajante por toda la América del Sur y las Antillas, de bebedor social me convertí en bebedor fuerte. Al llegar a la edad de 43 años, me di perfecta cuenta de que tenía un problema con el alcohol, pues lo que hasta entonces había considerado como un hábito, se había trocado en una obsesión de tal índole que no podía pasármelas sin el "trago".

Preocupado por ese problema, acudí donde dos psiquiatras, uno del Presbyterian Medical Center y el otro, el Dr. X, asociado de uno de los más connotados psiquiatras de Estados Unidos. El primero que fui a ver en el Centro Médico Presbiteriano, supo desentrañar lo que me ocurría porque hasta me habló de Alcohólicos Anónimos, cuyo movimiento estaba para entonces en los comienzos. Eso sucedió allá por el año 1939. Recuerdo que aquel médico me dijo que había oído hablar de un grupo de hombres y mujeres que estaban haciendo algo eficaz para resolver su problema alcohólico y que si era de mi agrado conocer a esa gente podía ponerme en contacto con ellos. Pero A.A. no me interesó en esa época y así se lo hice saber. De mi experiencia con el otro psiquiatra haré mención más adelante.

Comprendiendo que el problema de la bebida seguía complicándoseme, decidí ir a Hot Spring, Arkansas, a tomar los baños, pensando que me harían bien, y efectivamente, físicamente fue así porque estaba padeciendo de artritis alcohólica y tuve gran alivio por cerca de un año. Entonces comencé de nuevo a sentirme mal y fui a ver al Dr. X, asiduo cliente de mi *restaurant-bar*. Me dijo que no me ocurría nada, que no tenía por qué preocuparme ya que él creía que yo no tenía ningún problema con el alcohol. Y me dijo que pronto pasaría por mi establecimiento para que nos tomáramos algunos tragos de Dubonnet. En efecto, el domingo siguiente el Dr. X me dispensó una visita, obsequiándome con un par de Dubonnets que gustosamente reciproqué con varios "Old Fashions". A esos tragos siguieron otros, después de los cuales el mozo del *restaurant* y yo tuvimos que llevar al doctor a su casa porque estaba tambaleándose.

Al ver que los médicos no podían ayudarme a controlar la bebida, pensé que tal vez un cambio de ambiente podría librarme de esa tenaz obsesión alcohólica. Sabía que estaba bebiendo exageradamente y no sabía a qué atribuirlo, si echarle la culpa a mi mujer por su carácter dominante, a mi socio, o a lo que fuera. La verdad es que no tenía la respuesta del porqué estaba haciendo las cosas que venía haciendo en mi negocio y en mi vida personal casi sin objetivos. De manera que puse manos a la obra, vendí mi participación en el negocio, di la mitad de lo que obtuve en metálico a mi señora y después de conseguir algunas agencias de casas americanas, me vine para Puerto Rico en 1941.

Después de mi llegada a la Isla, me hospedé en el Hotel Palace, y a pesar de que traía varias botellas que los amigos me habían dado al despedirme en Nueva York para que trajera conmigo en el viaje y las cuales no había usado, y a pesar de tener también conmigo un par de cajas de vino "San Benito", marca que representaba en Puerto Rico, por una semana me mantuve abstemio en tierra puertorriqueña. Entonces repentinamente comencé a beber de nuevo, con tal ímpetu que a los tres meses de continuas borracheras fui a parar al Hospital Presbiteriano. Allí estuve bajo tratamiento de un simpático doctor que me recetó muchas vitaminas para fortalecerme. Aquel médico bonachón, después que me repuse con el tratamiento vitamínico, me aconsejó que no bebiese licores fuertes; que cuando sintiera ganas de beber me tomara una botella de cerveza y todo marcharía bien. Claro está, el que le hable a un borracho de "una botella de cerveza" lo pone a pensar enseguida en una de esas botellonas grandes de cerveza de cinco galones. De más está decir que el experimento de la cerveza no dio resultado.

Poco después de salir del Hospital Presbiteriano estalló la Segunda Guerra Mundial, paralizándose mi negocio debido al gran descenso en las importaciones. A pesar de ese revés, decidí quedarme aquí. Un buen amigo me ofreció un empleo, que acepté, en el Gobierno Federal, como capataz. Me aseguró que de ahí subiría pronto a otro puesto mejor. Así ocurrió. Trabajé en ese puesto por uno o dos meses cuando cierto día vino a hablar conmigo un oficial del ejército que se estaba haciendo cargo de la transportación general por mar y tierra del equipo pesado del ejército. Le caí bien porque notó que hablaba bastante el castellano y se enteró de que yo había vivido aquí por algunos años. Me propuso que trabajase al lado de él cumplimentando sus instrucciones. Con el permiso del Superintendente de Construcciones que me consiguiera el primer empleo, pasé a trabajar como asistente administrativo a las órdenes del oficial, devengando una buena paga. Duré en ese empleo hasta 1944. Durante ese período no bebí tanto como antes debido a la disciplina a que estaba sujeto, estando bajo órdenes de oficiales. También parece que el oficial conocía al dedillo mi debilidad porque cuando se imaginaba que estaba llegando algún período peligroso para mí, me mandaba tranquilamente a Cuba, a Antigua o a cualquier punto cercano. En esas ocasiones yo lo contemplaba de hito en hito diciéndome: "Este tipo me conoce mejor que yo mismo". Si acaso inquiría para qué me mandaba a ese sitio, él replicaba: "Prepare su equipaje y adelante. Allá es donde lo necesitamos ahora". La verdad es que yo no tenía nada que hacer en ninguno de esos lugares y era de suponer que quería darme una semana o dos para que me desquitara de mi "sed", bebiendo todo lo que yo quisiera. Pero sucedía todo lo contrario. En aquellos sitios no bebía tanto como hubiera bebido en Puerto Rico pues estaba entre coroneles y otros superiores que allí frecuentaban.

Cuando la guerra estaba para cesar y todos se percataban de eso al ver que disminuía el trabajo en las oficinas, apenas si había transportación y los negocios iban estancándose, cogí una borrachera colosal. Me quedé en la casa y como borracho al fin, me dispuse a celebrar sin pérdida de tiempo el acontecimiento del cese de hostilidades que aún no había tenido lugar, bebiéndome no sé cuántas cajas de whisky escocés; después remaché con ron y antes de que me echaran presenté la renuncia porque sabía que si no lo hacía me iban a poner "AWOL" (ausente sin licencia). Así fue que aceptaron mi renuncia, pudiendo dar gracias a Dios de que mi récord en el gobierno federal sea bueno.

Tuve la suerte de que los barcos comenzaron a moverse de nuevo, trayendo carga a la Isla con regularidad, precisamente cuando conseguía una magnífica representación con la que devengué mucho dinero. En vez del borrachón diario me volví entonces un borrachón periódico. Cuando recibía el cheque de la casa a fines de mes entraba enseguida en una borrachera de varios días y al regresar a la oficina recuerdo que siempre mi secretario salía para coger la suya y permanecía fuera como una semana. Tal parecía que nos turnáramos en el trabajo y la bebida de común acuerdo. El pobre vendedor era quien se volvía loco entre "dos locos", pues era él un muchacho que no tenía ningún problema con la botella.

Eso prosiguió así hasta el año 1945, cuando por cierto motivo que no viene al caso, renuncié la representación que tenía para hacerme cargo de otra. Me di entonces a beber más y más y así de bebedor periódico volví otra vez a la fase de bebedor diario. Poco a poco fui abandonando mi negocio de una manera lastimosa. No iba apenas a la oficina y me pasaba la horas en el Union Club bebiendo licor, hasta que llegó el día en que francamente me daba bochorno de que mis amigos me vieran siempre allí tomando. Algunos me preguntaban: "¿Cuál es el motivo?" Y yo les respondía: "¡Si supiera el motivo se lo diría! ¡No sé! ¡No sé por qué bebo así!"

Así fui de mal en peor hasta que comencé a frecuentar cantinas de ornato mucho más pobre. Me iba a buscar los lugares humildes — allí me pasaba la mañana tomando ron. Iba luego al apartamento a dormir un par de horas para pasarme después el resto del día bebiendo hasta las diez o las once de la noche.

Ante esa crítica situación comprendí que el alcohol me estaba aniquilando y en vano trataba de librarme de aquella lucha desigual. A propósito, recuerdo que en medio de esa borrasca puse en juego un experimento para ver si lograba arreglarme. Una mañana, mientras esperaba que abrieran una cantina, me encontré con un raro sujeto continental, vistiendo pantalones sucísimos que una vez fueron blancos y zapatos de esos que usan los trabajadores del fango. El individuo se me acercó diciendo: "¡Buenos días! ¿Tiene un cigarrillo?" Le di el cigarrillo. "¿Tiene usted un fósforo?" Le di el fósforo. Y ya le iba a preguntar si quería que me fumara el cigarrillo por él para completar la obra, cuando me interrogó si podía sentarse junto a mí. "La calle es pública y puede usted acomodarse dondequiera", repuse. Estábamos sentados cerca del *bar* que yo visitaba y que estaba esperando que abrieran. "¿Qué espera usted aquí?" me preguntó. "Pues espero", le dije, "a que abran ese pequeño *bar* para tomar el 'trago de los nervios'". Se me quedó mirando y me dijo: "¿Sabe usted de dónde vengo yo ahora? Pues vengo de la cárcel. Estaba preso por borrachera. No tenía con qué pagar los dos pesos de multa. ¿Podría ser usted tan bondadoso que me pagara un 'trago' cuando abran ahí?" Le dije que no tenía ningún inconveniente en complacerlo y cuando abrieron la cantina, al servírsenos los 'tragos', por primera vez en mi vida se me ocurrió que si yo lograba enderezar a aquel tipo borrachón quizá podría él ayudarme a aguantar la bebida. Eso me aconteció sin que supiera todavía nada de Alcohólicos Anónimos. Como él era un poco más vivo, me dijo que si comprábamos un litro de ron rendiría más que ordenando la bebida por vasitos. De manera que compramos el litro, con su correspondiente *Seven Up* y hielo, y nos pusimos a charlar. Entonces vino a verme un mensajero y guardaespaldas que yo tenía y a quien cariñosamente llamaba "Mundito". Le dije al continental que iba a pagarle un recorte y una afeitada en la barbería de enfrente y que no se preocupara por el "trago" que le enviaría ron y Seven Up con "Mundito" para que bebiera mientras lo arreglaba el barbero. Después que se recortó lo llevé a mi apartamento, hice que se diera un baño y se cambiara la ropa. Fuimos a un restaurant donde él comió opíparamente mientras yo bebía, contemplando el cambio que ya se notaba en el porte del sujeto. Eso sucedía en la época en que yo me retiraba borracho a dormir a las diez de la noche y cuando le dije que iba a acostarme, él me pidió que lo dejara dormir en el suelo. Me contó que había estado durmiendo realengo debajo de las casas. En vez de dejarlo dormir en el suelo lo puse a dormir en un canapé mientras yo me acostaba en la cama. Como de costumbre, al otro día temprano estaba de regreso en la cantina. El me acompañó nuevamente y así pasó otro día. Ese día sucedió algo que no esperaba. Yo guardo mi dinero en el bolsillo del chaquetón y además tenía algunos pesos en el baúl, que tenía trancado. No desconfiaba de aquel tipo; pero como a las dos de la mañana — yo no sabía que él había salido — se me presentó con un par de "hembras" y unos guitarristas. Huelga decir que eso no me cayó en gracia. Le dije que se fuera con todos ellos al infierno. Mandó la gente a que se retirara y se acostó. Cuando me levanté al otro día noté que me faltaban cinco pesos. No dije nada mientras estábamos en el apartamento. Cuando llegamos a la cantina pedí *un* Seven Up y él se me quedó mirando. "¿Qué pasa?" y le dije "No pasa nada. Tenía cinco pesos en mi bolsillo y han caminado. Yo no sabía que los billetes tuvieran patas". Compungido me confesó que había cogido los cinco pesos. No cogí coraje. Sencillamente le dije que se fuera de mi lado. De manera que no resultó como esperaba el experimento.

Después de eso no pensé en otra cosa nada más que en seguir bebiendo. No tenía la menor idea de trabajar. Estaba en un hoyo. No sabía cómo salir. Al cabo enfermé. Los pies se me hincharon. Llamé al médico. El doctor que vino a verme me dijo que habría que sacar el fluido de las piernas con una aguja. Me hizo recluir en el Hospital Presbiteriano donde me atendió otro amigo médico quien logró poner mis piernas en buen estado sin necesidad de usar agujas.

Más o menos había acabado con mi negocio y moralmente no me sentía con ánimo de ir a visitar a la clientela, a pesar de que no tenía nada que reprocharme de mi manera de proceder para con ella. Decidí volver a Nueva York y un buen amigo me consiguió prioridad en avión. El doctor antes de partir me había recetado un elixir que contenía un gran por ciento de alcohol. Cuando todos mis amigos me repetían: "No bebas", me daban una medicina precisamente a base de alcohol. Al llegar a Nueva York tuve que averiguar ciertas cosas sobre el *status* doméstico mío. No sabía si estaba casado o divorciado. Después que me puse al tanto de esas cuestiones y en vista de mi serio problema con la bebida, mis familiares me llevaron a una reunión de Alcohólicos Anónimos. Estaba bajo la influencia del alcohol. Tratábase del Grupo Manhattan, que celebra reuniones en la calle 41 y 8va. Avenida. Hice muchas preguntas. Quería saber qué clase de negocio promovían y les pedí me dijeran dónde estaban los borrachos porque allí no veía ninguno. Me dieron algunos folletos y me dijeron que las puertas de A.A. estaban abiertas y que cualquier día que cambiara de idea, fuera a visitarles. Les di las gracias y les supliqué que perdonaran la molestia que les había dado con mis comentarios. Ya estaba para salir cuando me tropecé con Herman, sobrio pero con el "baile de San Vito" y le dije: "¿Tú cómo te mantienes sobrio?" a lo que respondió sereno y sentencioso: "¡Pues mirando a borrachos como tú!" Ese sí fue un gran disparo certero. No pude menos que reconocer que allí había algo.

La familia quería que pasara la noche en el apartamento de mi esposa, a lo que yo me negué por motivos que ellos desconocían. Fui al hotel y noté que mi caja de *whisky* había desaparecido. Busqué la cartera y vi que también me habían quitado la plata, que no era mucha. Entonces llamé a mi ex socio y le pedí prestado cincuenta pesos que me entregó personalmente. Aquella noche yo iba a decidir mi problema en una cantina. Esa era mi idea, pero no sé por qué cambié de pensamiento y me dije. "Voy a comer algo, jamón y huevos, y café". No había comido ese día. Después de comer cogí un taxi que me llevó al hotel y antes de llegar paré el taxi para entrar a la cantina donde pedí una cerveza en recipiente pues no se podía expender licores después de las 11:00. Me dio el recipiente y me llevé al hotel la cerveza que coloqué en la parte de afuera de la ventana para que no se calentase, mientras me quitaba el abrigo, arreglé la lámpara y comencé a leer los folletos de Alcohólicos Anónimos. A medida que leía las historias me decía: "¡Ese mismo soy yo! ¡Ese soy yo!"

No bebí aquella cerveza. Esa fue la primera noche en mucho tiempo que dormí sin alcohol y sin temores. Al otro día me levanté. No me sentía muy bien, naturalmente, y pedí mantecado con soda una y otra vez hasta el punto que el mozo llegó a preguntar: "Mantecado y soda, ¿y no quiere jamón y huevos?" Y volví a pedirle mantecado y soda.

Esa misma noche fui a una reunión de A.A. Al entrar me dijeron los muchachos: "¡Caramba, no le esperábamos tan pronto de vuelta!" "Pues aquí me tienen", respondí: "He leído esos folletos y ahora sé que aquí hay *algo* importante para mí. Quiero saber cómo puedo conseguir eso que ya tienen ustedes. A eso vengo, a buscarlo".

Desde esa noche memorable estoy en Alcohólicos Anónimos, sin haber tenido dificultades con el alcohol en todos esos años, excepto al comienzo cuando tuve una pequeña recaída de diez días. Han sido años verdaderamente gratos de sobriedad los que he disfrutado y sigo disfrutando en Alcohólicos Anónimos, a base del plan de 24 horas.

LA MONTAÑA RUSA

Creía poder dominar los frenéticos altibajos de la bebida, hasta verse precipitado sin recursos hacia la última parada. Pero la Providencia le tenía reservado otro destino.

NACÍ en el pueblo de Naguabo, en la costa oriental de Puerto Rico, que tan famoso se hiciera allá por la época de la Ley Seca, pues a sus playas cantarinas llegaba el mayor cúmulo de veleros contrabandistas de bebidas alcohólicas de toda la isla.

Mi padre era uno de esos bondadosos agricultores boricuas. Por aquel entonces se hallaba en magníficas condiciones económicas, pero al transcurrir de los años vinieron los reveses de la postguerra y, al agudizarse la crisis de 1930, se convirtió en otra de las víctimas del colapso financiero. Era un bebedor fuerte y ese golpe rudo de la mala fortuna, le sirvió de motivo para hacer de la bebida bálsamo de consolaciones. Aunque sólo era un chiquillo, recuerdo que mi hogar era el centro de frecuentes francachelas en las que mi padre agasajaba a sus íntimos amigos con suntuosos banquetes y bebidas exquisitas. El ambiente divertido de aquellos jolgorios, había de dejar una huella indeleble en mi memoria, pues en mi infantil pensamiento me daba a imaginar que cuando fuese mayor y ganara dinero, yo iba a ser tan obsequioso y divertido como mi padre. Mientras tanto, el alcohol fue haciendo cada vez más precaria la situación del hogar. En el año 1936 mi padre se trasladó con toda la familia a la capital. Acá pensaba él hallar mejores oportunidades para ganar dinero y educar a la prole. Sin embargo, su quebrantada salud, debido al estrago causado por la bebida, cedió en ese mismo año a la inclemencia de las parcas y murió, quedando nuestro hogar huérfano, pobre y entristecido.

Yo estudiaba en la Escuela Superior y al ver las dificultades que confrontaba mi buena madre, decidí abandonar las aulas para ayudarla. Pronto conseguí una colocación de ascensorista en un banco. Animado de los mejores propósitos durante los primeros meses me comporté como todo un joven juicioso y abstemio. Poco después comencé a ensayar, tomando algunas copas los sábados y domingos por las noches, pero de una manera muy moderada. Más tarde, en 1942, obtuve empleo en una agencia federal y aquí comencé a beber torrencialmente, a tal extremo que faltaba a menudo a mi trabajo. Para esa época, ya el licor estaba interfiriendo en mi vida de hogar y en mi vida de trabajo.

Para el año 1943, según hoy puedo percatarme, había pasado la línea imaginaria que separa al bebedor fuerte del bebedor alérgico y el compulsivo alcohólico. Trabajaba en el Departamento del Interior y mis "bebelatas" se prolongaban aún después del fin de semana, teniendo que beber muchas veces durante los días laborables, debido a la sed irresistible por el licor que me devoraba. Precisamente en aquel período fui llamado a examen físico por el ejército para entrar en las honrosas filas del Tío Sam. De más está decir que acudí al examen sufriendo los estragos de la borrachera estruendosa que me había durado diez o doce días, despidiéndome de todos los amigos de bohemia y dando vítores clamorosos por la causa de la libertad, ¡cual si fuese ya un soldado alistado camino de la guerra! Ay, pero los doctos médicos del ejército no vieron en mí el gran "prospecto" que yo imaginaba. Al ser llamado para examen, me hallaba en estado físico tan calamitoso que todo mi cuerpo temblaba cual árbol frágil azotado por un ventarrón. Al notar el doctor mi quijotesca contextura me mandó a sacar la lengua —cuentan los reclutas que allí estaban que hasta mi lengua temblaba como un ala en revuelo y casi no podía sacarla— y después de anotar mi descorazonador peso mosca de 104 libras, no tuvo más alternativa que rechazarme. Me dieron cuarenta y siete centavos para la transportación de regreso al hogar. Al salir me reuní con dos o tres jóvenes que también habían sido rechazados y en el primer *restorán* que hallamos en las afueras del campamento Buchanan, cogimos una sonada borrachera con los centavos del pasaje.

Llegué a mi hogar por la noche completamente ebrio. Al inquirir mi madre lo que me había acontecido, le dije compungido que me habían rechazado, haciendo bien patente mi pena a guisa de excusa para la próxima borrachera, que fue atronadora, pues me sirvió para decantar "la gran injusticia" que conmigo se había cometido al no darme la oportunidad de ir a pelear por la democracia.

Después de ese episodio que, como dije antes, marca el inicio de mi derrota alcohólica, me propuse arreglar mi vida. Había tomado exámenes del Servicio Civil y cuando menos lo esperaba, recibí una terna para empleo en el gobierno insular. A pesar de la resolución que había tomado en el sentido de ajustarme a una vida moderada, tan pronto recibí mi primer cheque volví a las andanzas bebiendo descontroladamente. Trabajaba como pagador en la Lotería de Puerto Rico y tenía que hacer de tripas corazones —y aquí cabe la frase— con los nervios tan alterados como siempre los tenía, para poder contar el dinero de los premios sin equivocarme. Fue menester que suplicara a mi buen jefe que me diera otro puesto en que no tuviera que intervenir ni con billetes ni con el público, pues las miradas curiosas de la gente me desconcertaban. Aquel hombre bondadoso accedió y pude trabajar G.A.D., bajo sus órdenes en el otro puesto, a pesar de mis ausencias, sin ser despedido, hasta el año 1946. Pero me daba perfecta cuenta de que era un hombre derrotado; de manera que decidí renunciar mi empleo e irme para Estados Unidos, pensando que un cambio de ambiente me sería favorable.

Así lo hice y un buen día embarqué para el Norte en el transporte de guerra "Marine Tiger", arreglado para servicio de pasajeros entre San Juan y Nueva York. Me tocó de compañero un viejo amigo de "parranda" que llevaba en su camarote varias botellas de licor. Aunque temeroso, acepté el primer "trago" que, como de costumbre, fue el preludio de una recia borrachera para ambos durante el transcurso de la travesía. Me acostaba borracho, me levantaba borracho y pasaba el día borracho en el barco. No sé ni cómo ni cuándo pasamos frente a la Estatua de la Libertad. ¡Y eso me sucedía a pesar de los propósitos que llevaba de enmendar mi vida y ser un hombre distinto en el nuevo ambiente de la gran metrópoli! Después del desembarco, al llegar a la casa de unos parientes que me recibieron jubilosos, hice otra vez la resolución de enmienda.

Por algunos días las cosas marchaban según me había prometido; pero a los parientes se les ocurrió celebrar una fiestecita para festejar mi llegada. Y ahí fue Troya. Cogí una borrachera A-1. Al día siguiente, bajo los efectos torturantes de la terrible "cruda" uno de mis primos me invitó a que fuese con él a Palisade Park para distraerme un rato. Pensé que si se trataba de "un parque de recreo" efectivamente, iba a componerme *recreándome*. Pero la recreación allí era violenta. A instancias del primo monté con él en un coche, nada menos que la "montaña rusa", que se elevaba y descendía con rapidez vertiginosa, escalofriante… Al salir a tierra después de la corrida mis canillas temblaban y mi garganta se me apretujaba como sí algo la anudase. Estaba loco por un buen trago para calmar mi sistema y fui rápido a una cantina. En vez de uno pedí dos tragos largos que no tardaron en serenarme, mientras discurría si "Palisade" tendría alguna relación con "palizada".

El castigo que estaba recibiendo de S.M. el alcohol era ya demasiado y con la mayor formalidad puse en práctica, después de este incidente, mi gran propósito de enmienda en el nuevo ambiente. Esta vez por lo menos me enderecé un poco. Conseguí una colocación en una importante casa exportadora hispanoamericana y durante tres meses me mantuve en total abstinencia.

Pero cuando más seguro de mí mismo me creía tuve un nuevo coqueteo con el licor. Asistí a una fiesta del Día de Acción de Gracias en un Centro Español. Había el tradicional pavo y bebida abundante. Acercóse un simpático españolito a mí, diciéndome: "Veo que se divierte poco. Tómese una copita de Cognac Domecq, que es alimenticio y le alegrará." Rechacé la copa diciéndole que no usaba licor, mientras la miraba con el rabo del ojo. "Tómela, no le va a hacer daño" insistió, "¡es uvita pura de la Vieja España!" "Oh, no, no, muchas gracias" le dije, haciendo el último esfuerzo por librarme de la tentación. Al rato se me acercaron unos amigos boricuas para que mirase a través de la ventana. Estaba nevando a cántaros. Al percatarse de que yo no estaba bebiendo, con pícara seriedad me dijeron que en Nueva York había que tomar whiskey porque si no pescaba uno una pulmonía. Eso bastó. Rápido, con tan plausible excusa, apuré un enorme trago de whiskey, y luego otro, y otro. Al poco rato era yo el más alborotador de la fiesta y naturalmente, el más borracho. Al día siguiente continué tomando durante todo el día, y proseguí la borrachera viernes, sábado y domingo. El lunes amanecí enfermo. Cuando volví al trabajo ya había otro en mi puesto. Me habían despedido.

De ahí en adelante mi vida en la metrópoli neoyorquina fue un desastre. De vez en cuando hacía trabajos "extras" de cantinero, de lavaplatos, de lo que fuese, con tal de conseguir dinero para beber. Me convertí en una carga onerosa para mis parientes quienes se vieron en la necesidad de escribirle a mi señora madre para que mandara el pasaje de retorno a Puerto Rico porque ellos no podían bregar ya más conmigo.

Llegué a Puerto Rico derrotado. Mis sueños dorados rodaron hechos añicos y sólo me quedaba el remordimiento, el desconsuelo y la frustración. Afortunadamente mi querida madre me había hecho las diligencias para una colocación valiéndose de cierto amigo político, y no tardé en empezar a trabajar en el Departamento de Agricultura y Comercio, en la Sección de Información. Ese empleo se prestaba para que bebiera a mis anchas y lo obtuve precisamente cuando mi obsesión alcohólica había llegado a su punto culminante. Bebía todos los días, ausentándome del hogar frecuentemente. Mi santa madre salía a buscarme por calles y mesones de San Juan y Santurce. Cuando llegaba al hogar estaba completamente borracho sin que pudiera apenas subir la escalera.

Ante esa pavorosa situación, mi madre hizo arreglos para hospitalizarme. El 9 de diciembre de 1949, día en que se me dio de alta, recibí la visita de una dama continental que me habló de Alcohólicos Anónimos y me invitó a una reunión, a la cual acudí. Me interesó la idea, pero estaba lleno de complejos y reservas. Dada mi temprana edad, todavía no quería resignarme a la derrota. Pensaba que en alguna forma podría beber moderadamente. Esas reservas me llevaron a beber otra vez y para enero de 1950, fui despedido fulminantemente de mi empleo. Este fracaso en el trabajo, sirvió de pretexto para que me entregase a una continua borrachera. Recuerdo que el 31 de enero fui a buscar mi último cheque. Invité a un amigo de parranda y compré un litro de ron. Dije al amigo que me esperara en el bar mientras iba a llevar a mi madre algún dinero. Ella al verme me imploraba que no continuase ingiriendo licor, asegurándome que estaba destruyendo mi vida y amargando la de ella. Pero como alcohólico derrotado al fin, no hice caso. Regresé a la taberna y no volví al hogar hasta que no me sentí totalmente borracho, exhausto y semi inconsciente.

Desesperada, mi madre recurrió a la ayuda de la religión. Mi situación era horrible, pues estaba al borde del delirium tremens. Fuimos a un servicio religioso donde me aconsejaron y tocaron a las puertas de mi corazón, despertando fibras sentimentales que hasta entonces habían estado durmientes. Valiéndome de la ayuda religiosa, permanecí en la abstinencia alrededor de diez meses (y aquello era un récord para mí); sin embargo, todavía albergaba la esperanza de que después de recuperarme física, moral y espiritualmente, podría beber con control como otras personas lo hacían.

Durante esos meses de sobriedad estuve en algunas reuniones de Alcohólicos Anónimos, pero siempre con la reserva mental de que en un futuro no lejano podría convertirme en un bebedor moderado. Hasta que llegó el día en que me dispuse a hacer la prueba, que resultó la debacle. En enero de 1951 me encontraba en las mismas condiciones calamitosas, físicas y mentales, en que estuviera en febrero de 1950. Durante cinco o seis meses estuve zozobrando en el maremágnum del alcohol. Allá para la primera semana de julio fui a parar con un compañero de empleo a mi famoso pueblo natal de

Naguabo. (Hoy día ese amigo es un entusiasta y asiduo miembro de Alcohólicos Anónimos). La borrachera que con él cogiera en aquella época, se prolongó por tres días, mientras mi madre desesperada en Santurce, me buscaba por todos los mesones. Alguien le puso un telegrama para que fuera a buscarme y en la mañana del 8 de julio me trajo al hogar. Todo ese día, que era lunes, y al otro día, martes, estuve recluido en cama, dándome cuenta de que en realidad yo no podía beber normalmente, que yo era un enfermo alcohólico y que seguiría siendo un alcohólico para toda la vida. Imploré a Dios fervorosamente para que me indicara el camino a seguir. Poco rato después, me levanté para ir al comedor a beber agua y al fijarme en el almanaque vi que era martes y en seguida pensé en la reunión que celebraba esa noche Alcohólicos Anónimos. El resto de ese día las letras de A.A. aparecían como dos símbolos de salvación en mi mente y hasta me parecía oír que alguien las hacía sonar como dos campanadas junto a mi lecho, y sentía que mi espíritu revivía con un entusiasmo y anhelo de renovación que nunca había experimentado. Esa noche, bien temprano, encaminé mis pasos hacia la Casa Parroquial San Agustín, en Puerta de Tierra, donde celebraba sus reuniones el Grupo San Juan de Alcohólicos Anónimos. En esa reunión memorable para mí, del 9 de julio, por primera vez me di cuenta del problema tan grande que tenía con el licor. Me convencí de que era un enfermo y que mi salvación estaba en Alcohólicos Anónimos que tan gratuitamente me ofrecía el medio eficaz para arrestar el insidioso padecimiento alcohólico. Vi entonces con claridad meridiana lo que por año y medio no había podido comprender, debido a que mi mente no había sido lo suficientemente receptiva: *la necesidad que tenía de dar con sinceridad y sin ninguna reserva el primer paso del programa de recuperación.*

Esa noche mi admisión fue incondicional. Acepté que soy impotente contra el alcohol y que mi vida se había hecho indisciplinable, y me dispuse a seguir con humildad y entusiasmo, en su cronología y secuencia, los otros once Pasos del programa recuperativo.

Desde entonces he ido progresando en A.A., siguiendo los axiomas "poco a poco se va lejos" y "lo primero primero", que es la sobriedad.

Muchas han sido las bendiciones que Dios ha derramado sobre mí desde que A.A. me franqueara la puerta que conduce a una nueva forma de vida. He alcanzado una existencia relativamente feliz, sujetándome al plan de 24 horas. Mediante la meditación y la oración, a partir del 9 de julio de 1951 hasta el día de hoy, he ido acercándome más y más a mi Poder Superior, que llamo Dios y cuantas veces siento desasosiego, elevo a El la Plegaria de A.A., para que me conceda en todo momento, la serenidad para aceptar las cosas que no pueda cambiar, valor para cambiar lo remediable y la sabiduría necesaria para conocer la diferencia.

Un dato curioso para mí en el transcurso de mi placentera sobriedad en Alcohólicos Anónimos, es el hecho de que Dios parece derramar sus bienaventuranzas mejores en mi nueva vida el día 9. Un día 9 de septiembre de 1951 conocí a la que es hoy mi adorada esposa y también fue un día 9 el de mi boda. Un día 9 mi esposa me obsequió con un hijo, que nació el mismo día del primer aniversario de nuestra boda.

Todo esto lo he logrado a virtud del Programa de Recuperación de Alcohólicos Anónimos… y algo más, la inmensa satisfacción que siento al mirarme en los ojos de mi madre y ver en ellos reflejada la felicidad.

(5)

PODÍA AGUANTAR MUCHO BEBIENDO

Parecía tener una mayor resistencia al alcohol que sus compañeros de parranda. Acabó agotado, sin la menor esperanza de poder rechazarlo. Desamparado, desesperado, encontró a A.A.

HACE algún tiempo ante un grupo de hombres y mujeres, con humildad y sinceridad, admití que soy un alcohólico y a la hora que escribo estas líneas estoy sobrio, sintiéndome relativamente feliz al lado de mis seres más queridos.

No es una degradación admitir que soy alcohólico puesto que la ciencia médica ha reconocido que el alcoholismo es una enfermedad. Además, me parece que es una demostración de buen sentido común aceptar la derrota y hacer algo eficaz para arrestar la enfermedad, en vez de andar borracho por esos mundos de Dios. Debo indicar, sin embargo, que no es fácil llegar a esta conclusión porque a nadie le agrada declararse derrotado. Pero en el caso del alcohólico, al admitir la derrota se coloca uno en la senda del triunfo en el camino de una nueva vida.

Llegué al movimiento de Alcohólicos Anónimos el 17 de marzo de 1950 y he podido arrestar mi enfermedad, día a día, 24 horas a la vez, según se me indicó por los miembros de más experiencia en el Grupo San Juan la primera noche que asistí a una reunión de Alcohólicos Anónimos. Si menciono la fecha es para dejar demostrado que A.A. funciona y no para hacer alarde de ello, pues mañana podría estar borracho como el más borracho, ya que llevaré siempre conmigo la enfermedad del alcoholismo y sólo me separa de una borrachera ese "primer trago" que no es sino veneno para mí.

Cuando asistí a mi primera reunión de A.A. yo buscaba una tabla de salvación. Sabía que el alcohol estaba destrozando mi vida y la de los que me rodeaban, pero no podía librarme del poder que sobre mí ejercía el maldito licor. Había probado todo cuanto estaba a mi alcance: la religión, la medicina, el espiritismo, los remedios caseros, y todo, todo resultaba ineficaz, aun los consejos de mi santa madre y los de mi buena esposa. Ninguno de esos recursos y remedios me había dado resultado positivo y de ahí que cada día que transcurría me hundiera más y más en la arena movediza en que zozobraba.

Empecé a beber en la época en que entraba en vigor en Puerto Pico la prohibición y lo hice como todo bebedor social, aunque noté que aparentaba tener mayor resistencia para la bebida que mis compañeros de parrandas. Eso me hizo sentir bien por ese prurito de muchacho inexperto que no sabía el riesgo que había de correr con el uso y abuso de la bebida. En aquellos días se decía que el que no tomaba algunas copas no era un hombre. Hoy lo veo de distinta manera gracias a ese Poder Superior que yo llamo Dios.

Al correr del tiempo los tragos pasaron a jugar un papel importante los fines de semana. Comenzaba con los viernes sociales y terminaba el domingo. Más tarde se me hizo difícil el levantarme para ir a trabajar el lunes después de un fin de semana tan borrascoso y, como dicen que "un clavo saca otro clavo" nada mejor entonces que un buen trago para calmar los nervios. Aquí, amigo mío, fue donde empezó el problema en mi vida. Ya estaba el alcohol tomando un puesto prominente en mi rutina diaria.

En el año 1942 surgió una de esas cosas que le suceden a los hombres jóvenes por falta de experiencia y eso fue suficiente para llenarme de complejos y alejarme de mis buenos amigos creyendo que el mundo se me había caído encima. No supe afrontar la situación y usé el maldito licor como un escape, costándome esto el primer fracaso de mi vida. Fui obligado a renunciar a un puesto con el Tío Sam como resultado del uso excesivo del alcohol.

Teniendo nosotros los alcohólicos una sobrenatural protección divina, no tardé en conseguir otro trabajo mejor. Pero éste tampoco duró mucho. Me parecía que mis superiores estaban acechándome para eliminarme de él y como me sentía culpable de algo que a mi entender había hecho —cosa que no existía— renuncié a esa colocación.

En el año 1945 fue cuando empecé a sentirme verdaderamente enfermo. Deprimido, lleno de complejos y de temores, decidí cambiar de ambiente e irme a Estados Unidos a empezar una nueva vida. Puedo asegurar que era sincero en mi propósito, pero abrigaba la esperanza de que algún día yo podría beber como los demás. No admitía la derrota. Al llegar a aquel país prometí a mi madre y a mis hermanos permanecer sobrio y expliqué a ellos mi propósito. ¡Tantas promesas que hemos hecho y ninguna hemos cumplido! Pude mantenerme sobrio por cuatro meses, pero un día, encontrándome solo y sintiéndome infeliz por la vida monótona que llevaba huyendo del licor, decidí entrar a una barra a buscar compañía. Entré en aquel maldito sitio sin la menor intención de ingerir un trago. Escuché alguna música y empezó mi mente alcohólica a divagar, haciéndome la siguiente pregunta: "¿Por qué esas damas que están alrededor de esa barra pueden tomar y yo no? ¿Acaso soy menos que ellas en la cuestión del trago? Voy a probar, pero esta vez la bebida no me dominará. Yo soy un hombre. Pondré a trabajar mi fuerza de voluntad y pararé cuando quiera". Ordené un vaso de cerveza. Esta vez iba a cambiar la bebida por una más suave, pues yo era bebedor de ron y whiskey y no uno de cerveza. La cerveza no me haría daño —pensaba yo. Pude controlarme y a las tres cervezas me fui a mi casa. No había sucedido nada. Me sentía feliz. Pude pasar la semana sobrio, pero al siguiente domingo tuve que ir a parar al mismo sitio. Ya no había otra cosa en mi mente que aquella barra. Esta segunda vez me embriagué un poco, pero llegué sin novedad al hogar. No sabía que estaba jugando con fuego. Esto quedó demostrado al tercer domingo. Volví a emborracharme, pero esta vez desastrosamente. Fue tan grande la borrachera como la última que había dejado atrás en Puerto Rico. Continué bebiendo y mi hermano mayor me hizo abandonar su casa, pues le estaba creando problemas a él y a los demás. Decidí vivir solo, pero esto tampoco dio resultado.

En el año 1947 decidí casarme con la que hoy es mi esposa. Los primeros meses bebí periódicamente, alguno que otro día, pero cuando empezaron a surgir pequeños problemas en el hogar volví a la carga repetidamente. Mi esposa trató de ayudarme todo lo que pudo, pero no le fue posible hacer nada por mí. Continué mi carrera desenfrenada y sufrí una de las experiencias más grandes de mi vida al tener que recluirme en un hospital de psiquiatría. Pude estar sobrio por un tiempo a base de miedo, pero el miedo poco a poco se me fue quitando, olvidé esa triste experiencia y volví a beber.

Son muchos los tropiezos que tuve en mi vida alcohólica, y ahora quiero relatar mi última experiencia, la que me dio a conocer al Grupo de A.A.

Hacía dos meses que estaba sobrio haciendo un esfuerzo sobrehumano. Un pequeño problema emocional me llevó a ese primer trago y volví a caer en la derrota, pero gracias a Dios, para conseguir el triunfo. Estuve bajo los efectos del licor por espacio de cinco meses. Pedía a Dios todas las noches antes de acostarme que me alejara de ese primer trago al siguiente día. Visité a mi doctor, me sometí a los tratamientos más rigurosos; visité templos religiosos y nada de eso fue efectivo. Pero como siempre digo, llegó un día en que mi Poder Superior oyó mis ruegos. En aquellos días de tortura y llevando una vida muy insegura, conocí a un joven —hoy mi buen amigo y compañero de A.A.— quien tenía el problema de la bebida igual que yo y estaba buscando solución al mismo. Este buen hombre me dijo que existía un grupo de ex borrachos que se reunía para mantenerse sobrios, todas las semanas. Me sorprendí mucho al oír que se trataba de "ex borrachos" que se reunían para resolver su propio problema. Pero decidí visitarlos.

Era viernes, 17 de marzo de 1950, la fecha que marcó ese mi Poder Superior para que yo empezara una nueva vida. Nunca podré olvidar aquella noche. Entré a aquel pequeño salón lleno de complejos, de rencores y de miedo. Estaba muy nervioso. Creía que iban a recriminarme por las faltas que había cometido. Pero cuál no sería mi asombro al ver la sinceridad con que se me trataba y al ver la humildad con que aquellos hombres y mujeres admitían ser alcohólicos. Me sentí mejor, pues en aquel momento me di exacta cuenta de que no estaba solo y que este grupo de hombres y mujeres de A.A. estaba presto a ayudarme. Fue tal mi alegría, que pedí permiso para decir algunas palabras. Tenía muchas cosas en mi adentro que me estaban mortificando y esperaba que se me presentara una oportunidad como ésa para decírselas a alguien que entendiera mi problema. Ese era el momento anhelado, estaba entre los míos y sabía que iban a entenderme.

Esa misma noche, para bien mío, con humildad y sinceridad admití ser un alcohólico.

Desde entonces he permanecido sobrio día a día, llevando siempre en mi mente, a cada paso que doy, el hecho de que soy un enfermo alcohólico y que conozco la solución a mi problema: Dios y Alcohólicos Anónimos.

(6)

A.A. LE DIO LA LUZ QUE NECESITABA

De niño, los vecinos le pusieron el nombre "lechuza" por dormir toda la noche en el monte. A.A. le ofreció un nuevo y verdadero amanecer.

M I INFANCIA fue muy triste, pero muy triste; fue un pasado muy difícil de olvidar. Mi padre un ebrio consuetudinario, no se preocupaba nunca de mi madre, de mis hermanas; menos de mí, su único hijo.

Descuidó mi educación por dedicarse por completo a la bebida; y más doloroso todavía, se olvidó de nuestra comida, de nuestro vestuario y hasta del más pequeñito juguete que tanto deseé y tanto envidié a los que sí lo podían disfrutar; mi pobre madre era la imagen del mismo dolor, era una esclava víctima del vicio (decía yo) de su esposo, y víctima del esfuerzo que tenía que realizar para medio vestir a sus seis hijos.

Lo normal para nosotros era que mi padre llegara ebrio y casi siempre a ultrajar a mi madre. Nosotros (hijos) nos refugiábamos en los matorrales ya que vivíamos en el campo. Por tal motivo los vecinos nos llamaban por el sobrenombre de las lechuzas, ya que no había semana que no nos tocara dormir en el monte.

Yo nunca pensé que mi padre sufriera una enfermedad (alcoholismo) y por tal motivo tuve muchos resentimientos hacia él y hasta llegué a odiarlo.

Todas esas humillaciones, escándalos, problemas que se vivieron en casa, me dejaron desarmado moral, espiritual y sicológicamente para enfrentarme a la vida, y me

hizo un ser totalmente insociable, con muchos complejos que paso a paso me fueron encerrando en la soledad;
llegando a ser un pobre desdichado, enfermo moralmente, sin voluntad ni ilusión de la vida, me encontré
condenado a transitar por el mundo solo y triste.

Tuve que retirarme del colegio por la vergüenza que
me daba el hecho de estar mendigando entre mis compañeros, para que me prestaran sus libros de estudio,
ya que a mi padre no le alcanzaba sino para beber: esa
decisión hizo que tuviera que marcharme de mi casa.
Y así empezó mi carrera alcohólica, lejos de mi madre
que al fin y al cabo era mi único consuelo; empecé a
beber para disipar la tristeza de estar lejos de mi casa.
De regreso a mi hogar, después de unos años, ya bebía
por cualquier cosa: porque me disgustaba con la novia
o porque estaba contento con ella, cuando ganaba el
Santafecito de mi alma o cuando perdía, en fin cualquier pretexto era bueno para beber.

¡Qué tragedia Dios mío! cuando llegué a A.A. ya era
totalmente un irresponsable que no ganaba ni para ves-
tirme, únicamente para beber.

De pronto, en esa tragedia en 1972 no sé cómo me
encontré trabajando con un miembro de A.A., quien sin
pérdida de tiempo me invitó a una reunión de A.A.; por
la necesidad del trabajo acepté acompañarlo, mas no porque considerara que mi problema era la bebida; él nunca
me dijo que mi problema era ese, pero eso sí, me llevaba constantemente a reuniones. Duré acompañándolo
como dos años sin aceptar mi enfermedad, pero lo que
me causó impresión fue el ejemplo que él me daba en su
diario vivir y eso me hizo reflexionar sobre mi vida, sobre
mi pasado y en 1974 a regañadientes acepté mi problema, que mi vida era ingobernable y que con el alcohol
lógicamente la agravaba más; desde esa fecha soy un A.A.

Después de dos años de estar en la cuerda floja, experimenté la más hermosa y productiva experiencia que me regaló A.A., como fue el darme la oportunidad de desarrollar el sentimiento de servir en algo a los demás; y sin saberlo en ese entonces el más beneficiado fui yo y mi familia. A través del servicio, al principio con un sentimiento equivocado, buscando satisfacer mi ego, fui descubriendo una transformación en mi insociable e insensible personalidad; poco a poco me di cuenta de que no todo había terminado para mí. A.A. a través de todo su programa me mostraba un camino a seguir, aunque con dificultades, con muchas perspectivas para el futuro, si yo así lo deseaba.

La experiencia que he experimentado a través de los diferentes niveles de servicio, las satisfacciones, los logros y también las dificultades, es algo inolvidable para mí y que con palabras no se puede expresar. Como servidor he cometido muchos errores, pero siempre he tratado de aportar algo a mi comunidad; día a día me preparo emocionalmente, intelectualmente y sicológicamente, porque, al menos a nivel de mi zona, soy un líder y un líder debe pensar más con la cabeza que con el corazón y por eso debe prepararse constantemente.

Hoy, después de 12 años en el programa, deseo que A.A. cada día esté más disponible, y seguir colaborando un poco para ello. A.A. y Dios me han devuelto la luz que yo necesitaba, y deseo que aquellos que están en tinieblas también algún día puedan ver la luz de la vida, y que si algún día mis hijos tienen problemas con la bebida, A.A. tenga las puertas abiertas para ellos.

Gracias a Dios, gracias a A.A., gracias a mi padrino y a los compañeros que me han regalado sus experiencias y por su confianza muchas gracias, porque por todos ustedes, hoy estoy disfrutando la felicidad de vivir sobrio.

HASTA LA FLOR MÁS BELLA SE MARCHITA CON EL ALCOHOL

Frustrada en sus aspiraciones intelectuales, esta mujer se fue en busca de la libertad, sólo para encontrar la esclavitud de una borracha. A.A. le quitó las cadenas.

ESCRIBIR MI HISTORIA no me resulta sencillo. Narrarla ante los grupos de compañeros Alcohólicos Anónimos no ha sido difícil, puesto que he tenido facilidad de palabra y, al fin y al cabo "las palabras se las lleva el viento", pero escribir lo que fui, lo que me sucedió y lo que ahora soy, es algo que por un lado me da miedo y por el otro me fascina.

Creo que dos problemas en mi edad infantil fueron determinantes para crearme un tipo de personalidad insegura, origen de muchos de mis defectos de carácter.

El primero se originó a la edad de cuatro años cuando mi madre trajo al mundo a mis hermanos gemelos (niño y niña) y yo sentí que vinieron a quitarme el lugar de "reina del hogar". A partir de aquel momento busqué de mil formas agradar a los demás para sentirme aceptada.

El segundo, basado en mi inseguridad, originó una dependencia emocional casi patológica hacia mis padres, y como el carácter de ellos nunca fue estable, yo viví con mis emociones a la deriva y de acuerdo a sus variantes estados de ánimo.

Por lo demás, viví una vida de pequeña-burguesa, cimentada en una educación católica y con algo que siempre me ha ayudado muchísimo: la práctica constante de algún deporte. De niña fui una buena nadadora, pero el temor a no llegar a ser "la mejor" me hizo abandonar un equipo donde empezaba a realizarme bien. Esa ha sido una característica de personalidad que me acompañó hasta hace muy poco: fui de "o todo, o nada".

Mi paso de la niñez a la pubertad sucedió a la edad de once años. En aquel entonces tuve mi primer contacto con el alcohol; mi madre preparaba tés de canela con ron para aliviar los cólicos mensuales y yo me aficioné a tomar varios cada período, hasta que me dormía. Recuerdo que me encantaba esa sensación de "dejadez" que sobrevenía.

Por esa época fue cuando ingresé en las "Guías", donde fui realmente feliz: Conocí a un Dios bondadoso que me llenaba de paz espiritual: supe que "dando es como recibimos"; y conocí el sentimiento de amor a la naturaleza, que afortunadamente nunca perdí.

A los 14 años me convertí en una jovencita físicamente atractiva; terminé la secundaria con un buen promedio en una escuela pública que me encantó. También a esa edad cambié mis actividades de fin de semana por las de ir a tomar café con muchachos de mi edad y asistir a mis primeras fiestas. Fue mi época del despertar del sexo y la sublimación del amor. Me consideraba una chica muy profunda y sin intereses materiales, por lo que buscaba muchachos que estuvieran de acuerdo con mi forma de pensar. Para mí, el amor era lo más importante del mundo.

En aquel tiempo, mis principios morales eran muy fuertes y sentía un gran miedo al castigo, tanto de Dios como de mis padres, lo que me permitió vivir la adolescencia tranquila y de acuerdo a los intereses de mis mayores, aunque de ninguna manera significaba que yo estuviera de acuerdo con todo lo que se me decía:

me paralizaba el miedo, más que la convicción de esta forma de ser, pensar y vivir.

Al terminar la secundaria, me frustré porque mi padre no me permitió ingresar en una preparatoria pública, lo que me ocasionó una serie de resentimientos hacia él. Ingresé a una escuela de monjas, donde empecé a decepcionarme de la religión debido a ciertas actitudes mezquinas que observé: La directora (madre superiora), era la antítesis de la humildad. Poco antes de terminar el primer año, renuncié a seguir estudiando allí: el ambiente de niñas ricas y monjas hipócritas me era insoportable. Me cambié a una academia de secretarias en inglés-español, donde cursé una carrera brillante con muchachas de mi clase social.

A la edad de 18 años y con mi título de Secretaria, entré a trabajar en la Universidad Nacional en uno de sus institutos de investigación científica.

Considero que en ese momento se inició un proceso de cambio tanto en mi ideología como en mi filosofía de la vida: la mayoría de los científicos tenían a la Ciencia por Dios y, como yo los admiraba y respetaba, su influencia me fue penetrando lentamente. Al mismo tiempo me nació la afición por las lecturas feministas y tomé un curso en la Carrera de Letras donde analizamos varias novelas de crítica social Latinoamericana. Todas estas influencias gestaron en mí a una mujer diferente; empezaba a vivir crisis existenciales y a tener serios problemas con mi padre, al que consideraba clásico "macho hispano".

Históricamente, el país vivía el movimiento estudiantil de 1968. En el ambiente en que yo me movía, había conferencias, mesas redondas, películas, etc., sobre la situación social, económica y política del país, desde el punto de vista de los intelectuales de izquierda. Mi natural inclinación hacia los desposeídos (basada en mi filosofía cristiana), favoreció que, poco a poco, mi estructura mental fuera cambiando hasta convertirme en marxista… de café. Me fascinaba ir a una cafetería donde se reunían bohemios y comunistas, ¡ese era mi lugar preferido de toda la ciudad!

Entonces viví un noviazgo que yo considero largo (cuatro años) con un muchacho que estudiaba la carrera de Física. Al principio fui muy feliz con él, pero al cabo, nuestra relación empezó a deteriorarse. Discutíamos mucho; era muy posesivo y celoso; me prohibió ingresar a estudiar la preparatoria (lo que para mí era muy importante, porque yo soñaba ser algún día estudiante universitaria y me sentía frustrada por no haberlo logrado con anterioridad). Al fin vino la ruptura inevitable.

Mi crisis existencial se agravó. Vi cómo a dos de mis hermanas les iba muy mal en sus matrimonios y la infelicidad de la mayoría de los matrimonios que conocía. Mi acentuado "feminismo" se agravó cuando me percaté de la infidelidad masculina general, situación que nunca vi en casa de mis padres.

Pensé: "¡A mí eso nunca me pasará!" Creí que la "relación perfecta", debería ser para mí la unión libre. Realmente estaba muy influenciada por autoras como Simone de Beauvoir y Rosario Castellanos, también por una maestra feminista de la Facultad de Letras Españolas.

Decidí "cambiar de aires". Viajé durante mes y medio por el extranjero. Llevaba la esperanza de encontrar una respuesta a todas mis inquietudes al salirme de un ambiente que me agobiaba.

Cuando subí al avión tuve una sensación de libertad. Por primera vez manejaría las riendas de mi carreta. Me sentía optimista, hermosa y tenía fe en mí misma y, de una u otra forma intuía que mi vida cambiaría a partir de ese momento. ¡Efectivamente cambió: empezó la debacle!

En España aprendí que vivir con un poco de vino "entre pecho y espalda", era agradable.

Allá todo el mundo bebía durante la comida y en la cena; en el internado en donde me alojé nos ponían en la mesa todas las botellas de vino que quisiéramos consumir. Por las tardes acostumbrábamos ir a tomar un "chato de manzanilla con pinchos", y por las noches después de la cena, íbamos a las "peñas" a beber en "porrón", en lo que me volví una campeona. Pensé: "esto es felicidad: Al fin me liberé de miedos, angustias, complejos, represiones, prejuicios y perfeccionismos…" ¡Se había iniciado mi carrera alcohólica!

Hubo un síntoma alarmante que no capté en todo su significado: Una tarde se me "apagó el switch" en el comedor y desperté al otro día, en mi habitación; sentí complejo de culpa, ese sentimiento que se volvería tan característico después de mis borracheras.

Cuando regresé a mi país, venía decidida a ser una mujer diferente: Ingresé a estudiar la preparatoria, por las tardes; en las mañanas seguí trabajando en la universidad, e inicié una relación liberal con un científico que había conocido en mi trabajo y con el cual me sentía plenamente identificada: me enamoré de él profundamente.

Por supuesto mi nueva vida vino acompañada de grandes conflictos familiares, (mi padre nunca aceptó mi situación y mi madre, al principio tampoco) pero el vino y el amor me daban valor y confianza.

Así viví casi toda mi actividad alcohólica. Él era un bebedor fuerte; no recuerdo que pasáramos juntos tiempos libres sin beber.

Al principio fue muy excitante. Ambos trabajábamos en la universidad. Él me alentaba en mis estudios; me había propuesto llegar a ser universitaria y, con su ayuda, sin duda lo conseguiría. Sin embargo los fines de semana bebíamos muchísimo; las *lagunas mentales* se volvieron rutina, aunque todavía no las identificaba como tales y me decía: "me quedé dormida, ¡eso es todo!" Pero, en un viaje después de una borrachera, él se enojó conmigo y fue así como descubrí que, dentro de mis borracheras, había períodos en los que yo seguía actuando maquinalmente pero luego no recordaba lo que había sucedido.

En aquella época ingresé a la Facultad de Ciencias Políticas y Sociales, y me volví de izquierda radical; ahí pertenecí a un Grupo Estudiantil donde estudiábamos El Capital, de Marx, y, con mi pareja, éramos sindicalistas de nuestro trabajo y como tales, participamos en varios movimientos huelguísticos.

Sin embargo toda mi vitalidad de esos años, decayó cuando él realizó un viaje largo al extranjero y me di cuenta de la dependencia emocional tan enorme que tenía hacia su persona. En su ausencia tuve la peor laguna mental hasta ese momento; perdí mi coche en el aeropuerto al irlo a recibir y tuve que vivir experiencias muy desagradables que me hicieron reflexionar: *"tal vez soy una alcohólica ..."* me dije.

En ese tiempo, mi hermana la mayor, regresó de Estados Unidos en donde había conocido el programa de Alcohólicos Anónimos, aunque ella casi no bebe; tenía amigos que asistían a los grupos y me dio un "autodiagnóstico" para que decidiera por mí misma si era alcohólica o no. Lo contesté honestamente ¡y supe que era una alcohólica!; sin embargo no acepté asistir a los grupos por miedo a dejar de beber... para siempre. Y empecé un largo peregrinar de cerca de dos años donde traté de *aprender a beber*: dejé las bebidas fuertes y sólo tomé vino; me reprimía y no bebía hasta el fin de semana; trataba de dosificarme las copas... pero irremediablemente llegaba a la pérdida del control y la borrachera terminaba en una *laguna mental* y la consecuente resaca moral.

Mi inseguridad se acentuó. Envidiaba el prestigio profesional de mi pareja. Cada día me volvía más posesiva y celosa. Me estaba amargando y busqué una salida equivocada: quise adquirir seguridad en la coquetería.

Sé que todas esas fueron manifestaciones del avance de mi alcoholismo y consecuentemente de mi locura.

Por supuesto la relación con mi pareja se deterioró y a mis veintiocho años de edad, derrotada ante mí misma y consciente de mi principal problema, mi alcoholismo, me separé de él.

Viví nueve meses de infierno. Traté de no beber a base de fuerza de voluntad, con la práctica del yoga, con ejercicio... ¡pero no lo logré! Llevaba dos meses nuestra separación cuando llegué a mi fondo alcohólico. Vivía con una amiga y supe que él saldría de viaje; me comuniqué con él y me propuso que en su ausencia ocupara el apartamento si lo creía conveniente. Y así lo hice. Allí, en la soledad, sin él, bebí muchísimo, auto-agrediéndome, lacerándome y con la idea del suicidio como única salida. Al amanecer, ebria, quise trasladarme a mi trabajo en mi auto y perdí el control... Cuando volví en mí estaba en el fondo de un pequeño barranco, ilesa físicamente, pero totalmente destruida mental y espiritualmente. ¡Había llegado al fondo de mi sufrimiento!

Anímicamente estaba tristísima; el sentimiento de soledad me aislaba; sentía lástima de mí misma, ¡estaba completamente derrotada por el alcohol!

Algunos meses después, en noviembre de 1979, le supliqué a mi hermana: "¡Llévame a un grupo de Alcohólicos Anónimos!" Con gran esfuerzo había acumulado un mes sin beber, lo que me permitió entender algunas de las experiencias que oí, y pude identificarme con ellas.

En el grupo, la mayoría de la gente estaba contenta y tranquila. Me felicitaron por haber tenido el valor de cruzar la puerta de un grupo de Alcohólicos Anónimos y algunos me contaron sus historiales. Me agradó. Sentí un puente de comunicación con ellos; por primera vez en mi vida sentí que había llegado al lugar al cual pertenecía: ellos también habían llegado sintiéndose completamente solos y fracasados. Supe que esos son sentimientos comunes entre las personas que tenemos problemas con nuestra forma de beber.

Salí del grupo con la esperanza de cambiar. ¡Un nuevo cambio! Quería darme una oportunidad. Sin concienciarlo me había derrotado ante el alcohol y había decidido dejar mi problema en manos de un Poder Superior amoroso, que para mí, en aquél entonces, era el grupo de hombres y mujeres que habían logrado algo que yo no podía: vivir contentos y tranquilos sin beber.

El grupo al que llegué, sesionaba martes, jueves y sábados. A partir de ese momento empecé a asistir con regularidad y a tratar de seguir humildemente las sugerencias de mis compañeros; yo sabía que para mí no había alternativa posible, debería de actuar como me dijeran aunque mi razón, muchas veces, no estaba de acuerdo con su filosofía, y otras veces ni siquiera entendía el lenguaje que utilizaban.

Han transcurrido cuatro años desde aquel día y gracias a Dios y al programa de Alcohólicos Anónimos no he vuelto a beber. Cambios trascendentales en mi personalidad se han ido sucediendo atribuibles al programa de A.A., por lo que lo conceptúo como un programa de vida nueva.

Llegué y ya no bebí. Esto fue vital y aunque aceptaba

de corazón mi alcoholismo, no podía aceptar que mi vida había sido ingobernable. Durante mi primer año en A.A. persistí en mis actitudes y me conformaba con no beber y cumplir con mis obligaciones cotidianas, que como perfeccionista que soy, había incrementado de tal manera que no me dejaban tiempo ni para respirar. Vivía compulsivamente: trabajaba, estudiaba, hacía yoga, asistía a mis juntas de A.A., corría de madrugada... pero también me alejaba de la gente, tenía miedo de ser agredida, me sentía marginada e inferior. Ya sin el anestésico del alcohol, resurgieron todos mis complejos e inseguridad. Los fines de semana comía y dormía también exageradamente.

Por otro lado, durante ese primer año sin beber me llené de resentimientos hacia mis padres: los culpaba por mi alcoholismo. Parecía que nunca podríamos volver a vivir en armonía.

El segundo año conocí al compañero que habría de ser mi padrino en A.A. Con su orientación descubrí que mi principal problema era el espiritual: ¡Había enterrado a mi espiritualidad en lo más profundo de mi inconsciente y eso me hacía estar profundamente amargada y resentida con todo lo que me rodeaba! Aprendí a perdonarme y a perdonar a mis padres: regresé a vivir con ellos, porque, como me dijo mi padrino: "Tienes que aceptar tu origen y necesitas reparar los daños que has ocasionado. Sin esas dos cosas, no podrás empezar a progresar dentro del programa de Alcohólicos Anónimos".

Le hice caso, pedí perdón a mis padres y regresé a vivir con ellos; sin embargo, mis resentimientos no me permitían vivir armónicamente. En la tribuna del grupo acepté en voz alta todo lo que me molestaba y poco a poco el malestar fue desapareciendo.

Mi padrino desempeñaba un servicio dentro de A.A.,

y yo andaba con él "de la Ceca a la Meca"; trabajé en instituciones que atienden a alcohólicos, en reuniones de información al público en la capital y en el interior, lo acompañé a pasar el mensaje a otros alcohólicos, visité cárceles... En fin, viví por primera vez el placer de servir al prójimo y de ser útil.

Sin embargo la experiencia más importante en ese año fue la de sentir que la idea de Dios no era incompatible con mi nueva manera de pensar y vivir. Tuve esperanza y fe en un cambio profundo que me ofreciera la tranquilidad interior.

Considero que en ese año aterricé de un largo viaje: volvía del mundo de la locura.

Un Poder Superior me devolvía el sano juicio y conocí al fin una existencia equilibrada. Al tercer año de mi nueva vida, la relación con mis padres y mis parientes en general, mejoró muchísimo.

Terminé la carrera de Sociología. Y empecé a disfrutar mi trabajo como técnico académico en una dependencia del gobierno. Liberada de ciertos complejos de inferioridad, emprendí el viaje hacia el conocimiento de mí misma, paralelamente a la aceptación de mis carencias: Trabajé defectos tales como la envidia, la ira, la gula, la lujuria, el perfeccionismo, la autoconmiseración y los resentimientos, con los medios que nos brinda el programa de A.A.

Mi cuarto año en A.A. fue bellísimo: ¡encontré el amor! Un compañero de la comunidad me ha hecho inmensamente feliz. El amor me ha permitido un equilibrio emocional y un crecimiento espiritual como nunca hubiera soñado alcanzar.

El día de nuestra boda sentí que Dios me entregaba un libro en blanco y me daba la oportunidad de escribir nuevamente mi historia en base a todo un pasado de errores, sufrimientos y algunos aciertos.

Hoy mi marido y yo disfrutamos de la alegría de vivir. Creo que hacemos una buena mancuerna dentro de los grupos de Alcohólicos Anónimos. Esperamos un bebé.

Las viejas ideas de que el matrimonio y la maternidad no eran para mí, se han ido.

Hoy me amo y me respeto, amo y respeto a mi marido y empiezo a amar y respetar a mi prójimo.

Vivo… ¡muy sabroso!

DESPERTÓ A PUNTO DE MORIR

Oficial de Marina, descubrió que no era "capitán de su alma". La bebida le hizo perder su brújula y le pilotó al naufragio. En A.A. recuperó su norte.

*E*N ESTA FECHA, hace 12 años, un día desperté en una sala extraña. Abrí los ojos y el fuerte olor a desinfectante más el sinnúmero de aparatos médicos que me rodeaban, hicieron que me diera cuenta de dónde estaba. Me toqué la cara y noté que dos tubos de plástico salían de mis orificios nasales. Mis antebrazos estaban pinchados con agujas también conectadas a tubos de plástico y uno de ellos venía de una botella de suero que colgaba de un gancho.

De repente me llegó un poco de claridad mental por haberse despejado la nube que obstruía mi cerebro y mis pensamientos comenzaron a tener sentido.

Estaba en una sala de cuidado intensivo en una clínica de Guayaquil. Había estado al borde de la muerte. Los susurros del personal médico y las caras atemorizadas de los pocos familiares que me visitaban, me indicaron que mi estado era crítico. Concentré mis pensamientos tratando de encontrar una razón y de pronto, vino a mi mente la escena del día anterior cuando en desesperación había tomado una sobredosis de barbitúricos con la intención deliberada de poner fin a mi trágica vida.

Cerré los ojos otra vez e hice un recuento mental de los sucesos que me habían llevado hasta el borde de la muerte.

Nací en un pequeño puerto de un pintoresco país en la costa del Océano Pacífico de Sudamérica, el Ecuador. Pueblo tan pequeño como era, toda la gente se conocía y especialmente se conocía a mi familia debido a que mi padre era el gerente de la única sucursal bancaria de la población. Mi padre, hombre de muy buena educación y de reconocido buen comportamiento moral, cristiano en principios y acción, respetado y apreciado. Mi madre, una mujer bella procedente de una familia prominente de la provincia, educada en los Estados Unidos, dominaba tanto el idioma inglés como el español. Era muy querida y festejada por su franqueza de carácter y dones sociales.

Irónico, pero como era natural en nuestro medio, fui extremadamente mimado por mis padres y demás familiares, de tal manera que me convertí en un niño muy mal educado durante ese período de tiempo. Algo terrible, a mi parecer, me sucedió a esa edad; un cuarto hijo fue agregado a la familia y justamente desde que nació empecé a odiar a mi hermanito menor. Imaginé que solamente había venido a quitarme el lugar que ya yo tenía en la familia. Me había despojado de esa *corona* imaginaria que yo creía haber llevado como el *príncipe* de la familia.

Mi padre acostumbraba a tomar un vaso de vino de mesa con todas sus comidas. Un buen vino que importaba de Francia ya que se creía era el mejor vino del mundo. A mi hermana y hermano mayores y a mí, se nos permitía tomar un vaso de sangría que consistía en medio vaso de vino con medio vaso de limonada dulce y hielo. ¡Cómo me gustaba esa bebida! Me gustaba no solamente el aroma sino también ese sentimiento de bienestar que me causaba. Yo siempre pedía un segundo vaso para el cual mi padre nunca dio su consentimiento. Un buen día, a la edad de ocho años, muy secretamente tomé una jarra de limonada, suficiente hielo y armado con la llave del sótano donde se guardaba el generoso vino, bajé y empecé a prepararme y beber la suficiente sangría hasta que experimenté la primera *laguna mental* de mi vida.

Todo lo que recuerdo es que cuando volví en mí, mi madre estaba parada al frente mío con un látigo en la mano. Así es que fui castigado, no solamente con el látigo sino que además fui confinado al dormitorio por una semana y no me fue permitido ir a un gran encuentro de box que se realizaba ese fin de semana. Todos esos castigos me dolieron mucho pero no fueron de ningún beneficio porque a mí me continuó gustando el sabor del vino y principalmente el efecto que me producía.

Yo tenía diez años de edad cuando se levantó una revolución militar en el país que causó la quiebra del banco para el cual trabajaba mi padre. Se vio precisado a vender la magnífica residencia que teníamos y nos mudamos a la capital. Yo ocupaba el tercer lugar en una familia de cuatro, una hermana y hermano mayores y mi hermanito menor. Ya no era el *benjamín* de la familia pero yo nunca acepté ese hecho. Siempre seguí tratando de reconquistar el puesto de *predilecto* que tuve por siete años. Ya no se me mimaba ni se me consentía pero yo seguía siendo un *engreído* de mí mismo, En mis años de adolescente, cada vez que tenía la oportunidad de beber alcohol, lo hacía con mucho agrado porque la bebida me hacía sentir como si fuera el "rey de todo el mundo".

Era yo ya un joven de catorce años cuando se celebraba haber logrado el primer envase de un primer cocimiento de cerveza en una fábrica en la que mi padre tenía participación. La cerveza corría entre los empleados quienes bebían alegremente. Naturalmente, yo también me uní al júbilo y bebí cerveza hasta sentirme ya *"todo un hombre"*. De regreso a la casa, sintiéndome un "*super macho*" empecé a molestar con intenciones sexuales a una empleada joven que había sido criada con nosotros más como un miembro de la familia que como una sirvienta. Esto causó graves disgustos a mis padres quienes me reprendieron enérgicamente, pero a mí me siguió gustando el efecto que me producía cualquier bebida alcohólica.

Durante mi niñez fui considerado como un muchacho de conducta desordenada, sin embargo pude terminar mi escuela. Como adolescente mi vida continuó siendo la misma, agravada por esporádicos episodios de bebida excesiva. Esto continuó hasta que ingresé a la Escuela Naval donde los cadetes no teníamos permiso para beber, así es que no tomé ni un solo trago durante los cuatro años siguientes. Pero llegó el día de la graduación y después de la ceremonia, durante el baile de promoción, un oficial más antiguo, brindándome un cóctel, me dijo que un miembro de la Armada tenía que tomar y consecuentemente tenía que aprender a beber. Desde ese día en adelante empecé a tratar de aprender a tomar sin que jamás pudiera lograrlo.

Siendo ya adulto, un oficial y una persona de muchas habilidades, pues tenía don de gentes, humor muy fino, alegría innata, inclinaciones artísticas musicales, dibujo y pintura, bailarín, siempre fui considerado buen compañero en los deportes y mi amistad era codiciada. Se pensaba que mi éxito en la vida era una cosa asegurada. Sin embargo, desde algunos años atrás, ya minaba en mí la base misma de la existencia de una enfermedad que en esa época no se reconocía como tal.

Tratando de escapar de mi vida licenciosa, contraje matrimonio creyendo que así tomaría menos. Pero no fue ese el caso. Me retiré del servicio en las fuerzas armadas, ingresé en la marina mercante, fui capitán de un barco, pero esos cambios no dejaban de ser nada más que *escapes*. En el año 1950, cuando ya tenía 33 años, sentí la necesidad de escapar otra vez. El estado cada vez más agravado de mi vicio me hizo emprender la más fácil huida a mis propias flaquezas. Con una amante y digna esposa y dos hijos pequeños emigré a los Estados Unidos. Me radiqué en Los Angeles. El cambio en mi vida fue dramático. Trabajé como jefe de ventas y diseñador, estudié y practiqué la ingeniería mecánica. La familia creció con la llegada de dos hijos más, y con el amor de mi esposa los criamos a todos ellos en una casa que compré dentro de un típico barrio residencial norteamericano.

Pero siempre llevaba clavadas en mis espaldas las despiadadas y agobiantes garras de la dolencia alcohólica. El aplastante peso de mi enfermedad fue demasiado y desmoronó la unidad familiar. Perdí toda la fe que alguna vez tuve en Dios y me burlaba irónicamente de los principios religiosos y morales que se me habían dado desde niño. El divorcio se hizo inevitable. Perdí buenas oportunidades de trabajo y me transformé en un paria.

Sacando fuerzas de donde ya no había casi ninguna, después de vivir veintitrés años en los Estados Unidos, decidí escapar nuevamente. Vendí la casa y me fugué geográficamente a mi país de origen. Siempre llevando a cuestas mi tristeza, mis fracasos y mi incurable enfermedad. Poco me duró el capital que llevé. Cuando me vi sin un centavo, sin un amigo, sin una salida, sin Dios ni ley, creí que para mí había una sola fuente de paz: el suicidio.

Después de un mes de permanecer entre la vida y la muerte en el hospital, me recuperé en algo físicamente y regresé a casa de uno de mis hijos en California. Mi alcoholismo se hizo más agudo entonces, estaba ya en la última etapa de la fatal enfermedad. Borracho, un *"wino"* completo, me quedaba dormido en los callejones de la ciudad. Unos dos o tres tragos del vino más barato que pudiera conseguir, era lo único que necesitaba para entrar en la inconsciencia de la borrachera. La única manera de no darme cuenta de que todavía existía. Mi vida había quedado reducida a un ensayo de vergüenza y dolor.

Fue de ahí, de ese estado de postración y desgracia, de donde me sacó la *mano de ayuda* de Alcohólicos Anónimos. Mi hijo había hablado previamente y había sido informado que irían a verme solamente si era yo quien lo pedía.

La angustia era inmensa, mi desesperación era indescriptible, pero justamente esa situación en que me hallaba en esos momentos, hizo que aceptara el consejo de mi hijo y le pidiera que llamara a A.A.

Los A.A. no se hicieron esperar. Una llamada telefónica y 30 minutos después llegaron en mi ayuda. Me saludaron como si fuéramos viejos amigos, pidieron café —algo inusitado para mí ¿alcohólicos que beben café?— y se sentaron cómodamente a conversar conmigo. ¿Qué me dijeron? No lo sé, pero sí recuerdo que después de una hora se despidieron dejando en mí un pequeño rayo de esperanza. Sí, pequeñísimo, pero aún así pude distinguirlo a distancia. Al día siguiente me llevaron a una reunión de grupo. Tembloroso y desaseado como estaba, fui recibido muy cariñosamente. Se trataba de una reunión de aniversario. De uno en uno fueron pasando a la tribuna. Primero el miembro que cumplía su aniversario seguido por otro que había sido su *padrino*.

Los pasajes de sus vidas que narraban iban dejando huellas un poco más profundas en mí y así empezó mi proceso de identificación. Me parecía que hablaban única y exclusivamente para mí. Lo que más me gustó fue la franqueza y sinceridad que vi en todos ellos.

Todos me decían *"Keep coming back"* y yo seguía

yendo. Me divertía mucho el ambiente de sana camaradería que existía. Había días en que me desanimaba
porque creía que necesitaría mucha *fuerza de voluntad*
que yo no tenía, pero todos me decían que lo que yo
necesitaba era *buena voluntad*. Empecé a ver que yo
no tendría que emprender una fuerte y encarnizada
batalla contra quien yo creía era mi peor enemigo, el
alcohol. Comencé a darme cuenta de que mi verdadero
enemigo era yo mismo. Estos A.A. me hacían ver que
mi adversario era mi propio ego. Me hacían comprender con claridad que para luchar contra este enemigo
necesitaría la ayuda de un Poder Superior.

La herencia que yo había recibido de mi mal comprendida religión era que yo había nacido equivocado.
Que sin reglamentos y sin guardianes que vigilaran al
demonio que había en mí, torrentes de veneno y de
maldad se desencadenarían naturalmente de mi ser
para devastar y destruir todo lo bueno que había en mi
camino. Vi que se había presentado un conflicto en mi
larga vida. La pregunta había sido ¿yo o Dios? Yo me
había escogido a mí, a mi propio y querido ego. Pero
esto lo había hecho muy secretamente. Durante mi
juventud había sido un agradable y aceptable hipócrita.
Que Dios, siendo el espía cósmico que yo creía que era
para mí, y que yo, sabiendo que estaba equivocado, me
había convertido en un normal, moderno y culpable
alcohólico-neurótico.

Por estos doce años pasados, todo parece haberse
transformado de una jornada de ser *"debido a"* en otra
jornada de ser *"a pesar de"*, y el responsable de esto es
el milagro de Alcohólicos Anónimos. Lo que yo creía
ser solamente una comedia de desobediencia moral, de
sexo y de alcohol, ha sido transformada por el programa
de los Doce Pasos, en una lección de despertar al conocimiento consciente. No eran pecados los que había,

era solamente la separación de Dios, la falta de unidad. Antes había existido una separación consciente de un Poder Superior, separación consciente de los demás seres humanos y eventualmente, una desintegración de mí mismo. A.A. y su programa de los Doce Pasos han hecho que yo pueda unificar a mi ego, mi mente y mi espíritu.

Hoy en día tengo el convencimiento en lo más profundo de mi ser, de que en la vida existe solamente un peligro para que todo se convierta en problemas. El peligro de la *separación*. Permitir que el ego gobierne la vida separado de la mente y del espíritu. Pero también estoy convencido de que hay una sola salvaguardia para ese peligro. El convencimiento de la existencia de un Poder Superior, sinónimo de Vida, Bondad, Dios. En A.A. empecé a unificar mi vida de separación con el programa de los Doce Pasos. Admisión, convicción y liberación. Limpieza de casa y mantenimiento. Todo esto es una nueva vida para mí, pero no solamente nueva, también es la vida más maravillosa que yo jamás haya vivido. Vivo en una total espera de guía y dirección, y la obtengo. Y si alguien me pregunta: "¿Cómo lo sabes?" Tengo la más simple de las reglas en el mundo para contestar. Nunca lo he pasado tan bien. Mi vida en A.A. es la única *buena vida* que he conocido. La única vida que ha sido fácil y sencilla durante mis largos años de existencia. Estoy viviendo los mejores años de mi vida. Vivo una vida de gratitud porque no he bebido licor desde hace doce años, porque vivo en paz conmigo, con mis semejantes y con Dios.

Desde el invierno de 1976 cambié totalmente la trayectoria de mi conducta. "Dejé de beber de una vez por todas", mi manera de vivir y de beber me estaba destrozando. Por la gracia de Dios he podido rehacer mi vida. Ahora vivo feliz en medio del cariño de una nueva familia.

(9)

NACIDO PARA BEBEDOR, BAILARÍN Y LADRÓN

Andaba perdido sin más que perder, descendiendo al abismo de la degradación. El vago recuerdo de algunas palabras de esperanza le enseñaron la salida.

SOY ALCOHÓLICO como mi madre que murió víctima del mal. Yo estoy vivo.

Era yo muy chico; vagamente recuerdo que mi madre dormía debajo de las camas, pero no alcanzaba a distinguir por qué. Me han dicho que se hizo alcohólica a consecuencia de vender ilícitamente alcohol en una tiendecita que aparentaba ser miscelánea; otros me han dicho que se vio obligada a refugiarse en la bebida debido al mal trato que recibía de mi padre. Vendía ella toda clase de mejunjes. Cuando murió estaba yo en tercer año de primaria; a mediodía fueron por mí a la escuela y me llevaron al hospital donde estaba falleciendo a consecuencia de su manera de beber.

Quedamos solos mis dos hermanos, mi padre y yo, con el negocio. Me encargaron del suministro de alcohol para su venta; me acompañaban otros muchachos. A veces tomábamos de ese alcohol, por pura travesura. Una vez nos lo acabamos y tuve que romper la botella y mentir; "¡Me caí y se me rompió!" Otra vez completamos el contenido con agua. Naturalmente las golpizas y regaños menudearon por mi temprana inclinación a ingerir "paquiderma", como llamábamos a la combinación de refresco de naranja con alcohol. No sólo bebía

247

yo, como tengo dicho; también mis amigos. Una vez el padre de uno de ellos, a quien se le pasó la mano y sacamos de la casa totalmente borracho, vino por él y a golpes con un alambre de la plancha se lo llevó. Luego regresó para acusarme ante mi tía: —¡Es el causante de esta maldad!— le dijo. Yo estaba durmiendo la borrachera como otras veces, a mediodía, argumentando que estaba enfermo. Mi tía esperó que se me bajara la borrachera y luego a golpes me despertó, me bañó y me condujo a la escuela donde me exhibió como vicioso y rebelde.

Cuando murió mi madre me sacaron de la escuela en donde ella me tenía porque era cara la colegiatura y me inscribieron en otra, muy barata y por supuesto muy distinta. Después de que fui señalado por borracho ante todos en esa escuela, jamás volví.

Como ya no estudiaba me quedé al frente del negocio de venta de mejunjes y aprendí a distinguir toda la miseria y nivel de la degradación en el desfile interminable de viciosos, enfermos, pordioseros, borrachos, bebedores fuertes, agresivos, arrastrados, sucios... Me quedé solo en la casa de mi madre y la sentía enorme y vacía. Cuando ya tenía unos catorce o quince años, luego de trabajar en la tienda por horas y horas, huía de la soledad y, en ocasiones especiales, buscaba compañía y nos tomábamos algunas copas.

Una vez, estando en la tienda, alguien a quien aprecio en mis recuerdos, me motivó y ayudó para que continuara estudiando: ya había terminado la primaria y esta persona me convenció para que me inscribiera en la secundaria. Alentado me inscribí pero se me dificultaban los estudios; allí me enviaron a un psiquiatra quien mandó que me hicieran varias pruebas, las cuales no aprobé, y me dijo que yo no estaba bien de mis facultades mentales.

Me sentí muy mal con esa opinión médica y fui dado de baja de la escuela luego de cuatro años sin haber aprobado ni siquiera el primer año.

Ya para entonces pensé que había nacido para bebedor, bailarín y ladrón, motivo por el cual me adherí a grupos de borrachos y rateros.

Así empecé a hacer todos los destrampes y aberraciones que vi hacer en el desfile de beodos que pasó por la tienda de mi infancia; con esto quiero decir que robé, golpeé, violé y falté a la moral en todas sus formas... sólo me faltó matar. Quien me liberaba de los problemas con la justicia y de la degradación, era mi hermana, ¡pero también a ella golpeé cuando, desesperada por mi conducta, me arrojó una de las ollas de barro que fabricaba! ¡Fue de ese modo que sentí que carecía de principios de toda índole!

No puedo decir que por beber yo perdí a mi familia, mi capital, mi trabajo, porque no tuve ni familia ni dinero ni trabajo... ni moral. Me da risa cuando me acuerdo que hubo quien me preguntó: "¿Por qué no te casas?" Me da risa la ingenuidad de la pregunta; ¿quién se casaría con un tipo que cuando no anda crudo, anda borracho? Debo decir que yo era muy afecto al baile; no era muy buen bailarín, nada de eso; me gustaban las pachangas porque eran origen de grandes parrandas. Fui al carnaval durante cinco años consecutivos; recuerdo del viaje de ida y de cómo llegaba al puerto, pero, ¿del regreso? ¡nada!

La ley andaba muy cerca, tras de mí, para ponerme en mi lugar; por esto viajaba y no tenía lugar fijo de residencia. Una vez acudí a mi padre para que me auxiliara en los descomunales líos en que andaba metido, me recibió y le expliqué de qué se trataba y que necesitaba desesperadamente dinero. "Tengo cien pesos, ¿te sirven?" me dijo. "¡Cómo crees!" le dije. "¡Necesito miles!"

"¿No te sirven?" me volvió a decir: "Entonces: ¡Lárgate!…" Me fui.

Llegué a la ciudad, en donde, por primera vez, conseguí dejar de beber, tratando de sentar cabeza… durante mes y medio.

Otra vez borracho y en las mismas, me sucedió algo que voy a contar. Fui a una ciudad del este. Me metí en un establecimiento de mala muerte en donde estuve bebiendo en demasía, hasta que discutí con el dueño por ¡quién sabe qué causa! El problema se puso bastante serio e intervino el hijo del dueño, contra los que me lié a golpes y perdí. Fui golpeado con bates de béisbol. Medio muerto me sacaron del tugurio aquel y me abandonaron en medio de un camino. Mal herido volví en mí y me encontré bañado en sangre. Regresé al establecimiento golpeando las puertas, las paredes de tablas, escandalizando, sin que me abrieran.

Me fui a la vivienda que habitaba, saqué petróleo y me dirigí al jacal dispuesto a acabar con él y con todos sus moradores. Justamente cuando acababa de rociar el petróleo y prendía el fuego, aparecieron los policías que frustraron mis propósitos y me recluyeron en la cárcel de aquella población. Salí, y de nuevo me metí en problemas por lo que tuve que abandonar, corriendo, la ciudad.

Visité muchas cárceles debido a mi conducta ingobernable y mi desenfrenada manera de beber. Ya en otra ciudad se me clavó la idea de cambiar de vida y el propósito de no volver a beber. Sólo un mes lo conseguí y, de nuevo, me encontré sumido en mi triste realidad. "No es creíble que mi situación sea tan crítica que no pueda con la botella", pensé.

Tenía un padrino que me aconsejaba y que hacía tiempo que me insistía para que hiciera algo que me ayudara a dejar de tomar. Él me llevó algunas veces, infructuosamente, a jurar no beber; en una ocasión me llevó a un santuario, donde me hizo que jurara por un año. Juré, pero mis pensamientos andaban errabundos recordando los frustrados juramentos anteriores. "No cumpliré" me dije. Pero la imagen del Santo Señor y su justicia, me hicieron reflexionar seriamente: "aquel ladrón, borracho, lascivo, mentiroso, que viene a jurar y no cumple, es duramente castigado…"

Por esta vez cumplí mi juramento. Paré de beber, y, en ese período de abstinencia, me sentí motivado a recomenzar mi vida. Con ayuda conseguí entrar a estudiar Turismo, pero el año de juramento terminó y terminaron mis propósitos y buenas intenciones; volví a beber.

Hubo gente buena que trató de ayudarme. Apoyado por una de esas personas y una credencial de la escuela en que había estado inscrito, conseguí entrar de mozo en una clínica del seguro social a la cual vivo agradecido. Soportaron muchos de los problemas que originé: amenazas a mis superiores, ausentismo, etc. Hoy entiendo que no me despidieron porque les causaba lástima. Mediante este trabajo logré reinscribirme en la secundaria y terminé en cinco años, gracias a que un compañero me hizo el favor de hacerme las pruebas, si no ¡jamás habría logrado terminar!

Las borracheras y los pleitos continuaron. Hubo varias golpizas más, pero distintas a las anteriores, que fueron riñas de jóvenes; estas fueron distintas, hubo saña, mala intención. Todavía conservo huellas de esos duros golpes recibidos, como una cicatriz de una herida en un pleito en el que quedé debatiéndome entre la vida y la muerte. Afortunadamente mi hermana me localizó, reconociéndome por unos zapatos blancos que me había puesto al salir de la casa… Esta situación me hizo pensar en andar armado y en la venganza, pero todo quedó en eso, en pensamiento, porque yo estaba ya muy lastimado por esa vida y por el alcohol.

Nadie me había hablado de A.A. pero yo sabía que había grupos de esos. Una vez pasé frente a uno y me asomé: vi muchos cuadros y letreros; daba la sensación de una secta religiosa. Me dije: "Esta gente está acabada…" Y no entré.

Al fin, ya no dejaba de beber ni para cobrar. Luego de una parranda de tres o cuatro días, todo sucio, me dirigí a cobrar a la clínica donde se suponía que estaba empleado. No me reconocieron y no me querían pagar. Ya no llevaba identificación alguna: "Estoy enfermo" les decía y suplicaba que me pagaran. En verdad me sentía muy mal. Los convencí y me dieron mi cheque. Entonces vino otro problema en el banco; sin papel alguno que me identificara y sin poder firmar no me quisieron hacer efectivo mi pago. Una vez más, arrastrándome, fui a suplicar al gerente que autorizara el pago porque realmente me sentía cada vez peor y el aspecto que tenía no era nada agradable. Tal vez por eso me pagaron. Ya con el dinero busqué un bar y todos se me hicieron remotos. Creí que no llegaría. Como pude alcancé un bar y con los primeros tragos sentí cierto alivio; al continuar bebiendo nuevamente volví a perder el conocimiento.

Al atardecer volví en mí. Estaba tirado en la calle. Enfrente vi un anuncio de la "Oficina Intergrupal de A.A." Dificultosamente me puse en pie y entré.

—¿Aquí hacen milagros?— pregunté con voz cavernosa.

Las personas que estaban ahí se sorprendieron de mi presencia, y se deshicieron de mí: me dieron un papel con un montón de preguntas y me sugirieron que volviera cuando estuviera en mi juicio puesto que, así como iba, no entendería nada.

Me fui, maldiciéndolos.

Tres días después terminé de beber y acudí a mi casa, crudo, sin dinero, sin esperanza. Urgué en los bolsillos y encontré el "Autodiagnóstico" que me habían dado en la intergrupal. Lo contesté y con él regresé a aquella oficina de A.A. Ahí me dieron el horario y dirección de un grupo y, ese mismo día, me presenté.

Al principiar la sesión preguntaron: "¿Hay alguna persona que nos visite por primera ocasión para saber qué es A.A.?" Dos personas se pusieron de pie pero yo no. Luego hablaron varios de los asistentes y me impactaron las palabras que pronunciaron: "Honradez, Sinceridad, Integridad"…

Volví, y durante seis meses sin faltar un solo día me mantuve asistiendo sin participar. Me concretaba a saludar y escuchar. Con ese tiempo sin beber creí equivocadamente que había aprendido suficiente como para beber sin daño alguno. Bebí de nuevo y trágicamente comprobé que mi enfermedad era irreversible y que era un loco temible.

De la manera más triste, en plena ebriedad, insulté a mi padre. Le reclamé: "¿Por qué nunca tuviste el valor de frenarme en mi forma de beber, cuando era tiempo?" le gritaba "¡Eres el culpable de mi situación! ¡Tienes que darme de beber!" Sé que me encontraba ensangrentado y con vagas imágenes de la pelea con mi padre, ¡con mi propio padre!

Me encerré víctima del remordimiento, creí que no volvería a recobrar un sano juicio. Merecía el peor de los castigos. Afortunadamente algunas frases escuchadas en A.A. me sacaron de aquel triste estado y, con decisión, fui a ver a mi doctor de la clínica. Le expuse mi problema y mi situación. Me escuchó y me recomendó que fuera a un grupo de A.A. Tristemente le confesé que ya había estado en uno. Se sorprendió y entonces optó por enviarme al psiquiatra. En el tratamiento me aplicaron electrochoque y luego de un tiempo volví con mi doctor, quien me volvió a recomendar que asistiera a un grupo de A.A.

Reingresé y no he vuelto a tomar.

Ciertamente se han operado cambios profundos. Acepté que el alcohol me había derrotado; entendí y practiqué el Plan de 24 horas: hoy no bebo pase lo que pase, ¿mañana? ¡Ya llegará! ¿ayer? ¡Ya se fue! Físicamente me restablecí. He aprendido a respetar y ser respetado, por medio del ejemplo de mis compañeros y de la literatura de A.A.; creo haber leído toda la que ha estado a mi alcance. Comparto mi experiencia de bebedor y de cómo soy ahora, con quienes acuden al grupo a saber de A.A.; creo que soy portador de un testimonio de la efectividad de Alcohólicos Anónimos: ¡Si yo he podido, sin duda ellos también podrán!

Como ya no ando ni borracho, ni crudo, conseguí quien me quiera y me ha aceptado por esposo. En mi trabajo considero que estoy cumpliendo y estoy satisfecho. Soy un hombre con demasiada buena suerte. ¡Es hermosa esta nueva vida dentro de A.A.! Busco el éxito de realizarme como persona, superar las frustraciones por lo que desperdicié en mi juventud, alcanzar el éxito en la empresa que tanto me toleró y me ha dado, ser un buen esposo y buen amigo y padre de mis hijos, y hoy, en la Sociedad, ser más responsable e íntegro.

...Si Dios me lo permite.

(10)

LA OVEJA EXTRAVIADA

Sintiéndose aislada, oyó repetirse el viejo cántico que le guió, después de largos y penosos ambages, al calor del rebaño.

TERMINABA el otoño de 1978, la ciudad se aprestaba a otra época navideña y aparecían tras las ventanas de las casas los primeros arreglos que lo mostraban. ¡Cuánto dolor, cuánta tristeza me provocaban el ruido de la gente al pasar y la alegría de los niños al jugar!

"Eran cien ovejas que había en el rebaño,
"Eran cien ovejas…"

Había salido de mi sexto internamiento, el más doloroso, el más prolongado, debido a mi alcoholismo. En los hogares había calor, había hijos, madres, un esposo tal vez…

No tenía adónde ir. La caridad de buenas personas me había permitido estar recluida en un hospital gratuito para alcohólicos, donde había conseguido dejar de beber, y en un sanatorio donde mi vitalidad se había restablecido. Estaba viva, y no tenía adónde ir, ni qué comer, ni dónde dormir. Me detuve, alcé los ojos y murmuré: "Ya sabes Dios que no quiero vivir. Sabes que tengo hambre, que tengo frío…"

"…Pero en una tarde, al contarlas todas,
"le faltaba una y triste lloró…"

—¿Qué voy a hacer, Dios?— Pregunté. Mi devoción religiosa me había fallado, yo había fallado a mi padre adoptivo, la medicina no me había servido… ni en A.A. había conseguido restablecerme.

Las estrofas de un himno conocido se repetían en mi mente; era un cántico que en mis delirios escuchaba y que acompañaba tercamente mis vagos impulsos místicos:

"...*Las noventa y nueve dejó en el aprisco*

"*y por las montañas a buscarla fue...* "

Creo que grité: —¡Tengo miedo! ¡Quiero volver a tomar!

"...*La encontró llorando, temblando de frío.*

"*La tomó en sus brazos, curó sus heridas*

"*y al redil volvió...*"

Estaba parada frente a un templo. Automáticamente entré. Los cánticos iban tras de mí. Me arrodillé y busqué a Dios. Lloré; vi las imágenes de mis hijos, esos tres pequeñitos a los que tanto había dañado, la de mi madre que no conocí, la de mi padre adoptivo que tanto había sufrido conmigo, la del bondadoso doctor que me había auxiliado una vez, y las puertas de A.A. abiertas, esperando mi regreso.

¿Valdría la pena un nuevo intento de regresar al redil?

Nací en un pueblecito muy hermoso. Era un bebé cuando murió mi madre, al nacer mi único hermano. Mi padre nos abandonó en casa de mi abuela materna donde un tío nos dio su afecto: fue siempre como mi verdadero padre.

Huérfana, busqué desde niña, insistente y desesperadamente, el amor. Al principio lo encontré en mi abuela que fue en ese tiempo la que más ternura me mostró; cuando murió sentí un total desamparo. Tenía sólo ocho años y bebí por primera vez. Tomé pulque y, cuando mis tíos vieron que me comportaba rara llamaron al doctor. Estaba borracha.

Pero a los 17 años fue cuando se inició mi "carrera alcohólica" que rápidamente se agravó. A esa edad fui nombrada reina del Club más aristocrático del rumbo.

En esa fiesta de coronación se bailó y brindó, y yo bailé y brindé. Después bailé menos y brindé más. Al fin sólo brindé…; luego no sé qué pasó.

Al día siguiente desperté con el vestido de fiesta puesto. No recordaba qué había pasado. Me dio miedo; no quería preguntar qué había hecho.

La sirvienta al verme despierta se me acercó y me dijo: —¡Ay, señorita, todo lo que pasó ayer!— Fingí recordar y le pedí un jugo. Cuando me lo trajo, me dijo: —Con esto no se va a componer; voy a ponerle un poco de lo que estuvo tomando…

Al tomarlo paulatinamente me sentí mejor y le pedí que me preparara otro "jugo" y le dije: Cuéntame lo que pasó anoche. Escuché el ridículo y boberías que había hecho, pero el calorcito que invadía mi cuerpo por el "jugo" era como un antídoto contra mi sentido de culpabilidad. A partir de ese día, beber se me hizo hábito; mediante el licor aligeraba mi disgusto interno; mi temor a no ser amada.

Pensé que debía encontrar el amor, que un noviazgo formal llenaría el vacío de mi vida y la responsabilidad del matrimonio sería una solución. Busqué un novio, lo conseguí, me comporté como quería la gente que debía comportarse una señorita casadera y, anhelando la seguridad, la comprensión y el amor, me casé. Tenía 18 años. ¡Qué sorpresa fue para mí el matrimonio! Nada de lo que había soñado se produjo y mi irresponsable manera de beber afloró; salía con mi marido a frecuentes reuniones y visitas que aprovechaba para tomar más de la cuenta. Mi esposo se molestaba y yo me las ingeniaba para seguir bebiendo, por lo que nuestra relación se transformó en vida de "perros y gatos".

Y perdí mi primer bebé. ¡Qué frustración y qué motivo para beber más!

Me embaracé de nuevo e ilusionada, pensé que el

nacimiento de un hijo traería el amor a mi hogar; lo esperé con ansiedad. Nació, pero nuestro matrimonio continuaba desbarrancándose sin remedio. Volví a recurrir a la botella y desde entonces con escasos intervalos estuvo por muchos años junto a mí.

Ni el nacimiento de nuestro segundo hijo ni el del tercero me detuvo ya.

En ese tiempo tomaba vinos y licores, como brandis, ginebra, ron. Mi marido era propietario de un billar donde se permitía la ingestión de bebidas alcohólicas. Esto facilitaba mi suministro de alcohol. Tenía las llaves y con cien artilugios me las ingeniaba para sustraer botellas.

Mi tribulación empezó cuando me quitó las llaves y, una mañana, temblando por una gran necesidad de alcohol, me aventuré por las calles del pueblo hasta una cantina de suburbio y tomé aguardiente de ínfima calidad con los borrachos considerados ruines por la gente. Desde entonces ese aguardiente barato fue la bebida que más frecuentemente ingerí.

Las reclamaciones, los gritos, las amenazas, volvían nuestra vida infernal. A pesar de todo yo no entendía. Mi marido llegaba a la casa y la encontraba en total desorden, los niños desatendidos y yo abotagada y sucia por el alcohol; no aguantó más y me dejó, reclamando la patria potestad de nuestros hijos. Lloré, supliqué, prometí no beber; lo intenté y no pude lograrlo. Sin embargo me dieron una última oportunidad: me dejaron a mis hijos si dejaba de tomar. No lo conseguí: iba con ellos por la calle y me quedé tirada en la acera… Cuando recapacité, huí a la capital a buscar a mi padre y, cuando lo encontré, me rechazó. Esto fue el golpe final a mi esfuerzo por vivir, a mi necesidad de comprensión y ayuda.

Ya sin hijos volví a la casa de mi tío, que a partir de

entonces traté como al padre que quería tener; él me acogió sin reproches y me trató con bondad. ¿Qué me estaba pasando? Había tenido fe, había rezado, había jurado... y había vuelto a "pecar". La gente del pueblo me veía como a la viciosa irremediable.

Por entonces llegó un primo que, al ver mi estado, con mucho tiento me dijo que quizás un tratamiento psiquiátrico podría ayudarme; me convenció y me fui con él a la capital. Estaba tan desvalida. Llegué sumamente agotada y, con mucho dolor, desesperanza y miedo, nos trasladamos al sanatorio donde el médico, del que me había hablado mi primo, prestaba sus servicios. Me aterroricé cuando vi un letrero: *Higiene Mental*. ¿Estoy loca? pensé.

La presencia del doctor me tranquilizó; era sumamente bondadoso y con mucha calma me atendió e introdujo a un local donde se celebraba una extraña reunión. Todos los presentes eran hombres y el médico me dijo que eran alcohólicos en recuperación. Mi miedo era enorme, pero el dolor por la separación de mis hijos me dio valor para quedarme. Me sentí bien, comprendida por aquellos pacientes que intentaban lo mismo que yo, y protegida por aquel médico que en los meses que estuve con él me dio la ternura que tanto necesitaba. No bebí. Supe que era una enferma y no una viciosa o pecadora. Pero mi deseo ferviente de recuperar a mis hijos era el principal motivo para esforzarme en mi recuperación. No tenía medios de sostenimiento; nadie veía por mí, sólo el médico me ayudaba dándome la oportunidad de serle útil en la medida de mis posibilidades con trabajo en el hospital y en la terapia de grupo.

¡Cómo recuerdo la ocasión en que, al arreglar su escritorio encontré un folleto que me impactó: "Alcohólicos Anónimos"! Allí encontré una oración que, supe después, se atribuye a San Francisco de Asís.

"...Que no busque ser consolado
  sino consolar,
"...Que no busque ser amado
  sino amar..."

La mecanografié y se la mostré al doctor: —Haga muchas copias, repártalas y guárdese varias porque las va a necesitar— me dijo. Ya le había exteriorizado mi intención de partir a mi pueblo e intentar recuperar a mis hijos. El había tratado de disuadirme y, el día que decidí partir, me dijo: Está usted en la cuerda floja; si se queda hay probabilidad de que se rehabilite; pero si se va hay toda seguridad de que reincidirá y caerá hasta el fondo del abismo...

No le escuché. Tenía casi un año de abstinencia, deseos enormes de ver a mis hijos y de que me vieran sin beber para intentar recuperarlos. Me llevé las copias de la Oración y, por primera vez, la confianza en que había gente que me comprendía y ayudaba.

Regresé a mi pueblo y mis grandes proyectos (de que no sucedería nada de lo que el doctor me había dicho) duraron una semana. La nostalgia de la compañía de aquellos ex bebedores que había conocido, la falta del apoyo de aquel buen doctor, y la realidad de la incomprensión de mi ex marido, sin hijos, volví a beber.

Como el doctor pronosticara perdí la dignidad, ¡todo! ¡Caí hasta el fondo de la abyección! Bebí incesantemente; tuve períodos de trabajo en los intentos por dejar de beber. No volví a ver a mis hijos, avergonzada. Sufrí mis primeros internamientos. Fueron muchos años de locura y delirios interminables.

Nada daba resultado. Juraba a Vírgenes y a todos los Santos, ¡y nada! En una *guarapeta* me buscaron un hombre y tres mujeres que pidieron hablarme. Rebelde les exclamó: —¿Qué tienen que hablar conmigo?

—Por favor... — me dijeron.

—¡Ah, sí! ¡Dénme veinte pesos para alcohol y los escucho!

Viendo mi estado tan deprimente me dijeron: —Unicamente le diremos esto; recuérdelo: ¡Dios la ama!

Solté la carcajada y les respondí: —Si me quisiera no me hubiera quitado a mi madre, a mis hijos, mi hogar. ¿Por qué me quitó todo amor y me dio este amor a la botella? ¿Por qué no me quita este amor?

—¿No será porque no se lo ha pedido?— me dijeron.

Con los veinte pesos que me dieron seguí la borrachera, pero en mi mente distorsionada se había fijado la idea de un Dios que me amaba, así como era, sucia, borracha. Tal vez por ello soporté tantos años de demencia y ebriedad.

Una noche fui recluida en un hospital en tal estado que tuve que ser amarrada. Dos días después me quitaron las amarras. Era época de Navidad. Entonces empecé a oír los lamentos de otra borracha que agonizaba; al principio traté de sobrellevarlos pero no me era posible y me llené de miedo. Había un pino de navidad y unas muñecas en un rincón y vi cómo cobraban vida y tomaban formas grotescas y, cobrando movimiento, me atacaban. Pedí auxilio pero las enfermeras estaban ocupadas con la que había gemido y que había muerto ya. Clamé, exigí a Dios que me ayudara; me deslicé aterrorizada hasta la cama de la muerta y, tomando sus ropas, me las puse y huí.

Mi tío sufría tanto como yo por mi problema sin solución. Un día me dijo que me arreglara porque había encontrado la manera de ayudarme. Me llevó a la capital. Llegué con una *cruda* terrible. Fuimos a un grupo de A.A. Había hombres y mujeres, ¡mujeres también!, que narraban que habían padecido como yo padecía y se las veía sanas y alegres. Me tranquilicé; dije: "Este es mi lugar".

Desgraciadamente tuvimos que regresar a mi pueblo. La ilusión de que me llevarían a otra reunión me permitió permanecer sin beber durante unos días. No me llevaron y seguí bebiendo. Con la esperanza de asistir a A.A. y encontrarme, dejé mi pueblo y me trasladé a la capital. Localicé un grupo cercano a donde me alojaba, dejé de beber, conseguí un trabajo y, al fin, supe que había encontrado mi camino en la vida. Al poco tiempo pude volver a ver a mis hijos y, sin embargo, no me sostuve en mis propósitos y volví a lo mismo. Desesperada, me dije: —ni religión, ni psiquiatría, ni AA. ¿Qué *onda*, ahora, Señor?

"...Las noventa y nueve dejó en el aprisco..."

Llevaba bebiendo cuarenta días con sus noches cuando, en un lapso de lucidez, llamé por teléfono a unos compañeros del grupo. Acudieron por mí y me internaron en un hospital gratuito para alcohólicos donde pude cortarme la borrachera; allí permanecí quince días pero mi estado físico era tan lamentable que me trasladaron a un sanatorio donde conseguí sobrevivir.

"...La encontró llorando, temblando de frío..."

¿Valdría la pena intentarlo de nuevo?

¡Sí, había que intentarlo!

Salí del templo donde había estado orando y recordando y me dirigí a un grupo de A.A. Cuando entré, sentí el refugio que permanecía esperándome, las palmadas de aliento. El café que me sirvieron. La sesión. La fortaleza y la esperanza. ¡A reempezar otra vez! Conseguí donde dormir (un cuartucho modesto sin luz eléctrica) y un trabajo. Subsistí, pero en la soledad de la noche lloraba y me rebelaba: "¿Por qué a mí, Señor?" Envidiaba a las mujeres que tenían hogar, familia y dignidad. Y fue en una noche, en que la vela que iluminaba el cuartucho se extinguía, en que me volvió el terror a la noche, al abandono, a la soledad, a la vuelta de las alucinaciones, al delirio, a la demencia, tomé un libro con desesperación y un papel cayó de su interior: "...*Que no busque ser comprendido sino comprender; que no busque ser amado sino amar, porque dando es como recibimos; perdonando es como Tú nos perdonas...*"

Era una de las viejas copias de la oración encontrada en uno de los folletos de A.A. La vela se extinguió pero ya había luz en mi interior...

Han pasado los años y mi vida ha cambiado. En el último invierno, al celebrar la Nochebuena, tuve el calor de mis hijos a mi lado, de mis nueras, de mis nietos, y el recuerdo y compañía espiritual de todos los que sufriendo como yo sufrí se han levantado a una nueva vida.

Dentro de mi querida Agrupación he aprendido a reír, a llorar, como fue en aquel día en que mi padre adoptivo (ese hombre que tanto me amó) se fue para siempre, pero viéndome renovada, luchando y feliz.

(11)

"...NI PERRO QUE ME LADRE"

Superó su primera aversión a la bebida para después lanzarse a una vida desenfrenada de beber, donde nada le podía quitar la sed. En la hora más funesta le vino un resquicio de esperanza.

ESDE NIÑO vivía aislado de mis semejantes. Era huérfano y creía que serlo era un estigma. Vivía con una familia adoptiva, Busqué y traté de encontrar a mis padres y nunca supe de ellos. En la escuela me decían que mi madre había sido *una de esas...* No tenía un regazo donde refugiarme, ni donde desahogarme. No sé por qué desde niño me autocriticaba: me reclinaba en la pared y miraba fijamente al sol por largo tiempo; deseaba quedarme ciego. En la escuela siempre destaqué; me gustaba el estudio y, además, no quería ser *igual* que los otros. Ya no quería enrojecer al ser saludado, ya no quería vivir en una casa de vecinos.

Pasó el tiempo y dejé la escuela para dedicarme a trabajar como mecánico. Siempre andaba vestido con un mono sucio y grasiento. Tampoco me gustó ese trabajo ni los compañeros. Quería ser diferente, estar más limpio, ser más inteligente y no mediocre, y así me dediqué a estudiar teatro.

Fue peor. En ese ambiente me sentí marginado: Creía que todos eran superiores a mí, de modo que traté de cambiar mi carácter taciturno aceptando ir a reuniones. Allí naturalmente se bebía y traté de beber; mi primer trago fue de cerveza, pero mi estómago no la soportó y tampoco me gustó su sabor. A los catorce años tomé una importante decisión: "Yo no tomaré nunca más".

Pero mi timidez seguía en aumento, al mismo ritmo que mi soledad y mis inquietudes. Pensé que era mejor abandonar también el teatro y tratar lo menos posible con la gente.

Busqué otro empleo y por circunstancias del ambiente me creí obligado a ir a fiestas caseras, donde se tomaba con cierta moderación y bebí. Pronto descubrí que, con otro tipo de bebida, aunque seguía sin gustarme el sabor, había un efecto agradable; hablaba sin miedo, ya no enrojecía tanto, *no me sentía menos* que los demás. Esta sensación duró varios años en los que me habitué a beber.

Era un adolescente. Por mis complejos empecé a tener fracasos de índole sentimental, de tal modo que decidí desinhibirme bebiendo un poco más y, por primera vez, encontré que tenía éxito en mis relaciones: ¡buen motivo para celebrarlo bebiendo¡ Aprendí que ese éxito era inconsistente y el fracaso volvió a mí: ¡una mayor razón para mitigar mis penas bebiendo!

Me volví un bebedor periódico. Mi monótona existencia se llenó de tedio, de aburrimiento; empecé a buscar la falsa y efímera alegría de vivir a través de la botella, bebiendo más de lo acostumbrado los fines de semana; casi nunca llegué a beber al día siguiente por miedo, puesto que había empezado a tener "lagunas mentales" y remordimientos.

Mi vida se envolvió en un cielo insoportable: mi soledad aumentaba angustiosamente al unísono de mis bebetorias. Por las noches tardaba en adormecerme y, cuando un sopor de ebriedad me envolvía, parecía que mi cuerpo se desplomaba al vacío y despertaba sudoroso y sobresaltado. Sentía como si mis ideas se solidificaran en mi cerebro, aglomerándose en total confusión, hasta el punto de hacerlo estallar; trataba de poner la cabeza sobre la almohada pero el acelerado golpear de mi sangre la llenaba de ruidos y, semiasfixiado por la angustia, tenía que erguirme y, temeroso, prefería pasar la noche fumando un cigarro tras otro. Cuando la fatiga conseguía vencer mi insoportable vigilia, una melodía se confundía con mis sueños... ¡estaba cruzando una barrera invisible hacia el otro lado de la cordura!

Pretendí fugarme de mi destino sin saber cómo. Se me ofreció un trabajo en el extranjero que acepté de inmediato. Era la oportunidad deseada para desprenderme de mí mismo. Una fuga excelente al no tener que rendir cuentas a nadie.

En Europa, otra vez el tedio. Me encontraba muy lejos de mi patria y todavía muy cerca de mí: volví a mis actitudes rutinarias. Comencé a beber todos los días, casi siempre al atardecer.

Ensimismado escuchaba el tañido nostálgico de las campanas. La luz del sol me molestaba al despertar, el canto de los pájaros también; el único ruido que me agradaba era la caída de agua que brotaba de una fuente. Tenía sed y solía curarme la *cruda* bebiendo litros de leche fría. Perdí el apetito; la comida me daba náuseas. El transcurso del día era una nueva y angustiosa soledad. ¡Celos! ¿de quién, en mi soledad? Tenía celos de la gente que reía y a la que envidiaba en aparente tranquilidad. Llegué a envidiar a mi compañero (porque para entonces había conseguido una compañía en mi soledad: no tenía padre, ni madre, ni amistades pero ya tenía un compañero: un perro que era mi único fiel amigo). Envidié a mi perro al que no le hacía falta emborracharse como yo.

De mi lejana familia adoptiva recibí malas noticias: uno después de otro se fueron muriendo en un lapso de cuatro meses... me sentí más solo que nunca. Por fortuna ellos no supieron del infierno alcohólico en que me hundía; pero su desaparición fue un magnífico pretexto para seguir bebiendo... Y, luego, también mi perro murió.

El sufrimiento por beber aumentó hasta lo intolerable y comenzó mi lucha. Traté de dejar la bebida tomando voluntariamente pastillas. No me dieron resultado.

Se apoderó de mí el miedo a vivir y continué bebiendo como acostumbraba, por las tardes. En las "crudas" mi sensación de soledad aumentaba: los ojos enrojecidos, el aliento pestilente; me repudiaba a mí mismo; me ocultaba de todos, buscaba las calles más solitarias; prefería el cielo gris y el mal tiempo, iban a tono con mi carácter.

Hice un descubrimiento demente: encontré que no le hacía falta a nadie. Los celos, la envidia, mis frustraciones y mi soledad, me acosaban. Mentalmente tramaba venganza contra todos. Era como si mi alma estuviera llena de rabia. Renegué de mis padres desconocidos; renegué de Dios ¡y perdí toda fe!

Cansado de vivir de esa manera intenté el suicidio: alcohol, barbitúricos, y... cuando desperté sediento y febril, estaba atado con una camisa de fuerza y tenía las muñecas vendadas. Días nefastos y amargos.

Fui internado en una clínica psiquiátrica en donde, en mis interminables días de encierro, mi deseo de venganza contra el mundo me obsesionaba. Dado de alta, volví a beber a los pocos meses y la historia del suicidio volvió a repetirse. Cuando salí una vez más de la clínica ya no tenía trabajo, ya no tenía casa, ya no tenía amistades...; de nuevo solo en un país extraño.

Regresé a mi país y tuve otro internamiento, esta vez debido a una hepatitis viral. Entre un internamiento y otro acumulé casi diez meses sin beber. Pero mis resentimientos me dominaban tanto en abstinencia como borracho. Mi capacidad de sufrimiento llegó a su punto más bajo. Perpetua batalla de una doble personalidad: odio-amor, muerte-vida, creer-blasfemar, renegar-implorar... Durante mi internamiento alguien me habló de Alcohólicos Anónimos, pero no le hice caso. Me había considerado yo mismo un caso perdido que caía, caía más y más.

...Una botella escondida. ¿Dónde?; buscarla meticulosa, apremiantemente; la laguna mental. Despertar revolviéndolo todo y, al fin: ¡su encuentro! Hermosa, brillante, semillena botella de licor. Temblores, risa, sudor en las manos, y el tapón demasiado apretado. ¡Blasfemar! y la botella hermosa, brillante, hecha pedazos en el suelo. Gemir angustiado y caer al piso para absorber el licor desparramado... Vergüenza. Llanto amargo, mordiendo un cojín que ahogara los gritos de dolor...

Varios días después de ese acontecimiento crucial me pude levantar. Estaba muy débil y decidí poner un poco de orden a mi alrededor. Entonces encontré un folleto de A.A. y lo estrujé en mi puño, pensé: "¡eso de A.A. tal vez pueda ayudarme!" Finalmente, una noche, me dirigí a un grupo. No tuve miedo de entrar, más bien tuve miedo de no ser aceptado. Sabía que era un alcohólico, pero ignoraba que era un enfermo. Mi identificación fue inmediata: mi aceptación lenta.

Por la gracia de Dios, y con la ayuda de Alcohólicos Anónimos, ahora *ya no estoy solo*. La mano tendida de esos hombres y mujeres de buena voluntad salvaron mi vida.

Actualmente sigo viviendo sin compañía, pero las experiencias de mis compañeros, sus sugerencias y su sobriedad siempre están conmigo. En mi diario vivir, sigo aprendiendo de ellos; ellos me guían. Debo aclarar que no dejé de beber por mi familia puesto que no la tenía, no dejé de beber por mi trabajo que tampoco tenía, ni dejé de beber por nadie, pues estaba solo. Dejé de beber por una necesidad imperiosa, deseaba dejar de sufrir. ¡Beber o no beber! Ese era el problema de mi vida. Gracias a Alcohólicos Anónimos, encontré a Dios, recuperé la fe en mí y en los demás.

Nací en 1931 y morí en alguna de aquellas terribles noches de ebriedad, pero gracias a A.A., volví a nacer el 5 de diciembre de 1969.

EL SEÑOR ALCOHOL Y YO

Veterano de guerra, profesor de escuela superior, su largo trato con el Sr. Alcohol lo dejó solo y deprimido, lleno de rencores y lástima de sí mismo. En un momento de lucidez recordó el nombre de Alcohólicos Anónimos

EL SEÑOR ALCOHOL y yo hemos tenido una relación interpersonal durante muchos años. Me uní a A.A. a la edad de cuarenta años y ahora llevo cuarenta años en la Comunidad.

La noche en que nací, según me contaron mis padres, se escuchaba una sinfonía de balazos y tiroteos procedentes de un enfrentamiento entre los traficantes de alcohol ilegal y las autoridades de la patrulla fronteriza. Ésta era la época de la ley contra la elaboración, consumo y venta de bebidas alcohólicas en los Estados Unidos. El contrabando de alcohol era tan lucrativo entonces como hoy día es el contrabando de las drogas. Mi barrio era un corredor frecuentado por los traficantes, porque se encuentra escondido en la línea divisoria a la orilla del río. Considero el haber nacido rodeado por el Señor Alcohol como un presagio de lo que me esperaba en los futuros años de mi vida.

Al poco tiempo después de mi nacimiento mi familia se trasladó hacia el norte para radicarse en un pueblo pequeño. Allí pasé mi niñez y mi juventud hasta llegar a la edad de casi quince años. El Señor Alcohol y yo empezamos una relación muy especial. Desde el principio me gustó el alcohol. Producía en mí una cierta alegría, un bienestar inigualable.

Mi padre era maestro sastre y cortador y le daba por establecer negocios y talleres. Por medio de su empeño y dedicación, la familia llegó a estar muy bien puesta en la comunidad del pueblo. Yo era el hijo primogénito de mi padre y él siempre fue muy bueno conmigo. Estaba muy orgulloso de su hijo. Me compraba de todo: buena ropa, juguetes, y demás. He sido rico y también he sido muy pobre y prefiero ser rico.

En casa mi madre usaba el vino para cocinar, como aperitivo, y como una especie de brindis ofrecido después de las comidas y en ciertas ocasiones sociales. Al principio me daban a probar una copita, pero no tardaron en observar que yo no era de los que se toman sólo una copita.

Cuando yo tenía apenas cinco o seis años de edad, mi padre y algunos de sus compañeros decidieron utilizar una receta especial para la elaboración de cerveza casera. Descubrí dónde tenían guardada la cerveza después de embotellarla. Cogí dos o tres cervezas y tomé hasta ponerme ebrio. Luego fui al taller de mi padre donde se encontraban algunos clientes, empleados y amigos. Allí les presenté un acto teatral y les desempeñé un papel de payasito como en el circo. La gente me aplaudió y se divirtió al ver al borrachito. En casa hubo una gran discusión para establecer medios de evitar que yo volviera a reunirme con mi compañero, el Señor Alcohol. Reconozco hoy en día que a esa temprana edad yo no era un niño vicioso, sino que padecía y aún padezco de una compulsión física mezclada con una obsesión mental que me conducen a seguir ingiriendo alcohol desde el momento que empiezo a tomarlo.

Para la década de los treinta, mi padre perdió sus negocios y empezó a vender todos sus bienes para así poder seguir existiendo. Llegué a saber lo que es la vil pobreza, el hambre y la humillación. Con el tiempo me fui llenando de ira y resentimientos al ver a mi familia carente de alimentos, alojamiento y ropa. Culpaba al gobierno y a todo el mundo; especialmente a aquellos que poseían bienes y no compartían con los que no tenían nada. A ésos los miraba con odio y recelo.

En 1935 se revocó la ley de la prohibición del alcohol y una cervecería muy grande almacenó una gran cantidad de cerveza en una vieja bodega a las orillas del pueblo. Mis compañeritos y yo pronto encontramos la manera de extraer cervezas por una apertura escondida en la parte posterior de la bodega. Cada fin de semana nos reuníamos para pasar la tarde hablando y bebiendo nuestras cervecitas. Teníamos unos diez, once, o no más de doce años de edad. Mis amigos se tomaban solamente dos o tres cervezas y se iban a sus casas o a otros lugares. Tenían miedo a embriagarse, a ser descubiertos en el acto del robo, o bien no les agradaba la cerveza tanto como a mí.

A mí me encantaba llevarme mis cervezas a la orilla del río y beber a mis anchas bajo los árboles. Soñaba despierto que algún día llegaría a ser un gran ingeniero o arquitecto y me haría rico en la construcción de grandes edificios, puentes, y magníficas residencias. Me quedaba dormido y soñaba con tener una linda esposa y unos hijos muy cariñosos y bien educados. Despertaba asustado y luego me llenaba de ira al enfrentarme con la realidad de mi situación. A veces me volvía a embriagar para escaparme de la realidad. Continuaban mis relaciones con el Señor Alcohol.

Mi familia y yo sobrevivíamos un invierno muy duro en una casita sin calefacción. No teníamos para comprar combustible y carecíamos de ropa invernal. Esto hacía que me llenara más y más de ira y odio. Culpaba al gobierno y las gentes avarientas e inhumanas. Yo creía en la existencia de un Dios, pero éste era un Dios que no tenía compasión de mi familia ni del resto de la gente pobre de nuestro pueblo. Parecía que mis plegarias a Él caían en oídos sordos. Era un Dios demasiado injusto con su gente. Era un Dios que moraba muy lejos, allá en los cielos alejado de nosotros.

Mi padre no encontraba un trabajo fijo o duradero. Yo ganaba unos cuantos centavos vendiendo periódicos y como ayudante en las tiendas de abarrotes y panaderías. Me levantaba muy temprano y asistía sin falta a mis clases de primer año en la escuela superior. Estudiaba en cada momento posible y trataba de no retrasarme con mis tareas. Mi padre me aconsejaba que no dejara la escuela porque la educación adquirida nadie nos la puede arrancar. Me gustaba asistir a la iglesia pero lo hacía como algo que se aprende de niño y que se convierte en una costumbre sin gran significado.

Volví a mi pueblo natal a la edad de casi quince años. En la escuela superior encontré amigos y amigas de mi barrio natal y a muchos condiscípulos que habitaban en otros barrios de la ciudad.

Yo siempre escogía como amigos a los que les gustaba tomar, y reanudaba mi compañerismo con el Señor Alcohol. Por falta de dinero o miedo a emborracharme me limitaba en la bebida que tomaba. Pero siempre me quedaba con el deseo de volver a tomar. Un día de mayo de 1940 algunos amigos y yo compramos una botella de tequila y nada más recuerdo que empezamos a tomar. Mis compañeros regresaron a sus casas y yo amanecí tirado en un parque, debajo de una estatua, con la botella vacía en las manos. Ésta fue mi primera laguna mental. No me acordaba de nada de lo que había sucedido después de haber empezado a tomar. Dejé completamente de tomar durante largo tiempo. El Señor Alcohol había encontrado mi talón de Aquiles y sabía cómo tomar posesión de mí.

Durante la Segunda Guerra Mundial, en 1943, me alisté con el resto de mis compañeros en la Marina Militar Americana. En la víspera de nuestra salida empecé de nuevo a tomar y el resultado fue que ellos me tuvieron que llevar al tren la mañana siguiente para presentarme a la hora debida en la base de entrenamiento. Llevaba conmigo al Señor Alcohol.

Terminé mi entrenamiento básico y obtuve la especialidad de electricista marino y enseguida fui estacionado en una base naval en el frente de batalla. En mi taller de electricista había un congelador que producía todo el hielo para la base. Allí llegaban marinos y soldados de todas partes a pedir hielo y siempre me dejaban unas cervezas de propina. El Señor Alcohol y la señora tentación me perseguían tenazmente.

En una ocasión desperté a orillas de un pantano lleno de cocodrilos en una selva cercana sin saber cómo había llegado allí. Sólo Dios sabe cómo sobreviví. Se dice que Dios cuida a los niños inocentes y a los borrachos. Yo ya no era ni un niño ni un inocente.

Cuando terminó la guerra, destapé una botella de whiskey que estaba guardando para la ocasión y la compartí con mis compañeros. Al día siguiente me dijeron que yo no sabía tomar whiskey. Éstas no eran palabras nuevas para mí. Me sentía avergonzado al ver que los demás me veían tan diferente. Reconocía que tenía que encontrar la manera de cambiar mi forma de beber. A los veinte años de edad no creía ser alcohólico. Me esperaban otros veinte años de lucha contra el Señor Alcohol.

Al darme de baja de la marina militar regresé a mi pueblo natal a reanudar mis estudios en la universidad estatal. Como veterano de la guerra recibí una beca del gobierno. Estudiaba para ingeniero electricista y trabajaba un horario limitado como dibujante en una oficina de ingenieros. Estos me ayudaban con mis tareas de ciencias y matemáticas porque las encontraba difíciles después de tres años de ausencia de los estudios académicos.

Acepté una invitación a una reunión juvenil en el centro de actividades de la catedral ubicada cerca de la universidad. Me sentía fuera de lugar al ver que los asistentes venían de un sector social superior al mío, pues mi familia aún vivía en la pobreza. De momento sentí como que alguien me miraba con intensidad. Al voltear la cabeza me di cuenta que una linda jovencita fijaba su mirada en mí. Ella se encontraba entre un grupo de jóvenes, un poco alejada de mí. Con un mayor esfuerzo me le acerqué y me atreví a presentarme y allí principiamos una conversación amistosa. No me imaginaba que este momento iniciaría una relación mutua que duraría toda una vida.

Mis padres me aconsejaron que no me metiera en una relación que pudiera resultar en un matrimonio prematuro. Me recomendaron que me concentrara en mis estudios para capacitarme en una carrera que me proporcionara los medios económicos necesarios para aceptar la responsabilidad de un noviazgo serio.

Me dediqué a mis estudios y a mi trabajo, con buenos resultados en el primer semestre. En el segundo semestre reanudé mi amistad con el Señor Alcohol con el pretexto de que tomando comedidamente me animaba más en mis estudios. Esta falsedad me llevó al descuido de mis clases, faltas a mi trabajo, y a menudo terminaba en la cárcel por ebrio. Mis familiares pagaban las multas y me llevaban a mi casa, pero al fin dejaron de hacerlo. Mi situación se deterioró hasta llegar al punto en que me suspendieron la beca de la universidad por un año. Ya iba por mal camino.

Tomé un descanso y me trasladé a otro lugar pensando que el cambio de ambiente me alejaría de mi compañero, el Señor Alcohol. Algunos le llaman a esto la fuga geográfica. Encontré un buen empleo en una fábrica de motores y generadores eléctricos y el resultado fue que la tentación del alcohol me volvió de nuevo. Al fin de un año regresé a mi pueblo natal.

Mi amiga fiel y yo habíamos mantenido correspondencia durante mi ausencia. Ella había terminado la escuela superior y se preparaba para matricularse en la universidad. Me animó a que regresara a la universidad.

En las oficinas de veteranos me hicieron unas pruebas de aptitud escolar y me concedieron una beca para estudios de ciencias sociales en lugar de ciencias exactas. Con la ayuda de la joven que un día llegaría a ser mi novia y mi esposa, logré capacitarme como maestro de inglés al nivel de escuela superior.

En 1950 conseguí un puesto en una escuela superior de la ciudad. No tardamos mucho en contraer matrimonio. Al año mi esposa me dio una hija y dos años después nació nuestro primer hijo. Vivíamos muy felices, ella como ama de casa, y yo de maestro. Estuve abstemio durante ese tiempo.

En seguida empecé mis estudios para capacitarme como consejero orientador académico y vocacional. Empecé a tomar de nuevo y pronto me di cuenta de que yo era "tomador de carrera larga" y una vez que empezaba a tomar continuaba haciéndolo hasta la embriaguez. Al descubrir esto me esforcé mucho por poder mantenerme abstemio hasta completar mi capacitación como consejero orientador.

Entonces me encontré con otro problema: una lucha conmigo mismo, pues sufría de períodos de depresión, ansiedad y soledad. Me llenaba de ira y autoconmiseración en los momentos más inoportunos. Renegaba porque no me ascendían a un puesto mejor. Empecé a beber alcohol de nuevo y mi situación se empeoró hasta que llegó el día en que mi linda esposa ya no pudo aguantarme más y se fue a vivir con sus padres, llevándose a los hijos. Era el verano de 1965, durante mis vacaciones escolares. Yo seguí bebiendo. Empeoró mi situación cuando el director de la escuela me avisó que estaba a punto de perder mi empleo. Me llené de tristeza y pensé en el suicidio. El Señor Alcohol ya no me ayudaba; al contrario, me había traicionado.

En un momento de lucidez recordé una de las muchas veces que mi esposa me había pedido que buscara la ayuda de Alcohólicos Anónimos. Jamás le había hecho caso pero, al momento, hice la llamada que cambiaría el resto de mi vida. Me recomendaron que asistiera a una reunión en el noreste de la ciudad.

Asistí a mi primera reunión de Alcohólicos Anónimos a principios de agosto de 1965 y, gracias a mi Poder Superior tal como yo lo concibo y la ayuda de un gran número de personas de la agrupación de Alcohólicos Anónimos, no me ha sido necesario volver a ingerir nada que contenga alcohol hasta la presente fecha.

Llegué un poco tarde a la reunión pero allí encontré a un compañero de trabajo que me presentó al grupo. Les conté mi doloroso problema y ellos inmediatamente me hicieron sentirme en casa contándome un poco de sus historiales y urgiéndome a que siguiera asistiendo a las sesiones. Mi compañero, que ya llevaba más de un año en el programa, actuó como mi primer padrino. Asistimos a muchas reuniones consecutivas en varias áreas de la ciudad hasta asegurarnos de que no iba a comenzar a tomar de nuevo.

Hablé con mi esposa y le conté que anhelaba algo en mi vida sin saber lo que era; pero estaba seguro de que por fin había encontrado lo que buscaba y que con este hallazgo había perdido el deseo de ingerir el alcohol. Me sentía liberado del Señor Alcohol y estaba seguro de que mi vida había cambiado. Esta vez no le pedí que volviera conmigo como lo había dicho tantas veces antes, pero ella y mis hijos volvieron de nuevo a mi lado.

Al poco tiempo mi padrino y yo fuimos ascendidos a puestos administrativos del distrito escolar con aumentos de sueldo. Al mismo tiempo asistíamos a reuniones de

Alcohólicos Anónimos en muchos lugares y en muchas ciudades.

Me habían recomendado que iniciara un grupo de Alcohólicos Anónimos en español en nuestra ciudad y lo logré con la ayuda de un compañero que llevaba más tiempo que yo en el programa. De este grupo nacieron algunos otros grupos de habla hispana. Hoy en día existen muchos grupos en español en nuestra área.

Mi esposa y la de mi compañero iniciaron los primeros grupos familiares de Al-Anón en español en esta ciudad y en las ciudades vecinas. Mi esposa falleció en 1995 después de darme 45 años de comprensión y cariño. Los últimos treinta años los gozamos felices en el amable ambiente que solamente se encuentra en la comunidad de Alcohólicos Anónimos y en los grupos familiares de Al-Anón.

Sigo viviendo abstemio y contento, esforzándome por hacer un poquito más de progreso espiritual, un día a la vez. Si Dios quiere, nos encontraremos algún día caminando por el sendero de vida conocido como "el camino del destino feliz". Ojalá que así sea.

SEGUNDA PARTE

DEJARON DE BEBER A TIEMPO

Entre los principiantes que se unen a A.A. hoy en día, hay muchos que no han progresado hasta las últimas etapas del alcoholismo, aunque con el tiempo es posible que todos lo hubieran hecho.

La mayoría de estos compañeros afortunados no tienen la menor familiaridad con los deliriums tremens, los hospitales, los manicomios y las cárceles. Algunos eran muy bebedores y habían pasado por algunos episodios graves, Pero para otros muchos la bebida no era sino una ocasional molestia incontrolable. Rara vez perdieron su salud, sus negocios, su familia o sus amigos.

¿Por qué se unen a A.A. personas así?

Los DIECISÉIS individuos que ahora cuentan sus experiencias responden a esta pregunta. Se dieron cuenta de haberse convertido en alcohólicos, reales o potenciales, aunque aún no se habían causado graves daños.

Se dieron cuenta de que el no poder controlar su forma de beber, a pesar de repetidos intentos, cuando realmente querían controlarla era el síntoma fatal de tener un problema con la bebida. Esto, junto con los cada vez más graves y frecuentes trastornos emocionales, les convenció de que el alcoholismo compulsivo ya se había apoderado de ellos; que la ruina total era solamente cuestión de tiempo.

Al ser conscientes de este peligro, acudieron a A.A. Se dieron cuenta de que el alcoholismo podría acabar siendo tan mortal como el cáncer; claro que ninguna persona cuerda esperaría a que un tumor maligno llegara a ser intratable antes de buscar ayuda.

Por lo tanto, estos DIECISÉIS miembros de A.A., y cientos de miles como ellos, se han ahorrado años de infinitos sufrimientos. Lo resumen más o menos así: "No esperamos a tocar fondo porque, gracias a Dios, podíamos ver el fondo. De hecho el fondo subió y nos tocó a nosotros. Esto nos convenció de acudir a Alcohólicos Anónimos".

(1)

DEL AMOR AL ODIO Y DE A.A. AL AMOR

Asistía a las reuniones esperando la llegada de su esposo que nunca llegó, pero con el tiempo, en compañía de los A.A., al escuchar sus historias personales, se dio cuenta de que ella también estaba afligida de la enfermedad del alcoholismo.

Vivía y trabajaba en un pueblo chico lleno de árboles de naranja. Durante siete años desde que llegué aquí me había dedicado a trabajar en la agricultura. Mi esposo y yo éramos una familia feliz. Tres de mis hijos no eran de él, pero los amaba como si lo fueran. En 1991 hubo una tremenda helada que acabó con todos los árboles frutales del pueblo y el área fue declarada zona de desastre por el gobierno. Todo el pueblo se quedó sin trabajo. Teníamos mucho tiempo para quedarnos en casa y convivir más. Entonces me di cuenta de que el alcoholismo de mi esposo estaba bastante avanzado; lo veía tomar por la mañana, dormía y se levantaba sólo para volverse a emborrachar. Eso me provocaba rabia, impotencia y frustración; y aunque yo sabía que fui yo quien le invitó a la primera borrachera, no lo había reconocido, y eso nos fue alejando poco a poco. Habíamos sido felices ocho años y yo creía que tenía el matrimonio perfecto

Este último año estaba pasando lo peor de mi vida. No sólo había perdido mi trabajo, sino que estaba perdiendo lo que más había amado en mi vida. Él era todo para mí y, día tras día, se me estaba hundiendo cada vez más en el pantano del alcohol. Aunque estábamos cerca todo el día, lo sentía ausente. Dejamos de comunicarnos. Ya no había besos. Dejamos de compartir nuestra cama y yo me sentía cada día más sola y triste. Y también tomaba, pero podía controlar mis tragos. Al menos eso pensaba entonces: que el problema era de él y no mío. Desde diciembre de 1990 hasta octubre del 91 lo pasamos entre insultos y pleitos. Se cruzó una mujer en el camino y vino la infidelidad, lo cual me hizo tocar fondo. Sentí que me habían quitado parte de mi vida. Sin él no podía vivir. Me habían mutilado. Mi dolor era muy grande porque él se había llevado a la otra mujer en una de sus borracheras. Ahora era yo la que tomaba a diario y a solas. Quería morirme. No podía soportar mi dolor y mi tristeza. No me importaba que mis hijos me vieran consumirme; ni los escuchaba. Varias veces tuvieron que romper la ventana de mi cuarto para saber cómo estaba, pues yo me encerraba a tomar y llorar. Mi hijo más pequeño un día me dijo: "Mami, no te dejes morir que yo te necesito". Pero yo sólo pensaba en mi esposo y su traición. El dolor y el odio me estaban consumiendo. Cada día pensaba en él; no podía dormir. El techo de mi cuarto se convertía en una pantalla de cine y los imaginaba de la peor manera. Todo era horrible. Hubiera querido estar loca y en un manicomio y que cuando saliera, me dijeran que todo era una pesadilla: "Aquí no ha pasado nada". Pero todo era realidad; cada noche buscaba sus brazos para dormir en ellos y no estaban. Y más odiaba y más tomaba. Los problemas económicos no se hicieron esperar y no pude pagar la casa ni el carro. Me tuve que declarar en bancarrota. Tenía que vender la casa, y rápido. La casa era grande sin él. Todo me recordaba lo feliz que ahí había sido y ahora no tenía nada. Con el pretexto de vender la casa, lo busqué, pues yo sabía dónde estaba. Ya no vivía con la otra pues sólo se la llevó en esa borrachera que acabó con mi vida, y la de mi hermano — porque esa mujer era la esposa de mi hermano, a la cual yo había recibido en mi casa dos años antes, cuando todo era maravilloso entre nosotros. Ahora yo culpaba a mi hermano de tener una cualquiera como mujer y él me culpaba a mí por tener un marido que no lo respetó a él y, después de estar tan unidos como familia, todo se había acabado. Perdí mucho peso por no comer y tomar tanto. Mi odio no tenía límite y empecé a planear mi venganza. Quería matarlo pero lo amaba. Mis emociones me estaban volviendo loca. Amaba y odiaba. Un día cuando salí del baño, pasé frente al espejo y no me gustó lo que vi: una mujer flaca y demacrada que no era ni la sombra de lo que yo había sido. Ese día decidí no volver a tomar. Hablé con mi esposo por teléfono para que viniera a firmar la venta de la casa. No se negó y aceptó venir. Fui por él al aeropuerto. Cuando lo volví a ver, después de tres meses, se me olvidó todo. Yo sólo quería estar con él, pero venía borracho y traía una botella de mezcal. Caminamos sin hablar y estaba tan tembloroso que la botella se le cayó al suelo, y a mí me dio gusto; pero él se enojó tanto que empezamos a pelear. Así llegamos a la casa después de ocho horas. En casa lloramos, nos pedimos perdón, hablamos con mis hijos y ellos dijeron: "Pues, si se aman tanto, dense otra oportunidad; nosotros no nos oponemos". Así empezamos a vivir; pero todo fue diferente: siempre callados, con el ceño arrugado, peleas continuas y reclamos. Pasaron treinta días. Un día llegó mi hermano lleno de dolor y lo agarró a golpes; por poco no lo mata. Días después mi esposo me dijo: "Te tengo una sorpresa para demostrarte que quiero cambiar". Esa noche no podía dormir; se la pasó dando vueltas de un lado a otro y diciendo: "No puedo entender por qué he hecho tanto daño. No tengo perdón, pero quiero cambiar. Ya no quiero tomar". Pero temblaba por falta de alcohol. Así amaneció y llegó una noche de marzo del 92 y me dijo: "Acompáñame. Necesito que estés conmigo". Salimos sin saber adónde íbamos. Llegamos a una sala de A.A. Bendita noche y bendito grupo. Cuando el coordinador preguntó: "¿Hay algún nuevo entre nosotros?", mi esposo se paró frente a todos y dijo: "Quiero que me ayuden a dejar de tomar, porque no puedo dejar de hacerlo". Yo estaba viendo a todos esos hombres que fumaban, y cuadros que colgaban de la pared, y no entendía nada. Un hombre corpulento se paró y subió a la tribuna para dar información. Vi que estaba lleno de tatuajes, y empezó a relatar su experiencia. Pensé: "Y éstos, ¿en qué nos van a ayudar si están peor que nosotros?" Aunque yo estaba como ida pude ver que pasaron varios y que le dijeron: "Quédate con nosotros". Acabó la junta y varios de ellos nos rodearon y amablemente me dijeron: "Señora, siga apoyándolo". Sentí que ellos podrían ayudarnos, pero cuando llegamos a casa, mi esposo volvió a tomar. No podía vivir sin el alcohol. Y yo volví a la carga con mis reclamos; le decía que era un hipócrita que no deseaba dejar de tomar. Así pasó una semana. Seguíamos yendo al grupo con peleas e insultos. Un día manejando empezó la pelea y le arrebaté el volante y forcejeamos; quería estrellarnos y matarnos. Estaba totalmente loca de rabia y dolor. Al no conseguir mi propósito tuve una crisis de llanto, y lloramos los dos y nos dijimos cuánto nos amábamos, pero que no podíamos vivir juntos porque nos estábamos haciendo mucho daño. Acordamos que él se fuera de la casa cuando yo no lo viera, porque si lo veía no lo dejaría partir. Para mí era mi otra mitad.

Pasó otra semana. Una tarde, cuando llegó a casa después del trabajo, yo estaba enojada como siempre y le dije que me acompañara a la tienda a comprar la comida para la semana. Él aceptó y me metí a bañar. Cuando salí no estaba. Corrí como loca a buscarlo. Me acordé de lo convenido y fui al parqueo. El carro no estaba, y supe en ese momento que se había ido. Teníamos el dinero que habíamos ganado de la casa y fui a contarlo. Sólo se había llevado cien dólares. Fui a buscarlo a la estación del bus más cercana, y no estaba. Lloré mucho pero me sentí aliviada. Sabía que había hecho lo correcto. Tuve muchas ganas de tomar pero no lo hice. Me acordé de aquel grupo de hombres que decían: "Pase lo que pase, no tomamos". El carro que se había llevado apareció tres días después en una huerta de naranjos y la policía me avisó. Seguí yendo al grupo con la ilusión de que algún día él regresaría y me encontraría allí. Pensé: "aquí me va a encontrar".

A.A. no era para él. Nunca llegó, y yo me quedé noche tras noche esperándolo.

Empecé a abordar la tribuna para contarles mi dolor, mi odio y mis tristezas. Todos me escuchaban muy atentos; eso me gustó. Alguien me ponía atención y no me juzgaban, sólo me decían: "Siga viniendo". Después de seis meses y tanto escuchar, me di cuenta de que yo también tenía el problema del alcoholismo. Me habían hecho recordar todo lo que yo había pasado y no quería aceptarlo. Había hecho eso y más que él, así que un día, no supe cuándo ni cómo, me paré en la tribuna y dije: "Soy María y soy alcohólica". Todos me aplaudieron y me dijeron: "Sólo faltaba que tú lo dijeras". Cuando acepté mi condición alcohólica empecé con mi Primer Paso y, con la ayuda de un buen compañero, comencé a practicarlo. Después me decía: "Ora mucho por él, para que puedas perdonarlo". Yo creí que estaba loco: ¿cómo iba a pedirle a Dios por alguien que me había hecho tanto daño? Y mi compañero me volvía a decir: "¿Quieres estar bien?" "Claro", le contestaba. "Entonces sigue orando por él". Pasé por muchas cosas: en mi familia, cada uno se fue por su lado; mis hijos dejaron la escuela. Cuando me di cuenta, estaban metidos en la droga y el alcohol; pero ya no estaba sola. En el grupo encontré muchos esposos, padres e hijos que con sus experiencias me hicieron saber lo buena que era mi vida. Me devolvieron el deseo de vivir, de ser buena madre, esposa y hermana. El programa de A.A. entró en mi corazón. Me enamoré del programa. Del odio vino el amor. Me enseñaron a tener fe, esperanza y a perdonar, y que las promesas se cumplen, a veces pronto y otras lentamente, pero se cumplen. Nunca más volví a recordarlo con odio. Siempre guardé lo mejor que vivimos y empecé a vivir feliz y disfrutar lo que ahora tengo, pues aprendí a vivir sólo por 24 horas. Jamás pensé en la posibilidad de verlo algún día y mucho menos de estar juntos. Después de ocho años, me divorcié en su ausencia y así quedé libre otra vez. Y todo lo puse en manos de Dios.

Como nos indica el Tercer Paso, solo Él sabe sus planes para mí. Mis dos primeros hijos, después de estar yo diez años en el programa, llegaron a un programa hermano. Hoy disfruto de ellos y mis nietos cada día y podemos hablar como compañeros al mismo tiempo. Pero la vida da vueltas como la ruleta. Pasaron dos años: mis hijos en su grupo, y la calma en nuestro hogar. Después de no saber nada de mi ex marido —habían pasado ya catorce años desde la separación y siete desde el divorcio— un día recibí una llamada por teléfono y era mi ex, pidiéndome perdón y diciéndome que nunca me había dejado de amar ni me había olvidado, y que estaba solo y esperando un milagro; y, si yo lo perdonaba, que quería casarse conmigo otra vez. Yo hacía mucho que lo había perdonado y también seguía estando en mi corazón, pero jamás pensé que él siguiera solo y que pensara en mí. Continuamos con la comunicación por teléfono y quedamos en vernos en mis próximas vacaciones. Yo quería saber cómo iba yo a reaccionar después de tanto tiempo sin verlo. Ya no había odio en mi corazón, pero no sabía qué sentiría cuando lo tuviera cara a cara. No pude esperar mucho tiempo; al cabo de tres meses nos encontramos. Vi a un hombre lleno de canas y físicamente mal. El alcohol había acabado con su hígado y el cigarro con sus pulmones, pero su corazón era el mismo. Todo fue sin emoción. Con mucha madurez hablamos, nos pedimos perdón y otra vez lloramos —como en la última pelea, pero ahora sin odio y con mucho amor. Le platiqué que soy alcohólica anónima, que gracias a este programa lo perdoné y que gracias a él yo me quedé en el grupo, y conservé mi amor por él. Gracias a ese compañero que me enseñó a orar y perdonar, yo acepté ser su novia como hace veintidós años, cuando lo conocí. Ahora yo tengo 53 años y él 49, y tenemos planes de casarnos por segunda vez. Él no está en A.A. pero dejó de tomar hace once años. Hay muchos obstáculos por salvar por parte de mi familia, por todo el pasado, pero si es la voluntad de Dios, Él pondrá los medios como siempre.

Ahora no estoy sola. Tengo fe, muchos compañeros, un programa maravilloso y muchas ganas de vivir feliz. No pienso en el pasado, ni quiero pensar en el futuro, sólo en el día de hoy. Acepto la voluntad de Dios. Nuestros planes son casarnos y vivir hasta que la muerte nos separe. Los planes de Dios no los sé: Él dará el resultado y yo lo aceptaré.

(2)

EN LAS GARRAS DEL MIEDO Y LA IRA

Dondequiera que fuera le acompañaba su saco de culpas y secretos.

HOY TENGO poco más de tres años de continua sobriedad y esto es gracias a mi Poder Superior, Dios como yo lo concibo, y a A.A., que me dio la solución a mi problema. Ésta es mi historia:

Yo no empecé a beber muy joven, sin embargo, desde que puedo recordar, siempre me gustó la cerveza, su sabor era increíblemente agradable para mí. También disfrutaba mucho del vino y del champán, pero nunca había estado ni cercanamente borracha. Cuando llegué a mi madurez (veintiocho años más o menos), creo que no estaba preparada para vivir la vida en sus propios términos. Estaba "felizmente" casada, sin grandes problemas. La frustración y el miedo se apoderaron de mi vida. Miedo a perder lo que tenía, miedo a no tener lo que yo quería, miedo a estar sola, miedo a todo. Me convertí en una persona ansiosa y deprimida, lloraba mucho y a veces hasta temblaba de miedo. Me sentía frustrada, sola y no sabía qué hacer. Dentro de mi ser estaba llena de rabia por muchas cosas que pasaban y no quería aceptar, ni mucho menos admitir.

Luego de un tiempo encontré una medicina que me permitía sentirme mejor, más relajada, menos ansiosa, y me hacía ver las cosas desde un punto de vista más positivo. Además, esta medicina me hacía sentir menos la soledad en que me encontraba; esta medicina era el alcohol. Al principio funcionó a las mil maravillas. Comencé bebiendo whisky a pesar de que nunca me gustó. Nunca he llegado a entender por qué. Quizás fue porque a mi esposo le gustaba esta bebida o quizás porque eso bebía una tía mía. Cuando yo era adolescente, esta señora estaba casada con mi tío y cuando ella llegaba con él a su casa del trabajo como a las 7:00 p.m., él se iba y ella comenzaba a hacer la cena, el lavado de la ropa y a recoger su casa, todo esto siempre con un vaso de whisky en la mano. Yo pensaba que ella se debía de sentir muy sola, pues obviamente, mi tío la dejaba en la casa y se iba, pero en cambio ella se reía, hacía bromas con nosotros (mis primas, nuestras amistades y yo) y se veía muy feliz por la casa. Yo sabía que era alcohólica.

Cuando comencé a beber por las tardes en mi casa, no era alcohólica, no tenía que beber todos los días, no tenía que pensar en la bebida y todo marchaba muy bien. Poco a poco, la obsesión por el alcohol comenzó a crecer y la necesidad de ese primer trago se hacía más frecuente cada vez. Llegó el día en que tenía que tomarme un trago tanto si tenía deseos como si no los tenía. Tenía que beber como fuera. Le pedí a mi esposo que me ayudara con este problema, y él guardó toda la bebida que había en casa en un archivo con llave y lo cerró, pero yo tenía copia de esa llave. Allí había de todo y seguí bebiendo.

Comencé a pedirle ayuda a Dios y a la Virgen María, pero no funcionó. Estábamos en proceso de adoptar un niño y yo quería parar de beber. Visité un psiquiatra y me dijo "Si tienes problemas con el alcohol debes ir a Alcohólicos Anónimos; yo no puedo hacer nada por ti". ¡Ay Dios mío! Qué clase de susto me llevé, ¡yo en Alcohólicos Anónimos, imposible! Continuó tratándome por depresión y por ataques de pánico y yo más nunca le volví a decir que tenía problemas con el alcohol. Seguí bebiendo pero le prometí a Dios que iba a dejar de beber tan pronto como mi hijo llegara.

Mi bebé llegó a mi casa y luego de doce años de matrimonio me convertí en madre. Pude parar de beber como por tres meses. Sin embargo, después de ese período, comencé otra vez. A las seis de la tarde, a la hora de darle el biberón a mi bebé y ponerla en su cuna, me preparaba un trago y me sentaba en el sillón con mi bebé en la falda y en el lado derecho del sillón, en el suelo, el trago. Esto comenzó a suceder día tras día. Los domingos, mi esposo no trabajaba y dormía hasta tarde en las mañanas; yo me levantaba tempranito —a veces antes de las seis de la mañana— a cuidar de mi bebé, y a esa hora comenzaba a beber. Comencé a sentirme culpable y avergonzada de mí misma. A veces tomaba la decisión de no beber pero fácilmente cambiaba de opinión y en un segundo me servía un trago. Un sábado por la tarde, cuando mi bebé tenía como seis meses de nacida, me encontré a las tres de la tarde en el sillón dándole la leche, y a mi lado derecho, en el piso, una botella vacía de vino tinto. Cuando me levanté con la niña dormida en mis brazos me di en la frente con la puerta de un armario que estaba medio abierta y comencé a sangrar. Esta escena fue muy vergonzosa para mí y pensaba, "mira dónde estoy, borracha a las tres de la tarde con mi bebé en los brazos", una niña que yo había estado esperando doce años. Era una escena patética, me hacía sentir muy culpable, la peor madre, la peor mujer. Me defraudé a mí misma más que nunca y sentí que había defraudado a esa joven mujer que entregó a su bebé en adopción para que recibiera una mejor vida.

Y por otro lado, no cumplí las promesas que hice a Dios; por lo tanto, dentro de mí estaba esperando un gran castigo por todo lo que estaba haciendo y por no haber cumplido con mi palabra de dejar de beber cuando llegara el bebé. Entonces comencé a crear mi gran saco de culpas, una carga bien secreta. Mi esposo sospechaba que yo estaba bebiendo pero no me confrontó nunca. Yo puedo contar estas cosas hoy pues ya he hecho mis reparaciones y, con la ayuda de mi madrina, me pude perdonar a mí misma. Pero en aquel momento esa culpa y vergüenza conmigo misma me hacían beber más, no importa lo que sucediera, yo no podía parar de beber. Nadie lo sabía, ni mi familia, ni mis amistades, ni mis compañeros de trabajo. Éste era mi gran secreto, que crecía y crecía dentro de mi cabeza, de mi corazón y de mi espíritu. Mi esposo trabajaba mucho y cuando llegaba en la noche yo estaba dormida. La excusa era que la niña se despertaba de madrugada, quizás él sabía que yo había bebido, pero no tenía ni idea del entrampamiento en que estaba metida por el alcohol.

Cuando mi bebé tenía poco más de dos años, no sé bien cómo pude parar de beber. Quizás fue por que mi cuñado entró en Alcohólicos Anónimos y eso me aterrorizó, pues yo no quería terminar ahí. Quizás fue porque una tía se enfermó de gravedad y su prognosis era muy seria; pensamos que se moría y en la familia comenzamos a rezar con desesperación, en grupos de oración y por nosotros mismos. Yo ni me acordaba de beber, sólo la queríamos ayudar. El milagro de su recuperación se dio y es posible que el milagro de que mi obsesión por beber se haya ido, también ocurriera en ese momento.

No sé qué fue en realidad, pero desde ese momento paré de beber. Quizás socialmente bebía pero nunca en casa sola, jamás. Me pude aliviar de tener que beber, pude romper con el patrón de beber todos los días. Sin embargo, ser una borracha seca me llevó adonde estaba antes; mis resentimientos y mis miedos siempre estuvieron ahí y yo no sabía cómo lidiar con ellos.

En 1995, compramos una casita en la playa y allí, una cerveza fría era muy normal para todos. Dos o tres por la mañana y dos o tres por la tarde. Recibíamos amigos y siempre bebían y con las comidas, vino por supuesto. Al principio no hubo problemas pero, lenta pero segura, la progresión de mi enfermedad comenzó.

Comencé nuevamente a beber por las tardes en mi casa, luego de regresar del trabajo o de las clases de piano o de baile de mi hija. En ocasiones, la niña me preguntaba qué era lo que estaba tomando, y siempre le mentía. Una vez probó de mi vaso de vino tinto y le dije que era jugo de uvas pero que se había dañado y lo boté por el fregadero. Entonces me serví otro vaso de vino a escondidas (mi saco de culpas y secretos me volvió a acompañar). Las botellas en mi casa comenzaron a vaciarse o a desaparecer. Cuando mi esposo preguntaba, tenía que mentir. Comencé a llenar las botellas con agua; a veces era muy difícil hacerlo y estaba hasta una hora llenando una botella vacía con agua. Verdaderamente ya no tenía sano juicio. En ocasiones iba al supermercado a reponer una botella que me había bebido el día anterior, pero al llegar a mi casa me la bebía otra vez. Era un círculo vicioso del que no sabía cómo salir. La enfermedad continuó progresando, cada vez comenzaba a beber más temprano, tan pronto salía de trabajar. Iba borracha a recoger a mi hija a la escuela, así la llevaba a sus clases de baile y yo cargaba en secreto con más culpa y vergüenza, que me hacían beber más. Me prometía a mí misma que no iba a beber ese día, pues mi hija tenía clases de piano, pero bebía igual. Yo tenía mis vasos de vino escondidos en diferentes lugares de la casa, gabinetes de cocina, gabinetes del baño, debajo de la computadora, dentro del maletín de mi trabajo, dentro de los cestos de papel, por todos lados, de manera que podía beber a escondidas en cualquier parte de la casa. Continuaba prometiéndome a mí y a Dios que no iba a beber más pero no pude cumplir ni una de estas promesas. Cada vez la culpa era mayor.

En la casa de la playa, comencé a beber más pues me levantaba temprano, a las seis de la mañana, y con cerveza o trago en mano, comenzaba a hacer la limpieza de la casa. Mantenía siempre una botella grande de vinagre blanco, detrás del vinagre en uso, esta botella estaba llena de vodka de manera que cada vez que fuese a la cocina podía aumentar o mantener la "nota" que quizás había comenzado con un par de cervezas frente a la visita. Si me sentía demasiado borracha, comía algo y seguía bebiendo.

Hablé con mi esposo y decidimos entre los dos sacar toda la bebida de la casa. Él lo hizo, no había bebida en casa, pero yo tenía que beber y como hay supermercados por todas partes, era fácil parar en alguno para comprar vino todos los días. Siempre teniendo el cuidado de no ir al mismo supermercado dos días consecutivos. La progresión continuó, había veces en que me quedaba dormida a la hora de ir a buscar a mi hija a la escuela. Ella llamaba a casa por teléfono y yo no oía el timbre, mi esposo tenía que salir de la oficina para ir a recogerla a la escuela para luego encontrarme dormida en mi casa. Ella se asustaba pues pensaba que algo me había sucedido. Yo siempre les decía que estaba muy cansada pues me levantaba muy temprano para ir a trabajar.

La culpa y los secretos aumentaban cada día. Verdaderamente me quería morir. Llegó el tiempo en que tenía que salir por la tarde, a las cinco, a comprar una segunda botella de vino. Entonces decidí comprar medio galón de vino a la una para no tener que volver a salir a comprar. La progresión continuó y llegó el momento en que, o me bebía el vino de cocinar o salía como fuera a comprar otra botella de vino, pues tenía que beber hasta la inconsciencia.

Me sentía muy temerosa de Dios y sabía que él me iba a castigar por ser una mala persona, mentirosa, sin voluntad, completamente imposible de confiar, y que merecía un castigo. Me convertí en una hipocondríaca, pero seguí bebiendo.

Un viernes por la noche, en el año 2000, llevé a mi hija y algunas amigas a una fiesta. Cuando volví a mi casa me fue imposible recordar dónde era la fiesta ni cómo había regresado a mi casa. Me asusté tanto que decidí hacer algo. Fui a una reunión de Alcohólicos Anónimos la semana siguiente; me encontré allí con un montón de caballeros hablando de cosas que me recordaban a mi esposo. No me sentí bien allí; no volví.

Vendimos la casa de la playa y los fines de semana prefería que mi esposo trabajara o saliera con la niña de compras o a las reuniones sociales a las que nos invitaban. Yo no iba a las fiestas ni a las reuniones familiares porque no quería beber ni estar entre gente bebiendo. Mi esposo entendía, y se iba con mi hija. Cada vez que salían de la casa, yo esperaba un par de minutos y me iba al supermercado. Continué bebiendo y traté de hacer una serie de cosas para ver si me ayudaban a romper el patrón establecido: trabajo, supermercado, beber, dormir, ésa era mi vida.

Me matriculé en un gimnasio para ir al salir del trabajo. No funcionó, dejé de ir. Decidí hacer una dieta con mi hija, pensando que el reto de rebajar de peso me podía ayudar. No funcionó. Fui a la librería y compré el Libro Grande de A.A., el libro *Reflexiones Diarias* y el "Doce y Doce". Yo sabía que A.A. funcionaba; mi cuñado, en doce años, era otra persona. Pero mis secretos eran muy secretos. Yo no podía ir a reuniones. Tampoco funcionó.

Continué bebiendo diariamente hasta la inconsciencia. Todos los días tenía amnesia alcohólica y ni sabía qué cociné, cómo lo hice, ni quién comió ni cuándo. Sólo estaba en casa, aislada de mi hija, en mi propio mundo con mi saco de secretos.

Mi hija sabía que yo bebía pero ya no encontraba los

vasos escondidos. Yo sé que ella notaba que yo estaba bebiendo pues si me hacía alguna pregunta sobre sus tareas y yo abría la boca, inmediatamente su expresión facial cambiaba y se notaba su frustración, su desilusión y su tristeza. Dejó de pedirme ayuda con su tarea y me sentí mejor pues así podía estar más aislada con mi botella.

En este punto mi vida no podía ser más miserable; me sentía muy mal, avergonzada, culpable y aterrada. No sabía qué hacer. No tenía deseos de seguir viviendo y bebiendo pero no sabía cómo vivir sin beber. Me acostumbré a esa vida, pensar en la bebida, beber, emborracharme.

En verdad, no sé cómo me vino la idea de volver a A.A., lejos de casa, al mediodía. Pensé que podía encontrar mujeres en esa reunión. Llegué al grupo con otra actitud, me sentía completamente derrotada y lloré durante toda la reunión. Era una reunión de principiantes. No creo que fuera por coincidencia, había nueve mujeres allí ese día, algunos varones, y todos comenzaron a hablar de ellos mismos, de lo que es el alcoholismo y el programa de A.A. Era mucho para entenderlo todo en una hora pero sí entendí que las reuniones eran importantes. Me dieron una moneda de 24 horas y muchos números de teléfono. Salí de allí y me fui a comprar mi botella. Continué asistiendo a las reuniones todos los días y tuve el valor de decir que había bebido cada vez que lo hacía. Nadie me dijo nada más que "sigue viniendo". Conseguí una madrina y comencé a leer el Libro Grande. No estaba bebiendo todos los días pero si pasaba por algún sitio donde vendieran vino lo compraba y me lo bebía. Comencé a visitar otros grupos y me conseguí una segunda madrina. Con la primera insistí en comenzar a practicar los Pasos y la segunda me ayudó a llegar a mi casa hablando por teléfono y sin detenerme a comprar vino.

Cuando llegaba a mi casa de mi trabajo iba directamente a la cama. Mi hija, de quince años entonces, cocinaba, atendía a los perros y me ayudaba en la casa pues yo no podía hacer nada sin beber. Yo me quedaba acostada hasta que llegaba el momento de ir a la reunión por la noche. Mi esposo me llevaba a la reunión y luego me traía a casa. Y así pasaban mis 24 horas sin beber. Yo iba a mi trabajo pero en casa no podía hacer nada. Por lo tanto, allí me quedaba, en la cama, esperando la reunión, la hora de ir a trabajar, las próximas 24 horas.

Entendí sin dificultad que yo soy impotente ante el alcohol (ya lo sabía) y que mi vida era ingobernable. Mi último trago fue un día del año 2002. Comenzaron a pasar los días y yo no estaba bebiendo, no funcionaba bien, pero no tenía que beber. Cuando me dijeron que sólo un poder superior a mí podría devolverme el sano juicio, tuve que volver a pensar en Dios. ¿Qué iba a hacer Él por mí? Tenía que estar enojado conmigo por todas las cosas que yo había hecho y por todo lo que herí a mi hija. Me dijeron en A.A. que me imaginara un Dios distinto al que conocía, que lo creara como yo quería que Él fuera. Decidí que Él no es un castigador ni un justiciero; Él es, para mí, un padre perfecto lleno de amor hacia sus hijos, lleno de perdón, sin sentimientos de venganza, sin resentimientos, capaz de perdonar a su hijo, no importa lo que haya sucedido. Ése es Dios como yo lo concibo. ¿Sano juicio? Hace tiempo que lo había perdido.

El Tercer Paso fue para mí el más importante. En este punto yo entendí que yo, como hija de Dios como yo lo concibo, fui creada por Él para ser una persona feliz. Entendí que sería una persona feliz si hago la voluntad de Él y no la mía. La mía me llevó a vivir de manera miserable y eso no es lo que Él quiere para mí. Su voluntad es que yo no beba. Entendí que soy una persona controladora que quiere hacer todo a su manera. Además, en el

Libro Grande se dice que el alcohol que yo bebía es un síntoma. ¡Eso sí que es verdad! Tuve que mirar dentro de mí. Comencé a entregar, todos los días, mi vida y mi voluntad al cuidado de Dios, a practicar los Pasos de recuperación y a mantenerme sobria un día a la vez. Cada día se me hacía más fácil que el día anterior.

Poco a poco, comencé a recuperar mi fe, mi esperanza y mi dignidad. Hoy sé lo que hice ayer y el día anterior, no tengo secretos, no tengo culpas ni me avergüenzo de nada. Hoy me respeto a mí misma, he vuelto a confiar en mí misma, el alcohol no controla mi vida y eso es un milagro. Se me quitó la obsesión y no necesito beber para vivir, siempre que no me tome el primer trago. Ahora tengo a Dios como yo lo concibo y tengo a A.A. No vivo en soledad.

Hoy estoy viva, no soy ni mejor ni peor que otro ser humano, quepo en mi piel y me puedo mirar en el espejo. Hoy mi hija es mi mejor amiga, me quiere y me respeta. Hoy quiero vivir, mi vida no es miserable. Tampoco la vida es fácil, ni los problemas desaparecieron, pero con fe, el programa de 24 horas, mis madrinas y mis amigos de A.A., no me siento nunca sola. Puedo lidiar con mis miedos y evitar los resentimientos que tanto daño me hacen. Hoy soy una persona mucho mejor que la que era y trato de vivir la vida como se presenta. Todo esto lo he logrado porque un día llegué a creer que A.A. podría funcionar para mí también.

(3)

LA DIGNIDAD RECOBRADA

Creía haber superado el problema que tenía con la bebida en su juventud y que podía dejar de tomar cuando quisiera, pero cada contacto que tuvo con el alcohol le convirtió en otro ser.

LLEGUÉ AL PAÍS en el que vivo buscando una mejor posición económica. Me instalé con un tío mío que residía aquí desde hacía algo más de treinta años. Mi sueño, como el de muchos inmigrantes, era el de conseguir algún dinero y volver a mi tierra natal para comenzar un negocio. Al salir de mi país pensaba que mi único problema era el ser pobre, pero viviendo fuera me di cuenta de que mi mayor problema era el alcoholismo.

Inicié muy joven mi carrera alcohólica. A la edad de ocho o nueve años ya había probado el alcohol. Vengo de una familia con un padre alcohólico y una madre neurótica. Me gustaba la forma en que mi padre bebía el aguardiente. Me fascinaban los gestos que hacía al ingerir cada copa y me encantaba como ningún otro olor, el aroma del alcohol. Puedo decir que inicié mi alcoholismo por el ejemplo de mi padre. Yo quería ser como él, quería tomar como él, quería hacer los gestos que él hacía, y por supuesto quería oler como él. Comencé a beber de los sobrados de mi padre, cuando él llegaba borracho le gustaba que yo lo acompañara hasta que se acababa la botella que traía. A mí también me gustaba acompañarlo, puesto que le prendía los cigarrillos y en muchas ocasiones me los fumaba enteros porque él, de lo

300

borracho que estaba, no podía ni fumar. Cuando mi padre se levantaba para ir al baño yo aprovechaba la ocasión y brindaba solo, tomándome varios aguardientes. Me gustó el alcohol, me fascinaba el efecto y me encantaba el olor. En muchas ocasiones presumía ante mis amigos de que yo era una persona grande porque me emborrachaba con mi papá. Desgraciadamente para todos en nuestro hogar, la situación empeoraba conforme pasaba el tiempo. El alcoholismo de mi padre y el mío avanzaban a pasos agigantados. La situación se volvía caótica y yo me refugiaba cada vez más en el alcohol. Yo ya no sólo tomaba con mi padre, sino que empecé a frecuentar las tiendas donde se vendía alcohol y comencé a entablar amistades con bebedores, en su mayoría mayores que yo. A la edad de trece o catorce años, ya experimentaba fugas geográficas, lagunas mentales y borracheras de dos o tres días consecutivos. En muchas ocasiones, después de una borrachera, no me acordaba de lo que había hecho la noche anterior. A la edad de diecisiete años abandoné completamente mis estudios y mi vida se volvió ingobernable. Llegué hasta el extremo de robar para poder comprar bebidas alcohólicas. A mi madre le sacaba dinero de la cartera y, cuando no encontraba dinero, sacaba cosas de la casa para empeñarlas. Los conflictos con mi padre eran cada vez peores, hasta el punto que nuestra relación ya no era de padre e hijo, sino de enemigo a enemigo. Recuerdo que en una ocasión llegó mi padre borracho a reclamarme diciéndome que yo era un vago, un sinvergüenza, que ni trabajaba ni estudiaba. En esa ocasión, como en muchas ocasiones más, me echó de la casa y me dijo que no quería volver a verme. Mi madre intervino en mi favor y él, ofuscado, la golpeó. Yo no pude contenerme y me abalancé contra él, golpeándolo salvajemente. Esa noche me fui a beber y no volví a casa hasta después de varios días. Siempre que volvía a casa, llegaba hecho un pordiosero, con hambre, sucio y alcoholizado. Mi alcoholismo llegó hasta la fase crónica en mis años de juventud. Bebía sin importarme lo que fuera a pasar; continuamente me temblaban las manos por el exceso de alcohol en mi cuerpo y siempre estaba preocupado por cómo conseguir un trago de aguardiente o una cerveza. Los vecinos y la misma familia me esquivaban, porque cuando me emborrachaba no sabían cómo iba a actuar. Algunas veces me dormía pero la mayoría del tiempo, perdía el control y me volvía violento. Era lo que se puede decir un borracho problema. En los momentos de lucidez añoraba una vida diferente, quería que todo fuera diferente, pero no podía dejar de tomar. No pasaba un fin de semana sin que no me emborrachara. Desesperado de mi situación, siempre buscaba culpables, y justificaba mi forma de beber, diciendo que yo era el incomprendido y que gran culpa de mi situación la tenían mis padres. Cansado del maltrato de mis padres y preocupado porque mis borracheras eran más prolongadas, decidí alejarme del ambiente familiar y me enlisté en el ejército. Los tres primeros meses los pasé encerrado en un cuartel. Esos tres meses me ayudaron mucho, puesto que me desintoxiqué un poco. Otra gran ayuda para desintoxicarme fue el intenso entrenamiento y mi larga estadía en las selvas. Fui parte del ejército dieciocho meses, meses en los que pocas veces me emborraché. Como dejé de tomar por meses, pensé que ya me había curado del alcoholismo. Pero cuál no fue mi sorpresa al ver que, cuando comencé a beber nuevamente, mis borracheras eran aún más severas que antes de irme al ejército. Un mes de octubre salí del ejército y ya para diciembre del mismo año estaba nuevamente alcoholizado. Ese diciembre lo recuerdo como uno de los meses más críticos de mi carrera alcohólica. Durante ese mes tomé casi todos los días, hasta el punto que me intoxiqué. Por esos días mi madre se enfermó gravemente de diabetes, y creo que parte de su enfermedad fue por mi manera de beber. Afortunadamente salió de la crisis y pudimos viajar a otro país.

En el nuevo país no he conseguido mi sueño de volverme millonario económicamente, pero sí conseguí una gran riqueza que no la cambiaría por todo el dinero de este mundo, la bendita sobriedad. Pisé por primera vez un grupo de Alcohólicos Anónimos en 1997, a los treinta años de edad y, desde ese día, no he vuelto a ingerir ninguna bebida alcohólica. Desde mi llegada a este país han pasado muchas cosas en mi vida. En un principio pude dejar la bebida algunos meses, puesto que yo creía que lo que me hacía tomar eran las malas amistades y el maltrato de mis padres. Pero me di cuenta de que el borracho, es borracho aquí y en cualquier parte del mundo.

Conseguí un trabajo en una cadena de comida rápida y comencé una vez más a relacionarme con bebedores. Me fascinó el tequilita y desde el momento en que lo probé y hasta mi llegada a Alcohólicos Anónimos fue mi compañero inseparable. Mi tío, con quien vivía, detectó mi problema del alcoholismo desde un principio y, en cierta forma, fue gracias a él que yo me decidí a pedir ayuda para dejar de beber. La muerte de mi tío a una temprana edad, a consecuencia del alcohol, hizo que meses después de su partida yo decidiera, de una vez por todas, buscar un grupo de A.A. Mi tío nunca perteneció a A.A., pero tenía un gran conocimiento de la enfermedad del alcoholismo, puesto que desde un principio me dijo que esta enfermedad era hereditaria y que desafortunadamente yo la había heredado también. En 1994 contraje matrimonio con una gran mujer, hermosa e inteligente a la vez. En un principio fue fácil esconderle mi problema del alcohol, puesto que por esos años podía mantenerme sin beber por varios meses. Nuestro corto noviazgo impidió que ella se percatara de mi grave problema, y fue así como nos casamos sin muchos inconvenientes. En un principio todo fue una luna de miel, pero cuando comencé a tomar, comenzó la pesadilla. Yo veía que después de prolongados meses de sobriedad, cuando empezaba a tomar de nuevo, eran peores las borracheras. En realidad fueron muy pocas las borracheras de 1994 a 1997, pero fueron las suficientes para recapacitar sobre mi enfermedad del alcoholismo y sobre cómo, cada vez que tenía contacto con el alcohol, mi mente se transformaba y me convertía en otro ser. En cada borrachera de éstas, el sufrimiento de la resaca era cada vez peor, con delirios de persecución y una tembladera constante. Sin darme cuenta, la pesadilla alcohólica que viví en mis años de juventud la estaba reviviendo nuevamente.

Mi última borrachera fue en 1997. En esta borrachera tuve una gran laguna mental que me impidió recordar muchas cosas desagradables, que mi esposa sin ningún problema y muy enojada me recordó. Una de esas locuras fue el haber manejado completamente ebrio. Al escuchar de boca de mi esposa mis locuras por causa del alcohol, y al ver cómo mi vida se volvía nuevamente ingobernable, decidí buscar ayuda y la encontré en Alcohólicos Anónimos. Un grupo me dio la bienvenida y gracias a todos los compañeros que, noche a noche, con sus experiencias y sugerencias, me recordaban muchas de las verdades que mi tío alguna vez me dijo, he podido dejar de beber. La primera sugerencia fue que, por los tres primeros meses, asistiera todos los días a mis reuniones, cosa que hice, y fue así como un día tuve las agallas de declarar en tribuna las siguientes palabras que cambiaron mi vida por completo: *"soy alcohólico"*.

Admitir que era alcohólico fue lo más difícil para mí. Aun sabiendo que tenía problemas con mi manera de beber, yo pensaba que no era alcohólico, puesto que creía que el alcohólico era aquel que ya lo había perdido todo y no tenía ni dónde dormir. Aprendí que el alcoholismo es una enfermedad incurable y que la única forma para poder alcanzar la sobriedad es decirle "no" a esa primera copa, y tratar de poner en práctica los Doce Pasos sugeridos de Alcohólicos Anónimos como programa de recuperación. El poner en práctica el programa de recuperación no fue nada fácil, especialmente cuando tuve que admitir que sólo Dios podría devolverme el sano juicio. Al llegar a este Paso hubo un conflicto dentro de mi ser, puesto que yo me engañaba al pensar que podía dejar de tomar cuando quisiera. Mi defensa era que yo era un ser libre y que nada ni nadie me obligaba a tomar y que nada ni nadie me obligaba a parar de tomar. Pero lo que no quería reconocer era que, cuando comenzaba a beber, no podía parar. El admitir que hay un Dios todopoderoso, me ayudó a ser consciente de mi enfermedad alcohólica. Pude entender, en este Paso, que tengo que pedirle a Dios, no que me ayude a parar cuando tenga que parar, sino que me ayude a no comenzar, es decir a no tomarme esa primera copa. Y es así como, desde un inicio dentro de A.A., todas las mañanas, por sugerencia de mi padrino, le pido a Dios que me aleje de toda tentación y que me dé la fuerza de decir "no" a esa primera copa, al mismo tiempo que me comprometo conmigo mismo y con Dios a no beber las próximas 24 horas. Puedo decir que el éxito de mi sobriedad hasta este momento radica en este sencillo ritual diario y, de 24 horas en 24 horas, se van sumando semanas, meses y años. Ya voy sumando casi ocho años de sobriedad.

Hoy puedo decir que la historia de mi vida se divide en dos partes; antes de Alcohólicos Anónimos y después de Alcohólicos Anónimos. Antes de A.A. yo era un ser que no enfrentaba la vida y sus problemas, siempre huía y me refugiaba en el alcohol. Hoy en día soy una persona que no necesita el alcohol para enfrentar los problemas del diario vivir. Trato de solucionarlos de la mejor manera posible, siempre acudiendo a mi Poder Superior a través de la oración. Gracias al alcohol perdí la vergüenza y los mejores días de mi juventud, ya que preferí el aguardiente y la cerveza al estudio. Gracias a Alcohólicos Anónimos recobré mi dignidad como ser humano y Dios me dio nuevamente la oportunidad de regresar a mis estudios. Una vez en A.A. decidí recobrar el tiempo perdido y tuve la dicha de graduarme, no una, sino tres veces. En estos momentos digo orgulloso que soy un miembro más de Alcohólicos Anónimos. A.A. me devolvió la fe en mí mismo. Estoy plenamente convencido de que A.A. no es sólo para dejar de tomar. A.A. es para vivir una vida mejor. Es por eso que sigo asistiendo a mis reuniones. Asisto a grupos de A.A. para no olvidar que soy alcohólico y recuerdo que parte de mi recuperación es pasar el mensaje al alcohólico que aún está sufriendo. Si crees tener problemas con tu manera de beber y quieres una vida mejor, no lo pienses dos veces: Alcohólicos Anónimos es la solución.

(4)

NACIDA DE LUTO

Tras años de búsqueda, diversas carreras y residencias en tres continentes, se dejó, sin saberlo, guiar por el temor. A los cincuenta años se encontró en el principio de su vida.

DE NIÑA vivía con mi hermana y mis dos hermanos —los tres eran bastante mayores que yo—, mis padres y mis abuelos maternos. Ocupábamos una casa que habían construido mis bisabuelos. Mi bisabuela vivió con mi familia hasta su muerte, la cual ocurrió una semana antes de nacer yo. Es como si yo hubiera nacido de luto.

Empecé a abusar del alcohol a los once años cuando en una Nochevieja mi cuñado subió a mi cuarto y me dio un vaso de champán. Por miedo, vergüenza, y curiosidad, lo tomé entero. Me gustó y me quitó el miedo de él que yo tenía. Pero él sí se asustó, al ver la facilidad con que yo tragaba con tan poca edad. Seguro que él pensaba que me iba a poner enferma pero, después de aquella noche, pasé muchos años tomando todo tipo de bebidas alcohólicas sin sentir ni mareo ni náusea.

Poco después de tomar mi primer vaso de champán aquella noche, comencé a buscar compañeros que podían conseguir alcohol. No solía asistir a las fiestas de los chicos de mi edad, ya que no había nada ahí que me interesara, ni tampoco iba a los bailes sin haber tomado "algo" primero. Con dieciocho años, mi vida había alcanzado un estado de apatía. No me importaba ni mi familia, ni mis estudios, ni mis compañeros. Decidí viajar a otro país porque yo creía que si cambiaba de sitio, cambiaría también de actitud. ¡Vaya error! La verdad es que allí bebía más que nunca, ya que en aquellos tiempos no existían tabúes acerca del alcohol en gran parte del país a donde fui. Se tomaba a cualquier hora y con cualquier edad. Los "jóvenes", es decir, más jóvenes que yo, tomaban cervecitas o vino con gaseosa. Los "mayores de edad", como yo, tomábamos vermú por la mañana, cervezas o sangría con la comida, y cubatas o whiskey en las discotecas. Pero hoy día sé que éramos tan solo los *mayores alcohólicos* los que tomábamos así.

Mucho antes de mi huida, mi hermano mayor demostraba problemas mentales que no eran diagnosticados por ningún médico. Mi familia ignoraba el problema, con la consecuencia de que él abusaba de sus hermanos, más que nada de mí, por ser la más pequeña. Sin embargo, yo lo quería mucho, y cuando por fin se marchó de casa, yo me sentí muy sola. *Me había acostumbrado a su tratamiento.* Cuando él volvía a casa de visita, siempre me traía algún regalo y me solía llevar a sitios divertidos como el parque, a comer helados, etc. Con trece años, empezaba a comprarme alcohol porque, más que nada, eso era lo que yo deseaba. Me daba también marihuana y otras drogas, pero yo siempre prefería tomar vino. Compartía lo demás con los amigos del colegio y me servía para hacerme muy popular.

Con catorce años me hice amiga íntima de una joven cuya familia se vino a vivir a la casa de al lado de la mía. Ella no bebía alcohol jamás, ni tenía ganas de probarlo. Su padrastro era alcohólico y ella y su madre habían sufrido una barbaridad a manos de él. Más tarde me enteré de que aquel señor era miembro de A.A., y que intentaba mantener su sobriedad un día a la vez. Mi amiga y su madre asistían a reuniones de Al-Anon en aquellos días.

Como nuestras casas se ubicaban en un barrio urbano bastante pobre y los padres de mi amiga tenían miedo de las malas influencias que existían allí, se mudaron a las afueras de la ciudad y yo tenía que desplazarme más para visitarla. Después de una operación muy grave que tuvo su madre, mientras ésta se recuperaba en el hospital, el padrastro de mi amiga se volvió a emborrachar. Entonces me di cuenta de la seriedad del problema que él tenía. Pero todavía no sabía que el alcoholismo era una enfermedad. También en aquellos tiempos mi cuñado y mi hermano estaban drogándose mucho y tratando de involucrarnos a mi amiga y a mí en su vida de drogas, alcohol y otros vicios. En algunas ocasiones aceptábamos la oferta — en otras no.

Como mi amiga era muy guapa y cariñosa, ella no tuvo ninguna dificultad en echarse novio. Parecía que ella tenía su vida solucionada con él. Pero yo me volví a sentir muy sola, y empecé a frecuentar las tabernas de la ciudad ya que aparentaba tener la edad suficiente para beber. Bebía sin problema; todavía no me enfermaba apenas. Al cabo de poco tiempo, yo no sabía vivir sin mi "medicamento". Trabajaba en una botica y cada tarde al cerrar el negocio me iba directamente al bar a tomar cerveza hasta la hora de cerrar. En los bares y tabernas yo siempre estaba rodeada de gente —bailando, riendo; sin embargo, me seguía sintiendo muy sola— más sola que nunca.

Entonces fue cuando decidí marcharme a Europa. En mi colegio ofrecían estudios de ultramar en un instituto internacional, y la idea de colocarme tan lejos de mis problemas y querellas me seducía. En aquellos tiempos mis padres se habían metido en un negocio con otro hermano mío y no prestaban atención a lo que hacía yo. Así que me despedí de mi trabajo, agarré el dinero que me habían regalado en mis "quince" y me escapé de mi vida o, por lo menos, así pensaba.

El colegio me colocó en un dormitorio con una chica norteamericana de veintiún años de edad… ¡que bebía con el mismo entusiasmo que yo! El primer día en la ciudad nos emborrachamos con sangría y casi destrozamos nuestra alcoba. Así siguió nuestra vida diaria hasta que unas semanas más tarde las dos estuvimos a punto de suspender el curso. La diferencia entre ella y yo era que cuando ella se vio con problemas algo serios, dejó de tomar diariamente y se puso a estudiar y cumplir con las obligaciones colegiales. Yo, en cambio, dejé el colegio y me fui con un nuevo amigo a la costa.

Regresé a la ciudad y, cuando se me acabó el dinero, volví a América y me puse otra vez a trabajar dando clases para ganar dinero y poder volver a Europa. Pero esta vez me llevé a mi amiga, que ya había roto con su novio. En Europa las dos buscamos trabajo, pero debido a que ella no manejaba tan bien el idioma, la única que conseguí trabajo fui yo — en una academia bilingüe. Mi amiga limpiaba nuestro apartamento, preparaba la comida, hacía la compra, y lavaba la ropa.

Al principio me divertía mucho enseñándole los museos, los parques y los otros sitios de interés de la ciudad, pero al poco empecé a no volver a casa después del trabajo. Pasaba primero por el bar o la taberna para tomarme un par de copas, que siempre llegaban a ser muchas más. Algunas noches yo no aparecía en casa hasta la madrugada, donde solía encontrar a mi compañera transpuesta en el sofá, con un cigarrillo medio fumado entre sus dedos. Por las mañanas o reñíamos o no nos hablábamos en absoluto. Ella reconocía quizás mi comportamiento alcohólico por haber vivido tantos años con su padrastro.

Las cosas fueron de mal a peor. Una mañana, anticipando que ella iba a enfadarse por mi costumbre de pasar por el bar después del trabajo, inventé una mentira. Le conté que tenía que asistir a una reunión de la escuela. Pero una colega mía le contó que no había ninguna reunión y terminamos discutiendo de todos modos. Como yo era quien ganaba el dinero en la casa, tenía todo el poder. Le dije que consiguiera trabajo… o la iba a mandar otra vez a su casa.

Era casi imposible encontrar trabajo en aquella época, así que mi pobre amiga se vio obligada a marcharse. Hasta hoy mismo tengo la imagen de su rostro grabada en mi mente en el momento que la metí en un taxi rumbo al aeropuerto. Ni siquiera nos abrazamos. Fue la última vez que la vi. Unos meses después de volver con sus padres, con tan solo veinte años de edad, se murió de repente, víctima de una hemorragia cerebral.

Al enterarme de la muerte de mi amiga, me puse a beber como nunca. Durante siete u ocho semanas, todas las noches me quedaba hasta las tantas en los bares —o algunas veces en casa— bebiendo whiskey. Por las mañanas, lo primero que hacía antes del trabajo era fumarme un cigarrillo y tomarme un vermú para remediar el malestar de cabeza y de estómago. Algunas veces, a media mañana, me quedaba dormida en clase con la cabeza encima de la mesa. Los niños me tenían que despertar. ¡Mejor ellos que la directora de la escuela, pensaba yo!

Una noche de fin de semana, me quedé hasta aún más tarde que de costumbre. Me junté con unos hombres en el bar de un hotel prestigioso. Los hombres estaban en viaje de negocios y no sabían bien las costumbres del país, así que yo me encargué de enseñarles las palabrotas. Un señor y su esposa, huéspedes del hotel, me imagino, se ofendieron al oír el lenguaje que usaba yo en mi borrachera. Me tomaron por prostituta y reclamaron a la administración del hotel. El dueño del establecimiento pidió a mis compañeros que me acompañaran fuera del hotel. Menos mal que yo no me di cuenta enseguida de lo que estaba ocurriendo, o seguro que hubiera terminado en la cárcel aquella noche. Yo tenía mi orgullo; a mí nadie me iba a echar de ningún sitio. ¡Yo era profesora de una de las academias más prestigiosas de la ciudad!

Aquella misma noche, yo iba por las calles de la ciudad, rumbo a casa, pero sin ningún deseo de llegar allí. Un amigo mío, el mismo que había hecho el viaje conmigo dos años antes, me encontró y me llevó a casa. Aquella noche me puse de rodillas y recé en voz alta a Dios que me ayudara. No: ¡que me *obligara* a no beber más! Al día siguiente, no tenía ningún deseo de tomar la copita de costumbre antes del trabajo. Aquella tarde no fui al bar, ni me quedé en casa bebiendo. Pero, a partir de aquella noche, empecé a caminar por la ciudad buscando algo. Entraba en tiendas; tomaba café sola, observando a la gente, fijándome en las familias que a mí me parecían felices, y decidí volver a estar con la mía. En cuanto pude encontrar y capacitar a una maestra para encargarse de mis clases, me marché otra vez a mi país de origen.

Me gustaría decir que mi historia con el alcohol termina ahí. Yo sabía que un Poder Superior me había quitado la compulsión de beber, pero no encontré la comunidad y la ayuda de A.A. hasta veinte años más tarde. El amigo que me ayudó a llegar a casa aquella noche en que me echaron del hotel se mudó a otro país para trabajar y me escribió una carta pidiendo que me casara con él. Como yo lo consideraba mi ángel de la guarda, ya que me había "salvado" de mí misma aquella noche, acepté su proposición y me mudé a Centroamérica. *Yo no tenía nada mejor.* Al llegar a mi país el mes anterior, encontré que la situación en mi familia tenía un efecto tóxico para mí. Decidí viajar a Centroamérica para casarme — volví a tomar el *remedio geográfico* tan sintomático de nuestra enfermedad.

En Centroamérica no bebí. Pero me "emborrachaba" mucho con contar la historia, a quien la escuchara, de la forma en que Dios me había quitado la compulsión de beber. Presumía mucho de ello, pero no me acuerdo de haber sentido nada de gratitud, solamente orgullo y superioridad.

A mi nuevo marido se le acabaron pronto los deseos de vivir en Centroamérica y decidió que nos mudáramos a mi ciudad natal, donde mi familia le daría trabajo en su nueva empresa.

Después de volver, empecé a visitar otra vez los bares mientras mi marido trabajaba. Una noche él sospechó que yo había estado bebiendo y reñimos tanto que yo temí por mi vida. Para apaciguarlo tuve relaciones sexuales con él. Esa noche me quedé embarazada.

Tuve la buena suerte de que los malestares típicos del embarazo también hacían que no tuviera deseos de tomar alcohol. Estuve durante todo el embarazo y el período de dar el pecho sin beber. Pero unas semanas después de dejar de dar de mamar, me entraron nuevas ganas de tomar. Los nervios que producía el ser madre, con todas las responsabilidades que *yo me imaginaba* eran solamente mías, ya que no me fiaba de nadie, me causaban deseos de tomar otra vez alcohol. Lástima que por entonces no sabía que en los salones de A.A. se reunían madres iguales que yo. Ellas sabían lo que era vivir una vida cotidiana, con todas sus responsabilidades adultas, sin tener que "medicarse" con el alcohol.

Durante la crianza de mi hija, intenté muchas veces dejar de beber. Estuve algunas veces *meses enteros* sin tomar, pero no tenía a una comunidad de gente que me apoyara. Pasé muchos años criando a mi hija y siendo la mejor esposa que supe ser. Pero el papel de esposa y ama de casa —por muy bien que lo desempeñara— me daba poca satisfacción. Cuando mi hija tuvo edad suficiente para estar sin mí, trabajando, saliendo con sus amigos, yo me encontraba con una casa muy limpia y un corazón muy vacío. Mi marido y yo no teníamos nada en común. Así que volví a la botella con más fuerza que nunca.

Viendo mi desolación, una amiga me persuadió para ir a consultar a una terapeuta. Con esta profesional descubrí que, empezando en mi niñez, siempre había dejado que el miedo me guiara. Había permitido siempre que mis hermanos y otros familiares mayores me impidiesen que yo fuera quien necesitaba ser para mi propia auto actualización, salud y bienestar emocional y mental. Después de mis sesiones con la terapeuta, iba directo al bar a "pensar y analizar" todo lo que habíamos hablado y descubierto juntas. Pronto, iba a darme cuenta de que el alcohol era tan sólo un síntoma de mi problema. Mi problema verdadero era yo — el *yo* que mostraba al mundo y el *yo* que ocultaba del mundo.

Unas semanas después de empezar a investigar mi pasado y todos los secretos escondidos en él, le tuvieron que sacar cuatro muelas impactadas a mi hija, y a mí me tocó quedarme en casa con ella después de su operación y darle su comida y sus medicamentos. Durante esos tres días y medio no pude ir a los bares. Empezaban a temblarme los dedos de las manos y entonces reconocí lo muy grave que era mi situación. Cuando ella se recuperó lo suficiente para estar sola en casa (mi marido siempre estaba trabajando) fui enseguida rumbo al bar. Pero el automóvil me llevó a otro sitio: ¡a una reunión de Alcohólicos Anónimos! Hoy día comprendo que no fue el coche el que me llevó, sino mi Poder Superior.

En la reunión —mi primera reunión fue sólo para mujeres— me encontré como en casa. No conocía a ninguna de las que estaban ahí; sin embargo, me parecían todas hermanas. Éramos de mundos muy distintos, pero éramos todas iguales, con el mismo problema del alcoholismo. Nada más decir las palabras "soy alcohólica", sentí que se me quitaba un gran peso de encima y mi corazón empezó a llenarse de algo… algo que todavía no sabía definir ni describir.

Fui a diez reuniones aquella primera semana. Leí toda la literatura que pude: el Libro Grande de A.A., *Los Doce Pasos y Las Doce Tradiciones*, *Como lo Ve Bill*, etc. Usé como manual *Viviendo Sobrio*, ya que éste ofrece sugerencias simples sobre cómo vivir diariamente sin tener que volver a la botella. Pronto pedí a una mujer a quien yo había escuchado en las reuniones si le gustaría ser mi madrina, y aceptó. Con ella comencé a dar los primeros Pasos, que me conducirían a la vida que tengo hoy —una vida serena, sobria y hermosísima— mucho mejor de lo que me hubiera podido imaginar.

Es difícil describir las vueltas tan enormes que dio mi vida desde que me encontré a mí misma en Alcohólicos Anónimos. Lo que buscaba en los bares, lo encontré por fin donde menos lo esperaba, entre gente que se esforzaba por no tomar alcohol. Aquí he encontrado amigos, mentores, familia y hasta una compañera en la vida. Después de tres años de sobriedad, mi marido y yo nos separamos, ya que por fin acepté que soy lesbiana. Hoy día él vive muy feliz con su nueva pareja, y yo estoy sobria y feliz con la mía.

Trabajo mucho también en varios puestos de servicio en la Comunidad de Alcohólicos Anónimos, ya que sé que esto me ayuda mucho a mantener mi sobriedad.

Jamás pensé que la vida podía ser así — que la verdad me liberaría. Lo que intentaba ocultar durante años me hubiera terminado matando algún día ya que la enfermedad del alcoholismo no conoce límites. Sin embargo, con casi cincuenta años de andar por la tierra, estoy tan sólo en el principio de mi vida.

Hoy día, con ocho años de sobriedad, no siento orgullo ni superioridad, sino humildad, acompañada de muchísima gratitud.

(5)

MALO SI BEBÍA Y MALO SI NO…

"A los 21 años de edad…después de llevar seis años yendo a cuantos médicos me enviaban, después de buscarme enfermedades como VIH, lupus, metales en la sangre, lepra, una costilla flotante, cáncer y un mundo de cosas raras, fui sincera por primera vez en mi vida con un médico y le dije que consumía mucho licor…"

MI HISTORIA es igual a la de muchas mujeres alcohólicas, que no sabíamos que sufríamos de alcoholismo y cuando supimos que era una enfermedad, pensábamos que sólo les daba a los hombres.

Comencé a ingerir licor desde muy temprana edad. Más o menos cuando tenía seis años, en unas fiestas de fin de año, junto con mi hermano mayor me robé una bandeja que estaba lista para ser repartida con muchas copas de aguardiente y desde aquí comenzó mi carrera alcohólica. Solo que lo vine a saber cuando había entrado al programa de Alcohólicos Anónimos 20 años más tarde.

Yo iba aumentando en edad y en mi manera de consumir licor. Mientras estudiaba la primaria sólo consumía licor en las fiestas de fin de año, luego ya en la secundaria, veía con normalidad tomar vino y cerveza en los fines de semana, pero cada vez eran más frecuentes las ansias que mantenía por la bebida, se me iba despertando lo que llamamos la "tripa aguardentera". Éstas se recrudecieron más cuando salí de la universidad, allí pasé a tragos más fuertes. Cuando terminé mis estudios me salió la práctica en otra ciudad; era mucho más grande; tenía tres veces el número de habitantes de aquella pequeña ciudad en la que yo había nacido.

El mundo se abrió ante mis pies y me deslumbró, me había dado el permiso de tomar y hacer todo lo que se me antojara. Fui bebiendo cada día más y cada vez más cantidad, pero menos calidad. Pasé de tragos finos a tragos fuertes y baratos. Los fines de semana eran una fiesta para seguir con el elixir de la vida, la fórmula secreta de la alegría y el derroche. El rey alcohol fue ganando cada vez más la partida, me enlagunaba siempre que ingería alcohol, eran escasos los días en que recordaba todo lo que había hecho, los amigos ya no me invitaban a sus fiestas porque siempre formaba algún problema, me volví agresiva y violenta. Si alguien me hacía algún reclamo por mi forma de beber, lo agredía físicamente. Pero siempre encontré el ángel de la guarda que no me dejaba ni de noche, ni de día. Para este tiempo ya no sabía dónde estaba mi problema, porque con cinco cervezas ya estaba borracha, la lengua se me enredaba y todos mis movimientos se volvían lentos; para la sexta cerveza no recordaba nada. Aquí llegué al punto que mi vida se convirtió en un verdadero problema: Malo si bebía y malo si no lo hacía.

Antes de ingresar a Alcohólicos Anónimos, fui a un supermercado a comprarme una cadena y cuatro candados para amarrarme a la cama, todo el fin de semana, porque si lo lograba estaba segura de que no tomaría por lo menos en quince días o saldría victoriosa ese fin de semana. Pero no encontré lo que buscaba, porque las cadenas no las vendían soldadas como las necesitaba.

Luego llegó el fin de semana más desastroso del mundo porque me enloquecí de tanto beber y le rompí la cabeza a una amiga con la tapa de una olla a presión, le fracturé un dedo a otra, al amigo lo insulté porque era gay y al otro porque estaba metido en malos negocios. Pensé al otro día que ésta sería mi última borrachera y tomé el directorio telefónico y llamé a A.A., pero me dio miedo que fueran por mí a la casa de mi abuelita que era con quien vivía en esta ciudad, me llené de pánico y colgué, pero luego recapacité y me dije si vienen por mí digo que nos vemos allá. Yo no tenía ni idea cómo funcionaba Alcohólicos Anónimos.

Estuve entrando y saliendo de los grupos de A.A. por espacio de tres años, cuando empecé a sentir que mi cuerpo estaba saturado por el licor y empecé a ver que no me respondían los brazos y las piernas. Para este momento ya tenía 21 años de vida, tuve que ir al médico, y me remitió al neurólogo. Después de pasar por tres neurólogos más, me remitieron a un equipo médico. Eran siete especialistas: un médico general, un psiquiatra, un neurólogo, un ortopedista y otros tres más que no recuerdo su especialización. A todas esas y después de llevar seis años yendo a cuanto médico me enviaban, después de buscarme enfermedades como VIH, lupus, metales en la sangre, lepra, una costilla flotante, cáncer y un mundo de cosas raras, fui sincera por primera vez en mi vida con un médico y le dije que consumía mucho licor, que había empezado a asistir a las reuniones de Alcohólicos Anónimos, pero que el programa me parecía muy difícil. La verdad es que no lo había comenzado en serio hasta ese día.

Este buen hombre me dijo que tenía una polineuropatía alcohólica, y que lo mejor que podía hacer por mi salud era dejar de consumir licor, porque si seguía así, podría quedar en una silla de ruedas, si es que no me moría antes. Con esta sentencia decidí hacer algo por mi vida, seguí asistiendo a las reuniones de Alcohólicos Anónimos como si fueran mi única medicina, que me estaban regalando y que esta vez tenía que aceptarla porque me estaba suicidando lentamente.

Los primeros días no fueron sencillos, no podía conciliar el sueño, me levantaba de madrugada y tenía que ir a trabajar temprano. Se me descuadró el reloj biológico. Mi nueva enfermedad era igual al alcoholismo que se detiene pero no se cura; tenía que aprender a convivir con estas dos enfermedades.

Hoy después de muchos años todavía no he recuperado del todo mi salud, es más, me volví una paciente problemática, porque cuando necesito una cirugía, por sencilla que sea, debo estar en un hospital especializado, porque dicen que la anestesia es muy arriesgada... secuelas de mi desorden de beber.

Después de saber esto y de haber desorganizado mi vida de esta manera, Alcohólicos Anónimos era lo único que podía ayudarme y me dispuse para acoger esos Doce Pasos y empecé a caminar al lado de los verdaderos amigos. En esos días una vieja amiga de tragos me dijo que yo no era buena compañía porque no bebía, que esos alcohólicos me habían frustrado, que me había vuelto muy aburridora. Días después ella se suicidó de un tiro al corazón. No pudo entender que la vida no era sólo licor, paseo y fiesta.

Seguí pues con mi programa. Seguí leyendo y llegué a las Doce Tradiciones; le encontré sentido a cada una de ellas y entendí para qué fueron diseñadas; que no podemos quedarnos en nuestra recuperación, que tenemos que empezar a llevar este mensaje a quien lo necesite, que debemos ayudar al grupo a mantener esas puertas abiertas para cuando llegue alguien más así como un día llegué yo, que debemos ser dadivosos con nuestro grupo y nuestras oficinas, que todos somos los "socios de ellas", que debemos compartir cuando tenemos, no sólo cuando nos sobra. Y por último empecé a leer los Doce Conceptos; que por cierto me parecían muy complicados y aburridores, pero me di cuenta de que allí es dónde está escrita la inmensidad de la Comunidad, que no estamos solos y que somos muchos, en muchas partes del mundo, alcohólicos y no alcohólicos, sin importarnos la clase, raza, sexo, religión, costumbres, idioma. Todos hablamos el mismo lenguaje del corazón.

Somos muchos los alcohólicos recuperados con este milagro. Son muchos los dolores que me ha ahorrado Alcohólicos Anónimos, hasta el día de hoy. Sólo por 24 horas, y con la ayuda de todos estoy segura de que seguiré por este camino, grande, ancho, espacioso y feliz, que me obsequió Alcohólicos Anónimos, con la ayuda infinita de ese Poder Superior como yo lo concibo.

Gracias a todos los Alcohólicos Anónimos por ser mis hermanos en donde quieran que estén.

(6)

EL FIN DE UNA CORTA CARRERA

Un domingo por la mañana temprano este joven alcohólico, solitario e introvertido, se despertó tirado en el patio de una casa desconocida, experiencia que le dio la suficiente motivación como para buscar ayuda en Alcohólicos Anónimos.

*E*s un pequeño poblado en la montaña. La gente se dedica a la agricultura y depende mucho de la lluvia para que sus cosechas se logren. Es muy común el uso de bebidas embriagantes por los campesinos del lugar. Las bebidas más populares son la cerveza y el pulque, que es una bebida local que se extrae del maguey (agave), y su uso se remonta a tiempos prehispánicos. También existe una bebida fuerte que se extrae de la caña: el aguardiente. En este lugar nací y, desde muy pequeño, vi de cerca los estragos que produce en hombres y mujeres el abuso de estas tres populares bebidas embriagantes.

Fui el segundo de catorce hermanos, siete hombres y siete mujeres, de los cuales sólo sobrevivimos diez. Siempre había un nuevo miembro en la familia que llegaba a nuestro hogar para reclamar un lugar. Los cuatro mayores nacimos en el campo, los otros diez nacieron en la ciudad. Mi padre luchaba para cubrir las necesidades básicas de todos y siempre tuvimos un hogar y algo para comer. Mi madre también luchaba, tratando de criarnos a todos de la mejor manera posible. La vida en estos lugares es muy dura. Mi padre no tenía nada, había pobreza; por lo tanto, crecimos con limitaciones materiales, de atención y cariño.

A mi padre le gustaba el trago, y como resultado de esa actividad, tuvimos que emigrar a la capital. Mi madre también tomaba y, ya instalados en la ciudad, la forma de beber de ambos empeoró. Yo contaba con ocho años de edad.

Asistí a la escuela los primeros seis años de educación básica y mi desempeño, a pesar de todo, fue muy bueno. Hasta allí el propósito mío era no tomar nunca ninguna bebida embriagante. Después de terminar la educación primaria mi deseo más grande era asistir a la siguiente etapa, que era la secundaria pero, debido a que ya había demasiados hermanos, mi padre ya no podía darnos apoyo; es más, los mayores tuvimos que trabajar para cubrir nuestras necesidades personales.

Fue una frustración tremenda para mí. Yo pensaba que era la obligación de mi padre darnos lo elemental para vivir. A esa temprana edad ya tenía una mala impresión de mi padre por los abusos que, como bebedor, cometía contra nosotros. Era muy rígido en su forma de disciplinarnos. Cuando no lo obedecíamos, hacía uso de los golpes y las palabras obscenas, no sólo contra nosotros sino también contra nuestra madre. Y esa actividad duró desde la infancia hasta, en mi caso, la adolescencia. Esto me causó una tremenda inseguridad, miedo, deseos de venganza y otros sentimientos y pensamientos enfermizos que duraron por muchos años arraigados en mi mente. Traté de entender su comportamiento violento contra nosotros pero, a esa edad, no es fácil entender muchas cosas. No puedo culpar a mi padre por mi alcoholismo. Tampoco creo que mi alcoholismo lo haya heredado de mis padres ya que el resto de mis hermanos no tienen problemas con la bebida.

Empecé a trabajar aproximadamente a los trece años, aunque desde los ocho años hacía cualquier cosa y ganaba algunos pesos. Ayudaba a un señor que era ciego a vender dulces en la entrada de una escuela. Un año después fui a trabajar de ayudante de construcción en una escuela que estaban construyendo. Allí, al finalizar la primera semana de trabajo y para celebrar con mis compañeros de trabajo mi primer salario, hice contacto con la cerveza, y mi decisión de no tomar nunca bebidas embriagantes quedó en el olvido. Andaba entre los catorce y quince años de edad y mi carrera alcohólica había comenzado. Desde el principio encontré en la bebida alivio para las humillaciones, limitaciones y miedos que, según yo pensaba, la vida me había dado. La bebida adormecía en mi mente y ahogaba en mi pecho un padecimiento interno. Es cierto, el alcoholismo es una enfermedad física, mental y espiritual. La bebida me ayudó también a vencer esa inseguridad para comunicarme con los demás y, sólo con la bebida, se me soltaba la lengua y podía hablar con cualquiera de cualquier cosa. Sí, la bebida era el elixir mágico que curaba y eliminaba muchas de mis limitaciones físicas y mentales, al menos eso era lo que pensaba en esos días. Incluso, borracho podía sentirme un gran galán y enamorar a una mujer. Sí, el alcohol tiene poder y, al ingerirlo, yo me transformaba y hacía el papel de personaje.

En el ambiente donde me desarrollé, el tomar, fumar y enamorar a una muchacha eran manifestaciones de que estaba en el camino correcto para convertirme en un verdadero hombrecito.

El día de esa primera borrachera con seis cervezas, no llegué al hogar donde vivía por miedo a sufrir las consecuencias por parte de mi padre. Llegué al siguiente día y, para mi sorpresa, mi padre no me dijo nada, ni tampoco lo hizo mi madre. Sentí alivio y a la vez me sentí libre de volver a tomar si lo deseaba. Racionalizaba que si ganaba mi dinero era correcto que lo gastara como quisiera, y si deseaba emborracharme nadie tenía por qué prohibirme nada. Después de esa primera borrachera, sólo tomaba a escondidas, de forma ocasional, sin llegar a la embriaguez.

Se acabó ese trabajo y me fui a acompañar a mi padre, que también era ayudante de la construcción, y trabajamos en tres construcciones más. Por supuesto que allí la bebida abundaba, pero yo no tomaba por miedo a mi padre allí presente.

Después, como a los dieciséis años, mi abuela y un tío me ayudaron a conseguir un trabajo en una fábrica de bicicletas. ¡Imagínense mi inseguridad, que no podía yo solo conseguir un trabajo! Allí ganaba un poco más de dinero y también empecé a beber las cervezas con los compañeros de trabajo. En esas borracheras hubo más irregularidades en mi conducta a las que no puse atención. Abusaba de mi forma de hablar y utilizaba el lenguaje obsceno contra los demás compañeros de borrachera. Un compañero de trabajo casi me dispara con una pistola después de hablar mal de su madre. En otra ocasión agarré una borrachera con un compañero de trabajo y amanecí en la cárcel por escandalizar en un hotel. Yo no recuerdo nada debido a las "lagunas mentales" que ya se hacían presentes en casi cada borrachera.

Tenía una novia que era muy buena persona pero que yo no supe valorar. Trabajábamos en la misma fábrica, y en varias ocasiones la dejé "plantada" esperándome para regresar juntos a la colonia donde vivíamos. Esos desplantes eran porque yo prefería ir al billar o a tomar las cervezas con mis compañeros de trabajo. Esa situación duró más de dos años. Finalmente ella decidió dejarme y romper ese compromiso de matrimonio que habíamos hecho debido a que mi forma de beber no cambiaba y, por el contrario, empeoraba.

Aunque hice un tibio intento de fortalecer mi cuerpo y mente practicando el fútbol, no funcionó debido a que era yo muy frágil físicamente, y demasiado débil mentalmente, para competir como todos los hombres lo hacen para alcanzar un lugar en la sociedad. Terminé bebiendo las cervezas en la orilla del campo de juego, gritando y exigiendo a mis compañeros de equipo que hicieran lo que yo no pude hacer. Así es que seguí acumulando decepciones y frustraciones y llenando mi estómago de cerveza y tequila para ahogarlas. Por aquel tiempo hice todo lo posible para alejarme de la familia y también de toda responsabilidad de mi parte hacia ellos. No sé cómo hicieron mis hermanos para sobrevivir. Yo no pude ayudarlos en su educación escolar ni tampoco con ningún tipo de ayuda económica.

En una ocasión tomé la decisión de alejarme de la ciudad y buscar mejores horizontes en otra parte. Junto con otro borracho, fuimos a parar a las playas de un complejo turístico en el océano Pacífico.

No estuvimos allí ni veinticuatro horas. Nos embriagamos y por la noche decidimos irnos a otra ciudad, más al norte, donde el turismo y el puerto ofrecían la posibilidad de un empleo. Estuvimos allí una semana pero los intentos de conseguir un trabajo eran nulos, pero había bebida y casi a diario estábamos borrachos. Decidimos regresar a la capital y lo hicimos totalmente derrotados. La fuga geográfica para solucionar mi problema con la bebida y cambiar mi vida había fracasado. El alcoholismo es una enfermedad que se lleva en la mente y no importa el lugar, allí me iba a acompañar. Cuando quise explicarle al dueño de la compañía (antes de irme aún trabajaba) mi ausencia de más de una semana, no quiso escuchar y me dijo que ya había sido despedido. Estoy resumiendo un período de aproximadamente cuatro años en los que hubo más borracheras y, por supuesto, varios problemas más. Lo único bueno que alcancé a rescatar de ese tiempo fue un consejo que me dio un compañero de trabajo para que tomara un curso de capacitación gratuito en el Seguro Social.

Después de haber sido despedido decidí tomarlo pero

tuve que hacer un esfuerzo tremendo para quitar de mi mente la idea de beber, aunque también había un deseo interno de cambiar mi vida. No me emborraché en siete meses, aunque me tomaba unas cervezas, digamos de forma controlada.

Al terminar ese curso de capacitación trabajé en otra compañía. Allí también abandoné el trabajo porque, según yo, no valoraban mi capacidad de trabajador. Después conseguí trabajo en una fábrica de envases de vidrio. El resultado fue el mismo: después de seis meses, una mañana llegué borracho a trabajar y me despidieron. Después anduve vagando por algún tiempo. En una borrachera me agarré a golpes con mi padre queriendo sacar todo mi resentimiento guardado por muchos años contra él. El resultado fue que tuve que cambiar mi lugar de residencia. Mi antiguo compañero de trabajo, el que me había dado el consejo de que estudiara, me prestó un espacio donde vivir. Aunque conseguí un trabajo no recuerdo haberle pagado nada por el tiempo que viví en su casa.

Por aquel tiempo me sentía totalmente muerto en vida, incluso consideré el suicidio, pero como un cobarde, sólo lo pensé. No sentía ningún tipo de motivación para vivir y mi vida se había llenado de amargura, casi siempre estaba de mal humor por todo y contra todos, y este mal humor me duró muchos años. Había perdido la capacidad de sonreír. Era un tipo totalmente confundido, sin brújula. Me había convertido en un individuo solitario e introvertido. Varias veces me embriagué sólo, y aquello fue tremendamente horrible.

En diferentes momentos, algunas amistades trataron de ayudarme. Uno de ellos me invitó a que asistiera al culto de su iglesia. No me agradó la idea ya que, desde muy joven y por varios años, rechacé cualquier idea de someterme a alguna religión. Otra señora también me invitó a que asistiera a las reuniones juveniles de su congregación. Está de más decir que no asistí. Otra señora, vecina del lugar, me aconsejó que me casara y tal vez así cambiaría mi vida. No lo intenté debido a mi característica machista de ver a la mujer, no como compañera sino como alguien desechable. Un alcohólico es una persona que no se ama a sí misma y tampoco sabe dar amor a los demás. Para esta época apenas tenía veintiún años de vida.

Por ese tiempo que viví con mi antiguo compañero de trabajo, algo increíble sucedió. Escuchábamos la radio por la noche. Por aquellos años transmitían un programa de discusión muy bueno en el que se consideraban diferentes temas, algunos controvertidos. En uno de esos programas, dividido en dos partes, invitaron a los Alcohólicos Anónimos a pasar la información al público. Escuché muy atentamente dos lunes consecutivos la información que dieron los A.A. Mi amigo, que conocía mi forma de beber, ya que en ocasiones bebíamos juntos, me sugirió que fuera a buscar ayuda en un grupo. Mi rechazo mental fue inmediato, pero algo, muy en lo interno, me decía que estos A.A. tenían algo que yo necesitaba. Le dije a mi amigo que sería bueno probar, aunque no lo hice inmediatamente. La semilla de Alcohólicos Anónimos y su programa de recuperación había sido sembrada, afortunadamente para mí, en terreno fértil.

Algunos meses después de recibir el mensaje, fui a vivir con uno de mis hermanos y seguí bebiendo tres años más. Cuando había dinero bebía, junto con borrachos ocasionales, en los cabarets baratos del centro de la ciudad. Allí, en la compañía de alguna mujer de muy dudosa reputación, me engañaba a mí mismo creyendo que era un gran amante. Por supuesto que mi madre y hermanos tenían necesidad de ayuda económica de mi parte, pero yo no podía ver eso y tiraba mi dinero en esos burdeles. ¡Cuánta ceguera la de un alcohólico!

Mi última borrachera fue el detonante para llegar a Alcohólicos Anónimos. En aquella ocasión un compañero de trabajo se casó y fuimos a la fiesta. Había bastante bebida y empecé a tomar de forma compulsiva. Sólo recuerdo los primeros tragos, el resto de la fiesta me la tuvieron que contar mis compañeros de trabajo. Totalmente embriagado, me atreví a acompañar a mis amigos a otra fiesta. Debido a mi embriaguez quisieron llevarme a casa pero yo les dije que no y me dejaron en el camino. Perdido de borracho me dirigí a quién sabe dónde. El resultado fue que amanecí tirado en el patio de una casa, muy lejos de donde yo vivía. El frío de la mañana me despertó y empecé a caminar tratando de ubicarme. Era un domingo por la mañana y poco más tarde había salido el sol. A mí me parecía el día más negro de mi vida. La gente iba de camino a la iglesia, al mercado o a disfrutar su domingo en algún lugar. Y yo iba camino al infierno. Pedí a la gente algunas monedas para tomar el autobús para regresar a donde vivía. No olvido la forma piadosa en la que esos desconocidos veían mi derrotada figura.

Esta escena de quedar tirado por la embriaguez ya me había sucedido en otras ocasiones. Me asaltaron y golpearon en tres ocasiones por andar de borrachera, sin contar otras escenas también humillantes para la dignidad de un ser humano. Ese domingo llegué a mi cuarto y pensé muy profundamente qué iba ser de mi vida. Me sentía mal física y mentalmente. Descansando la cruda, oía y me imaginaba cosas que no eran reales. Esto me había sucedido anteriormente. Mi compañero de cuarto me invitó a comer. Me preguntó qué era lo que había pasado. No pude decir nada. Ese día bebí mi última cerveza. Al siguiente día tomé la decisión de probar seriamente Alcohólicos Anónimos. Aunque algunos meses antes había hecho dos tibios intentos por asistir a un grupo, no tuve el valor de entrar. Pero esa noche me dirigí a un grupo que yo sabía que existía en el vecindario. Caminando por la avenida tropecé con otro grupo nuevo que recién se había abierto y allí me quedé afuera, pensando. Cruzar la puerta del grupo fue lo más difícil. Lo pensé una y mil veces. Intenté regresar a mi cuarto y volver al siguiente día. Caminé y me detuve en la esquina. Me dije a mí mismo: "¿Qué vas a hacer con tu vida? ¿Vas a continuar con la borrachera y llevando una vida miserable, como algunos miembros de tu familia lo han hecho?" El Poder Superior puso en mi mente la respuesta. Caminé de regreso y entré al local del grupo.

Era un lunes de 1980, minutos antes de las ocho de la noche. Las personas allí presentes me indicaron que me sentara, que la reunión iba a empezar en unos minutos. Lo hice y escuché por vez primera a mis nuevos amigos. Y me sumergí en este mundo mágico que es Alcohólicos Anónimos. No recuerdo qué dijeron, pero lo que sí recuerdo es que hablaban con una sinceridad que no recuerdo haber escuchado antes en ningún ser humano. Seguí las sencillas sugerencias que aquellos alcohólicos sobrios gratuitamente me dieron y desde aquella fecha no he tomado el primer trago.

A pesar de la diferencia de edades (iba a cumplir veinticuatro años de edad y la mayoría de ellos pasaba de los treinta y cinco), encontré algo que hoy entiendo es un puente de comprensión, alguien en quien pudiera ver la progresiva degradación de mi vida.

Esas charlas eran algo que me mostraba que estos hombres sabían del dolor interno de un alcohólico. Me inicié en el período de recuperación del sano juicio porque, al final de cuentas, el beber hasta la embriaguez es una locura. Asistía casi diario a las reuniones de este grupo de hombres y mujeres que disfrutaban de la mutua compañía. Aprendí a reír, bromear y a convivir con ellos.

Me enseñaron que la vida es también alegría y que tiene sentido y no tiene por qué ser un martirio. También me enseñaron el respeto a los demás seres humanos sin importar su condición económica, social o física. Mi grupo tenía reuniones de participación libre y también sesiones de estudio, así que aprendí desde el principio un poco sobre el programa de A.A. y su papel vital en la vida de un alcohólico.

Años después regresé a la escuela. Hice los tres años de educación secundaria en una escuela para trabajadores y logré alcanzar un promedio alto. Mi récord y estabilidad en mi trabajo mejoraron bastante. Tuve la oportunidad de reparar daños con mi padre. No pude hacerlo con mi madre porque, debido a su alcoholismo, un sábado de otoño de 1985 amaneció en estado de coma y falleció al siguiente día. La cirrosis se la había llevado a la edad de cuarenta y nueve años. Mi padre corrió la misma suerte, el alcoholismo se lo llevó en el otoño de 2001.

Ciertamente el alcoholismo es una enfermedad mortal. Traté de ingresar a ambos a Alcohólicos Anónimos pero sin éxito. A mi padre le gustó pero no quiso asistir a las reuniones. Mi madre murió sobria. Logró la sobriedad en un grupo de A.A. sólo su último mes de vida.

He tenido situaciones difíciles y crisis emocionales pero, con la ayuda de mi Poder Superior manifestado a través de mis compañeros de A.A., he logrado superarlas y seguir adelante. Mis compañeros me enseñaron desde el principio que siempre debo tener un grupo base y tengo que estar frecuentemente en contacto con los miembros de este grupo.

También he tenido grandes satisfacciones en la práctica, por mínima que sea, del programa de A.A. Una de las más grandes ha sido el reajuste de las relaciones interpersonales. He logrado borrar las distancias que había puesto entre mis hermanos y yo. Me reúno con ellos y sus familias para compartir durante los días de fin de año. Comemos, platicamos, reímos, bailamos, "levantamos nuestro fondo" y, sin dolor, nos damos cuenta de que sólo fuimos víctimas de una terrible enfermedad que azota a los seres humanos que ingieren algún tipo de bebida embriagante.

Aún asisto a dos reuniones por semana, como mínimo, en mi grupo base. Cuando tengo la oportunidad y se me solicita, acepto algún servicio en mi grupo. He aprendido que Alcohólicos Anónimos es sólo eso, amor y servicio para los seres humanos que me dieron eso mismo en mis días de borrachera. De esta forma estoy devolviendo un poco de lo mucho que se me ha dado. El programa de Alcohólicos Anónimos funciona sólo si yo lo hago funcionar.

Mi corta trayectoria alcohólica puede que no sea un libreto para una película. Mis años de actividad alcohólica son apenas el inicio para otros. Lo que sí pude experimentar es que el deterioro físico, mental y espiritual de un alcohólico puede ser más rápido y difícil de soportar para muchos. Las tempranas manifestaciones de la enfermedad me convirtieron, al final de mi carrera, en un tipo incapaz, antisocial y solitario.

Los pocos o muchos años de alcoholismo de una persona no lo hacen más o menos apto para recibir el mensaje de A.A. La recepción y adaptación de este programa dependen de un deseo interno de parte de un alcohólico de aferrarse a la vida y de un esfuerzo sincero para ser feliz y útil.

(7)

"CÓMO NOS ENGAÑAMOS CON EL ALCOHOL…"

Siempre prefería vivir en un mundo de fantasía. La bebida parecía facilitarle la entrada a ese ameno aunque inventado reino imaginario que al fin se convirtió en un caos y una catástrofe.

SCRIBIR esta historia me parece uno de los proyectos más difíciles de mi vida, quizás porque tiene que ser totalmente sincera. La sinceridad y la honestidad no han formado parte de mi vocabulario hasta que entré en Alcohólicos Anónimos y dejé de beber. No recuerdo haberme sentido nunca mejor que desde el último día que tomé la última copa, hoy por lo menos y de momento, desde que me levanté esta mañana, y lo único que espero es que sea así el resto de mis días. Mi gratitud es infinita a A.A. y a todas las personas que he conocido dentro de los diversos grupos, que me han ayudado a apreciar mi vida tal como es, y a poder enfrentarme a los problemas de manera directa y sin miedo. Dentro de A.A. he descubierto que usaba el alcohol para evitar enfrentarme a la realidad de la vida. Sin alcohol me siento como un ser humano, he adquirido el valor necesario para poder mirar de frente a todo lo que se presente, sea triste, desagradable, fantástico, o sea como sea.

Nací en el seno de una familia con una serie de problemas y dificultades que posiblemente no sean muy distintas de las de muchas otras personas. Sé que eso no justifica mi comportamiento ni mi adicción al alcohol. Sé también que muchas personas han tenido una infancia y unas experiencias peores a las mías y no se han refugiado en el alcohol ni se han comportado como yo lo he hecho en demasiadas ocasiones. Ahora sé que nací con la propensión hacia el alcohol y que, más tarde o más temprano, lo habría adoptado como quien recibe a un amigo, aunque en realidad fuera mi enemigo.

Para mí el alcohol fue siempre el método que utilicé para evitar enfrentarme a la realidad, para aislarme y para crear un mundo irreal. La realidad era inaceptable para mí; prefería crearme un mundo de fantasía y, por este motivo, tendría que inventarme otro mundo irreal. El alcohol sería mi fiel distorsionador, tan fiel que su mundo acabaría absorbiéndome cada vez más. Un mundo que al principio creía que era agradable, aunque inventado, pero eventualmente se convertiría en caótico y me arrastraría al desastre de mis últimos tiempos de relación con el alcohol.

Crecí prácticamente como hija única, pues mis hermanos eran mucho mayores que yo y ya no vivían en casa. Mi mundo era totalmente imaginario y, aunque era una niña muy sociable y simpática, siempre pensé que era distinta y superior a todos los demás humanos, fueran menores o mayores. Fui buena estudiante y desde muy joven quería irme de casa. En retrospectiva y después de mucho indagar he descubierto que comencé a beber a solas a los diecisiete años. Aunque mis padres no bebían, tenían siempre un bar con todo tipo de botellas de alcohol para las visitas. Recuerdo que al principio tomaba licor de menta a escondidas. Recordando la experiencia, el sabor de aquel licor de menta me parece actualmente execrable. Ya entonces me gustaba el efecto aunque recuerdo que no me gustaba su sabor. Recuerdo perfectamente y como si fuera hoy el efecto que me producía al principio, una vaga sensación de mareo y de felicidad, o por lo menos eso era lo que yo me creía. Eventualmente, sé que comencé también a beber coñac y otras cosas, en pequeñas dosis, hasta que un día me emborraché. La primera vez que me emborraché recuerdo perfectamente que por la mañana fui a la playa con unos amigos y por la noche había quedado con un amigo. Era la primera vez que salía con un chico sola. Mentí a mis padres y les dije que me iba al cine con mis amigas. Tenía que regresar a las diez y media de la noche. Como no estaba muy segura de cómo me tenía que comportar con este chico que, además, era mucho mayor que yo, bebí más de la cuenta y me emborraché, bien por miedo, por timidez, o simplemente porque mi enfermedad empezaba a asomarse. Recuerdo aquella noche haber ido a varios bares, comido tapas y bebido vino. Sé que me empecé a sentir un poco mareada pero tenía una sensación de "supermujer" y todos mis miedos y mi timidez habían desaparecido. Me doy perfectamente cuenta de que buscaría esa sensación durante todos los años que seguí bebiendo y que, por cierto, fueron demasiados. Al llegar a casa recuerdo que mi madre le dijo a mi padre: "está borracha". Yo lo negué y dije que simplemente me había tomado un par de copas de vino pero que los efectos del sol del día de playa me habían afectado y que tenía más bien una insolación. Ésta fue la primera mentira que dije relacionada con mi enfermedad. Me fui a dormir y a la mañana siguiente me levanté con dolor de cabeza, que atribuí a la presunta insolación. En mi casa no se volvió a hablar del tema.

Aquel mismo verano me fui a estudiar a otro país durante un año. No recuerdo beber asiduamente pero sí recuerdo haber sido invitada a una boda a la que fui con la familia donde vivía, y haberme emborrachado. Recuerdo que durante la noche la madre de la casa me sugirió que la próxima vez que fuera a una función semejante bebiera té. Estas palabras se me quedaron grabadas, pues las recuerdo como si fuera ayer, pero obviamente no las tomé como consejo ni como pauta de comportamiento. ¡Ojalá lo hubiera hecho!

A mi regreso comencé a estudiar en la universidad. Recuerdo quedarme leyendo al final de la noche, o incluso estudiando, a menudo y, más y más a menudo, con una copita de vino. Cada vez que salía con amigos, tomaba un poco más de la cuenta y también recuerdo haberme presentado a exámenes orales después de haber tomado. Era buena estudiante y tuve suerte, pero a partir de entonces sé que mi enfermedad comenzó un proceso de incremento. La verdad es que ahora me pregunto cómo pude lograr salir adelante con mis estudios.

Me casé a los veinte años y, en retrospectiva, sé perfectamente que no me casé amando a mi marido, hasta el punto que ahora recuerdo que incluso fui a la iglesia borracha. Parecía "alegre" para todo el mundo, pero yo sabía claramente que había estado tomando alcohol para adormecer la realidad. Esta boda para mí fue ya entonces otra forma de escape. No me sentía bien conmigo misma, quería salir de nuevo de mi país, que entonces consideraba una sociedad opresiva y, junto con mis padres, con sus ideas anticuadas me impedían desarrollar lo que yo pensaba que quería ser. Obviamente este "escape" a través de un matrimonio me entrampó más que otra cosa. Mi marido era extranjero y mayor que yo. Muy pronto me di cuenta de que no estaba feliz con él y eventualmente me divorcié, me fui a otro país a terminar mis estudios y durante este tiempo mi enfermedad me mantenía en lo que yo veía erróneamente como una especie de equilibrio. Estoy segura de que mi alcoholismo no era solamente una enfermedad física, sino que era una enfermedad espiritual. A pesar de trabajar mucho y de tener amigos y una vida agradable, sentía como si constantemente me faltara algo, y así me sentía siempre, vacía por dentro. No sabía lo que me faltaba ni tampoco sabía exactamente lo que quería. Fui a ver a un psiquiatra y recuerdo que él atribuía mi insatisfacción al estrés de mis estudios. Todo parecía bien por fuera, pero por dentro yo me sentía vacía, insatisfecha y sabía que me faltaba algo. Yo ya me daba perfectamente cuenta entonces de que ir a ver al psiquiatra no me servía para nada; me recetó sedantes que creo me tomé dos veces, pero mi única medicina seguía siendo el alcohol, aunque todavía mi enfermedad alcohólica no había alcanzado el nivel que alcanzaría años más tarde.

Por aquella época conocí al hombre con quien después me casaría. Nuestra relación empezó en una fiesta abriendo una botella de vino y seguimos durante años bebiendo juntos. Tuvimos dos hijos y, a pesar de que yo había terminado un doctorado, decidimos que lo mejor era que me quedara en casa cuidando de la casa y ejerciendo de madre. Aunque estaba feliz con mis niños seguía sintiendo que me faltaba algo y me sentía muy sola, así que comencé a beber sola cada vez más y más.

Entré en una progresión infernal, sintiéndome en una absoluta soledad, con dos niños pequeños en casa, y frustrada con otro tipo de ambiciones profesionales que cada vez eran más inalcanzables. Todos mis compañeros ya estaban encauzados en sus carreras. Sentía que yo ya había perdido el tren y en el fondo me sentía más y más frustrada. La enfermedad alcohólica ya estaba desarrollándose. No me reconocía como persona y, cada vez más a menudo, comenzaba a pensar que lo mejor que me podía pasar era morirme, que nadie me echaría en falta. Al fin y al cabo no era una buena madre pues bebía con mis hijos en casa. ¿Qué se podía esperar de mí? Me sentía sin valor, como si no fuera nada. Sabía que ni tenía un trabajo, ni una profesión y ni siquiera me parecía que fuera una buena madre. Una mezcla de culpabilidad, de desasosiego y, al mismo tiempo, la sensación de que el mundo no me necesitaba y que simplemente era un estorbo para todos, iban en incremento. La relación con mi marido se iba deteriorando también y los últimos años antes de dejar la bebida y encontrar Alcohólicos Anónimos resultaron ser un verdadero infierno para mí y para toda mi familia.

Mi matrimonio era un fracaso total. Mi marido seguía bebiendo conmigo pero más adelante, cuando yo intentaba dejar de beber, él comenzó a fumar marihuana más y más. Durante estos años recuerdo pensar a veces que posiblemente yo tuviera un problema con el alcohol y recuerdo haber hecho las pruebas que de vez en cuando uno encuentra en revistas e incluso en la Internet. Alguna vez estuve a punto de entrar en un centro de rehabilitación para alcohólicos que se encontraba cerca de casa y pedir información o, simplemente, que me acogieran. Llegaba siempre a la puerta, miraba con aprehensión hacia dentro, con ganas al mismo tiempo de que me llamaran desde dentro, pero nunca me atrevía a entrar por mi propia voluntad. Posiblemente temía que me dijeran que me quedara, pues mi sitio estaba efectivamente allí. ¡Ojalá lo hubiera hecho!

Me sentía culpable y me daba cuenta del daño que les estaba haciendo a mis hijos, pero al mismo tiempo sé que me estaba engañando a mí misma por no reconocer que lo que tenía era un problema de adicción al alcohol. El infierno en el que estaba se convirtió en un lugar familiar en el que, en el fondo, yo ya sentía que estaba atrapada y del que no veía la manera de salir. Mi autoestima era inexistente y lo único que veía era que todo el mundo me despreciaba y mi marido me insultaba con su actitud y humillación. Pensé en suicidarme más de una vez, aunque nunca lo intenté. Hablaba del suicidio más y más a menudo y ahora en retrospectiva pienso que entré en una gran depresión provocada por el mismo alcohol. Lo que inicialmente pensaba que era una sustancia que me producía bienestar y euforia, más tarde aprendería que era una sustancia depresiva. ¡Cómo nos engañamos a nosotros mismos con el alcohol! Y qué traicionera es esta enfermedad que nos hace creer que somos otra cosa, que nos hace creer que nos produce euforia y buen estado de ánimo cuando en realidad el resultado es todo lo contrario. Me doy cuenta ahora de que me pasaba todo el tiempo buscando salidas pero no encontraba las puertas, buscaba soluciones pero no veía cuáles eran los problemas, buscaba emociones pero me sentía vacía y totalmente desprovista de energía. Me sentía totalmente confundida, deprimida y sin ánimos. Decidí ingresarme dos veces en un hospital psiquiátrico, presuntamente para descansar y para que me cuidaran, y fue allí donde aprendí (aunque al principio no hice caso) que mi problema verdadero era mi dependencia y adicción al alcohol. Una vez que salí del hospital tuve la actitud típica del alcohólico, la de la soberbia. Por supuesto decidí que podía lograr dejar de beber sola, que no necesitaba ayuda y que A.A. no me servía a mí pues, al fin y al cabo, yo no tenía un problema tan grave como las personas que encontraba en las pocas reuniones de A.A. a las que asistía. Comencé de nuevo a mentirme a mí misma y a los demás: mi problema no era el alcohol, pensaba. Mi problema era todo lo que me rodeaba, el mundo, la gente, mi familia. Obviamente, recaí y volví a recaer cada vez que intentaba dejar de beber sola. Las últimas semanas que estuve bebiendo llegaron a ser lo peor que recuerdo de toda mi vida, aunque sé que me acuerdo solamente de una pequeña parte. No veía la diferencia entre el día y la noche, alucinaba y lo único que quería era dormir y no volverme a despertar. Mi autoestima había desaparecido por completo.

El dolor que provoqué a mi familia es algo que espero

que me perdonen algún día. La relación con mis hijos ha mejorado muchísimo pero sé que las heridas están todavía cicatrizándose. Parte de mí me hace pensar que les robé parte de su infancia, pero por otro lado miro al presente con esperanza y con fe. Sé que han visto un cambio y que pueden retomar su confianza en mí. Es un proceso que se desarrolla de día en día y poco a poco, que no ocurre de repente, al igual que nuestra enfermedad tampoco se crea ni se desarrolla de repente. A veces la veo como una serpiente muy larga, semitransparente, que nos acecha y cuando menos lo esperamos se nos enrosca y no nos deja movernos, asfixiándonos lentamente. He ido aprendiendo poco a poco, pero lo que he aprendido dentro de Alcohólicos Anónimos, es a vivir. Estoy comenzando, aunque a veces pienso que lentamente, a apreciar la vida de otra manera, a estar siempre alerta, descubriendo nuevas cosas, sentimientos y sensaciones que jamás se me hubieran ocurrido que existieran y, al mismo tiempo, sigo intentando mejorar poco a poco.

Nunca quise creer que Dios existiera. Pensé que nosotros los humanos, pero sobre todo yo, éramos reyes y soberanos de todo, que yo especialmente era mejor que nadie, y esto lo llegué a pensar incluso en mis peores momentos. Llegué a pensar que si estaba bebiendo era porque nadie me comprendía y por eso me sentía sola. Por supuesto que nadie me comprendía si solamente hablaba conmigo misma y, además, estaba borracha. Poco a poco he llegado a la conclusión de que Dios está ahí y está con nosotros en la medida en que nosotros estamos también con él y le pedimos ayuda. Una vez que salimos de nuestro propio egoísmo y vemos el mundo a nuestro alrededor con aceptación, con humildad y sin orgullo, la vida cambia. Esto es lo que he descubierto durante estos últimos tiempos. En cuanto tomamos una actitud positiva hacia la vida, nos enfrentamos a nuestros problemas de manera directa, intentamos poco a poco salir de nuestro egoísmo, pedimos ayuda a Dios e intentamos ayudar a los que nos necesitan, las cosas cambian drásticamente. Efectivamente, los problemas no se resuelven solos, la vida nos trae cosas mejores y otras peores, pero a pesar de todo, mi vida nunca ha sido mejor que ahora que tengo el regalo diario de la sobriedad. Mi vida ha cambiado radicalmente, he comenzado a trabajar, me siento contenta y llena de gratitud.

(8)

TENÍA MIL MÁSCARAS

*Tocó su fondo emocional y llegó joven a A.A., aho-
rrándose así años de sufrimiento.*

$\mathcal{E}$MPECÉ a beber a los doce años de edad y dejé de
beber por la gracia de Dios a través del programa
de A.A. a los dieciocho años de edad. No pasé muchos
años bebiendo. No bebía todos los días. No bebía en
cantidades exageradas. De niña era muy delgada así que
con poco me emborrachaba. Nunca gasté un centavo en
alcohol. Me tomaba el alcohol en las neveras de las casas
que yo visitaba, me invitaban mis amistades, o me lo bebía
en fiestas. No perdí casa ni auto ni familia ni dinero. Vivía
con mi madre y mi hermana. No teníamos dinero así que
tomábamos el autobús. Tenía buenas calificaciones. Si
hubiera querido tener una excusa para decir que yo no
era alcohólica, podría haberme refugiado en cualquiera
de las mencionadas. Pero la realidad es que era alcohólica
porque sufría de la obsesión y la compulsión características del alcoholismo; porque todas mis intenciones de no
beber siempre fallaban; porque tenía un gran hueco en el
alma que quería llenar con cualquier cosa, ya fuera alcohol, pastillas, drogas, comida, sexo, dinero, cualquier cosa
que me hiciera sentir bien de inmediato; porque dentro
de mí yo sentía que no valía nada; porque mis defectos de
carácter y miedos habían vuelto mi vida ingobernable y,
en momentos, hubiera preferido morir que sentir lo que
sentía y ser lo que era.

Cuando llegué al grupo de A.A., yo no llegué buscando

ayuda para mi alcoholismo. Llegué buscando información de lo que era A.A. porque mi novio tenía tres años en A.A. y se enteró de que yo estaba bebiendo en su ausencia. Él me dijo que su madre había sido alcohólica y que no quería estar con una mujer que bebiera. Así que le pedí a un amigo de él de A.A. que me llevara a una reunión para yo poder entender cuál era el problema de *él*. Resultó que más bien encontré cuál era el problema mío. En el grupo casi no había mujeres ni jóvenes; casi todos los hombres eran mayores de cincuenta años. Y aquí llego yo, una joven de dieciocho años, con lo que yo consideraba ser un fondo alto. Más tarde me di cuenta de que los fondos no son exteriores sino interiores, de que son emocionales y no materiales. Por eso existen alcohólicos que han perdido todo lo material y social y aún no pueden admitir su derrota; porque aún no ha habido un fondo emocional. Le doy gracias a Dios por abrir mi mente y porque pude darle su valor a mi propio sufrimiento. Yo busqué, no las diferencias entre mis compañeros y yo, sino lo que teníamos en común.

A través del apadrinamiento y los Doce Pasos pude verme con objetividad y compasión y pude ver la verdad de mi pasado, que bebía para ser amada y aceptada por la gente porque no me amaba y aceptaba a mí misma. Como gran actriz, tenía mil máscaras para ser lo que pensaba que otros querían que yo fuera; bebía para escapar del infierno que estaba viviendo con mi familia. Mi madre sufría de una enfermedad mental la cual no le permitía darme el apoyo emocional, material y espiritual que necesitaba de niña. Más bien yo pasé a ser madre de ella. El concepto de Dios que ella me inculcó era que si hacíamos suficientes oraciones, Dios nos daría todos nuestros deseos, nos convinieran o no. Que si no se nos concedían era porque alguien nos había echado mal de ojo. Por causa de sus problemas emocionales, me hizo temer que todas las personas estaban tratando de lastimarnos y yo empecé a desconfiar de todo el mundo. Luego, cuando entré en la pubertad a los doce años, fui abusada sexualmente por mi padre. Esto me llenó de resentimientos hacia todos los hombres y pasé mi adolescencia queriendo desquitarme con ellos o buscando desesperadamente que me amaran. En varias ocasiones pensé en el suicidio pero, como creía en la reencarnación, siempre pensé que si me mataba iba a tener que volver a nacer y vivir lo mismo otra vez. Así que mejor empecé a beber y drogarme para olvidarme del mundo, muchas veces sola y a escondidas. Mi vida se volvió ingobernable. La vergüenza por mis acciones y el miedo formaron parte regular de mí.

Cuando me hice miembro de A.A., mi autoestima estaba tan baja que pensaba que ni siquiera merecía ser aceptada por los alcohólicos. Por la gracia de Dios, uno de los más viejos del grupo me dijo que no importaba si era alcohólica o no, que sólo importaba si tenía el deseo de dejar de beber. Yo le dije que sí lo tenía y él me dijo que entonces yo podía ser miembro de A.A. Gracias a Dios que el viejo me lo puso tan simple porque si yo hubiera tenido que decidir si era alcohólica o no, no hubiera sabido lo suficiente de la complejidad de una enfermedad que ataca la mente, el cuerpo y el alma, como para poder decidir en ese momento.

Luego, con sólo dos meses en el programa, me obsesioné con el amigo de A.A. que me estaba llevando al grupo. Por la gracia de Dios, él llevaba diez años sin beber y me dijo que, aunque yo también le gustaba, él estaba tratando de practicar un programa de recuperación y cambiar de actitud. Que él quería serle fiel a su novia y respetar a su amigo, que era mi novio. Además, que yo era nueva en el programa y no sabía lo que estaba haciendo y me debía enfocar en mi recuperación. Me sugirió que me consiguiera una madrina y trabajara en los Doce Pasos.

Años más tarde, yo le di las gracias a él por haber puesto primero los principios, porque si yo me hubiera involucrado con él, lo más probable es que hoy no estaría en A.A. Dios le dio un momento de lucidez y él puso a un lado su egoísmo para darme a mí la oportunidad de quedarme en A.A. Por supuesto, en ese momento no lo vi así y me sentí tan despreciada que de coraje fui y me enredé con una persona fuera de A.A. Por causa de eso, mi novio quiso romper conmigo y yo tuve lo que fue mi fondo. Yo había querido sólo dejar de beber pero quería seguir actuando igual que antes y eso no coincide con el programa de A.A. Cuando mi novio me echó de la casa, agarré el auto y empecé a manejar a 65 millas por hora en unas montañas peligrosas donde la velocidad máxima era de 35 millas. De momento, escuché una voz tranquila y amorosa que me dijo: "tranquila, ésta no es la solución". Detuve el auto y empecé a llorar. Fue mi primer despertar espiritual. Pensé que si morir no era la solución, entonces mejor beber. Pero empecé a recordar a todos mis nuevos amigos de A.A., que ya tenía cinco meses sin tomar y no los quería defraudar; y me di cuenta de que ya no podía regresar hacia atrás. Ese día decidí que estaba dispuesta a hacer cualquier cosa por no beber. Busqué una madrina que me amadrinó con la literatura y los Doce Pasos y empecé a servir en el programa de A.A.

Luego de esa pelea, me contenté con el novio y a los dos años nos casamos. Desafortunadamente, nosotros nos juntamos cuando ambos teníamos muchos traumas, defectos y resentimientos y nos lastimamos mucho. Eventualmente tuve que admitir que realmente nunca habíamos sido compatibles y que queríamos distintas cosas de la vida. En mi caso, me tomó trece años de trabajar en el programa y conocerme a mí misma para tener la suficiente fortaleza espiritual para desprenderme de esa relación. Y más que nada, de poder irme sin odio ni dolor, sino con compasión y perdón hacia él y hacia mí misma.

Hoy en día, dieciséis años después de haber dejado de beber, disfruto de una relación maravillosa con un compañero de A.A. que conocí en el servicio. Por primera vez en mi vida sé lo que es una relación de pareja donde existe el amor y la aceptación incondicional. Compartimos el gozo del servicio y el amor a A.A. Caminamos mano a mano en el camino de la recuperación y llevamos juntos el mensaje de A.A. a aquellos que aún sufren. Es un privilegio poder servir a mis compañeros y un verdadero gozo el ser testigo de cómo, poco a poco, son convertidos por la gracia de Dios en hombres y mujeres con dignidad.

Hoy soy actriz de profesión. Todas las máscaras que me ponía antes para que otros me quisieran, ahora me las pongo, pero para mi carrera artística. En mi vida real no utilizo máscaras, puedo ser quien soy. Soy amada y respetada por mi esposo, mi familia, mis amigos, mis patrones y mis compañeros de A.A. Gracias a A.A. he podido aceptar a mi mamá así como es y trato de ser la mejor hija que puedo ser para una madre enferma. Gracias a A.A. he podido perdonar a mi padre sus errores y me enfoco en sus aciertos. Gracias a A.A. he encontrado el amor propio y el valor del ser humano. Por mucho tiempo yo fluctué entre un complejo de inferioridad y delirios de grandeza. Ahora empiezo a comprender la palabra *humildad*, la cual para mí es el saber que todos tenemos el mismo valor; que sólo hay uno que es más grande y ése es Dios, el cual preside sobre todo. Esto es muy importante para mí, puesto que como actriz recibo la admiración de las personas y es fácil perder esta perspectiva. Realmente es sólo otra manera, aparte de pasar el mensaje de A.A., de compartir aquello que Dios me ha dado.

La palabra "gracia" significa "regalo". Es algo que no se merece por esfuerzos personales. Es algo que Dios regala simplemente como expresión de su gran amor por sus hijos. Todo lo que soy, todo lo que tengo, todo lo que hago, es por la gracia de Dios. Cada día, quiero despertar sobria, dando gracias a la Comunidad de A.A. que salvó mi vida y alabando a Dios que, por amarme tanto, me llevó a sus puertas.

EXTRANJERO ENTRE LOS HOMBRES

Se sentía como un extraterrestre, caído a la Tierra por causa desconocida. La bebida, que parecía ofrecerle entrada a otro mundo, lo dejó aislado del actual y presente.

*L*AS PRIMERAS sensaciones que recuerdo son de extrañamiento, de singularidad y rareza. La discrepancia está en la raíz más profunda de mi ser y sin duda ha condicionado mis difíciles relaciones con la vida. Si al nacer hubiera sabido ponerle palabras a mis sentimientos, hubiera razonado de esta manera:

No pertenezco al mundo, ni siquiera a la galaxia. Procedo de una luna ingrávida y transparente donde nadie sabe lo que es el miedo. La vida es allí una caricia y se necesitan menos capas de piel para afrontarla. Por causas que desconozco, quizás alguna falta, los dioses me desterraron a este planeta. En cuanto caí a la tierra sentí en mis carnes la herida de la existencia. Soy un extranjero entre los hombres, un extranjero que se pregunta "¿por qué no soy como los otros?"

Soy el segundo hijo de cinco hermanos. Mi padre trabajaba y mi madre cuidaba de la casa. Que yo recuerde, fui un niño querido y tuve una primera infancia feliz.

Empecé mi formación escolar en un colegio católico. Un gigantesco Cristo con el pecho atravesado de espadas pendía de la fachada. De mi paso por las monjas conservo en mi interior dos episodios puntuales. El primero es la bofetada que me dio una de las hermanas por dibujar un tren en vez de sumar unos números. Con aquel cachete aprendí lo que era el miedo, y de propina, la rabia y la impotencia. Al día siguiente, al volver al colegio, experimenté mi primer resentimiento y supe del inmenso poder de la imaginación. Cuando no puedes matar a alguien en la realidad, siempre puedes hacerlo con la mente. Cuando la realidad no te gusta, siempre puedes cambiarla en tu cabeza.

El segundo episodio me enseñó que puedo sentirme culpable simplemente por estar vivo, y me hizo experimentar el temor al castigo antes de que éste se produjera. Fue también en clase. Faltaba poco para que sonara el timbre cuando descubrí bajo el pupitre un gran charco amarillo. Intenté secarlo con hojas del cuaderno, pero el papel era poco absorbente. Esta vez la monja no se dio cuenta, pero eso fue lo de menos porque yo, arrodillado en el suelo, me castigué a mí mismo con una buena reprimenda. Mi mente aprendió a vivir en el pasado, reviviendo sensaciones que lo transformaban, y en el futuro, anticipándose a los acontecimientos. Desde bien pequeño me olvidé de vivir el presente.

Descubrí que la mayoría de los adultos te quieren más si eres perfecto. Los niños que adoptaban determinados comportamientos recibían palmaditas y besos. Eran los buenos. Al otro lado de la línea estaban los rebeldes. Yo me arrimé a los primeros sin plantearme siquiera si era lo que yo quería hacer. Sólo buscaba el terrón de azúcar con el que se premia a un caballo dócil. Era capaz de hacer cualquier cosa por conseguirlo. Así, casi sin querer, me convertí en un niño perfecto.

La perfección si bien se mira, da mucho juego. Por un lado es la negación de un mundo a todas luces incompleto, el mundo al que yo había sido arrojado desde mi luna ingrávida. Empeñarse en ser perfecto en un mundo imperfecto es una forma de protesta. Por otro lado, si haces lo que se espera de ti, todo el mundo te quiere, al menos en apariencia. Yo disponía en mi alma de un enorme agujero que quería llenar de amor, pero lo único que había a mano era la aceptación de los demás. A falta de un sentimiento auténtico, utilicé el sucedáneo. Tenía cinco años y todavía no había bebido una gota de alcohol.

Cuando cumplí los seis pasé a un colegio de los Padres católicos, donde permanecí hasta los diecisiete. Allí quien no se sabía la lección recibía un reglazo en las yemas de los dedos. La atención de los escolares, siempre más fija en el vuelo de una mosca que en el teorema de la pizarra, se centraba con un tirón de patillas o un masaje en los carrillos. Años después, no pude ser el eslabón abierto de la cadena y repetí estos esquemas con mis hijos. Las víctimas, cuando crecen, suelen convertirse en verdugos. Ésa es su condena. También fue la mía. El alcohol, que ya por entonces consumía sin medida, multiplicó la ira. Mi cerebro, siempre dispuesto a justificar lo injustificable, llamó "educación" y "firmeza" al maltrato físico y psicológico de unos niños indefensos. Intenté ser el que recibe el daño y no lo trasmite, pero no pude vencerme a mí mismo.

A los once años se inició mi largo romance con las botellas. Fue en el colegio. Dos o tres compañeros quedamos en llevar bebidas al aula. Yo rellené un bote de plástico con alguno de los licores dulces que había en casa. Quería explorar nuevas sensaciones e imitar a los adultos, que bebían que era un gusto.

Además, las clases eran un aburrimiento. Recuerdo las risitas de mis compañeros cuando me sacaron a la pizarra, colorado como un campesino, para balbucear la lección. Lo pasé mal, pero me encantó el protagonismo. Aprendí que la gente te mira si haces un poco el payaso, y esto resulta fácil, casi natural cuando vas un poco entonado.

Llegó la adolescencia y con ella se agudizaron mis carencias. Supe entonces que aquel líquido mágico que me aturdía durante las interminables tardes escolares era capaz de proporcionarme todo aquello que necesitaba. Desenroscaba un tapón, dejaba bajar el líquido por la garganta y al instante mi mente manejaba todo un universo de posibilidades. Un par de tragos de ginebra me hacían crecer unos pocos centímetros, unas cervezas aguzaban mi inteligencia, unos cuantos tragos de ron con soda me volvían locuaz con las chicas, el whisky me transformaba en el rey de la pista de baile. Con el alcohol brotaba de mi interior una personalidad maravillosa que sólo existía en mis sueños, una especie de príncipe azul del subconsciente que me redimía de la realidad insuficiente. Con alcohol la vida era perfecta, completa, sin fisuras. Yo seguía sin encajar en el mundo, y eso me arañaba, pero el alcohol era un bálsamo milagroso que disponía sobre mi alma las capas de piel que me faltaban. Cuando algo dañaba mis emociones me tomaba unas cuantas copas y todo me resbalaba.

El alcohol no me transformó, simplemente potenció los mecanismos que mi mente desarrollaba para defenderme de la realidad hostil, una realidad que ni entendía ni me gustaba. Ya había descubierto en las páginas de los libros y en las pantallas de cine la maravillosa posibilidad de olvidarme de mí mismo y encarnarme en los otros. Me fascinaba la capacidad de vivir con la mente vidas ajenas. Construí un lugar donde me sentía a salvo de las heridas emocionales, donde no me alcanzaba el roce de las cosas. No sabía entonces que los refugios que están hechos con miedo protegen, pero también encarcelan. Yo, que nunca me había integrado en la vida, me aislaba sin remedio.

El alcohol era legal, pero otras sustancias estaban prohibidas, y esto le daba mucho morbo a un espíritu delirante como el mío. Cuando las mezclé con el alcohol, los mundos imaginarios se multiplicaron dentro de mí hasta desgajarme de la realidad. Entretanto mi autoestima descendía sin freno hacia el subsuelo y mi sistema nervioso se deprimía. Pero, como decían algunos actores en la pantalla, no había nada que no arreglara un whisky con soda. El alcohol empezó a despertar en mi interior un monstruo de soberbia con el que compensaba todas mis carencias.

La soberbia es un curioso sentimiento en una persona como yo, que no se creía merecedora de nada, ni siquiera de la existencia. Con soberbia equilibraba precariamente mi baja autoestima y conseguía una personalidad de extremos, la única posible para mí en aquella época. La soberbia, casi siempre asociada a la envidia y al resentimiento, es otra cárcel que me obligaba a vivir siempre mirando de reojo la vida de los otros. La vida era injusta y les daba a los demás lo que me correspondía por derecho propio. Yo, en vez de trabajar para conseguirlo, me emborrachaba.

Mi soberbia siempre ha sido de tipo intelectual. Las copas me convertían en un experto en cualquier campo del saber. Filatelia, carburadores, relaciones internacionales, agricultura de subsistencia…, nada se me resistía cuando el whisky engrasaba mi cerebro. Con unos cuantos tragos era el escritor incomprendido que descubrirían las generaciones venideras, o un habilidoso saxofonista, o un intrépido navegante solitario. Todas las noches, tumbado en la cama, el mundo, rendido a mis pies, reconocía mis méritos. Todas las noches, mirando las grietas del techo, pronunciaba discursos, y a veces me entrevistaban.

La vida, entretanto, seguía su curso inexorable, ajena a mis delirios. Terminó la adolescencia y empezó la primera juventud. Concluí los estudios y empecé a trabajar. Me casé, nacieron mis tres hijos. El tiempo pasaba y yo seguía en mi nube, que hacía flotar a base de alcohol y drogas.

Mi carácter empezó a cambiar. Pasaba, sin solución de continuidad, de la euforia a la ira. Nadie en casa sabía a qué atenerse. En el descenso vertiginoso hacia las alcantarillas de mi enfermedad me fui quedando cada día más solo. Intentaba comunicar mis pensamientos y mis emociones, pero nadie parecía interesado en aguantar mis balbuceos salvo si les pagaba unas cervezas, y cuando le mostraba a alguien mis escritos, me los devolvía envueltos en un piadoso silencio.

Un día me di cuenta de que una droga me esclavizaba y la dejé. Era incapaz de ver mis otras adicciones. Me desenganché sin ayuda, pero el hueco que dejó esa droga fue ocupado de inmediato por otra. Cambiaba de pareja circunstancial pero permanecía fiel al alcohol, mi amor permanente. No quería renunciar al placer de creerme por unas horas Henry Miller o Humphrey Bogart.

Con el alcohol y la nueva droga ingresé definitivamente en la locura. Mi mente segregaba continuamente delirios y justificaciones. "No pasa nada", me repetía constantemente. Tú no tienes problemas. Los problemas los tienen los otros, que no saben vivir, que son unos "capullos" y no se enteran de nada. Yo era el listo, el que lo tenía todo bajo control. En realidad estaba tan mal que no sabía lo mal que estaba. Los que me rodeaban se apresuraron a ponerse a salvo. Perdí definitivamente el control de mis actos y descendí círculo a círculo hasta el fondo del infierno. Desde allí, chapoteando en mi propia inmundicia, sólo se vislumbran dos caminos: beber hasta la muerte o pedir ayuda.

Llamé desde una cabina a Alcohólicos Anónimos. En el tiempo que me concedió la moneda escuché por primera vez palabras de aliento. Me hablaba alguien que comprendía lo que me estaba pasando porque había pasado por ello. Me estremecí y una emoción desconocida me recorrió el cuerpo. No estaba solo.

Acudí a una reunión. Se palpaba en el aire un amor radical y una sencilla sabiduría que no se aprende en los libros. Me sentí aliviado. Allí estaba lo que había buscado durante años en la botella. Supe al instante que aquella pandilla de borrachos me enseñaría a sobrevivir en un mundo que hasta entonces había negado.

Aquellos alcohólicos no tomaron mis datos, ni me exigieron asistencia, ni me dieron consejos, ni informaron a mi familia. Me hablaron de servidores, no de jefes, y sólo me impusieron una norma: nadie interrumpe al compañero que está hablando. Más adelante entendí por qué los alcohólicos no necesitamos reglamento pormenorizado ni una ley escrita. El alcohol se encarga de vigilarnos. Si haces lo que debes, el camino conduce a la vida plena, útil y feliz. Si insistes en querer salirte con la tuya vuelves a beber.

Me dijeron que cada uno se responsabiliza de su propia recuperación y que aquello era como hacerse un traje a medida. Por primera vez en mi vida hice caso a otros seres humanos y escuché lo que me decían. Hasta ese momento la soberbia me había obturado los oídos. Mi forma habitual de vivir era autopropulsada, pero el sufrimiento había derretido los tapones de mis orejas. La información entraba en mi cabeza y empezaba a despertarme el entendimiento.

Me dijeron que cuando un alcohólico habla con otro de sus emociones, a los dos se les pasan las ganas de beber. No hay más misterio que ése. El lenguaje que brota directamente del corazón es lo que nos sana, porque sale teñido de emociones. Me puse a trabajar. Escuchaba lo que otros sentían y me esforzaba por poner mis sentimientos en palabras. También en mí se produjo la magia.

Aquellos alcohólicos me dijeron que tenían un programa. Me dijeron que era un programa sugerido, que allí nadie obliga a nada.

Lo que he aprendido en A.A. lo aplico no sólo dentro de la comunidad de Alcohólicos Anónimos, sino en todos los ámbitos de mi existencia. Para mantener mi condición espiritual es importante que trabaje para poner el mensaje de esperanza al alcance de quien tenga problemas con el alcohol. Mejoro mis relaciones con Dios a través de la oración y la meditación y doy gratis a los demás lo que a mí no me costó nada: la sabiduría necesaria para estar un día más sin beber.

LA BENDICIÓN DISFRAZADA

Acostumbrado a disimular todo problema, este sacerdote, lejos de la tierra familiar, se iba poniendo cada vez más soberbio en su negación. Una noche, ante el mismo obispo, se emborrachó y tocó su fondo.

POR SER YO el tercero de cinco hermanos, desde pequeño, mi temperamento ha sido algo introvertido. Cuando tenía cinco años tuvimos que enfrentarnos con la pobreza, porque mi papá y su hermano sufrieron la quiebra de su empresa constructora. Nunca se recuperó del todo esa fuente de ingresos, de tal manera que a veces estábamos muy cortos de dinero. A pesar de eso, o quizás a causa de eso, tuvimos un hogar donde reinaba la solidaridad, el amor y un gran calor humano. De todos modos, mis padres no acostumbraban a manifestar amor y cariño abiertamente y ese estilo de vida pasó de forma natural a nosotros, los hijos. No había abuso del alcohol en mi hogar aunque más tarde llegué a sospechar que alguien tenía problemas con el trago, pues mi tío pasaba tiempo internado en un hospital, creo que por alcoholismo.

Todos nosotros, los cinco hermanos, teníamos bastante capacidad intelectual y mis padres se sentían orgullosos de sus hijos, de tal manera que sacar buenas notas en la escuela primaria era algo muy valorado y motivo de gran aprecio y afecto de papá y de mamá. También nos exigían que nos aplicáramos muy seriamente a los estudios, hasta tal punto que uno de ellos revisaba nuestros trabajos escolares con frecuencia. Con eso se exigía una disciplina en nuestro comportamiento que facilitaba un progreso superior al de nuestros compañeros. Todos nosotros figurábamos entre los estudiantes más avanzados del curso. La formación religiosa en la iglesia católica iba por el mismo camino. Así que, aun de niño, tenía gran aprecio por mi fe católica, y al llegar a secundaria decidí, con el apoyo gozoso de mis padres, entrar en el seminario con la gran ilusión de ser sacerdote, pues admiraba mucho a los sacerdotes de mi parroquia natal. Eran hombres buenos y también mostraban gran afecto a mi familia. Puesto que era muy buen estudiante, las autoridades me dejaban seguir adelante aunque no podíamos pagarlo todo. En esos primeros años no mostraba ninguna tendencia de tener dificultad con el trago. Era buen estudiante, me gustaba el deporte y, en general, me llevaba bien con mis compañeros del seminario.

Más o menos a los diecisiete años comencé a probar la cerveza y muy pronto descubrí que la bebida me ayudaba a superar la timidez que me impedía participar plenamente en la vida social. Aunque en esos años abusé del alcohol algunas veces, no quise dejarlo del todo porque me facilitaba una vida social más plena y agradable. Sin que me diera cuenta, estaba cruzando esa línea invisible que separa a los bebedores normales de los bebedores problema. Me gustaba bastante el efecto del alcohol así que seguía tomando, especialmente cuando me tocaba asistir a una reunión o fiesta social, pues el trago me facilitaba participar plenamente e incluso hasta convertirme en el animador de la fiesta. A veces perdía el control, pero no me parecía tan grave mi comportamiento. Mi enfermedad estaba avanzando sin que lo supiera.

Puesto que la vida en el seminario era bastante controlada, el avance de mi alcoholismo era lento y así las autoridades no descubrieron el problema.

Recibí la ordenación sacerdotal y fui destinado a trabajar en una parroquia donde también era profesor de un colegio de la iglesia local. Como el beber me causaba resaca al día siguiente, nunca tomaba durante la semana, pues me resultaba tremendamente doloroso enfrentarme con varios grupos de estudiantes en esa condición, así que otros compañeros y yo sólo tomábamos los viernes después de las clases, mientras resolvíamos los problemas del colegio y del mundo. Siempre dejábamos de tomar a la medianoche, y aunque manejaba mi auto en una laguna mental para llegar a la casa parroquial, con unas horas de descanso ya podía trabajar al día siguiente, aunque con resaca. De esa manera no di motivos de escándalo a la gente de la parroquia. Algunos debieron de haber notado en la misa del sábado, que el "Reverendo Padre" no estaba del todo bien, pero no tocaron el "timbre de alarma". Así protegían al sacerdote y eso, a fin de cuentas, sólo servía para que yo siguiera tomando.

Después de unos cinco años el obispo pidió voluntarios para trabajar en otros países, y me ofrecí con gusto. Así es como llegué a un nuevo país muy contento de haber dado ese paso. Cuando me llegaban las frustraciones de aprender un nuevo idioma, de acostumbrarme a un nuevo clima, comida, cultura y costumbres muy diferentes, tenía el remedio siempre a mano: una botellita de trago "espanta frustraciones". Reconocía de manera algo vaga que no estaba todo muy bien, pero suponía que con el paso del tiempo todo iba a arreglarse poco a poco. Así pasaron los años sin que se me presentaran complicaciones graves. Lógicamente, durante estos años, fui desarrollando una tremenda capacidad de encubrir, tapar y disimularlo todo, de tal manera que, aparentemente, todo andaba viento en popa. Pero en realidad, mis compañeros han debido de reconocer que las cosas iban de mal en peor. Sólo que no sabían por dónde agarrar el problema, puesto que en mi negación me había vuelto

muy arrogante, engreído y prepotente. En una oportunidad le pregunté a una hermana religiosa por qué ningún
compañero ofrecía comentarios a mis "brillantes" sugerencias, y ella me respondió: "¿Piensas tú que alguien se
atrevería a contradecirte?" Era una invitación de su parte
a cuestionarme a mí mismo. Pero no lo hice.

Así iba progresando en nuestra enfermedad, que se
define como progresiva, incurable y fatal. Más tarde
conocí a una mujer que llevaba muchos años en el programa, que siempre agregaba la palabra "paciente" a
"progresiva, incurable y fatal", pues decía ella que el
alcohol nos estaba esperando a la vuelta de la esquina.
Me hacía mucha falta una experiencia muy dramática y
vergonzosa para que reconociera mi realidad de ser un
alcohólico "hecho y derecho". Es lo que nosotros en A.A.
llamamos "tocar fondo".

Esa "bendición disfrazada" me llegó de la siguiente
manera: Mi obispo me pidió atender a cuatro parroquias
abandonadas y muy lejos de la ciudad. Llegar a esas
parroquias era todo un desafío, y más todavía en tiempo de lluvias, porque los caminos se ponían totalmente
intransitables. Acepté ese nombramiento de muy buena
gana, pero después de relativamente poco tiempo caí en
la cuenta de que ese trabajo era no sólo difícil sino imposible. ¿Por qué? Porque iba viajando de un lado a otro
con mucha frecuencia, de tal manera que nunca estaba
mucho tiempo en ninguna parroquia. Era como un pica-
flor pasando de un lugar para otro sin tener la posibilidad
de cultivar una relación humana con nadie. Como dice el
refrán: "el que mucho abarca poco aprieta". Al caer más
y más en la cuenta de que mi manera de insertarme era
muy equivocada, comencé a sentir resentimiento para
con el obispo quien, según mi pensamiento, me había
encomendado una misión no sólo difícil, sino una tarea
condenada al fracaso antes de comenzarla. Y luego, en

vez de plantearle al obispo el problema tal como yo lo veía, me guardaba el resentimiento adentro porque ya me había acostumbrado a disimular todo problema y actuar como si no existiera. Pasaron muchos meses, mientras iba creciendo mi resentimiento contra al obispo. Después de un tiempo me encontré en la misma casa con el obispo y comencé a tomar tragos fuertes directamente de la botella, sorbo tras sorbo. Así que entré en cólera y subiendo al cuarto donde estaba el obispo, descargué todo mi resentimiento contra él, inclusive con palabras groseras. Al día siguiente ni me acordaba de lo pasado la noche anterior, pues, estaba en una laguna mental en que el alcohol no dejaba funcionar normalmente la memoria.

Uno de mis hermanos sacerdotes me contó todo lo que había pasado la noche anterior incluyendo todos los detalles tan vergonzosos. Eso fue para mí, tocar fondo. Estaba lleno de vergüenza, de pena y de deseos de borrar todo lo ocurrido, aunque evidentemente no era posible hacer eso. Luego me fui donde el obispo para pedirle perdón. Y él, mirándome con gran cariño fraternal, me dijo: "Tú no eres un hombre malo, pues tú y yo hemos realizado muchas obras muy hermosas y valiosas en bien de la gente. Lo que pasa es que tienes una enfermedad que se llama alcoholismo y esa enfermedad te está minando todo lo bueno que el Señor Dios te ha dado a través de tu vida larga y hermosa. Te pido de hinojos que aceptes el tratamiento que necesitas para que puedas comenzar tu vida de nuevo y gozar de una sobriedad creciente un día a la vez".

Como mis hermanos sacerdotes me estaban sugiriendo lo mismo, acepté, un tanto de mala gana, la invitación a internarme en un centro de tratamiento exclusivamente para sacerdotes alcohólicos. Al estar allí poco tiempo llegué a reconocer mi condición de alcohólico... pero a regañadientes. Me costó mucho no sólo reconocerlo, sino también aceptar tranquilamente mi realidad.

Intelectualmente no podía seguir negándolo, pero al nivel de las emociones, no podía aceptarlo con serenidad. Rezaba hasta con lágrimas durante mucho tiempo hasta que, poco a poco, fui llegando a una paz más profunda conmigo mismo y con mi condición de alcohólico. Lo que me salvaba el pellejo era el hecho de que asistía a reuniones de A.A. tres o cuatro veces por semana. Esos compañeros y compañeras del programa de los 12 Pasos fueron mis maestros, mis compañeros y mis amigos de verdad; pues me aceptaban con gran cariño y respeto, pese a mis defectos y problemas, que no eran pocos. Llegué a una aceptación aun gozosa de mi condición de alcohólico en recuperación. Y ¿cómo pasó todo eso? Pues, en un determinado momento, comencé a apreciar el hecho de mi sobriedad y tomé la decisión de nunca rehusar una petición de servicio a la gran familia de A.A. Al hacerlo, comencé a descubrir que mi Poder Superior estaba valiéndose de mí para servir a mis hermanos alcohólicos que necesitaban recibir la buena noticia de que hay una solución. Así que el Dios que conozco muy poco, pero que me conoce a mí y me ama muy de veras, me estaba abriendo todo un nuevo camino de servicio. Al tratar de compartir el programa y de acompañar a muchas personas en un camino nuevo hacia una sobriedad y una serenidad nuevas y maravillosas, estaba caminando yo mismo por ese nuevo camino. Llegué a ver claramente que mi alcoholismo era en realidad una gran bendición disfrazada.

En mis primeras reuniones de A.A., a veces escuchaba a un compañero decir: "Yo me llamo Pedro y soy un alcohólico muy agradecido". Semejante declaración me daba rabia y hasta asco y pensaba: "basta de teatro; no nos hace falta, Don Pedro, que figures como un gran héroe y campeón". Pero poco a poco, al escuchar los testimonios de muchas personas en el programa, yo mismo llegué a ver muy claramente que el Dios que no conozco muy bien me estaba llamando a esa nueva vida de paz, de serenidad, de gozo y de utilidad para servir a mis hermanos y hermanas. Es que durante mis años de bebedor activo, me estaba separando poco a poco de la gran familia humana. Y ahora, con la bendición de Dios que me llegaba por el programa de A.A., me encuentro reunido nuevamente con todos mis hermanos y hermanas... y muy particularmente, con los que nos juntamos en una relación de respeto, de afecto fraternal y de amor sincero y generoso los unos para con los otros, y aun más allá, con todos los demás.

Gracias a la "bendición disfrazada" de mi alcoholismo, vivo con una sobriedad y una serenidad crecientes. Tengo el gusto de acompañar en nuestro grupo local a varios hermanos y hermanas en su esfuerzo diario para crecer en el programa de A.A. También tengo el privilegio de compartir mi "experiencia, fortaleza, esperanza" y debilidad con muchos compañeros que buscan una salida de esa vida que viven en las tinieblas y en la jaula de nuestra enfermedad antes de A.A. Luego, cuando veo a un hermano agarrarse fuertemente a nuestro programa bendito de los 12 Pasos, siento un gozo íntimo e inmenso porque me doy cuenta de que mi Poder Superior se vale de mí para hacer maravillas a favor de mis hermanos de la gran familia humana. Realmente he vuelto a unirme con esa gran familia y me siento muy en casa. Aun cuando mis esfuerzos de ayudar a algún hermano no resulten todo un éxito, no me desanimo porque sé que al contemplar la resistencia de aquel hermano, estoy contemplándome a mí mismo durante los largos años de mi resistencia. Además, sé muy bien que nunca es demasiado tarde para entrar en A.A. y que nunca es demasiado temprano para salir de la jaula y encontrar una verdadera paz en la sobriedad y la serenidad que nos ofrece el programa de A.A.

(11)

TOMABA PORQUE LO GOZABA

Creía poder lograr lo que fuera si se esforzaba lo suficiente, pero se dio cuenta de que ningún esfuerzo personal sería suficiente para controlar su forma de beber.

DE TODOS los adjetivos que me describen, el que en sí define quién soy es "alcohólica". El alcoholismo se manifestó en mi vida desde un principio y es claro que ha dictado el curso de mi vida profundamente; tanto negativamente, llevándome al abismo de la desesperación, como positivamente, por medio de la recuperación, dándome oportunidades inimaginables de crecimiento. La progresión del alcoholismo me transformó de una bebedora alegre que le daba vida a la fiesta, a una bebedora triste y sola que tenía que beber antes y después de la fiesta.

Soy la hija menor de una madre soltera. A mi padre lo sacó de la casa la policía cuando yo tenía cinco años, debido a sus violentas borracheras. Desde entonces él no vivió con nosotros y se convirtió en un borracho de la calle. Mi mamá decía que él era un buen hombre pero que su vicio lo dominaba. Me crié con mi madre y mis dos hermanas, una, ocho años y la otra, dieciséis años mayor que yo. Criándome con ellas me sentía como que tenía tres madres. La hermana mayor me daba cariño, la de en medio me llevaba a fiestas y mi mamá me daba castigos.

Mi madre me mandaba que acompañara a mi hermana cuando iba a fiestas. Fue ahí, a la edad de doce años, donde probé el licor y en el licor encontré el porqué de vivir. Fuera de los momentos felices que el alcohol me permitía en ocasiones sociales, mis sentimientos predominantes eran el miedo y la ira. A temprana edad descubrí que la vida requiere arduo trabajo y que, hiciera lo que hiciera, siempre iba a estar mal con mi mamá. Aprendí que no podía depender de nada ni de nadie, que tenía que ser completamente autosuficiente. Que, fuera lo que fuera que quisiera lograr, lo podía lograr si me esforzaba lo suficiente.

Cuando tenía diecisiete años, mi hermana, que había emigrado dos años antes a otro país, me invitó a vivir con ella. No tuvo que ofrecérmelo dos veces. Yo hubiera ido al fin del mundo para escapar las rabias de mi mamá. Todavía recuerdo el día que salí. Sentada en el avión que me traía, con lágrimas rodando en mis mejillas, me decía a mí misma: "¡Nunca regresaré a este lugar...nunca!"

Mucho tiempo después, a través de mi trabajo con los Pasos, me di cuenta de que ese lugar no necesariamente era mi país, sino el lugar interno en que vivía. Desde que estoy en A.A. no he tenido que regresar a ese lugar.

Al llegar al nuevo país vi la oportunidad de crear una buena vida. Cuando me preguntaban de mi pasado, inventaba cosas buenas. Decidí dedicarme a trabajar y a estudiar, para demostrarle a mi mamá lo equivocada que estaba cuando en sus furias me decía que yo nunca iba a ser nada. Además de estudiar y trabajar, me distraía bebiendo para ahogar el resentimiento y celebrar los éxitos.

En la universidad era bien popular porque mantenía el baúl de mi carro bien surtido de vodka y lo necesario para hacer buenos martinis. Cuando me establecí profesionalmente, me hice parte del grupo de compañeros que salían a almorzar con tragos y al fin del día iban a divertirse y cerraban todos los bares. Después era yo quien los llevaba a casa a todos porque estaban demasiado borrachos para manejar y yo, muy borracha para darme cuenta. Luego, cuando comencé a trabajar en mi propia empresa, ya no tenía los compañeros de trago, sino que iba a almorzar a mi casa y me quedaba trabajando en casa con un buen vaso de ginebra o vodka en mi escritorio.

Según progresaba mi alcoholismo comencé a despertar con resaca, y no había habido fiesta la noche antes. Muchas veces me decía que no iba a beber ese día y terminaba emborrachándome. Quería creer que tomaba sólo porque me gustaba tomar. Me encontré con una antigua amiga de tragos, y empecé a salir con ella en búsqueda de excusas para beber. Una noche estábamos las dos borrachas y me dijo que yo era alcohólica y que ella sabía que también lo era. No sé de dónde me salió, pero le dije, "Bueno, si somos alcohólicas, tenemos que ir a A.A." Al día siguiente llamé al número de A.A. que encontré en la guía telefónica. Me dieron la dirección y la hora de una reunión en mi pueblo.

Llamé a mi amiga y le dije que la recogería el martes para ir a nuestra primera reunión de A.A. Lo que más me preocupaba cuando íbamos de camino era que pudiera encontrar a alguien que me conociera. Estando en la reunión no sentí que tenía nada en común con la gente presente. Eran mayores que yo, hablaban de tomar y no tomaban. Pero algo me hizo decidir que íbamos a seguir yendo. Le dije a mi amiga que la buscaría los martes para ir a la reunión y ella dijo que sí. En mí no cambió nada más que los martes no tomaba. Pero como le había dicho a mi compañera que estaba asistiendo a reuniones de A.A., cuando tomaba tenía que tomar a escondidas. Luego, en anticipación de las fiestas navideñas, decidí que iba a ser normal nuevamente y que iba a beber socialmente. Pero entonces el trago no tenía el mismo efecto que antes. Si estaba triste, me ponía más triste. Si estaba enojada me ponía más enojada. Empecé a tener momentos deslumbrantes donde me daba cuenta de que no podía tomar y no podía no tomar. Y aunque hubo noches que me acosté deseando no despertar, generalmente sacaba esos pensamientos de mi mente mas rápido de lo que llegaban, y me decía que no tenía ningún problema, y que tomaba porque lo gozaba.

Durante mi alcoholismo encontré el amor de mi vida en una compañera de estudios. Este año celebramos nuestro trigésimo año juntas. Ella no es alcohólica, pero había algo en su ser que encajaba completamente bien con los "ismos" de mi alcoholismo. Mi alcoholismo estaba afectando nuestra relación, y una noche ella me confrontó y me dijo que quería que buscara ayuda. Algo me hizo reconocer entonces que yo estaba a punto de perder a la única persona que tenía valor en mi vida, y que al perderla, yo le daría mi vida al alcohol como lo hizo mi padre. Su cadáver lo encontraron descompuesto en una huesera. Yo ya tenía una cita con mi médico para mi examen físico anual. Y una de las preguntas que me hizo el doctor cuando terminó de examinarme fue: "Ud no bebe, ¿verdad?" Yo le respondí: "Una de las razones de mi visita es que creo que tomo demasiado". Me preguntó: "¿Cuánto bebe?" Le dije: "Una cerveza de vez en cuando". Él, sabiamente, llamó a una consejera de alcoholismo y me puso en el teléfono con ella allí mismo. Hice una cita para ir a verla, la cumplí, y fui por primera vez completamente honesta en cuánto y cómo bebía. Ella me dijo que no sabía si yo era alcohólica, pero que podía obtener ayuda por medio de consejería, terapia, tratamiento interno o externo. También me dijo que A.A. daba los mejores resultados. Salí de su oficina pensando que con consejería semanal se arreglaría el problema. Pero cuando me llamó por la tarde para explicarme lo del seguro, la interrumpí y le dije que ya había decidido ir a tratamiento interno. Entonces no sabía de dónde me habían salido esas palabras. Ahora creo que la gracia de Dios intervino.

Empecé a conocer el programa y la Comunidad de

Alcohólicos Anónimos en ese centro de tratamiento, donde estuve interna veintiocho días. Allí me introdujeron a los Pasos, al concepto del apadrinamiento, a la necesidad de ir a reuniones continuamente, y a ser fiel a los principios de A.A. Fue durante mi estadía en tratamiento que logré concebir un Poder Superior. Yo había llegado a creer que no había nada ni nadie de quien yo pudiera depender excepto de mí misma. Con esa convicción, se me hizo obvio cuando me mostraron el segundo Paso que para mí no había esperanza. En el Segundo Paso yo entendí que se necesitaba fe en Dios y yo sabía sin ninguna duda que Dios no existía. La consejera me dijo que yo tenía un problema y me sugirió que hablara con la capellana. Actué de un modo atípico debido a mi desesperación, y seguí el consejo. La capellana me dijo que yo tenía el principio de la fe porque tenía el deseo. En realidad no tenía el deseo de tener fe, pero tenía el deseo de recurrir a cualquier extremo para no vivir sintiéndome como me sentía. Ella me recomendó que le escribiera a Dios diariamente. Yo me reí y pensé que esa receta era ridícula. Pero, nuevamente, gracias a la desesperación que el profundo dolor en mi alma me causaba, seguí el consejo. Comencé a escribirle a diario a alguien que llamaba Dios. Poquito a poco, después de un par de semanas, empecé a sentir un canal de comunicación entre una fuerza espiritual de la cual me sentía parte, y de la cual es parte todo lo que vive, y mi propio ser. Le llamé Dios porque no tenía otro nombre que darle. Como consecuencia de esa conexión espiritual, desde entonces he sentido un sinfín de sentimientos, pero no he sentido soledad.

A los seis meses de estar en Alcohólicos Anónimos me di cuenta de que me faltaba algo, no sabía qué. Iba a cinco reuniones a la semana. No tenía deseos de beber. Disfrutaba de mis nuevas amistades; mi compañera y yo estábamos trabajando fuerte en nuestra relación. Pero había un vacío en mí. Temerosa de ese sentimiento, hice una cita para ver a mi consejera del centro de tratamiento. Ella me dijo que todavía le estaba guardando luto a mi viejo amigo Don Alcohol. Me recomendó que me volviera activa en A.A. Lo hice. Obtuve mi primer trabajo de "cafetera". Luego, presté otros servicios en otros grupos.

Desde entonces nunca he estado sin participar en el servicio en A.A. A través de mi trayectoria de servicio en A.A. he forjado fuertes relaciones con otros compañeros servidores de confianza y estoy sumamente agradecida por ello. A través de la práctica de los Conceptos y las Tradiciones, mi vida tiene un nuevo significado desde que empecé a participar en el servicio.

A los once años de estar en A.A. tuve un fondo emocional y espiritual y, siguiendo la sugerencia de mi madrina, me interné unos días en un lugar de recuperación que sigue nuestro programa. Mi compañera y yo nos habíamos hecho cargo de dos niñitas cuyos padres se encontraban en la profundidad de la adicción. Yo, aparentemente, había dado casi más de lo que tenía. En la finca lo único que me sucedió fue que estuve apartada del caos que existía en mi casa; también estuve rodeada de alcohólicos recién llegados que me acercaron a mi pasado. Estudiamos el Libro Grande todos los días, comencé los Pasos formalmente desde el primero otra vez, y adquirí la costumbre de rezar de rodillas las oraciones del Tercer y Séptimo Pasos todos los días. Regresé a mi casa, que estaba igual que cuando salí. Yo, sin embargo, no era la misma y enfrentamos la situación con mis herramientas afiladas. No se rompió mi familia, pudimos ayudar a las niñas, y no tuve que beber.

En A.A. he podido alumbrar mis adentros con la luz de nuestro programa espiritual de recuperación para poderme ver tal cual soy, y ofrecerme a Dios para que me sane un día a la vez. Con el apoyo de mi madrina, y con una gran red de apoyo que incluye a mi grupo base y muchísimos compañeros más, puedo enfrentarme cada día con lo bueno y con lo malo, sabiendo que no vendrá nada que mi Poder Superior y yo no podamos manejar. He tenido oportunidad de asistir a reuniones en otros lugares y en otros países, y cada vez ha sido como llegar a casa.

Regresé a mi país después de una ausencia de veinticuatro años. La experiencia fue como un lienzo de salvia. Pude ver a viejos familiares y conocer familiares nuevos. Mi abuela paterna estaba a punto de morir y pude coger su mano en las mías antes de que falleciera. Fue una experiencia para mí muy simbólica, porque al mismo tiempo me encontré con la hija recién nacida de mi prima. Verdaderamente me encontré en el círculo de la vida. Unos años después, mis dos hermanas y yo viajamos juntas a mi país. Compartimos el amor de la patria, de familiares, amigos y hermanas.

Son increíbles los logros que se obtienen viviendo en sobriedad. Hoy en día tengo el amor y el respeto de toda mi familia, la biológica y la escogida. Siento amor y compasión por mi madre, quien tiene ahora 91 años de edad y confía y depende de mí. Le pido a Dios que me guíe y me dé fuerza para hacer su voluntad todos los días.

Tengo muchos sobrinos para quienes siempre estoy disponible. Tengo una sobrina muy allegada a nosotros. Una vez, cuando ella era chiquita, no me quiso abrazar porque me sintió olor a licor y me dijo: "Usted apesta otra vez". Esa misma sobrina, en el día de su boda, se paró para agradecer en público a mi compañera y a mí nuestra contribución. Después, tuvimos el honor de estar presentes en el nacimiento de su hija.

Los beneficios que he recibido por ser miembro sobria de A.A. son innumerables; y el amor y gratitud que llenan mi corazón, inmensos.

(12)

"LO QUE MAS ODIÉ, YO FUI....."

Como un púgil vencido pasó varios días tendido en la cama sin siquiera poder levantarse. Cuando su fiel esposa volvió a sugerirle la alternativa de probar A.A., aceptó.

NACÍ hace cincuenta años en el seno de una familia sencilla, muy numerosa, y en unos años difíciles en la historia de mi país.

Fui creciendo y me daba cuenta de los problemas que el alcohol estaba causando en mi familia. Infinidad de veces observaba a mi madre llorar porque mi padre no sólo tomaba alcohol, sino que gastaba en la bebida el poco dinero que había para comprar escasamente el pan para los once miembros de la familia.

Fui el único de los hermanos que pudo ir al colegio, por ser el menor. Allí tuve mi primer contacto con el alcohol y, a partir de ese momento, mi vida iba a estar marcada por él. Acompañaba a mi padre una y otra vez a los bares para ser siempre su vigilante. Me enviaba mi madre y siempre era el bastón donde mi padre se apoyaba para llegar de la mejor manera.

Comencé a trabajar muy joven. Cuando salía del colegio, aprovechaba los claros del día que quedaban para ayudar a mi madre a recolectar algodón. Cuando cumplí los trece años, tuve mi primer empleo; pero el alcohol hacía también más daño a mi cuerpo, y pasados unos pocos días me despidieron del trabajo. Me inventé una historia y le dije a mi familia que, como tenía algunos estudios, quería ser algo más que un peón, pero a los pocos días me volvieron a dar el empleo y continué unos años en el puesto, siempre advertido de expulsión.

En el puesto de trabajo conocí a la que hoy es mi esposa. Fueron unos años felices, en los que más de una vez el alcohol me tumbó, pero ella siempre estaba allí. Nuestras salidas eran siempre infernales; cuando me pasaba en la bebida terminaba llorando y maldiciendo a mi familia porque no me querían, no me daban dinero y muchas cosas más, que ella soportaba con mucho amor. Me ayudó siempre, hasta económicamente. Un día decidí ingresar en el ejército; quería seguir la carrera de las armas, pero mi vida se fue complicando de tal manera por el alcohol que hizo que pasara varias veces por los calabozos por mi manera de beber. Un día que tenía que ser muy especial para toda la familia, el día de mi santo, estaba de servicio y abandoné mi puesto. Al regresar al cuartel el oficial de guardia se dispuso a arrestarme y quitarme el arma, pero yo estaba tan bebido que me lancé sobre él, y con el arma montada se la puse en la boca dispuesto a matarle. Los compañeros evitaron lo peor. Me arrebataron el arma y me encerraron en un hospital por depresión y tuve que abandonar el ejército.

Como yo no quería trabajar solicité el ingreso a la policía. Lo conseguí porque en aquellos días todos valían. Los estudios que poseía y la fuerza que me daba el alcohol hicieron que pronto ascendiera y que un cuerpo que era represivo aceptara a una persona tan inhumana como era yo.

Contraje matrimonio enseguida que obtuve un destino. Una y otra vez llegaba bebido a casa. Siempre le prometía a mi esposa que dejaría la bebida pero cuando volvía al amanecer no me acordaba de lo dicho. Pasó tan sólo un año y tuvimos nuestro primer hijo. Parecía que todo cambiaría pero no fue así. Mi vida se hacía imposible sin alcohol.

La situación política de mi país y el alcohol marcarían para siempre mi destino. Me encontraba en un control de carreteras toda la noche, de servicio, y con una botella de alcohol. Un vehículo se saltó la señal de "stop" y realicé unos disparos. El vehículo se detuvo y fue analizado por mis superiores. Por la gracia de Dios no pasó nada gracias a los refuerzos de chapa del vehículo y los asientos, que frenaron la trayectoria de las balas. Los ocupantes salieron ilesos. Durante varios días y noches no pude conciliar el sueño. Tomé la decisión de abandonar la policía y trasladarme a trabajar en las explotaciones agrarias que poseía el padre de mi esposa. Poco a poco me fui ganado su confianza. Era un hombre rudo pero de un gran corazón. Quería ver si su hija era feliz de una vez por todas; pero no tuvo que pasar mucho tiempo para que viera todos sus bienes embargados. Pero jamás me echó nada en cara; continuamos juntos y un terrible accidente lo imposibilitó en una silla de ruedas y me hice cargo junto a su hijo de todo el negocio. Cada día que pasaba estaba todo peor. Por aquellos días nació mi hija y mi esposa pensó que eso me haría estar cada día más en casa, cosa que no pasó. Estaba más lejos.

El alcohol había dominado ya toda mi vida, mi cuerpo y mi salud; pero mi familia estaba siempre apoyándome para que yo lo dejara. Un buen día me encontraba regando uno de nuestros campos, llorando. Necesitaba beber y no quería. Me habían puesto en tratamiento psiquiátrico. No sé nada de lo que pasó. Aparecí encerrado en un centro sanitario, con un vigilante. Me contaron que había intentado quitarme la vida. Estando en el centro mi esposa me dio la alternativa: me ofreció la comunidad de Alcohólicos Anónimos. Yo me irrité mucho; le grité a mi esposa y le dije que eso no era para mí.

No me echaron de casa pero ya no contaba para nada. Mis hijos me tenían miedo, mi esposa no dormía esperando lo peor. Conforme pasa el tiempo, el alcohol me hunde más. No coopero en casa, no atiendo a mis hijos, y el sufrimiento es tan fuerte en la familia que una y otra vez me tienen que ingresar. Una mañana me encontraba tendido en la cama, como un púgil vencido por uno más fuerte que él. Todo me daba vueltas. La habitación parecía un reactor en marcha; tenía miedo, pánico y estaba solo. Así pasé varios días en los que sólo me rodeaban mis imaginaciones. Entró mi esposa y me dijo: "Creo que necesitas algo más que ayuda médica, ¿por qué no lo intentas?" Mi respuesta afirmativa tuvo fruto enseguida. Dos miembros de Alcohólicos Anónimos aparecieron en la habitación. No pude ni levantarme. Estaba enroscado como una pelota. Me recosté y escuché a estas dos personas. Me impactaron y más cuando me dijeron que ellos se estaban beneficiando con estar allí. Decidí probar.

Aquella noche aparecieron en un coche destartalado y me llevaron a un grupo de A.A. Allí las sonrisas y las sugerencias de tantas personas me pusieron en el camino. No recobré a la mujer que tengo, porque jamás la perdí. Fue siempre más fuerte que yo. Pasaron los días y recuperé a mis hijos, que éstos si los había perdido. Siempre que su padre entraba ellos salían corriendo. Y, lo que es mejor, los conseguí sin tener que hacer ningún regalo económico, tan sólo abrirles el corazón.

Cuando conseguí un poco de sobriedad, empecé a trabajar de lleno en mi empresa día tras día. Se me hacía imposible recuperar todo lo que había perdido, pero con un adelantamiento constante, las aguas fueron volviendo a su cauce.

Fueron llegando los primeros conflictos. Quería serlo todo, buen padre, esposo y empresario; pero había dejado de serlo y además había hundido el barco de todo lo que poseía cuando bebía. Y había unas personas que tuvieron que hacer frente a mi abandono y a ellas les fue duro. Tuve que aprender a compartir responsabilidades, cariño, amor, dinero, negocios y tranquilidad, que tan sólo lo conseguí con la humildad que el programa de Alcohólicos Anónimos me estaba dando.

Así fui consiguiendo la confianza de mis seres queridos. Un día me di cuenta del vacío que Don Alcohol había dejado en mi corazón y, poco a poco, me fui incorporando a la vida familiar y empecé a dar todo lo que olvidé en aquellos años. Sintiendo el deber, comencé a dar lo que un día me dieron a mí, por la obligación de ser un buen nacido y para que mi sobriedad no se tambalee.

Un día odié a mi padre por su alcoholismo; yo soy un alcohólico. Un día mi padre se alegró de que yo estuviera en Alcohólicos Anónimos. Mis hijos se enorgullecen. Fui el sustento de mi padre, el de mis hijos también.

Creo que mi vida llegó a ser lo que yo más odié, pero cuando estuve hundido en la miseria del alcohol, apartado de todos, solo, con mil temores, llegando incluso a robar a mi propia familia dinero, tiempo y otras cosas más — tras la visión de los dos señores, que tuve tumbado en la cama— llegó un mensaje que transformó a un ser inútil en útil, en un padre de familia y amigo y compañero para la Comunidad.

(13)

INSISTIÓ EN DISFRUTAR DE LA VIDA

Bebedora periódica, seguía ingiriendo alcohol para sentirse libre y así pasarlo bien con sus amigos, a pesar de las úlceras, las resacas y las lagunas mentales. Acabó encontrando la verdadera libertad y amistad en las salas de Alcohólicos Anónimos.

TIEMPO atrás yo no sabía lo que la palabra "gratitud" significaba. Hoy es diferente. Para mí, "gratitud" es salvación y sobriedad.

Me crié en un hogar muy cariñoso; pero desafortunadamente muchos miembros de mi familia (por ambos lados) han sido bebedores, y algunos aún ingieren bebidas alcohólicas. Tengo dos hermanos y una hermana gemela; todos bebíamos en exceso. Hoy yo soy la única que ha logrado la sobriedad. Nuestros padres hicieron todo lo que pudieron para educarnos bien. Sin embargo, ya que nuestra familia era muy conservadora, no nos enseñaron a hablar libremente acerca de nuestros sentimientos ni mucho menos a hablar a otras personas acerca del alcohol que estaba reinando en nuestro hogar; y no recuerdo haber escuchado nunca en mi familia la palabra *alcoholismo* ni mucho menos Alcohólicos Anónimos.

Tuve mi primera experiencia con el alcohol en el último año de la escuela secundaria. Era la época de la fiesta de graduación. Ese día tomé y no recuerdo exactamente si me emborraché o no. Luego llegó el verano y, días antes de ingresar en la universidad, salí y descubrí el mundo de los bares. Me sentía fabulosamente, libre, y sólo quería bailar y, por supuesto, el alcohol me ayudó a hacerlo.

Durante mi época de universitaria tomé más alcohol y como consecuencia fue un período de oscuridad. Era una bebedora periódica. Bebía para pasar un buen rato con mis amigas. No bebía a diario, ni cada semana; pero cuando lo hacía bebía en exceso. También era una bebedora que experimentaba lagunas mentales. Como ya he dicho, aunque es cierto que bebía ocasionalmente, cuando lo hacía me volvía una borracha feliz o bien una borracha fastidiosa. Muy raramente tuve resaca, posiblemente porque bailaba y sudaba mucho.

En una de las ocasiones en las que bebí demasiado acabé en la enfermería de la universidad y allí me dijeron que tenía una úlcera, causada por la cerveza. Me pareció que la mejor solución era dejar de tomar cerveza, y cambiarla por otra clase de bebida.

La noche en que cumplí veinte años, en una época en que estaba tomando medicinas para las úlceras y al mismo tiempo bebiendo, tuve un grave accidente. Destruí totalmente el coche de una amiga. No obstante, nadie mencionó en aquel momento que lo sucedido fue una consecuencia de lo mucho que había tomado. Yo era consciente de que mis amigas bebían mucho, pero no me daba cuenta de cuánto bebía yo. Nadie me dijo que bebía demasiado.

A la edad de veinticinco años, en la oficina donde trabajaba, a la hora del almuerzo, ingería mucho alcohol y regresaba así al trabajo — algo que reconozco con mucha pena porque era poco profesional. Un colega cubría por mí y por eso no me despidieron.

A los veintiocho años tuve dos borracheras que nunca olvidaré. La primera comenzó un típico fin de semana de octubre. Por lo general salía con mis amigos y "disfrutábamos" juntos. Un sábado por la tarde —que terminó de manera horrible— yo me separé de mis amigas, algo que no solía hacer. Caminando por la calle, llegué tambaleándome a un lugar donde los turistas se congregan para ver las actuaciones de los artistas callejeros. No me gustaba la manera en que se comportaban los turistas — o sea, no se estaban comportando a mi gusto; y, por esa razón, decidí "enseñarles" a ser buenos turistas. En el suelo había un sombrero en el que la gente echaba dinero para los artistas y yo lo tomé y lo puse delante de la cara de cada uno de los turistas diciéndoles que echaran dinero en el sombrero. Les dije algo como "No sean tan tacaños, estos tipos están tratando de ganarse la vida. Echen un poco de dinero en el sombrero". La plaza estaba llena de artistas y de músicos, y alrededor de la plaza había unos botes de basura hechos de hierro. Yo estaba tan enfocada en hacer pasar un mal rato a los turistas, y como no caminaba bien y me daba vueltas la cabeza, perdí el equilibrio y me choqué contra un bote de basura. Como resultado me salió un moretón gigantesco que tardó seis semanas en desaparecer.

Pero eso no fue suficiente. Ese mismo día, después del gran golpe, continué caminando, o mejor dicho tambaleándome por el barrio y llegué a una heladería. Recuerdo que había un perro que se estaba comiendo el resto de un helado que a alguien se le había caído al suelo y yo me dije que el perro necesitaba ayuda y me puse de rodillas a comer helado con el perro. Ahora digo ¡menuda vergüenza!, pero eso no me humilló lo suficiente. Después de compartir el helado con el perro, al volver al bar donde estaban mis amigos, vi a un vagabundo que caminaba hacia mí. Me paré ante él, lo besé, y sin pensar le di todo el dinero que llevaba en mis bolsillos — cerca de setenta dólares.

Al llegar al bar comí media docena de ostras, pero de lo que pasó después no les puedo contar porque no lo puedo recordar. Solamente sé que me dijeron que tuve envenenamiento alcohólico y que pude haber muerto.

Pasado un mes, un día me bebí tres cervezas y me puse totalmente fuera de control. El alcohol ya no me hacía el efecto que yo deseaba, no me sentía fabulosamente, ni feliz, ni libre.

Comencé a beber a los diecisiete años de edad e ingresé en el programa de AA recién cumplidos los veintinueve. Algunos pueden decir que no pasé mucho tiempo en el mundo del alcohol, pero en realidad para mí sí lo pasé, porque de continuar bebiendo no hubiese sido capaz de escribir esta historia.

Afortunadamente, en el trabajo teníamos un programa de "Ayuda al empleado" y allí me dirigieron a una psicóloga. La doctora era una persona calmada y cariñosa; realmente nunca había conocido a nadie así. No se tomó mucho tiempo en hacerme unas veinte preguntas y rápidamente reconocer que había fallado a la primera, "¿Tiene lagunas mentales?" Yo había contestado "Sí, casi siempre", y creía que esto era normal.

Ella se dio cuenta muy pronto de que yo era alcohólica, y una de sus primeras estrategias como profesional fue pedirme en una de las sesiones que anotara la clase de bebida que tomaba; en la siguiente sesión me pidió que escribiera la cantidad que tomaba; luego me pidió que le informara sobre el tiempo que pasaba bebiendo, y así sucesivamente la doctora fue pidiéndome más información sobre la forma en que yo ingería alcohol.

A la siguiente semana me preguntó si deseaba ir a una reunión. Yo dudé un poco, pero al final le contesté que "seguro que sí iría". Ella ya tenía anotada la información sobre las reuniones. Me sugirió que fuera a una reunión que se efectuaba los domingos al mediodía.

Para mí el 31 de diciembre de cada año era un día muy esperado porque era temporada de fiestas y ocasión de beber mucho, mucho alcohol. Inconscientemente, el 31 de diciembre de 1989, por primera vez en muchos años, tuve una celebración diferente. Fue una noche de paz porque no hubo alcohol. El día de Año Nuevo fui a casa de una amiga para jugar a los naipes; mientras estaba en la cocina para prepararme un champaña con jugo de naranja, tomé la botella y en ese momento decidí volver a poner la botella en su sitio y me dije a mí misma "yo no quiero esto".

Pronto fui a mi primera reunión como mi psicóloga había sugerido y me senté en la última fila, en la silla del pasillo. No escuché ni una palabra de lo que dijeron, solamente oí decir "Si ésta es su primera reunión, hablaremos acerca del Primer Paso" y me dijeron que yo era la persona más importante del grupo. Cuando la reunión estaba por finalizar, preguntaron si alguien quería una medalla por estar sobrio durante 24 horas. Yo no reaccioné al principio, pero entonces el coordinador debió de haber adivinado algo acerca de mí y dijo "o un deseo de no beber hoy". Estas palabras fueron muy impactantes para mí. En ese momento me puse a llorar y levanté la mano. Fui al podio y me dieron una medalla. Entonces dijeron "siga viniendo", algo que nadie jamás me había dicho. Volví a la reunión de las seis de la tarde y a la de las ocho de la noche del mismo día.

Así empezó mi periplo en la sobriedad. Fui por lo menos a una reunión al día durante cinco años. A los cinco años de sobriedad, conseguí un trabajo diferente que me requería viajar y por eso no podía asistir diariamente a las reuniones.

Hoy, quince años después, voy a cinco reuniones a la semana. Cuando tomé la decisión de no beber el 1 de enero de 1990, no pensé que sería mi último trago (por la gracia de Dios, un día a la vez). La compulsión se fue ese mismo día. Estoy totalmente agradecida a mi Dios por haberme dado la gracia de dejar de beber después del episodio horrible que pasé en aquel mes de octubre.

De no haber sucedido esto, lo más seguro es que yo hubiese continuado bebiendo más tiempo y podría haber muerto. Me siento muy afortunada y agradecida desde el primer día de mi sobriedad.

Me encantó A.A. desde el primer día y trabajé con los Doce Pasos lo mejor que pude. También participé entusiasmadamente en las actividades de servicio dentro de A.A. desde el principio de mi sobriedad.

Hoy comparto mi vida con otro alcohólico en recuperación. Me doy cuenta de que soy todavía un bebé en este programa y debo estar dispuesta a hacer cualquier cosa para servir a otros alcohólicos y yo "insisto absolutamente en disfrutar de la vida".

SE CONSIDERABA UN TOMADOR SOCIAL

Más fiel y firme defensor de la botella por no poder concebir la vida sin alcohol, seguía fallando a sus seres queridos y a sí mismo hasta tocar fondo e ir a pedir ayuda a un amigo, miembro de A.A.

ESTUVE tomando por espacio de dieciséis años, hasta la edad de treinta y un años en que llego a A.A. Los primeros quince años de mi vida estuve bajo la tutela directa de mis padres y los siguientes dieciséis años fue el alcohol el que manejó mi vida. Me hizo creer que la vida no tenía significado alguno si él no estaba presente.

En el comienzo el alcohol me liberaba de mi timidez extrema, me permitía compartir con otros y me proporcionaba el valor hasta para sacar a bailar a las muchachas. Este estado inicial, aparentemente bueno, fue prontamente convirtiéndose en un problema, a medida que la obsesión mental y la compulsión física por el alcohol fueron progresando.

Ahora reconozco que, para cuando me gradué de la escuela superior, yo ya había traspasado la línea imaginaria de bebedor normal a bebedor problema, desde donde no hay regreso. Sin embargo, para esa fecha estaba muy lejos de reconocer y, mucho menos de admitir, mi condición de alcohólico.

Mi vida continuó, tratando de ser siempre un bebedor social, justificándome porque, por lo general, tomaba durante los fines de semana. Logré un título universitario y progresé en mi profesión a pesar de mi actividad alcohólica, lo que hacía muy difícil el reconocer un problema de alcoholismo en mi vida.

Mis problemas mayores comenzaron cuando contraje matrimonio con una buena muchacha y no existían los elementos ni la compatibilidad de carácter necesarios para fortalecer esta relación, como el alcohol me había hecho ver y creer.

Durante los tres años que duró esta relación me entregué a la bebida con más frecuencia y tomaba hasta la inconsciencia. En ese estado, maltrataba verbal y físicamente a mi esposa. No podía controlar mi forma de beber, pero justificaba todos estos actos, atribuyéndoselos a la infelicidad en el hogar.

Cuando este matrimonio terminó, después de una hija con meses de nacida, mi compulsión por tomar se acentuó, pero continuaba justificándola con la excusa de que me encontraba en un período de adaptación.

"Mas por la gracia de Dios", en un momento de mi vida en que me encontraba muy confundido, conocí a quien es hoy mi esposa. Ahora estaba convencido de que por fin podría lograr todas mis metas y alcanzar la felicidad, ya que tenía a mi lado a un ser maravilloso a quien amaba y me sabía ser bien correspondido. Naturalmente esto se llevaría a cabo mientras yo continuaría bebiendo "socialmente" ya que no concebía la vida sin el alcohol.

Estuve tomando durante los primeros dos años de este matrimonio y esto me causaba problemas en todos los aspectos de mi vida. Durante este período mi esposa abortó en cuatro ocasiones, mis amnesias alcohólicas eran cada vez más frecuentes, mi capacidad de asimilar el alcohol se redujo grandemente, mi matrimonio se tambaleaba. Para mi esposa era como si estuviera casada con dos personas diferentes, el de lunes a jueves y el de fin de semana.

El alcohol me hacía reaccionar de diversas formas, con

agresividad o con sentimientos de pena y culpa y hasta de servirle de payaso a las demás personas. Nada de esto era normal, pero yo seguía defendiendo mi botella.

El 1 de febrero de 1974 inicié lo que hasta hoy ha sido mi última borrachera. Salí de la oficina acompañado de tres auditores de la compañía que habían finalizado su auditoría anual en un tiempo inferior a lo previsto y, además, ese día marcaba mi tercer año con la empresa, por lo que me sentía eufórico.

Aunque para esa época había tomado la resolución de no ir a bares a tomar —estaba convencido de que este ambiente era el que me causaba los problemas y no el alcohol— esta ocasión ameritaba que los invitara a un trago.

Un trago llevó al otro y a otro más. Hora y media más tarde, dos de los auditores decidieron marcharse y yo me las arreglé para que el tercero me acompañara a un trago más. Continué bebiendo compulsivamente y unas horas más tarde estaba completamente borracho y provoqué una pelea en el lugar, donde estuve muy próximo a perder la vida. Mi acompañante se ofreció a conducir mi carro hasta mi casa pero yo insistí en que estaba bien y él optó por irse y dejarme solo.

Salí de este negocio conduciendo mi carro y tomé la dirección contraria hacia mi casa. Serían, aproximadamente, las 9:30 de la noche, y de aquí en adelante no recuerdo nada de lo que me sucedió, ni dónde estuve hasta la 1:45 de la mañana del día siguiente en que la policía me detuvo en un pueblo al oeste de mi residencia. Hoy considero que esto fue por la gracia de Dios, ya que de haber continuado manejando….

Me arrestaron y tuve que recurrir a mi cuñado y a un amigo abogado para que me liberaran y no pasara la noche en la cárcel. Recuerdo que cuando llegué a mi casa cerca de las seis de la mañana me tomé un trago más "porque esto había sido otra aventura y había que celebrarlo" y me tiré en la cama.

Desperté como a la una de la tarde angustiado, desesperado, avergonzado y sintiéndome la persona más despreciable de este mundo. Le había fallado a mi esposa nuevamente, me había fallado a mí mismo. Yo no quería ser así, ¿qué me estaba pasando?

Salí de la casa en el carro de mi hermana —el mío se había dañado la noche anterior— sin dirección fija y sin saber qué hacer. En ese momento y por la gracia de Dios vino a mi pensamiento el nombre de un amigo que cinco años antes me había invitado a una reunión de Alcohólicos Anónimos. En cuestión de segundos fue como si me pasaran una película donde pude ver el cambio positivo que se había operado en la vida de este amigo. Había terminado sus estudios, tenía un buen trabajo, se había casado, tenían unas niñas fruto de ese matrimonio y, sobre todo, no bebía y se veía feliz sin beber.

En cambio, yo me encontraba sumergido en un profundo hoyo sin saber cómo salir de él. Considero que esta experiencia provocó que realmente tocara fondo, y me dirigí a su casa a pedirle ayuda. Nunca olvidaré este encuentro, en que lloré mucho. Me di cuenta de lo equivocado que estaba al tratar de lograr la felicidad en la vida a través del uso de bebidas alcohólicas, y acepté asistir a mi primera reunión de A.A.

Llegué al programa de A.A. y, una vez que acepté mi impotencia ante el alcohol, comencé a vivir un estilo de vida nuevo. ¡Vivir en sobriedad! Me dejé guiar por los compañeros y, a medida que fui conociendo los Doce Pasos de recuperación del programa, éstos fueron constituyendo la base sobre la cual comencé a edificar mi nueva forma de vida. Con la práctica del programa y por la gracia de Dios me he mantenido sobrio, día a día, durante todos estos años.

En el programa de A.A. fui comprendiendo el valor inmenso de las Doce Tradiciones. Las fui adaptando en mi vida para utilizarlas efectivamente en el compartir con mis compañeros y fortalecer la unidad de mi grupo base.

A través del servicio en las tareas de mi grupo base he experimentado el crecimiento espiritual del cual nos habla la literatura.

El servicio que más disfruto es cuando mis compañeros de grupo, utilizando el método de rotación de servidores cada tres meses, me dan la oportunidad de servirles, ya sea haciendo el café, como tesorero, secretario o coordinador de reuniones. He comprendido la importancia de que las puertas de nuestro grupo se mantengan abiertas para cumplir con nuestro propósito de mantenernos sobrios y de llevar nuestro mensaje de recuperación al alcohólico que aún sufre. De la unidad de A.A. dependen nuestras vidas y las vidas de los que vendrán.

En mi caminar por el sendero de la sobriedad he disfrutado de la realización de las promesas de A.A. en mi vida. He vuelto a ser útil, mi autoestima fue creciendo, pude mantenerme y progresar en mi trabajo por espacio de veintisiete años. Todo esto por la gracia de Dios.

En el aspecto familiar, mi matrimonio se vio fortalecido y de esta relación nacieron tres hijos —un varón y dos mujeres— que han contribuido a la felicidad de nuestro hogar. El primero de estos hijos nació después de ocho años de matrimonio y seis de sobriedad y lo recibimos como un regalo de Dios, quien también permitió la llegada de nuestra primera hija a los once meses de nacido el primero, y cuatro años más tarde fuimos igualmente bendecidos con la llegada de nuestra hija menor.

Nuestra vida familiar la hemos llevado basándonos en los principios espirituales que componen el programa de A.A. Toda nuestra familia está agradecida por ello y yo estoy consciente de que padezco una enfermedad incurable y que soy el responsable, día a día, de decidir el tipo de alcohólico que quiero ser. El alcohólico que hace uso de bebidas alcohólicas y se crea problemas y afecta adversamente a las personas a su alrededor, o el alcohólico anónimo en sobriedad que, por la gracia de Dios, he logrado ser. Por esto yo también soy responsable. Hoy, gracias a Dios y a A.A., disfruto de una vida sobria y feliz. La vivo pidiéndole a mi Poder Superior que me conceda la serenidad y la fortaleza necesarias para vivirla conforme a Su Voluntad y hacer de cada 24 horas las más felices de mi vida.

(15)

PREPARADA PARA EMPEZAR

Después de pasar una durísima carrera de alcoholismo activo, llegó a entender que la única copa que podía controlar era la primera. Al verse a punto de emprender su viaje de recuperación, se dio cuenta de la necesidad de revisar su equipaje para dejar lo innecesario, lo inaprovechable y lo demasiado pesado.

*E*SCRIBO estas líneas para compartir con todos mi experiencia de recuperación. Qué menos que dedicar una pequeña parte de mi tiempo después de todo lo que se me ha entregado: el testimonio de fe y esperanza que me salvó la vida y mi bien más preciado: la sobriedad.

Nací en el seno de una familia media y "aparentemente normal" donde no existía el consumo de alcohol u otras drogas por parte ni de mis padres ni de mis dos hermanos.

Tuve una madre abnegadísima en sus obligaciones laborales, implicada en la formación, el cuidado y los estudios de sus hijos... pero me faltó algo importantísimo para mí: su cariño.

Desde muy pequeño mi hermano mayor fue tremendamente problemático y eso requirió la máxima atención de mis padres hacia él. Supongo que yo, sintiéndome desplazada, quise reclamar el amor de mis padres de alguna manera. Ya desde muy pequeña empecé a tener una relación extraña con la comida, robaba dinero a mis padres y compraba cosas a escondidas. Me empecé a construir así un personaje, que me preocupé de alimentar a lo largo de mi vida, con todas las virtudes que yo carecía y que me parecía que mis padres valoraban y que eso haría que me quisieran mucho más. Se inició así una carrera de competencia con mi hermano, que mantuve durante toda mi vida. Quería ser mejor que él, ser mejor hija, más responsable y entregada a mis padres. En definitiva, que mis padres me quisieran a mí más que a mis hermanos.

Crecí además cargada de complejos de inferioridad: no era físicamente como yo quería; intelectualmente no era brillante como yo deseaba... pero tampoco luchaba por conseguirlo, simplemente me lamentaba de mi mala suerte. No sabía lo que era la constancia, el esfuerzo o la disciplina. Mi vacío lo llenaba con fantasías de lo guapísima, interesantísima e inteligentísima que sería de mayor y que eso me permitiría vengarme de todas aquellas personas que en ese momento no me prestaban la atención que yo creía que merecía.

Mi adolescencia transcurrió entre estudios, trabajo y mi obsesión por gustar a los chicos. Hoy en día he descubierto lo poco que yo misma me quería. Eso me llevó a mantener relaciones malsanas, a no saber estar nunca sin pareja y a "venderme" por un poco de cariño. Ya a esas alturas de mi vida yo me valoraba tanto como los demás me dijeran que yo valía. Y me despreciaba tanto como los demás me mostraran. Establecí así una relación de dependencia con el mundo.

Con quince años tuve mi primer contacto con el alcohol. Resultado: borrachera. Y así fue por el resto de mi vida. Siempre que entraba en contacto con el alcohol era para emborracharme. Nunca supe parar a tiempo. Es cierto que en ese período no era un consumo constante, sino esporádico, y no me hacía sentir aún muy mal. Eso sí, yo ya era consciente de que para pasármelo bien necesitaba beber.

Siempre he vivido deprisa: con veintidós años ya me había casado, con veinticinco años decidí "yo" que quería ser madre y así se lo expuse a mi marido, que aceptó (difícil llevarme la contraria), con veintiséis años fui madre, a los treinta y dos ya me había separado...

Tenía grandes expectativas de mi maternidad. Creí que me iba a cambiar la vida, a hacerme por fin feliz, pero a pesar de estar contentísima, ese vacío interior no se llenó.

Yo ya trabajaba desde los veintidós años en la empresa familiar. Siempre creí que había renunciado a mi vida y a mi carrera por ayudar a mis padres. A.A. me lo hizo ver: estaba muerta de miedo. Miedo a enfrentarme con la vida; a mi vida, que ya desde tan joven me costaba vivir. No la vivía, sino que la sufría. Así que decidí quedarme bajo el abrigo de la vida familiar. Tremendo error. Mi familia, psicológicamente maltratada por mi hermano, y mis padres sin capacidad para enfrentarse a esa realidad, decidió que era más fácil autoconvencerse de que esa situación pasaba en todas las familias. Esa falta de capacidad para plantar cara a los problemas es una de las herencias que más daño me ha causado y más me ha costado cambiar.

Con esa sensación de vacío, a pesar de tener todo lo que yo creía que era necesario en esta vida para ser feliz, con el afán de ser querida por todo el mundo, con ese perfeccionismo que me consumía sin yo saberlo, encontré en el alcohol mi motor y mi compañero ideal. Me preocupé mucho en creerme mi personaje y mis mentiras hasta que ya no las pude mantener más. Mi vida era beber lo suficiente para no ver, no sentir y no sufrir, pero que los demás no me lo notaran. Fue una carrera en activo durísima en los tres últimos años antes de llegar a la Comunidad. Consumía desde que me levantaba hasta altas horas de la madrugada; descuidé mi salud y mi higiene; podía pasar días sin comer y, por supuesto, no podía hacerme cargo de mi hija, que ponía al cuidado de la niñera. Muchas fueron las veces que conduje el coche totalmente ebria con mi pequeña en la parte trasera.

Gastaba dinero sin control, el que tenía y el que no. Cada mañana era un infierno de remordimientos y culpas y me juraba a mí misma que no volvería a beber. No pasaba ni media hora y volvía a hacerlo. Sentía que no podía dejarlo, me sentía realmente incapaz. Me repetía a mí misma que no tenía la suficiente fuerza de voluntad para liberarme de ese infierno.

Ese sufrimiento fue lo suficientemente duro e intenso como para llevarme a pedir ayuda. Así entré por primera vez en el que hoy es mi grupo: derrotada, perdida, asustada, desconsolada, deprimida y cargada de culpabilidad, sintiéndome sucia, viciosa y desesperada.

Acudí a mi primera reunión en una de tantas reuniones informativas. Me sorprendió gratamente ver a tanta gente diversa y dispar: mujeres, hombres, jóvenes y mayores, de distinta condición social y económica, sonrientes y, sobre todo, me impactó la serenidad que me transmitían.

Me recibieron con amor, cariño, comprensión. Me hablaron de sus experiencias y pensé que estaban contando mi historia. Me explicaron que la única copa que yo podía controlar era la primera. Era ésa la copa que yo podía decidir si tomar o no. Que no era cuestión de fuerza de voluntad sino de buena voluntad. Que podía llamar a cualquier hora del día si tenía ganas de beber o estaba angustiada. Me brindaron desde el primer minuto su apoyo incondicional y sobre todo me dijeron que habían llegado en las mismas condiciones que yo y llevaban tiempo sin beber; pero lo más importante era que estaban felices y vivían bien.

Por primera vez me entendí; por primera vez pusieron nombre a mis sentimientos y me aliviaron el dolor que yo sentía. Me explicaron que el alcoholismo es una enfermedad y que yo no escogí tenerla. Que era mortal e incurable pero que la podía detener.

Entendí enseguida que era una enfermedad física porque ya sufría sus consecuencias. Entendí un poco más tarde que era una enfermedad emocional y espiritual porque yo la sufría a diario, aún cuando ya no consumía. Me di cuenta entonces de que lo más difícil no había sido dejar de beber, sino qué iba a ser vivir sin beber, que el alcohol había sido mi vía de escape, mi muleta para andar por la vida. Eso fue lo que me ayudó a entender lo que yo tanto me resistía a creer, que era una enfermedad mental.

También me han ayudado a entenderlo y, cada día que pasa, más me convenzo de lo lejos que llega mi enfermedad. Que para mí, el beber ha sido el último síntoma, pero que yo ya estaba enferma antes de empezar a consumir.

Me dieron el valor suficiente para ir conociéndome a mí misma, condición indispensable para poder empezar a cambiar mis actitudes ante la vida, ante mí misma.

Que yo era impotente ante el alcohol, lo sentía ferozmente en mi interior. Pero en algún momento me resistí a creer que mi vida era ingobernable. Intenté seguir haciendo lo mismo que hacía sin beber. ¿Cómo yo, tan joven, iba a renunciar a tantas cosas, iba a renunciar a disfrutar de la vida? Ésa era mi constante queja y lamento a los veteranos "porque ellos eran más mayores y no les debía ser difícil renunciar a salir, a los mismos amigos, a disfrutar..."

Gracias a Dios, mi realidad no tardó mucho en venirme a buscar y estallarme en las manos. Mi propia realidad fue la que les dio la razón. Pero todos estuvieron ahí para consolarme y ayudarme a "tragar esa realidad" que tan desconsoladamente me hizo llorar.

Entonces me dijeron: "si haciendo las cosas como las has hecho, el resultado ha sido nefasto, según tú, ¿por qué crees que haciéndolo de la misma manera, aunque sin beber, el resultado va a ser distinto?"

Me explicaron que era entonces cuando estaba preparada para empezar un apasionante viaje, el de mi recuperación; pero que quizás para este nuevo viaje no me valía el mismo equipaje que había utilizado hasta entonces, que debía vaciar las maletas y empezar a llenarlas sólo con aquello que hoy podía serme útil y que, poco a poco, podría ir eligiendo qué me era aprovechable y qué era innecesario o demasiado pesado.

Por primera vez he sido obediente, por pura necesidad, soy consciente. "Ven a las reuniones, habla y explícanos cómo te sientes, busca una madrina, lee nuestra literatura, usa todas las herramientas que A.A. te ofrece y todo saldrá bien" —eso me dijeron y eso está sucediendo. Poco a poco hemos ido poniendo algo de orden en mi vida, muy lentamente para mi carácter impaciente, pero sí es cierto que con paso lento y seguro.

Y hablo en plural porque todos los logros que he obtenido son gracias a A.A. y a mi madrina, que de forma muy concreta y pragmática me ha ayudado a enfrentarme a todas aquellas situaciones que me desbordan, que no necesariamente son grandes cosas, sino mi día a día. Ordenar los armarios, asearme y arreglarme, hacer las tareas domésticas con cariño, regir mis gastos, establecer unos límites con mi hija y, sobre todo, hacer que A.A. forme parte de mi vida, cada día.

He descubierto que discutir sobre un tema no significa gritar más que el otro. Hoy soy capaz, con esfuerzo, de sentarme ante una taza de café y hablar de mi hija con mi ex marido, soy capaz de decir "no" en situaciones que no me convienen y razonar mi decisión. Estoy aprendiendo a vivir según unos principios y a dejar vivir a los demás con los suyos.

Hoy, entiendo que mi relación con todo lo que me rodea es enfermiza. Soy consciente de que soy alcohólica las 24 horas del día. Y por eso me lo han puesto tan fácil: sólo por hoy.

Aprendo que tengo la fortuna de poder consultar todas mis decisiones, que ya no las tengo que tomar sola. Esas decisiones son muy distintas a las que tomaba antes. Ya no son fruto de la irreflexión y la compulsión. Hoy tengo la libertad de poder elegir.

Poco a poco se va formando en mí un carácter más sereno, más seguro, más maduro. Aprendo a diario que después de tomar esas decisiones y ponerme en acción, el resultado no depende de mí y además he hecho un gran descubrimiento: ¡Me puedo equivocar y rectificar! ¡Cuánta sabiduría tienen!

Hoy ya no me vale hacer lo mismo que hacía en activo pero sin beber. Debo aprender día a día a abordar situaciones que para mí sin beber son nuevas y me cuesta, me asusta y me abruma; pero por fin lo hago. Ya no hago ver que los problemas no existen, ya no huyo de ellos, sino que los afronto con la ayuda y la fortaleza que todos me brindan. Hoy en día trabajo a diario la relación con mi hija preadolescente, con mi pareja. En el ámbito laboral, ordeno mi economía, las relaciones familiares y sobre todo voy conociendo y siendo consciente de mis limitaciones. Ya no juego a ser quien no soy.

Lo mejor de todo es que sé que lo mejor aún está por venir. Por primera vez en mi vida me siento contenta y satisfecha con mis esfuerzos por crecer, aún sintiendo dolor. Satisfecha por luchar contra mi enfermedad día a día, a pesar de que en ocasiones decaigo, porque ya no estoy, ni me siento sola. Satisfecha por sentir por primera vez una gratitud genuina.

Me siento afortunada por tener una segunda oportunidad. Afortunada por contar con tanta gente a la que quiero, con mis compañeros, en este camino de continuo descubrimiento. Afortunada por saber que ya no dependo de mí, que un Poder Superior a mí dispondrá y yo, acompañada por todos, aprenderé a sortear la suerte como venga.

Es un duro trabajo pero nunca me dijeron que sería fácil. Me dijeron que se podía conseguir y me lo creo. Todo lo que se me ha prometido en A.A se ha cumplido, ¿por qué no va a continuar siendo así?

Doy gracias a Dios y a todos los compañeros por darme constancia cuando yo soy inconstante, disciplina cuando yo soy indisciplinada, valor cuando yo soy miedosa, ánimo cuando estoy cansada, luz cuando estoy a oscuras y perdida.

Por todo ello, ¡gracias!

(16)

UN GIRO DE 180 GRADOS

Pasó su primera juventud sin ilusiones, vacío y amargado, un esclavo del alcohol, creyéndose raro, queriendo ser una persona normal. Tras torturas y tribulaciones, la paz le vino inesperadamente.

En MI FAMILIA nunca vi a nadie borracho, ni había ningún caso de alcoholismo de ésos que se notan a leguas o se comentan en toda la familia durante años.

Empecé a beber a los doce años más o menos, como una cosa de lo más normal, pues ya empezaba a ser "mayor" y me animaron a beber; empezaba a ser un "hombre". Bebí por primera vez en casa de unos tíos, por Navidad. Yo era un niño con problemas de personalidad, con muchos complejos y bastante tímido e introvertido, y el trago que tomé me produjo el efecto de sentirme seguro de mí mismo, eufórico y capaz de hacer cualquier cosa que me propusiera, así que relacioné el beber con sentirme bien y seguro de mí mismo.

No paré de beber hasta después de muchos años. Comencé a trabajar a los trece; tuve que dejar el colegio. Siempre tuve dinero en el bolsillo; bebía cuanto me apetecía. Mi adolescencia fue una etapa en la que estuve muerto en vida, pues vivía apoyado artificialmente en el alcohol. No maduré ni crecí como persona.

Mientras estuve en el servicio militar mi alcoholismo empeoró. Me enviaron muy lejos de casa. Tenía miedo: el no tener cerca a mi familia me producía angustia y ansiedad. Todo ese tiempo bebí compulsivamente, lo que

393

me produjo muchos problemas. Cuando por fin terminé, estaba en un estado lamentable: bebía cada vez más y mi tolerancia iba disminuyendo. Comencé a mentir, a esconderme para que no me vieran beber.

En el trabajo tenía muchos problemas con los jefes y compañeros. Me tuve que casar pues mi novia quedó embarazada. Yo no estaba preparado para tanta responsabilidad; la convivencia con mi mujer era imposible: continuas riñas y peleas. Era agresivo cuando me decía que tenía que dejar de beber. Yo creía que era imposible dejarlo, ya que para mí suponía la vida. Con sólo pensar en dejar de beber me estremecía. Estaba muy mal: vacío, sin ilusión alguna, amargado y atormentado. Si bebía me sentía mal y si no bebía me sentía peor. Tenía muchos resentimientos; creía que todos estaban en contra mía; deseaba profundamente morirme y acabar de una vez.

Ésta era mi situación a los veinticinco años. El que creía que era mi mejor amigo, mi aliado y mi dios cuando comencé mi carrera alcohólica a los doce años, con el paso del tiempo se convirtió en mi peor enemigo, en el diablo en persona. Tuve que vivir la experiencia del delirium tremens.

Trabajando subido en una escalera, borracho como estaba, me caí y me partí un tobillo. Al ingresarme en el hospital y al no beber debido a las circunstancias y a que el médico tampoco se percató de mi alcoholismo, sufrí un delirium tremens. Se me fue la cabeza; estaba como loco, fuera de mí y de la realidad. Veía bichos, figuras amenazantes que venían por mí. Creía que la mafia venía a torturarme todas las noches; deliraba e insultaba al médico; a mi familia no la reconocía.

El médico le preguntó a mi madre si yo era bebedor, pero mi madre (como buena madre) lo negó, y ocultó al médico mi alcoholismo. Mi madre desconocía la enfermedad que tengo.

Cuando me dieron el alta médica lo primero que hice fue celebrarlo cogiendo una borrachera a las nueve de la mañana en el bar del hospital.

Me llevaron al médico de cabecera para solucionar mi "rareza", ya que nadie hablaba de alcohol ni alcoholismo; después me llevaron al psicólogo, a un psiquiatra e incluso a una curandera.

No recuerdo que nadie me dijera claramente cuál era mi problema. Iba bebido a todos estos sitios y acompañado de mi madre que, debido a su desconocimiento y amor de madre, tampoco hablaba de mi forma de beber.

Yo me consideraba un bicho raro; creía que había nacido así y así me tenía que morir. Me sentía esclavo del alcohol. Deseaba con toda mi alma ser una persona normal. También tuve la desgracia de sustituir el alcohol por otra droga, los fármacos, ya que trabajaba en una farmacia. Cuando me reprendían por mi manera de beber, bebía menos y tomaba pastillas que me hacían el mismo efecto y que, además, ligadas con el alcohol potenciaban el efecto de éste. He tomado muchas pastillas que por poco no me llevaron a la muerte o a la locura.

Por el alcohol he robado, engañado, mentido y he llegado a lo más bajo y ruin como persona. No me echaron del trabajo por lástima; siempre he trabajado en el mismo sitio y me han aguantado y soportado mucho, hasta que me dieron la última oportunidad: o cambiaba o iba a la calle. También mi mujer me dejó y se fue durante unos días con su familia.

En esos momentos de mi vida no valoraba tener una mujer como la que tengo. El alcohol había atrofiado y enfermado mis sentidos, mis emociones y sentimientos. Era como un monstruo; no había disfrutado ni de mi mujer, ni de mi hija, ni de nada. No sabía vivir, la vida era un tormento, estaba derrotado, pero no deseaba dejar de beber.

Un compañero de trabajo perteneciente al comité de empresa me hizo las gestiones para localizar a Alcohólicos Anónimos y me acompañó hasta un grupo.

Mi primera reunión no la olvidaré jamás. Por fin me identifiqué con aquellas personas que compartieron su experiencia con el alcohol conmigo. Ya no era un bicho raro: había más gente como yo que sufría, que sentía como yo y además tenía una solución para mi "rareza".

Salí·de allí muy reconfortado y con mucha esperanza, pero yo me resistía a dejarlo totalmente y empecé a buscar una excusa, diciéndome que era muy joven para ser alcohólico. Tenía veintisiete años cuando conocí Alcohólicos Anónimos. Todos los que había en el grupo eran mayores que yo; continué yendo al grupo pues de lo contrario hubiera perdido el trabajo y eso no podía ser. Traté de aprender a beber —como anteriormente había cambiado de una bebida a otra— pues creía que los licores tenían la culpa de mi estado. También había intentado muchas fórmulas para lograr no emborracharme, pero todo era inútil.

Mi aprendizaje duró unos nueve meses. Creía que si no bebía durante un tiempo más o menos largo, cuando comenzara otra vez, lo haría moderadamente y pasaría mucho tiempo hasta estar en el estado tan lamentable en que me encontraba. Iba a todas las reuniones que podía. Nadie jamás me reprochó nada. Tuvieron una comprensión y un trato exquisito conmigo, pues la mayoría de las veces iba bebido.

Después de dedicarme un tiempo a este intento de aprender a beber, creí que ya estaba curado y me dio por contar las cervezas que tomaba. Así también me ponía a prueba: el primer día sólo me tomé una; no necesité beber por la mañana, lo cual confirmó mi error y mi creencia de haber logrado la curación. El segundo día tomé dos o tres. Creí que mi mujer, que había vuelto conmigo, no había notado nada, y en el trabajo sabían que iba al grupo, pues me vigilaban. Todo marchaba más o menos bien, me sentía seguro y eufórico de que el alcohol no me iba a poder más.

Del tercer día no me acuerdo nada. Sólo que era de madrugada y estaba dentro del coche en las afueras de la ciudad, en un carril de un paraje deshabitado. Cuando desperté me encontraba desorientado, lleno de miedo. No sabía dónde estaba. Junto a mí, en el otro asiento del coche, había una botella de coñac vacía. En ese momento creo que toqué fondo. Sabía que si continuaba bebiendo me moriría; allí me sentí impotente ante el alcohol. Me sentí derrotado ante él.

Tuve la convicción de que al día siguiente no bebería nada. Esa seguridad me traumatizó, me causaba pavor saber que no bebería pero estaba seguro de que sería así. Por mi cabeza pasó rápidamente el caos que era mi vida: sentí que era un fracasado, un inútil que no había hecho otra cosa en la vida que beber, mentir, engañar, sufrir y hacer sufrir a los que me rodeaban.

Estaba de vacaciones y en ese tiempo pasé, sin saberlo, el síndrome de abstinencia. Encerrado en casa, enroscado en la cama temblaba de frío, sudaba de calor, tenía espasmos y calambres. Parecía que me había pasado un tren por encima. Tenía miedo a la gente, a salir de casa, a enfrentarme con la realidad. Había envejecido; pensaba muchas veces en el suicidio; tenía muchas lagunas mentales. Había dado el Primer Paso aquella noche en el coche sin saberlo, y sin saberlo empecé a dar el Segundo Paso. Sabía que no estaba en mi sano juicio y no dejaba de pensar en ese poder superior que podía devolvérmelo, y empecé a pedírselo.

El síndrome de abstinencia me duró unos veinte días. Estaba muy nervioso e inseguro, pero me dejaba llevar. Las reuniones me parecían pocas, a mi padrino lo utilicé como nunca. Todo en Alcohólicos Anónimos, lo que escuchaba, lo que leía, todo tenía sentido: los Pasos, las Tradiciones, los lemas, la literatura. Hasta que un día sucedió; no sé cómo, mientras pensaba en mi vida pasada y en mi enfermedad, me vino una sensación de paz y de bienestar tremenda. Era lo que había deseado siempre. Experimenté una libertad y un gozo como nunca había sentido, y sin tomar nada. Era algo auténtico. Comprendí lo que es dejar de beber y no sufrir por ello. En mi petición de sano juicio y de todo un poco comprobé cómo ese poder había acudido en mi ayuda.

Esa pequeña fe con la que conté al principio me había dado resultado. Mi fe era creer que yo, un día tarde o temprano, me pondría bien, según lo que compartían conmigo los compañeros de Alcohólicos Anónimos. También que yo solo no iría a ningún lado; necesitaba ayuda. Yo solo no podía; me apoyé en los compañeros y en un poder superior a mí mismo que me fabriqué a mi manera, ya que no tenía experiencia religiosa, ni me habían educado en ninguna religión. Era un hombre nuevo pero no sabía desenvolverme en la vida, o sea que tenía que aprender a vivir sin alcohol, y Alcohólicos Anónimos me sugería un programa de vida.

Siempre tuve la suerte de utilizar todas las herramientas que Alcohólicos Anónimos ponía a mi disposición para reconstruir la ruina que era mi vida. Desde que pisé las puertas del grupo, aún bebiendo, participé en el servicio. También desde entonces tengo padrino, comparto con mucha gente, leo literatura, pido orientación cada vez que la necesito y tomo decisiones de vez en cuando. Me acepto tal como soy, y tomo la vida tal como me viene, tratando de vivir un día a la vez según el programa de Alcohólicos Anónimos.

No he vuelto a beber ni una gota. Mi vida ha dado un giro de 180 grados. Continúo en mi trabajo; llevo 31 años en el mismo sitio. He recuperado el respeto y la estima de mis jefes y compañeros. Me siento útil y realizado como persona. Continúo con mi mujer, me he vuelto a enamorar de ella. Tenemos dos hijos más, que nacieron estando yo en sobriedad.

Estoy en plena madurez de mi vida a mis cuarenta y cinco años. Creo que la vida es maravillosa a pesar de todo y continúo aprendiendo a vivir sin alcohol dentro de Alcohólicos Anónimos, pues aquí me siento como en mi propia casa.

Tercera Parte

CASI LO PERDIERON TODO

Las quince historias en esta sección nos cuentan lo peor del alcoholismo.

Algunos lo habían probado todo —hospitales, tratamientos especiales, sanatorios, manicomios, cárceles. Nada les dio el resultado deseado. La soledad, la angustia física y mental— esto es lo que tenían en común. La mayoría había sufrido pérdidas devastadoras en casi todos los aspectos de su vida. Algunos seguían intentando vivir con el alcohol. Otros querían morirse.

El alcoholismo no respetaba a nadie, ni ricos ni pobres, ni personas cultas ni iletradas. Todos se vieron encaminados hacia la misma destrucción y parecía que no podían hacer nada para detenerla.

Ahora con años de sobriedad, nos cuentan cómo se recuperaron. Demuestran a plena satisfacción de casi cualquier persona que nunca es demasiado tarde para probar Alcohólicos Anónimos.

(1)

LA RIQUEZA DE UN ALCOHÓLICO

Se vio privado de su infancia, cargado con duras obligaciones a una tierna edad. La bebida le facilitaba pasar a "otra realidad" mejor. Tuvo que ver esfumarse todos sus sueños de prosperidad antes de encontrar la auténtica abundancia espiritual.

VINE en el año 1962 al pueblo donde vivo con la firme idea de hacerme rico; el propósito de mi narración es compartir cómo obtuve mi riqueza.

Acerca de mi infancia podría tener gratos recuerdos del pintoresco y alegre pueblito donde nací, si no fuera por el mal trato que recibí de los adultos. Únicamente cursé el primer año en la escuela, porque a mis ocho años de edad mi padrastro consideró necesario llevarme a ayudarlo en las faenas del campo, en el cultivo de maíz y frijol, bajo las pesadas condiciones de aquella época, sin tractores ni tecnología. Siempre me dolió que la vida me quitara los libros y las clases a cambio del extenuante trabajo en las parcelas, y sin salario.

Ya había cumplido mis nueve años cuando cambiaron mis labores: caminar desde el rancho hasta el cerro, con un burro, para cortar leña y llevarla a vender hasta el pueblo que estaba como a quince millas.

Siempre he creído que esas obligaciones me robaron la infancia. Además, siempre que me castigaban con golpes e insultos, me decían que lo merecía por portarme mal o por no hacer bien las cosas; entonces empecé a desarrollar el sentimiento de culpa.

Fue en aquella etapa infantil cuando apareció el alcohol. Alrededor de los ocho años de edad me emborraché por primera vez. Sucedió en una fiesta del pueblo, ésas donde todos beben, cuando una preparación a base de fruta y alcohol me transportó a otra realidad. Sin duda que cualquier "otra realidad" era mucho mejor que la que estaba viviendo. Ciertamente era muy chico, pero me di cuenta de que aquella bebida traía sensaciones agradables.

El destino de la familia dio un giro. Tenía yo diez años cuando tuvimos que abandonar el pueblito y fuimos a parar a una gran ciudad. Ya jovencito, tomé un trabajo de albañil, mi primer oficio formal. ¡Qué diferencia! Ahora recibía un sueldo, trabajando diariamente; para mí representó un gran paso a la prosperidad y superación. Entonces ya contaba con dinero para beber todos los fines de semana.

Recuerdo una anécdota con un albañil de unos cuarenta años de edad; me retó a una apuesta que consistió en tomarnos un cuarto de litro de tequila de un solo jalón e, inmediatamente después, había que caminar por una viga de tres metros de longitud, pero con sólo cuatro centímetros de ancho, y de una altura suficiente para matarse de una probable caída. Ninguno perdió la apuesta, salimos vivos los dos. Pero, irónicamente, de regreso a mi casa me caí como diez veces de la bicicleta. Era el franco vaticinio de una larga y atropellada carrera de alcoholismo.

Al paso del tiempo me casé, emigré a otro país solo, dejando a la mujer "encargada" en la casa de mi madre. Mi larga ausencia fue la que sin duda obligó a aquella mujer a irse con otro hombre. Sin embargo, en aquel entonces yo lo interpreté como la gran afrenta a mi dignidad y, por supuesto, significó la perfecta justificación para sumirme en la conmiseración y beber con mayor autodestrucción.

¿Para qué volver a mi país? Eso representaba la infelicidad. Aún conservaba buenas cualidades como trabajador, además, posiblemente me notaron alguna característica de liderazgo, ya que en 1966 me asignaron como mayordomo en el cultivo de la lechuga. Era una posición que en el medio socioeconómico de la región representaba poder y prestigio, que obviamente no supe manejar porque mi alcoholismo iba en aumento. Gané mucho dinero, alguno honradamente y la mayor parte de manera desleal.

Me casé, llegaron los hijos, y me duele mucho reconocer que causé mucho daño a mi familia. Ahora la bebida estaba presente todos los días… y claro que llegó el momento en que me despidieron. Tuve la suerte de recibir una buena liquidación, de la cual no llegó ni un centavo a la casa.

Encontré un nuevo trabajo, ahí me sentí como pez en el agua; me lo dieron de "tallador" en las mesas de póker en un bar. ¡Qué más le podía pedir a la vida!, un trabajo donde abundaban el alcohol, la droga, las mujeres, y de noche; el pretexto ideal para no dormir en casa. Hasta en ese tipo de trabajos son inservibles los empleados borrachos, también de ahí me corrieron. Aún me quedaban algunos amigos y, gracias a Dios, conseguí trabajo como chófer de camiones pesados.

En esa época mi forma de beber se acentuó, con el agravante de mi incursión en el mundo de la droga. Ya tenía cuarenta y cinco años de edad cuando empecé, y aquí quiero detenerme para resaltar un detalle importante: como ya estaba en edad "madura", de alguna manera creí que no me afectaría tanto. Caí en el mito de que la droga sólo descompone a los muchachitos inexpertos en la vida. Pues no. La diabólica mancuerna de alcohol y droga agravó mi salud mental, trastornó mis sentimientos y mis emociones. Cada vez era mayor y más recurrente el daño hacia las personas que me rodeaban, especialmente mi esposa y mis hijos. A pulso me gané el desprecio de mi familia, sólo Dios sabe las lágrimas que llegué a derramar al no explicarme cómo conseguí el odio y resentimiento de mi esposa y mis hijos. En una ocasión, una de mis hijas, estando ya joven-cita, se me abalanzó con un cuchillo en la mano, gritando "ya me tienes harta", siendo detenida oportunamente por su madre, quien a pesar de todo salió en mi defensa. Pobre mujer de un alcohólico, a pesar de ser la víctima primaria, ella sigue defendiendo a su borracho.

Ah, pero tarde o temprano, también la esposa se cansa. Desde hacía muchos años ya mi esposa estaba desilusio-nada, decepcionada, desesperanzada. Mi imagen ante ella era muy diferente a la que me vio el día que nos casamos. Miren, yo estoy seguro que si en nuestra boda el padre se hubiera dirigido a la novia con las siguientes palabras: "¿le jura usted amor a éste hombre, sabiendo que se va a emborrachar cada fin de semana y luego diariamente, que la va a golpear y a dejar sin comer?"; la novia hubiera contestado: "que hinque a su madre, adiós". Pues a ver, díganme quién estaría dispuesta a someterse a semejante infierno. Pues ese infierno llevé a mi hogar, y lo peor de todo, sin habérmelo propuesto ni haberlo planeado así. Al contrario, si yo sufrí tanto la falta de amor y cuidado, se supone que a cualquier precio yo conseguiría dicha y felicidad para mi mujer y mis pequeños. Nunca me per-caté de que el alcohol me alejó de esos nobles propósitos.

Llegó el día que me echaron de mi casa. Qué senti-miento tan feo, una mezcla de humillación y dolor: ser corrido de tu propia casa, sentir que los seres que supues-tamente más te quieren sean quienes te están dando la espalda. Pero la mayor confusión consiste en creer que tú eres la víctima, cuando en verdad ellos están actuando así precisamente por ser las auténticas víctimas. Por lo pronto, a pasar las noches en mi camioneta.

El día que mi esposa me corrió, también corrí a buscar a un primo que militaba en los grupos de Alcohólicos Anónimos. Qué gusto le dio verme y sobre todo mi actitud de pedir ayuda. Desde años atrás mi esposa me pedía que fuera a esos grupos, pero siempre tuve respuestas para justificar que no era necesario: "yo no tengo problemas, ¿o cuándo te he dejado sin comer?", "todo el mundo toma, tus papás, tus hermanos", "yo paro de beber cuando yo quiera, sin la ayuda de nadie".

Fue entonces, en 1989, cuando llegué a mi grupo base. Ahí vislumbré la verdadera libertad, primero me libertaron del grillete de la botella, y luego, poco a poco, encontré la libertad mental, la libertad emocional y la libertad espiritual.

A los pocos meses en el grupo, ya sin beber ni drogarme, recuperé mi lugar en el hogar y también aquel puesto de mayordomo. Entonces empezó la aventura de la sobriedad, que no sé si sea poca o mucha, pero como sea, estoy muy agradecido a Dios y a mis compañeros.

Alcohólicos Anónimos me ha dado satisfacciones personales muy vivificantes. El día de hoy me siento rico. No porque tenga dinero o propiedades. Estoy convencido de que rico no es el que más tiene, sino el que menos necesita para vivir bien. La riqueza la encontré en la mano franca de los amigos en A.A., en la ayuda desinteresada que me brindaron desde mis primeros días de sobriedad.

La riqueza del alma la encontré después de haber superado los odios y resentimientos que por muchos años les guardé a aquellos adultos que no me dieron amor. Experimenté la riqueza espiritual después de haber perdonado a mi padrastro, a quien llamé padre y con quien cultivé una buena relación en los últimos años de su vida. Me siento rico en amor porque aquella muchachita que una vez intentó agredirme con un cuchillo ahora es una profesional y con quien sostengo una excelente comunicación. Mi esposa nuevamente me ve como el jefe de la casa.

El alcoholismo me privó de años de amor con mis hijos, pero soy inmensamente feliz con mis nietos, como que con ellos estoy dando lo que no supe ni pude dar anteriormente. Y también es una riqueza.

Alcohólicos Anónimos me hizo rico, y esa riqueza la intento dar a esos nuevos que Dios nos pone en el camino. Sólo compartiendo la experiencia, la riqueza se sigue alimentando de más riqueza. Gracias a Dios.

(2)

DEJADO A MERCED DE LA SUERTE

Se crió en un ambiente hostil, violento, ocasionado por el alcoholismo paternal y a los 13 años de edad, tuvo su primera borrachera, resaca y laguna mental. Tras pasar décadas de beber descontroladamente acabó creyendo que el único remedio estaba en poner fin a su vida, como lo hicieron tres hermanos suyos.

SOY UN alcohólico sobrio y agradecido de un Poder Superior que me trajo un día a las puertas de este bendito programa.

El alcoholismo comenzó a afectarme desde que tengo uso de razón o posiblemente, desde el vientre de mi madre. Tuve la desdicha de nacer y criarme en un hogar disfuncional debido particularmente a las borracheras de mi padre, que no era un alcohólico cualquiera. Mi padre era un borracho de tipo violento, cuyos actos de hostilidad y agresividad no sólo los manifestaba en los negocios del barrio, sino que también los trasladaba a nuestra casa. Durante los fines de semana el ambiente familiar en mi casa se podía comparar con una obra trágica, un padre en estado de locura lanzando insultos y buscando armas para atentar contra lo que fuera, incluyendo contra sí mismo, y unos niños llorando y temblando de miedo ante aquellas escenas de terror. En ese ambiente creció este servidor y demás está decir que el tipo de personalidad que fui desarrollando fue una de odio, temores, inseguridad y frustración.

A pesar de detestar aquel ambiente, a la edad de trece

años, junto a varios otros adolescentes de mi edad, se me ocurrió probar ron caña, un tipo de bebida no muy bien elaborada que se producía en los montes de manera ilegal. Ésa fue mi primera experiencia y borrachera con el alcohol y hay unos detalles de esa experiencia que no he podido olvidar jamás. Recuerdo que una vez que me tomé el primer trago, el cual no tuvo un sabor muy agradable, se desató en mí una ansiedad sin control por seguir tomando, lo que me llevó a perder el conocimiento. Al siguiente día, aparte de la horrible resaca que tenía, no pude recordar la mayor parte de las cosas que hice. A esa corta edad ya había confrontado dos de las características más comunes del alcoholismo, la compulsión a seguir tomando y la laguna mental, aspectos que me acompañaron siempre en mi etapa activa. Después de esa experiencia estuve por un tiempo sin beber alcohol, creo que fue alrededor de un año, pero luego comencé a darme traguitos de ron y una que otra cerveza en las actividades sociales a las que iba. A pesar de ser un adolescente, hacía uso de bebidas alcohólicas sin esconderme de nadie, lo cual generaba comentarios de las personas adultas.

Completé la escuela superior a duras penas y con un promedio académico bien bajito —en mi país lo llaman "raspa cum laude"— lo que en realidad no me importaba ya que había decidido lo que iba a hacer con mi vida. Mis opciones eran irme a vivir y trabajar a otro país o alistarme en el ejército de manera voluntaria. La segunda alternativa no fue necesaria gracias a que mi hermano mayor, que residía en otro estado, me envió el pasaje para que me fuera a vivir con él. Llegué a un pueblo pequeño de ese estado y de inmediato comencé a trabajar y también a beber descontroladamente los fines de semana en compañía de mi hermano, que confrontaba problemas con las bebidas alcohólicas. Al aumentar la cantidad de bebidas que ingería comencé a experimentar por otro lado cambios drásticos en mi personalidad; me tornaba agresivo y perdía el temor al peligro. Al cabo de varios meses tuve el primer episodio violento al enredarme a pelear con mi hermano una noche en que bebíamos juntos. En esa reyerta salí con la mano derecha bien lastimada al pegarle al cristal de la puerta de su apartamento, las heridas que sufrí me dejaron con uno de mis dedos prácticamente inútil. Dos días después de aquel desagradable incidente, me fui a vivir a otra ciudad con otro de mis hermanos, pero no permanecí mucho tiempo ya que al enterarme de que mi hermano mayor se había ido, regresé a vivir al mismo pueblo de donde había salido. Esta vez viví solo y sin tener que responderle a nadie por mis actos. En esa época, el alcohol me llevó a cometer barbaridades; formaba trifulcas en los bares del pueblo, lo que causó que me encarcelaran en muchas ocasiones por el fin de semana. Tuve también varios accidentes de auto, y por uno de ellos pasé dos semanas en el hospital y perdí la licencia de conducir indefinidamente. Finalmente terminé cumpliendo un año en probatoria por una estupidez durante una borrachera. Al cabo de dos años de residir en ese pueblo me fui a vivir a otra ciudad, lugar que, como toda ciudad, estaba llena de peligros. Aquí continué con mis borracheras y peleas callejeras y creo que sobreviví por dos razones: formé parte de grupos o pandillas y porque decidí a tiempo regresar a mi país. Antes de regresar a mi país estuve preso alrededor de un mes en una cárcel del condado por uno de mis actos delictivos, motivado, como siempre, por el alcohol.

En el año 1972 regresé a casa de mis padres luego de seis años y a los nueve meses decidí casarme, buscando la manera de cambiar mi vida. Mi vida no cambió mucho: los fines de semana me emborrachaba y volvía a lo mismo, a las peleas en la calle. Transcurrieron siete años de aquel matrimonio y la procreación de cuatro hijos, y llegó lo que tenía que llegar, el divorcio. Lo triste del caso es que vi con cierta simpatía aquel rompimiento, por la única razón de que iba a tener la libertad de beber a mis anchas y ya nadie iba a entorpecer mis borracheras. Después del divorcio, el alcoholismo hizo estragos en mí. Las lagunas mentales o amnesias alcohólicas se repetían con mayor frecuencia, al igual que los accidentes de auto. Sin embargo, al cabo de nueve meses, se me presentó la oportunidad de un buen trabajo con una buena paga. El tipo de trabajo era de mi agrado y creo que lo hacía bien. Empecé a relacionarme en asuntos mas allá del trabajo con la persona que me contrató y con quien me casé un año más tarde. No pasó mucho tiempo para que mi esposa se percatara de que no podía controlar la bebida y de mi carácter violento una vez que me emborrachaba. Al principio, cuando llegaba ebrio, me ayudaba a llegar hasta la cama y muchas veces salía a buscarme por algunas de las carreteras donde me estacionaba y me acostaba a dormir en mi auto. No obstante, llegó un momento en que se cansó de hacer esto y optó por dejarme a merced de la suerte. En este segundo matrimonio, con frecuencia tenía períodos de abstinencia que duraban de tres a seis meses y en una ocasión hasta un año. De esta manera pude estudiar y hacerme de una profesión, pero no por motivación propia sino por estímulos y ayuda de mi esposa. A pesar de los múltiples sacrificios que tuvimos que hacer para que completara los estudios, cuando terminé no me interesé ni siquiera en asistir a los actos de graduación. Debo admitir que, para ese entonces, había perdido el aprecio por la vida y el suicidio se estaba convirtiendo en un pensamiento obsesivo. Sabía que era cuestión de tiempo, que el momento llegaría como llegó para tres de mis hermanos quienes, agobiados por el alcohol, habían culminado sus vidas de esta manera trágica. Dos de ellos fueron con quienes viví cuando era jovencito.

En 1992 me vi en la obligación de tener que trabajar en lo que había estudiado, trabajo que traté de evitar tres años porque no quería estar en un ambiente donde tuviera que usar corbata y chaqueta. La primera vez que fui a aquel hospital regional donde me habían destinado, era sábado y fui con la intención de llevar algunos de mis libros y manuales. Al llegar a la institución, en una camioneta que tenía abolladuras hasta en la capota, porque me había volteado en ella en una borrachera, el guardia de seguridad no me permitió la entrada ya que no me creyó que era el administrador. En este trabajo el alcoholismo tuvo un avance extraordinario; bebía a diario y en horas laborables. Tenía escondidas en mi oficina botellas de ron y whisky que me regalaban. Casi al finalizar mi contrato de un año en aquel lugar, una noche mientras me encontraba borracho en mi casa, ocurrió un suceso inexplicable. Comencé a llorar y a arrepentirme de toda esa vida miserable que arrastraba y le pedí a mi esposa que me llevara a algún lugar donde pudieran darme ayuda. De inmediato, aquella mujer que tanto había sufrido con mi alcoholismo me llevó a un grupo de A.A. donde me recibieron con un amor y una sinceridad incalculables. Esa noche, debido a mi estado de ebriedad, no pude entender mucho; sin embargo, al siguiente día, el compañero que hoy es mi padrino me llevó a una reunión de historiales y esa noche no había bebido y pude identificarme con aquellas personas. Esa noche me dije a mí mismo, "si esta gente pudo dejar de beber, yo también puedo hacerlo". Actualmente llevo doce años sin beber gracias a un Poder Superior que tenía otros planes para conmigo y evitó que perdiera mi vida que tantas veces expuse. Hoy día tengo una explicación para el acontecimiento de esa noche que pedí ayuda. Todos estos años que llevo en este programa los he dedicado al servicio. La transformación que el programa ha obrado en mí, gracias a la práctica de los Doce Pasos ha sido radical. En la actualidad me considero una persona juiciosa, serena y en control de mis emociones. Puedo expresar amor y siento un gran respeto y aprecio por mi vida y por la vida de los demás.

(3)

EL QUE LO VEÍA TODO NORMAL

Por normal que todo le pareciera, acabó al borde de la locura con delirios e ideas de suicidio. Decidió por fin pedir ayuda y encontró su mejor recurso en un grupo de A.A.

FUI EL único varón de mi familia y el más mimado en el tiempo que mi padre vivía. Desde niño tuve muchos complejos y problemas emocionales; como el de no aceptar la familia en que había nacido, mi nombre, mi apellido y mi estatura, ya que los demás niños se burlaban de mí.

Recuerdo que de niño yo visitaba a una familia que frecuentemente celebraba fiestas religiosas y lo primero para esas fiestas era el alcohol. Muchas veces los niños recogíamos todos los restos que dejaban las personas hasta llenar una o más copas, y fue así cómo empecé a emborracharme.

Cuando mi madre por fin me iba a buscar, muchas veces me tenía que cargar porque yo había perdido el conocimiento. Luego venían los regaños y no más visitas a esa casa. Pero me seguía escapando a espaldas de mi madre porque me gustaba ese ambiente en el cual yo sentía el afecto de esas personas porque nunca me rechazaron, al contrario me decían que viniera.

En el hogar siempre estuvo presente el alcohol. Muchas veces cuando despertaba mis padres estaban discutiendo. Cuando se peleaban lo único que yo escuchaba era que mi madre se iba de la casa.

Yo me iba para la escuela y cuando regresaba ya no encontraba a nadie en la casa y nadie que me diera razón de lo sucedido. Mi padre se iba detrás de mi madre para rogarle que volviera mientras que yo me quedaba solo en la casa. Y a mí me daba un gran miedo la soledad y mi padre buscaba a otra persona para que me cuidara.

Por fin nos mudamos a otro lugar lejos del pueblo donde vivíamos, porque mi padre iba a poner una tienda donde la cerveza nunca iba a faltar para vender.

En ese tiempo mi padre tenía un camión y sus trabajadores me decían siempre que les sacara una botella de vino de la tienda y, a cambio, ellos me iban a enseñar a manejar el camión, cosa que a mi me entusiasmaba mucho.

A mí me gustaba cuando mi padre me decía que me fuera con los trabajadores como el hijo del patrón. Luego ellos me llenaban la cabeza y el ego diciéndome que tomara como ellos lo hacían. Como a mí me gustaba, yo lo hacía creyendo que era la única forma de vida. Si mi padre lo hacía, ¿por qué yo no?

Recuerdo que cuando salí de la escuela primaria le dije a mi padre que ya no quería estudiar. Más bien le dije que prefería trabajar y su respuesta fue que me iba a golpear. Entonces, le dije que me iba a ir de la casa y él me dijo que era un estúpido. Recuerdo una vez que me dijo que me fuera con él a la capital y lo acompañé. En ese viaje ocurrió un accidente que dio razón para que mi padre se quedara y yo regresara solo a casa. Me dijo que él llegaría esa misma noche y me recomendó mucho que cuando llegara a casa no saliera para nada. Algo que yo ignoré por completo.

Yo salí de mi casa como si nada, llevando una botella de vino para tomármela con mis amigos. Lo que no esperaba era que por causa del licor uno de ellos por poco mata a otro de una pedrada en la cabeza. A causa de eso me arrestaron en la madrugada y fue un gran problema porque fui a parar a la cárcel a la edad de quince años. Mi padre, enojado, me cogió del cuello y me golpeó. Recuerdo que yo le decía que me matara porque no sentía dolor sino rabia contra él. De allí en adelante me prohibieron muchas cosas y privilegios que yo tenía.

Muy a regañadientes me inscribí en la escuela secundaria, donde mis tomadas a escondidas continuaron. Siempre tomaba mis cervecitas y cuando teníamos excursiones de la escuela siempre cargábamos alcohol en nuestras bolsas. No es raro que me volviera más borracho cuando también los maestros tomaban con los estudiantes.

Ya iba en el tercer año cuando mi padre murió. Lejos de sentir dolor sentí un gran alivio porque ya no me iba a estar diciendo lo que tenía que hacer. No sentí ninguna tristeza ni compasión por él sino, al contrario, sentí alegría porque iba a hacer lo que más me convenía. La misma noche que lo estábamos velando comencé a beber.

Allí empezó mi calvario porque me retiré de la escuela y empecé a trabajar, creyendo que tenía el mundo a mis pies y que era el rey del universo. Las circunstancias cambiaron drásticamente para mí porque a los dieciséis años me enamoré locamente de una bella muchacha. El día en que me declaré me dijo que la dejara pensarlo y que la viera cerca de su casa a las seis de la tarde. Yo fui bien puntual a conocer su respuesta y me dijo que estaba bien. Sentí que me dio vueltas el mundo y me fui a celebrarlo y terminé bien borracho. Ese tiempo para mí fue como una nueva vida. Lo malo fue que los padres de mi novia le dijeron que conmigo no tendría ningún futuro, porque la mayor parte del tiempo asistía borracho a las citas. Luego sus padres me vieron muchas veces tirado en la calle y esto resultó en la disolución de mi noviazgo. Ella me dijo que, a pesar de que me amaba, ya no quería nada conmigo.

Seguí bebiendo con más frecuencia y mayores cantidades. Recuerdo que la noche que me despidió mi novia sentí tanta rabia que mi única salida fue irme a tomar a un bar. Me tomaba los tragos de licor como si fueran agua, ponía canciones para apaciguar mis sentimientos, y luego despertaba al día siguiente como a la una de la tarde todavía bien borracho. Vinieron los reclamos de mi madre y me tuve que salir de la casa para no tener que darle cuentas. También vinieron más problemas porque comenzamos a pelearnos por los bienes que mi padre había dejado.

Le di tantos problemas a mi familia que por fin los cansé, hasta llegar a ser un indeseable, ya que ellos preferían verme muerto que en esas condiciones. Decidí irme lejos de mi pueblo natal pensando que tal vez cambiando de lugar dejaría de beber, cosa que nunca pude lograr por mis propios medios.

Llegué a la etapa crónica de mi alcoholismo y anduve como un vagabundo sin dónde vivir o caer muerto. Andaba de lugar en lugar sin ningún porvenir hasta llegar al punto de dormir bien borracho para no sentir el frío. Regresé nuevamente a mi pueblo, donde viví la mayor parte de mi alcoholismo. Por lo menos allí sabía de lugares baldíos y lugares donde guardaban los animales donde refugiarme por la noche.

Tuve más problemas y traté de dejar de beber, y lograba dejarlo uno o dos días. Muchas personas me decían que no sabía tomar y yo me enojaba porque veía a mis amigos emborracharse y al día siguiente iban a trabajar como si nada, algo que yo ya no podía hacer. Siempre quise ser como esas personas y demostrarles que sí podía. Empezaron las entradas a la cárcel y las lagunas mentales, que venían desde mis primeras borracheras. Cuando preguntaba que por qué estaba allí me decían que por escandalizar en la calle. O por cargar un arma punzante o un revólver. Pero ni siquiera en la cárcel podía dejar de beber porque mis amigos me llevaban alcohol. Y si alguien pagaba la multa me dejaban salir para seguir en lo mismo.

Un día, desesperado, traté de suicidarme cortándome las venas. Había visto a otras personas hacerlo y por fortuna para mí no funcionó. Sólo me quedan las cicatrices. Otra vez traté de intoxicarme tomándome cien cápsulas que ni sé de qué eran y tampoco me dio resultado.

Después de ese intento de suicidio, conseguí trabajo manejando un camión y mi patrón era de esos que para comer tenía que tomarse un trago. Me quedé un largo tiempo con ellos trabajando y en nuestras conversaciones me decían que por qué no buscaba una novia, que tal vez casándome podría dejar de tomar y así lo hice. Pero fue peor porque yo no estaba acostumbrado a convivir con otra persona y menos a tener que compartir mi salario, que me servía para emborracharme. Así que vinieron más problemas creados por el alcohol.

Muchas veces, para quedar bien con mis suegros, yo les llevaba licor para tomar con ellos. También a ellos les gustaba tomar y yo me aprovechaba de ello. Tomaba por todo y por nada. Tomaba porque mi esposa no salía embarazada después de un año de estar juntos. Esto era también causa de discusiones y peleas con ella. Frecuentemente nos peleábamos y ella me echaba de la casa porque vivíamos en la casa de sus padres. Mi esposa me decía que era su casa y nos separábamos dos o tres semanas y yo volvía a rogarle. Por fin se quedó embarazada y de la alegría me fui a celebrar.

No me duró mucho el gusto ya que todo el período de su embarazo ella tuvo muy mal carácter; no se le podía decir absolutamente nada. Cuando hablaba con mis amigos de parranda ellos me decían que tal vez cambiaría después de dar a luz, cosa que no sucedió.

Cuando nació mi hijo yo ya tenía tres meses de estar

tomando. Con más razón fui a comprar otra botella de ron porque fue varón. Incluso le di un trago a la comadrona ya que no se conoce otra manera de celebrar.

Al mes siguiente bautizamos a mi hijo y para celebrar nos buscamos unos padrinos también borrachos. Recuerdo que mi compadre y yo nos fuimos al bar, mientras que la comadre y mi esposa bautizaban al niño en la iglesia. Sólo esperamos que salieran para seguir la fiesta y ya no recuerdo nada de lo que pasó ese día. Al otro día me desperté y me contaron todo el ridículo que había hecho. Lamentablemente el matrimonio sólo duró cuatro años.

Años atrás, un gran amigo de mi padre, al ver cómo me estaba destruyendo, siempre trataba de hablar conmigo para ayudarme. Por mi orgullo creía saberlo todo. Estaba ciego a la realidad de la vida y siempre tenía pretextos para no aceptar que tenía problemas. Él era mecánico de camiones en el tiempo que yo manejaba y era también el único mecánico que había en la zona. Por fuerza teníamos que ir con él para que nos arreglara el camión. Él siempre intentaba preguntarme cómo me encontraba. Aunque me moría de la resaca yo decía que estaba bien. Incluso le quería demostrar que podía controlar la bebida. En cierta ocasión le invité a un almuerzo y me tomé sólo una cerveza. Ésa fue tal vez la única vez que lo hice.

Ese hombre siempre me hablaba de Alcohólicos Anónimos. Yo había asistido a una reunión una vez y fui más bien por compromiso, para que dejara de molestarme con sus alcohólicos. La idea de que yo podía ser uno de ellos me hacía pensar en el qué dirán y me daba una gran vergüenza. Tener que admitir que yo no podía controlarlo sin ayuda me llenaba de pavor. La primera vez que asistí dijeron que si alguien tenía problemas con el alcohol y deseaba pertenecer, sólo tenía que ponerse de pie o levantar la mano. Yo no hice ninguna de las dos cosas.

Un amigo de borrachera que me vio entrar al grupo,

me esperó afuera y me dijo que no me fuera a meter con los alcohólicos ya que era lo más bajo que podía caer. Yo le aseguré que no había hecho ningún compromiso con los alcohólicos y se lo demostré bebiendo. Los problemas siguieron y yo todavía decía que para qué ir a esas reuniones si no era alcohólico. Yo trabajaba demasiado y sólo estaría perdiendo el tiempo; pero poco después también perdí el empleo.

En mis últimas borracheras me di la mano con la locura. Era lo último que yo esperaba y no lo creí hasta que lo viví en carne propia. Tenía delirios visuales y auditivos en pleno día y llegué también a vomitar sangre. Fue de la única manera que por fin me decidí a pedirle ayuda a un Dios y dejar de sufrir. El mejor recurso para comenzar fue un grupo de A.A.; el grupo que siempre había estado a media cuadra de mi casa. En medio de mis delirios escuché una voz que me decía "allí hay un grupo de A.A." Aunque muy en contra de mi orgullo, tuve que ir a pedir ayuda. Tuve que rendirme ante el alcohol y admitir que no podía beber más.

Fui muy de mañana con aquel amigo de mi padre miembro de A.A. para decirle que ahora sí necesitaba de A.A. A él le dio tanto gusto el hecho que lo fuera a buscar que pasó todo el día conmigo apagando la borrachera. Después de seis meses, aunque tuve que pasar muchos tropiezos, mi esposa me pidió que escogiera si me quedaba con ella o con los alcohólicos. Fue una decisión difícil pero al final opté por A.A. y hasta el día de hoy la considero una buena decisión.

Yo había visto a mi padre muchas veces ir al manicomio pero nunca había oído que el alcoholismo fuera una enfermedad. Vi también a muchos familiares morirse de alcoholismo, pero los médicos siempre le echaban la culpa a otras cosas. Por ejemplo, decían que no se alimentaban bien y por eso yo lo veía todo normal. A tal grado llegaba mi ignorancia que muchas veces le di cerveza a mi hijo de un año porque ésa era la costumbre. Mi esposa quedó bien afectada y neurótica. Me tenía un odio tan grande que me dijo que ya nunca me quería ver ni muerto. Por fin nos separamos definitivamente y cada cual se fue a vivir por su lado con un hijo de por medio. La vida que había vivido me había dejado con muchos malos recuerdos y me dije a mí mismo que ya nunca me iba a casar y empecé a asistir a las reuniones de A.A.

Pronto me di cuenta de lo equivocado que había vivido. Fue una gran lucha empezar una nueva vida sin nada, sin nadie y sin dónde vivir. Envidiaba a mis compañeros de escuela que terminaron sus carreras, mientras que yo era un fracasado. Pero el asistir a muchas reuniones de A.A. me ayudó a ver que no estaba solo. También me ayudó escuchar experiencias de los compañeros que habían tenido que pasar lo mismo que yo. Comencé a aceptar que lo que se había perdido tenía que quedarse en el pasado, y que yo tendría que vivir el día de hoy enfrentando a la realidad de la vida un día a la vez.

Después de un tiempo encontré a la que es mi actual esposa y formamos un hogar. Estamos casados por todas las leyes y tuvimos tres hijos dentro de Alcohólicos Anónimos. Gracias a Dios he tenido el apoyo de mi esposa para hacer servicios en A.A.

Cuando emigré a otro país lo primero que hice fue buscar un grupo de A.A. y estoy sirviendo desde que llegué, porque he encontrado una nueva vida. Todo lo que creía normal hoy veo que no es normal. Todo tiene solución, pero hay que buscarla y tener la suficiente voluntad. Todo lo que me prometieron ya se cumplió en mi vida, siempre y cuando me mantenga sobrio y en acción.

(4)

CAMINO A LA DERROTA

Desafiante, celosa de su autonomía, seguía diciéndose a sí misma al principio que no sabía si A.A. era el lugar apropiado, pero iba escuchando las historias e identificándose con los integrantes del grupo. Todos eran como ella; les habría gustado ser bebedores normales, pero nunca pudieron serlo.

ACÍ en una familia normal de clase media alta, con una activa vida social. Teníamos reuniones familiares todos los fines de semana con grandes comilonas, música, bebidas, mesas de póker, etc. Los chicos teníamos nuestras reuniones paralelas que también tenían música y baile. Así recuerdo mi primera borrachera a los ocho años: robamos una jarra de licor con frutas y bailé más libre que nunca hasta que me mandaron a dormir "en penitencia" junto a mi hermana y mis primas, que habían compartido conmigo la travesura.

Era normal en aquel tiempo que los chicos tomaran un poquitito de alcohol en las comidas, o bebidas de baja graduación alcohólica en las reuniones. Yo nunca dejé escapar estas oportunidades porque siempre me gustaron las bebidas con alcohol. Uno de mis juegos favoritos era el de preparar experimentos con los restos de los vasos y después los tomaba como "prenda" de algún juego.

Ya a los 14 era una chica particular, bastante buena en el estudio, respetuosa y cariñosa con mis padres cuando estaban en casa; pero muy soberbia, autosuficiente y desafiante en la calle y con mis amigos. En las fiestas, había aprendido que para estar bien podía vomitar cuando empezaba a estar muy mareada, y así seguir tomando. En mi casa todo lo que tenía que hacer era agachar la cabeza, decir a todo que sí y prometer no hacerlo nunca más. Esta actitud de obediencia hizo que terminara mis estudios.

Todo estaba bien mientras mi conducta se podía justificar con la edad. No tenía problemas para tener alcohol porque en casa había una pequeña bodega y mis padres estaban todo el día en el trabajo. Además, era amiga de todos los organizadores de las fiestas que me daban bebida libre.

Me fui a terminar de estudiar a la capital. Cuando el alcohol no me dejaba estudiar, tomaba anfetaminas. Cada vez que tenía problemas pensaba en qué tomar para regular mi conducta o mi salud, nunca se me cruzaba no tomar. Me recibí de traductora y terminé los estudios para profesora. No obtuve el título porque para ello tenía que trabajar tres días más dando clases, y yo consideraba que ya había hecho lo suficiente. Igual me independicé económicamente a los 21 años.

Tuve muchos trabajos, pero el mejor para mí era en turismo, porque si bien el sueldo era pobre, la vida era de fiestas continuas. Todos los días al terminar el trabajo o antes de empezar una guardia, pasaba por un bar vecino, sola o acompañada, y pedía un vaso de "agüita fresca". El barman me servía un vaso grande de gaseosa lleno de bebida blanca incolora con hielo. Después de un año, dejé ese trabajo porque había hecho varios papelones en reuniones, había tenido algunas discusiones con compañeros dentro y fuera de la oficina y alguno de mis jefes me había visto borracha. La excusa fue que el trabajo no me brindaba oportunidades de crecimiento y tenía otra buena oferta.

A los 26 años me junté con un grupo de gente más pesada. Estaba todo el día en casa porque hacía mis traducciones por fax. Pasaba los días consumiendo permanentemente con mi "novio" del momento y sus amigos, y participando en algunos negocios nonsantos, que incluían el comercio de drogas. Me sentía como la novia de la mafia, y ese prestigio me daba el afecto que necesitaba.

La última transacción fue muy grande y peligrosa. Esta vez mi juego había llegado demasiado lejos. Me asusté y otra vez me escapé

Me fui a otro país donde viví tres años de locura absoluta. Fui hippie, cocinera, pintora (de paredes), profesora de buceo, cazadora submarina, lavaplatos, artesana, alcohólica y drogadicta. Me enamoraba, me desenamoraba, quería hijos y mi cuerpo los rechazaba y cada dos por tres mi pareja me rechazaba también. Cumplí 30 años y todavía estaba jugando.

Supuse que si volvía a mi ciudad tendría que portarme bien, porque no me atrevería a mantener esa vida frente a mi familia, así que regresé. Fueron tres días de reflexión, sola y pensando mucho: tendría que dejar las drogas y el sexo fácil, conseguir un trabajo y quedarme tranquila en la casa de mis padres. Jamás pensé en dejar el alcohol. Me daba cuenta de que todos los amigos que había tenido ya no estaban. El que no se había matado en un accidente estaba preso o en algún otro lugar del mundo. Aquellos conocidos casados, con hijos y trabajo nunca habían sido mis amigos.

Dejé las drogas, pero los hombres... fue más difícil. Al poco tiempo estaba saliendo con el padre de mi hijo mayor, drogadicto. A los tres meses quedé embarazada sin querer, y eso me ayudó a abrir un poco los ojos. Me separé de este hombre y me cuidé durante mi embarazo. Reafirmé mi decisión de parar con la locura, pero me ganó la obsesión, y ni bien mi hijo dejó de mamar, ya tomaba tanto como siempre. Asumir mi responsabilidad significaba terminar de trabajar rápido para poder empezar a tomar tranquila. Así cuando llegaba la noche, me desmayaba en lugar de dormirme.

Como consecuencia de un breve reencuentro con un ex, quedé embarazada nuevamente. Estaba tan inconsciente que no me di cuenta hasta los cuatro meses.

Con dos hijos, ya estaba asustada, así que cuando el menor no tenía un año fui a ver a un especialista en alcoholismo, que insistió en llevarme a los grupos de A.A. Yo le decía que mi problema era más serio que el alcohol. Alcohólicos Anónimos no era para mí. Tras análisis, muchas vitaminas para mi cuerpo dañado y pastillas para controlar la ansiedad, entré en abstinencia. Tal fue mi recuperación que a los pocos meses estaba tomando, pero esta vez con tanta culpa que durante los cinco años siguientes tomé a escondidas en mi casa. No salía a ningún lado porque necesitaba tomar todo el día, y de vez en cuando justificaba el uso de pastillas para no deprimirme mucho.

Para hacer las cosas bien con mis hijos, seguía las instrucciones de algún libro, y así cumplían rigurosos horarios para las comidas, el baño, el juego al aire libre, etc. Desde la cocina y con un vaso en la mano yo me dedicaba a mirarlos y a pensar en cómo podía mejorar sus vidas. En mi casa reinaba el silencio de tres personas enterradas en vida: mis hijos de 5 y 7 años, y yo, 39. No había música. No había risas. No venían visitas. Nadie quería ver tal panorama.

En el momento más duro, llena de deudas y con problemas con la policía, mi madre, alcohólica también, tuvo una recaída que casi le cuesta la vida. Durante casi diez días de internamiento la visitaba, le cambiaba los pañales, trataba de que me entendiera en su tremendo delirio, quería que se calmara. Tomaba algo antes de ir a verla para tener valor, y después tomaba algo para poder estar con mis hijos sin pensar en el dolor que la situación me causaba.

En cierto momento, ella entró en estado de coma.

Los médicos dijeron que sería irreversible y que moriría en un par de horas. Lloré su muerte con alivio, porque entendía que ese sería el final de una vida de sufrimiento, y fui a mi casa a preparar a mis hijos para el velorio. Sus compañeros de A.A. llamaron a un pastor para que le diera la extremaunción. Su muerte era un hecho.

Horas más tarde, con todos los A.A. a su alrededor, ella empezó a dar señales de vida. Los médicos la llevaron al quirófano y se encontraron que lo que ellos suponían que era un tumor cerebral era un estallido de las venas debilitadas por el alcohol que le había inundado de sangre gran parte del cerebro, y le extirparon la parte dañada.

Increíblemente, mi madre se empezó a recuperar. "Otra vez", pensé yo con tristeza. De nuevo vendría una nueva y dura etapa de recuperación. En mi madre veía mi futuro, en mis hijos, mi pasado. El dolor que yo sentía en ese momento lo sentirían mis hijos. Tal vez algún día, mis hijos también podrían desear mi muerte. Yo era la única que podía hacer algo para cambiar la historia, y eso era asumir que había perdido, que hasta ese día el único ganador había sido el alcohol.

Con esos tremendos pensamientos en mi mente, me aferré más a mis hijos y con más culpa, al alcohol. Me mantenía en un estado de permanente confusión, "a medio tanque" dicen los borrachines, para anestesiar mi pena, y tomando antidepresivos para tratar de parar mi dolor.

Cuando limpiaba la cocina a la noche, y lavaba mi vaso, decía para mis adentros que ese sería el último, pero al día siguiente cuando me acordaba de mi promesa, ya había estado tomando sin pensar, así que la postergaba para el otro día.

En esos días me visitó una señora que me conocía a través de mi madre. Me empezó a contar sobre su historia con el alcohol, los problemas que le había causado y cómo estaba recuperando, desde hacía ocho años, día a día, la capacidad de vivir en sobriedad, aceptando las dificultades cotidianas, en lugar de esconderlas dentro de una botella. Yo le expliqué que yo estaba muy ocupada con mis propios problemas y que si su vida había sido tan terrible y tenía tantas dificultades, debería ir a un psicólogo en lugar de pretender que yo la ayudara.

Más tarde me enteré que ella había hablado con una de mis hermanas, y que venía a transmitirme el mensaje de Alcohólicos Anónimos. Ella me contó que ese día salió de mi casa sintiendo que había fracasado y que yo iba a ser un caso muy difícil de recuperar.

Pero no tardé mucho en reaccionar a todas las voces que sonaban dentro de mí y a mi alrededor: dos semanas más tarde, al mediodía, caminaba con mi hijo menor de la mano, y me pidió una monedita para caramelos. Le expliqué que no tenía dinero; sin embargo, sí tenía todo reservado para conseguir un par de litros de bebida para la tarde. El me dijo "tienes lo mejor para ti, alcohol, cigarrillos…". Me partió la cabeza y el alma. Mi Poder Superior y mis seres queridos se movieron con tanta coordinación que ese mismo día vino a charlar conmigo la mujer de mi papá. Hablamos de mi estado, del de mi madre y de los grupos. Se ofreció para cuidar a los chicos si yo iba ese día a A.A. Acomodé mi casa, bañé a los chicos y dejándolos en pijama, me fui en su auto a mi nuevo grupo. Ese sería el principio de esta nueva vida que estoy intentando aprender a vivir.

En un primer momento, estaba terriblemente enojada. A esa hora, en un día normal, yo estaría tranquila en mi casa, tomando algo y leyéndole a los chicos para que se durmiesen. Sin embargo estaba ahí, esperando para encontrar a un montón de gente que seguramente ya había conocido en el hospital junto a mi madre.

Allí estaba mi amiga, que a pesar de estar muy enferma, fue a recibirme. También había mucha gente que veía por primera vez y todos me recibieron con mucho cariño. Yo creí que todos me conocían y que me estaban esperando. Eso de ser el centro de atención fue una caricia para mi ego. Pensaba que a través de mi madre conocían mi historia, y por una cuestión de educación respondí a cada saludo de bienvenida. Entendía que había entrado a una terapia de grupo y que debía intentar escuchar y hablar.

Escuché que alguien dijo que tenía que ser paciente y asistir a las reuniones lo más que pudiese. Esta vez mi soberbia actuó a mi favor. Pensé desafiante que iba a "ir todos los días a las siete y media como si fuese un trabajo y después veríamos". Para que mi familia supiese que era obediente, les pediría ayuda por primera vez para que cuidasen a mis hijos. Como no los habían cuidado nunca antes, tenía la secreta esperanza de que dijesen que no, todavía pensando en que podría arreglármelas sola. Para mi sorpresa la mujer de mi papá me dijo: "Yo ya sé que hay que ir todos los días, ¿y tú?".

En este momento la elección era totalmente mía. Tenía que darle la razón a todos los que me habían advertido que el alcohol me estaba haciendo mal. Debía admitir en voz alta que no podía controlar mi manera de beber y que necesitaba ayuda.

Durante los primeros días repetía constantemente que no sabía si era el lugar para mí. Más adelante, bajo la excusa de no compartir el lugar de terapia de mi madre, decía que el programa era bueno, pero tal vez ese no fuera el grupo apropiado. Defendía mi autonomía y con ella, a la copa.

A medida que escuchaba a "esa gente" hablar, iba entendiendo cosas sobre mí. En realidad, me iba identificando con cada uno de los integrantes del grupo de una u otra manera. Empecé a entender que todos eran como yo. Que a todos les hubiese gustado ser bebedores normales, pero que, al igual que yo, no podían, porque eran enfermos alcohólicos. Entendí que esta no era una enfermedad que pudiese curar la medicina, que mi manera obsesiva de beber era tan sólo un síntoma de que algo no andaba bien en mi manera de obrar y de sentir.

Hablaban de un Poder Superior, necesario para empezar mi recuperación, y comprendí que tanta gente junta que podía estar sin tomar y que tenía ganas de estar un poco mejor todos los días debería generar esa energía positiva que me calmaba en mi abstinencia y que me atraía para volver al día siguiente. Así que, por lógica, el grupo sería mi Poder Superior.

Más adelante, un hombre sugirió que practicase la oración a diario y que la fe se me iría metiendo en el corazón, como lo hace la llovizna suave que parece que no moja, pero que al cabo de un tiempo nos deja empapados. Tenía lógica.

Un compañero con muchos años de sobriedad me explicó con mucha claridad lo que significaba el símbolo de A.A. Me decía: "Mira, los tres lados del triángulo son iguales. Tenemos que recuperamos juntos y ayudando a los demás. Un alcohólico solo no puede recuperarse, y si no hacemos servicio para contar lo que nos está pasando mucha gente se va a quedar sin entrar en este círculo de amor, entonces es menos la ayuda que vamos a tener. Cada persona que se queda se engancha como el eslabón de una cadena, y pasa a formar parte de todo esto que es maravilloso".

Esa idea de "un gran todo" también me resultó atractiva. Podía tener un objetivo común con esa gente que hablaba como yo, que en lugar de censurarme, me entendía, que de alguna u otra forma había pasado por lo mismo que yo.

A la semana de estar en A.A. estudié el encabezado de *Los Doce Pasos*, para ver qué era lo que se suponía que debía hacer; después, soberbia y obstinada, leí *Las Doce Tradiciones*, buscando algún tipo de reglamento o defecto en el funcionamiento del grupo. Más tarde y para probar mis conocimientos, leía al azar una reflexión de un libro (*Como lo ve Bill*) y trataba de acertar el tema. Así que tuve que asumir que no sabía nada del comportamiento humano y menos del mío.

A los veinte días, y por falta de servidores, me pidieron que ayudase en las reuniones de servicio y unos días más tarde fui con mi amiga a ver a una señora que bebía en exceso. Mientras ella le contaba que no tenía problemas con la bebida, yo pensaba casi con alegría "yo sí". Ese día sentí un gran alivio interior. Dejé de usar la lógica para empezar a usar el corazón. Entonces pasé a ser una más de "esa gente". Sentí el valor de charlar con alguien que necesitaba ayuda ya que era una forma perfecta para ayudarme a mí misma a ver mi problema. Empecé a entender que esta era una manera de integrarme. Cuando mi inquietud no me permitía quedarme quieta durante las reuniones cerradas, vaciaba ceniceros, acomodaba los estantes de literatura, tratando de no hacer ruido para no molestar. Nadie me dijo nada. Así pude empezar a sentir que yo pertenecía a ese lugar.

Practicando las primeras sugerencias me dediqué a mantenerme ocupada para evitar mi parloteo mental permanente. Empecé a leer con más calma, y mantuve sobre mí una exagerada observación. Lo primero que noté fue el gran silencio que reinaba en mi casa. Lo único que se escuchaba era un "te amo" que de vez en cuando le decía a alguno de mis hijos, o que ellos me decían a mí. Empecé a romper el silencio, explicándoles que yo estaba enferma, pero que si iba al grupo todos los días, tal vez pudiese mejorar las cosas. Les conté sencillamente lo que era el alcoholismo, les hice recordar algunas conductas mías propias de la enfermedad, como el hecho de vomitar a diario, para que lograsen entender; y les hablé del programa de Alcohólicos Anónimos. Lo puse en palabras sencillas y les relaté los Doce Pasos como si fueran un cuento. A ellos les encantó, y a mi me sirvió para ver que la propuesta de A.A. era mucho más sencilla de lo que parecía.

A medida que se calmaba mi ansiedad, mi actitud hosca y mis exigencias desmesuradas iban desapareciendo, y con ello, los chicos se fueron animando a jugar fuera de la habitación primero, a compartir con otros chicos después, y a ser más tolerantes uno con el otro. Con mi recuperación empezaba también la de ellos.

Hoy siento que Dios siempre estuvo allí, pero que yo con mis acciones, le daba la espalda. Pude ver que podía ir cambiando mis sentimientos poco a poco. Por ejemplo, en un primer momento abrigaba grandes resentimientos contra mi madre, porque no comprendía su enfermedad y la culpaba de la mía. A medida que pasó el tiempo, empecé evitar la palabra *culpa* y a cambiarla por *responsabilidad*. Entendí que yo era responsable de mis actos, y que mi enfermedad era una predisposición que había nacido conmigo. Toleraba el hecho de no tener la madre que hubiese querido y más tarde la acepté como es, esperando que ella me acepte a mí. Enfrentarla con mis defectos resultaba más que difícil, pero hoy ella asiste a un grupo de A.A. en un hospital, y yo voy también para poder estar con ella bajo la protección de un Poder Superior. Ese recuperar a mi madre es otro de los regalos que me está brindando mi sobriedad en Alcohólicos Anónimos.

Sigo asistiendo a las reuniones porque me brindan un mejoramiento diario, y cuando una persona llega, reviso con ella mis primeros días de torpeza y de soberbia y trato de corregir el rumbo. Entiendo que la sobriedad es un "ir de camino" hacia la superación continua.

NOCHES ALEGRES — DESPERTARES TRISTES

Durante 20 años de su vida adulta, este supuesto superhombre se creía imponente. A los 40 años de edad se encontró solo, atemorizado, inmaduro, sintiéndose torpe y resentido con la vida.

SOY el mayor de seis hermanos. Mi papá siempre fue independiente y sus tíos me contaban que varias veces había tenido problemas; pero nunca me dijeron por qué.

En casa siempre había gente y los sábados a mediodía o de noche se hacían asados. Cuando algunos de mis hermanos o yo nos acercábamos a la parrilla, mi padre nos agarraba del pelo y nos llevaba para la casa diciendo que ése no era lugar para los chiquilines.

En esos asados se compraba vino y, si sobraba, se guardaba en casa. Que recuerde, mi papá siempre tomó alcohol. Así que una tarde que estaba solo con mis hermanos, decidí tomar un poco de vino. Todavía recuerdo el gusto desagradable y cómo cayó en mi estómago. Escupí todo lo que no había tragado. Esa "viveza" a la edad de diez años me costó una paliza que me dejó negros los muslos y las nalgas. Aparte de los asados o parrilladas de los sábados, dos o tres domingos por mes se reunía la familia de mi papá. El motivo era cualquiera, pero era la oportunidad de conversar, hacer negocios y comer y beber a pierna suelta. Cada tía o tío traía su especialidad, las unas la comida y los otros la bebida; la abuela, cosas de almacén y vino normal y mi padre ponía el asado. Eso significaba una mesa muy larga, llena de comida casera y pasábamos todo el día comiendo, tomando y jugando a las cartas. A mí me tocaba hacer la ensalada y estar todo el día "dale que dale", porque mi padre era de estar todo el día dando órdenes. La abuela traía algún refresco y cuando se terminaba, nos tomábamos la espumita de cerveza o lo que quedaba de vino en el fondo de algún vaso.

Cuando cursaba sexto grado de escuela, mi papá me castigó en la mesa durante el almuerzo y me fui de casa. Estuve visitando compañeros y mintiendo. Cuando llegó la noche me escondí en unos matorrales cerca de casa hasta que me encontraron.

A los quince años, nuevamente tuve un altercado con mi padre y estuve cuatro días internado con un ataque de nervios. Por esa etapa de mi vida, no tenía ganas de estar en casa, y me iba al club social de mi barrio a juntarme con los mayores. Practicaba deportes y tenía que ser bueno para que los grandes me dejaran jugar con ellos. Así descubrí que siendo precoz y sobresaliendo, el premio era el compañerismo y el alcohol. Se me reconocía por lo que hacía, cosa que en mi casa no pasaba; y encontraba amistad o cariño que tampoco tenía en casa. Por esa época de los quince o dieciséis me agarré mi primera borrachera. La cama se movía, el techo daba vueltas, la cabeza se caía de un lado a otro; fue terrible. La resaca duró dos días que fueron un infierno.

Cuando tenía dieciocho años, mi mamá falleció y se agrandó el caos en mi familia. Mis dos hermanos menores (un varón y una nena) pasaron a estar bajo la tutela de una tía. A los veinte me casé tratando de fugarme del dominio de mi padre, y fue peor. Ya tomaba todos los días y a toda hora y, aunque era querido en todos los ámbitos donde frecuentaba, cada vez tomaba más. Dejé de estudiar y comencé a cambiar de trabajos, y cada vez era mayor el miedo que sentía. Mi señora se quedó embarazada y comenzaron mis grandes fugas geográficas. Conocí a mi hija cuando estaba por cumplir tres meses de edad. Viví en la casa de mi padre, no me llevaba bien. Viví en la casa de mis suegros y, aunque no tenía problemas, no me sentía a gusto. Nació otra hija: más miedo; sólo lo resolvía trabajando dieciséis horas por día y tomando a toda hora.

Durante veinte años me sentí grandioso, poderoso, un superhombre. No había tenido problemas con la ley. En los trabajos se me quería por lo que trabajaba. Tenía una esposa que me entendía y tres hijas sanas, inteligentes y bellas.

Eso me creía yo. No tuve problemas con la ley porque nadie me denunció, ni siquiera mi esposa. En los trabajos se me tenía lástima, y me ayudaban por mi familia. A mi esposa le hice la vida imposible durante los veinte años que estuvo a mi lado.

Durante veinticinco años, el alcohol me dio todas las alegrías que quise tener, pero un día las cosas empezaron a cambiar. Las noches alegres tenían despertares tristes. Los calambres eran constantes. Tenía sudores en pleno invierno, resacas, más resacas y miedo a todo. Y el alcohol comenzó a cobrarse. Se terminaron los buenos trabajos; se terminó el poder alquilar una casa; se terminaron las hijas en casa; se terminó la esposa.

A los cuarenta años de edad estaba solo y con más miedo que a los dieciocho; inmaduro, me sentía tonto y, para peor, resentido con la vida. Por sugerencia de una tía psiquiatra, comencé a visitar a una psicóloga que me atendía gratis (obviamente yo no tenía ningún problema; eran los demás que no me entendían). Ella me comentó que hay gente que tiene problemas parecidos a los míos y que se ayudan entre sí. Nunca me dijo cómo se llamaban o dónde podía encontrarlos, pero creí que podían ser mi solución. Ellos convencerían a mi esposa de lo buen marido que yo era. Le dirían a mi patrón que me aumentara el sueldo y yo trabajaría mejor y lograrían soluciones a mis problemas.

En mayo del año 1992, en una borrachera en soledad, desesperado y contra todo sentido común por mi formación y por mi manera de actuar, imploré: "Dios, si realmente existes, ayúdame a dejar de tomar". Caí de rodillas y el coma alcohólico duró dos días.

En julio de ese año, borracho y sin saber por qué ni cómo, golpeé la puerta de un grupo de A.A. La persona que abrió la puerta me preguntó si tenía problemas con el alcohol y me invitó a pasar. Cuando golpeé la puerta, sentí como que estaban rezando, después me enteré de que era el final de la reunión. Cuando pasé había ocho personas sentadas alrededor de una mesa; nadie se movió. Todos se quedaron a pasarme el mensaje y hasta el día de hoy no he bebido.

En todo este cúmulo de 24 horas, he aprendido y me han pasado un montón de cosas. Aprendí que no había sido tan buen hijo, ni tan buen hermano. Ni que tampoco había sido un buen esposo y menos un padre ejemplar. Que no había sido tan buen compañero de trabajo ni tan buen ciudadano, pero que podía serlo si me lo proponía. Aprendí que fui el asesino de los sueños de mi esposa. Que la defraudé, porque nunca fui el hombre que ella creyó que yo era, que fui un ladrón de mi propia familia, violador de mi esposa. Que nunca fui esposo, amante, padre, hermano o hijo.

Tiempo al tiempo, tómalo con calma, si hoy es lunes, no quieras estar bien para el jueves. Todo esto lo escuché en los grupos y luego lo fui descubriendo en los libros. Y la acción puesta en todas estas 24 horas comenzó a dar sus frutos. Lentamente recuperé a mis hijas y, aunque con miedo, un día pude decirles "te quiero".

Hoy puedo hablar con la que fue mi esposa y respetarla, sin que su pareja me tenga miedo. Hoy soy un padre para cuando mis hijas me necesitan. Soy un hermano y, aunque ya no tengo a mis padres, hablo de ellos con respeto y les agradezco lo que intentaron hacer de mí, porque cada vez que estoy en dificultades sólo tengo que recordar lo que ellos hacían y muchas veces, problema resuelto.

Tengo dos bellos nietos, una nueva esposa, y disfruto de un hogar; un corazón agradecido y lleno de felicidad; unos amigos que no conocía, como los ocho que me recibieron; y algo que nunca llegué a pensar que podía existir, una nueva familia, la familia de Alcohólicos Anónimos.

(6)

MI CAMINO INDIRECTO A A.A.

Pese a ver a su padre morir de alcoholismo, iba inventando pretextos para beber hasta acabar entre rejas encadenado al alcohol. Un compañero de celda le indicó la forma de librarse de su obsesión.

MI HISTORIA es muy parecida a otras muchas. En mi familia siempre estuvo presente el alcohol. Nací en un pequeño pueblo en la ribera de un lago. Mi niñez fue bonita. De mi infancia hasta la edad de ocho años tengo pocos recuerdos. Éramos una familia grande. Mi padre padecía de la enfermedad del alcoholismo y pude darme cuenta de lo que el alcoholismo podía hacerle a una persona, ya que cuando iba a cumplir nueve años vi en mi padre las funestas consecuencias de beber alcohol. En muchas ocasiones mi madre hacía lo imposible por ayudarlo, pero era poco lo que sabían de la enfermedad, y la cirrosis acabó con el hígado de mi padre. El cuadro que vi era muy triste: mi madre sentada al borde de la cama, mi padre con los ojos amarillos rojizos por la enfermedad, vomitando a baldes. Fue muy desagradable ver a mi padre deshacerse por culpa del alcohol. Recuerdo que en su lecho de muerte tuvo un momento de lucidez y le dijo a mi mamá que lo perdonara, que nunca supo cómo dejar de beber, que en realidad sentía mucha pena y dolor al dejarla sola con la gran carga de diez hijos y desamparada a la edad de 39 años. Mi padre murió, y recuerdo que no lloré, no sentía dolor, más bien sentía pena y tristeza por ver morir a un hombre de esa forma.

Después de los nueve años empecé a andar con mucha vergüenza por lo que sentía; me sentía muy mal de que la gente me viera como huérfano. Me afectó mucho y me empecé a aislar de todos.

A los once años tuve mi primer contacto con el alcohol. Me daba miedo por lo que pudiera pasar, pero nunca pensé que terminaría como mi padre; sólo sentí el efecto y me gustó. Mi cara empezó a ponerse roja y caliente y parecía que mi cuerpo estuviera anestesiado. Sentía las piernas y todo el cuerpo pesados. Experimenté un cambio de personalidad. Mis miedos se esfumaron. Pude gritar y hasta pelear con un muchacho del barrio que a diario me maltrataba y me ninguneaba. Esa primera vez se empezaron a burlar de mí; me decían que me iba a poner borracho si seguía tomando rápido. Y mi primo me decía que eso se tomaba despacio; pero yo quería apurar unos tragos más porque quería sentir más valor y poderme liberar. No recuerdo el final porque perdí el conocimiento. Me quedé dormido. Fue mi primera borrachera, primera laguna mental y mi primera cruda. Al otro día sentí aún más vergüenza y miedo al recordar un poco de lo que había dicho y hecho, pues me daba miedo enfrentarme a las consecuencias y siempre lo evitaba.

Pasé algún tiempo sin tomar. Estaba en la secundaria y en un "día del estudiante", no podía bailar ni socializar, así que un amigo y yo fuimos a robar una botella de la tienda de su casa, la trajimos a la escuela y empezamos a beber. De ahí en adelante se hicieron más frecuentes las borracheras. Dejé de ir al campo a trabajar. Sólo iba porque me mandaban, pero yo prefería estar con los amigos. A veces salía a la calle bañado y cambiado sin saber a dónde ir. No me sentía bien, me volvía a mi casa frustrado. No podía andar solo; siempre tenía que andar con algún amigo y empezamos a ir a las esquinas, a la tienda y tomar cerveza. A veces no nos emborrachábamos por falta de dinero.

Con otros amigos que tenían carro empezamos a salir más lejos y a tomar por las tardes. Me recuerdo que entre todos juntábamos el dinero y comprábamos cerveza. Nos gustaba llenar las mesas de botellas vacías y que la gente lo viera, y se nos hizo más grande el hábito.

Como era de esperar, tuvimos el primer accidente con la camioneta de un amigo por ir tomando. Al intentar adelantar a otro carro, chocamos contra unos caballos. El daño fue sólo a la camioneta. Nos prohibieron juntarnos. Los papás de mis amigos decían que yo era el culpable de que ellos tomaran, ya que mi padre había muerto de borracho y yo seguía sus pasos. Eso me dolió mucho y me sentí muy lastimado, pero me convencí: yo no soy ni seré como él. Él tomaba mucho y nunca paraba. Yo tomo de vez en cuando y me divierto. Además, cuando quiero, paro de beber. Basta con que yo me lo proponga. Así continué cambiando de lugar, parando de beber y volviendo a beber. Me fui a otro país creyendo que allí no iba a beber como en mi tierra y era mentira. Después de un tiempo volví a mi país para cambiar mi forma de beber pero ya estaba fuera de mi control.

Consumía diferentes drogas. Fue empeorando mi situación. Me arrestaron por primera vez por manejar borracho y el juez me mandó a A.A. y fui. Poco recuerdo de las reuniones. Me llamó la atención la palabra "padrino" y escuché a muchos que la decían. Entre ellos había uno que era muy veterano y que hablaba fuerte y parecía enojado todo el tiempo. Recuerdo que me dijo: "Mira, muchachito, si has llegado donde nosotros, te puedes ahorrar de diez a quince años de verdadero infierno porque el alcoholismo nunca te va a llevar a triunfar en nada". Yo tenía veinte años y no me interesó el mensaje. En la parte baja del edificio había un centro de baile y después de la junta me reunía con unos amigos y allí mismo nos tomábamos unas cuantas. Trataba de demostrarme a mí mismo que podía parar cuando yo quisiera y no aceptaba mi situación. A partir de ahí tuve muchos problemas con la ley; varias veces caí en la cárcel; tuve muchos accidentes pero seguía sin entender por qué. Llegué a quedarme sin amigos y a cansar a mi familia. Era una carga. Ya no podía estar ni acá ni allá, por todas partes tenía problemas.

Me casé cuando tenía veinticinco años con la firme decisión de cambiar, pero ya estaba muy avanzado en las drogas y el alcohol. Tenía destruido el sistema nervioso y sentía la impotencia y los celos que me causaba mi inseguridad. Empecé a hacer de mi matrimonio un infierno, pues llegué hasta pensar que mi hijo era de otro; acusaba a mi compañera, y eso me servía de excusa para seguir bebiendo, pues al hacerla sentirse culpable, ella tenía que aceptar la situación. Llegué al abuso doméstico. Ya no sabía lo que hacía. Empecé a tener momentos en los que me daba cuenta de que estaba mal, que el alcohol había convertido mi vida en lo que más odié en mi infancia. Ya bebía por necesidad; caí en una tremenda depresión cuando tuve un accidente y me quedé casi dos años desempleado y viviendo del seguro —otro pretexto para beber. En ocasiones sufría tanto que quería parar, pero no sabía cómo. Cuando dejaba de beber cuatro o cinco días me ponía bien neurótico. Todo me molestaba, hasta el llanto de los niños. No podía soportar mi situación y mi compañera me decía: "Es mejor que busques algo para que te calmes los nervios, pues estás peor que cuando bebes". No sabía qué hacer. Pasé un tiempo sin beber; sólo fumaba marihuana. Después de pasar unos meses sin beber, un amigo me preguntó que si yo no tomaba, porque no me había visto tomar, y me autoengañé pensando que podría beber unas cuantas. Mi intención, como en otras ocasiones, no era perder el control, pero esa vez, como todas las anteriores, terminó en desastre. Tomé hasta casi perder el sentido. Me volví a sentir prepotente y no dejé que me ayudaran. Sentía coraje conmigo mismo.

Tomé las llaves de mi camioneta y me eché a manejar. Sólo recuerdo por lapsos que iba peleando con otro conductor que manejaba imprudentemente. Cuando terminó la calle me fui por una carretera solitaria. Cuando llegué a mi casa por la calle de entrada había varias patrullas esperándome. Me di cuenta de que estaba en problemas. Supe que el conductor del otro vehículo me había denunciado, que lo había amenazado de muerte. No recuerdo mucho. Me llevaron a la cárcel y cuando estaba en la celda empecé a hablar acerca de lo que me sucedió y de mi problema, con otro compañero de celda hasta que se cansó de oír mis quejas y se fue. Pero había otra persona que me estuvo escuchando y me abordó, me llamó por mi nombre y me dijo: "Yo he estado escuchando todo lo que dijiste y quiero hablar contigo". Me empezó a regalar su experiencia y me dijo que me llevaría a un lugar donde podría dejar de beber y encontrar la ayuda que necesitaba; y me dijo que si quería, podríamos ir en ese momento. Me dijo que era una junta de A.A. dentro de la cárcel que se llevaba a cabo los lunes y los miércoles, y me llevó. Yo no quería ir, pero fue agradable estar allí porque escuché casi mi misma historia de boca de otros. Me dijo que si yo estaba dispuesto a dejar de beber, podría ayudarme. Sentí mucha confianza en él pues, aunque no me conocía, me trataba bien. Me enseñó el aspecto espiritual del programa. Me dijo que él estaba en la cárcel porque estaba cumpliendo una condena por unas infracciones pasadas. No parecía preocuparse por nada. Él me dio mi primera lección acerca de A.A. Me dijo que la cárcel de la que debería cuidarme y liberarme era mi propia cárcel mental; que yo estaba encadenado a mi enfermedad y sin la ayuda de otro ser humano que hubiera pasado lo mismo, no habría ningún poder que me arrancase de la locura o de la muerte. El juez me sentenció a seis meses de cárcel y cinco años de libertad vigilada, y me dijo: "Tú eres un criminal y no puedes estar en las calles. Debes ir a Alcohólicos Anónimos de por vida". Cuando llegué, mi amigo ya había conseguido su libertad y me sentí muy solo. Quería hablar con alguien pero especialmente con él. Pregunté por él y su cama estaba vacía, y alguien me dijo que me había dejado su número de teléfono y había dicho que cuando saliera, lo llamara; que le echara ganas. Guardé el teléfono y me sentí bien. Seguí yendo a las juntas y aunque tuve muchas invitaciones a beber dentro de la cárcel, no lo hice. Yo en verdad creí en lo que me dijo este amigo, que más tarde fue mi primer padrino en A.A. Cuando salí de la cárcel lo llamé con mucho gusto. Pronto vino por mí, siempre sonriendo, y me llevó a mi primer grupo. Conocí a otros compañeros y a su padrino. Él se preocupó por recogerme todos los días aunque a veces yo no quería ir y me escondía de él, pero siempre estuvo allí para ayudarme. Me introdujo a los servicios de A.A. y me dijo: "Si no quieres beber, métete en los servicios. Si lo haces de buena voluntad es como comprar un boleto de garantía: mientras hagas un servicio en A.A. no vas a beber". Y empecé a echarle ganas. Me enseñó a sentirme parte de los demás; y me puse bien ayudando a otros alcohólicos.

Mi padrino de hoy me ha ayudado a madurar, a formar mi carácter, a cortar con dependencias, a ser libre; lo quiero mucho. Siempre le agradezco a Dios por haberme regalado esta vida. A través de A.A. he llegado a entender el significado de "amarás a tu prójimo como a ti mismo". Mi padrino me lo ha inculcado. Le pido a Dios que tome todo lo bueno y malo que soy, lo transforme y lo utilice para ayudar a otro, porque hoy puedo decir con mucho orgullo: "soy alcohólico y hoy no bebo". Antes me daba vergüenza decirlo, pero hoy me da vergüenza ser borracho y deshonesto. Sigo estando dispuesto a salvar mi vida, ayudando a salvar la de otro, contribuyendo, compartiendo, sirviendo café, contestando el teléfono y practicando los Pasos de A.A. A.A. funciona si tú estás dispuesto.

(7)

VÍCTIMA DEL DESTINO

Se creía abandonada, desgraciada, sin salida ni esperanza. Ahora, con el apoyo de su Poder Superior y sus compañeros de A.A., vive tranquila y agradecida, pasando el mensaje de recuperación.

PASÉ veinticinco años tomando alcohol, pero dejé de beber hace poco más de tres. Tenía treinta y nueve años y recuerdo todavía aquella mañana: me estaba tomando la que sería mi última cerveza. No la saboreaba porque cada trago me hacía sufrir; había pasado varios días bebiendo y sabía que necesitaba parar de tomar. Temblaba, pues sentía mucho frío y sabía lo que vendría después. Sufría una de tantas y tantas resacas; tenía comezón en los brazos y en la cara. Miraba aquella botella como si fuera mi única salvación, pero lejos de sentirme mejor me sentía aún peor. Me dolía el cuerpo, pero sentía un dolor más allá del físico, era una punzada en el alma.

Esa mañana me encontraba en el departamento de mi hermana. Ella me dejó quedarme ahí mientras "todo se arreglaba". Caminaba de un lugar a otro y no encontraba mi lugar. Entré al baño y olía a limpio. Me paré frente al espejo y sentía tanta vergüenza de mí que cuando me miré solté el llanto. Me sentía sucia y vacía por dentro, y mientras vomitaba pensaba "¿por qué?" Ya llevaba muchos años sufriendo cada vez que me emborrachaba y eso era muy seguido. Después de cada borrachera, hacía una promesa, me hincaba y le gritaba a Dios. En muchas ocasiones lo culpaba y le decía, "Tú sabes que yo no quiero vivir así; haz algo, yo sé que puedes". Pero siempre sentía que no me escuchaba y que no me merecía que me escuchara. Me dolía mucho haber discutido con mi hija mayor, pero yo sabía que ella tenía razón; no obstante, me sentía yo la víctima, siempre dependiendo de mi enfermedad.

Mis hijas me vieron tomar desde siempre, pero el alcoholismo fue creciendo y yo fui empeorando junto con los problemas. No me perdonaba haberme emborrachado cuando me confiaron el cuidado de mi nieta de apenas dos años. Aunque no era la primera vez que tomaba de esa manera, esta vez anduve manejando por toda la ciudad en un carro que apenas caminaba. Y anduvimos así, de un lado a otro, por muchas horas, mi hija de nueve años y la nieta de dos, y yo en estado de ebriedad.

Mi hija nos estuvo buscando. Sabía que yo no andaba bien. Fuimos a visitar a otras personas que también bebían y fue allí donde me encontró y me hizo saber su miedo y su coraje.

Como pude, me regresé a casa y volvimos a discutir. Ella tenía razón, pero yo le reclamaba su comportamiento de los últimos meses, y así terminamos decidiendo que cada quien se fuera por su lado. Yo me sentía ofendida y opté por salirme de nuestra casa. Las dos teníamos el compromiso de mantener la casa que compramos con muchas ilusiones. Fue un compromiso que adquirimos en un corto tiempo que dejé de beber a fuerza de voluntad, pensando que nunca más volvería a tomar nada que tuviera alcohol. Pero con una mente trastornada y con mi historia de alcoholismo, me fue muy difícil mantenerme sin beber. Lo intenté a lo largo de mi carrera alcohólica y en todas las ocasiones fracasé. Pero esta vez había el compromiso de una casa. Yo sabía que ni ella podía sola, ni yo podría ni quería afrontarlo.

Empecé a tomar desde el hogar materno, sirviendo los tragos a los tíos que nos visitaban muy seguido. Cada vaso que servía lo probaba primero y, después de algunos sorbos, empezaba a sentirme bien y me quedaba dormida en el baño o en cualquier rincón de la casa. Me gustaba esa sensación porque me sentía otra.

Fui muy callada en la escuela; me sentía menos que los demás alumnos. No entendía el idioma ya que habíamos venido de otro país hacía muy pocos años, y cambiamos de escuela tantas veces que era difícil cada vez que había que empezar. Así que amistades tenía pocas y buenas amigas, ninguna. No tenía confianza, venía de "otro lado".

Decía que tomaba y me embriagaba porque cuando éramos niños nos habían abandonado con los abuelos. No me daba cuenta de la necesidad de una madre soltera de ayudar en la economía de su pobre hogar para hacer realidad su sueño de una vida mejor. Y por eso tuvo que dejarnos al cuidado de alguien. Llegué a darme cuenta de que yo no era la única que había sufrido. Estaban mis otros tres hermanos y ellos no eran alcohólicos.

Bebía mucho; creía que la vida me debía algo y que yo era la víctima de las situaciones malas. Viví muchos años con esa muleta y, cuando estaba ebria, si alguien me preguntaba por qué tomaba tanto, mi respuesta era larga y triste. Siempre fui muy impulsiva y de esa manera decidí un día irme de mi casa con el hombre que fue el padre de mis hijas. De esa misma manera me salí de su vida porque él era un borracho y un mujeriego y yo no estaba dispuesta a vivir así. Aunque yo nunca dejé de beber, pensaba que él era peor y no quise ver la verdad.

Cuando empecé a vivir sola, creí que eso era lo mejor. Y así empecé sin ningún freno, con muchas desveladas y crudas. Las lagunas mentales las experimenté de inmediato y asimismo perdía el dinero que ganaba trabajando en un taller de costura. Ganaba lo suficiente para vivir tranquila con mis hijas pero, en vez de buscar algo bueno, rentaba dos cuartos en un segundo piso tapizado de cucarachas y ni un baño privado tenía. Me mudé varias veces intentando ajustarme con lo poco que me quedaba, y trabajaba muchas horas extras. Trabajar tanto fue la razón por la que mis hijas quedaban abandonadas por mí y abandonadas por el papá, que entonces vivía su luna de miel.

Peor aún, la bebida se fue haciendo más común, ya también tomaba entre semana y aunque en ese tiempo todavía tenía fuerzas para levantarme e ir a trabajar, me deterioraba cada vez más. Experimentaba fracaso tras fracaso, tanto moral como emocionalmente. En una de mis borracheras perdí el conocimiento una Navidad. Me tomé unos jarabes muy fuertes combinados con una botella de ron, y después intenté quitarme la vida.

Desperté en un hospital y la familia me preguntaba por qué lo había hecho. ¿Hecho qué? No recordaba nada, pero fue muy doloroso saber que no me gustaba vivir. Por lo menos eso creía, porque lo volví a intentar. Esta vez quería saltar por la ventana. Me odiaba a mí misma y no podía o no sabía qué hacer.

En ese entonces encontré un médico con quien platicar y le confiaba muchas de mis cosas. Pero me enredé emocionalmente y a los dos años me volví a quedar embarazada.

Tuvimos problemas porque yo seguía bebiendo y con esa excusa él me dejó. Estaba sola otra vez, y ésa fue otra razón para retomar el camino del alcohol. Cuando nació mi niña, el padre estuvo ahí, pero sólo se mantuvo en contacto los dos primeros años.

De ahí decidí seguir mi vida sola y, cuando volví a agarrar la botella, fue con dobles ganas. Tal vez me quería volver loca para no enfrentarme a nada. No me gustaba mi manera de vivir; quise terminar la escuela y fracasé por seguir bebiendo. Eso me derrotaba aún más; me sentía sin valor alguno, pero todos tenían la culpa, menos yo.

De pronto me di cuenta de que algo andaba mal y

busqué ayuda. Después de llamar a algunos hospitales encontré un lugar en donde se requería estar internada. Pero cuando me entrevistaron, me asustó pensar que debía quedarme seis meses y pensé que no podría dejar a mis hijas tanto tiempo sin mí. No me daba cuenta de que no me tenían; y pasé varios años más de locura evitando la realidad.

Me acerqué después a la religión. Quería creer, pero no tenía ni fe ni humildad. Decidí buscar viejas amistades y por recurrir siempre a esa "amiga", pasé más de seis años bebiendo y destrozando mis sueños de ser maestra. Eso era lo que quería, pero sin autoestima no lograba terminar la escuela. Empezaron las promesas y juramentos; ya mis hijas mayores tenían nueve y diez años y empezaban a ver todo lo que su mamá andaba haciendo. Traté de dejar la bebida a fuerza de voluntad, pero cuando me tomaba *sólo una* ya no podía detenerme. Ya no salía ni a trabajar porque no podía mantener un trabajo mucho tiempo. Trabajaba un día; la vergüenza no me dejaba ir a cobrar, y volvía a buscar otro trabajo.

Hasta que un día se me presentó la oportunidad de un trabajo que, por inconsciente e impulsiva, me llevó a parar mucho tiempo en una prisión. Esta vez sí tuve en cuenta a mis parientes, pues necesitaba que se hicieran cargo de mi familia. Fue muy difícil, ya que en prisión empecé a ver todo lo que había hecho, y a sufrir por no tener cerca a mis hijas. El miedo de pensar que algo les pasara me atormentaba. Así que sólo esperaba el día que llegara mi fecha de salida para empezar una nueva vida al lado de mis hijas, que ya eran unas señoritas.

Por fin llegó el día y cuando al fin bajé del autobús que me llevó hasta donde me esperaban, entre risas, abrazos y mucha emoción, les aseguré que nos esperaba algo nuevo.

Mi hija me dio la noticia de que yo iba a ser abuela. Hacía más de dos años que su papá se había muerto en un accidente, así que le dije que yo sería mamá y papá y que juntas nos arreglaríamos bien.

Pasaron algunos meses y el Señor Alcohol me esperaba paciente y seguro. Así fue como me volví a entregar en cuerpo y alma a lo que conocí toda la vida, y aunque intenté frenarlo, ya había hecho su trabajo conmigo. Otra vez más no sabía qué hacer y me encontré en la misma situación.

Ya era abuela y aún así nada me detenía. Las resacas y las lagunas mentales eran más crueles, pero no veía la solución. Me sentía tan desgraciada y me decía a mí misma que no quería esa vida, pero no sabía qué hacer para cambiarla. La familia entera estaba desilusionada, y con mucha razón. Así pasaron otros dos años de infierno. No tenía perdón y me avergonzaba pedirle a Dios ayuda porque sentía que no la merecía.

Una mañana de resaca moral, volví a buscar "algo" en la guía de teléfonos. No sabía qué, pero necesitaba algo más que no fuera alcohol. Encontré "A.A." y llamé. Me informaron de los grupos y asistí a ellos un par de semanas. No sé cómo, tal vez por la confianza de creer que ya no volvería a emborracharme, volví una vez más a estar en las puertas del infierno.

En pocos meses viví lo que no había vivido en mi alcoholismo, y toqué un profundo fondo tras otro. Me convertí en una carga para mi familia, y mi estado físico y moral quedó muy deteriorado. Sabía que me estaba comportando mal, pero también sabía que existía un lugar donde se deja de beber y, principalmente, se deja de sufrir. Se deja también la autoconmiseración y, sobre todo, se deja de hacer sufrir a la familia y a la gente que nos quiere de verdad.

Aquella mañana en el departamento de mi hermana estuve pensando que Dios no me tenía abandonada, porque me dio la oportunidad de saber que había un lugar donde otras personas dejaron de beber.

Esta vez no me mandó el juez como en otras ocasiones. Llegué a un grupo que apenas empezaba y así empecé yo también. Al principio batallaba porque seguía culpando a otros; estaba atrasada en todos mis pagos y me seguía sintiendo víctima del destino. Pero, poco a poco, al pasar por varias experiencias, me fui dando cuenta de que el programa de los Doce Pasos es para mí y nadie más.

Llevo muy poco tiempo en esta comunidad tan diferente de lo que yo creía que era, pero los logros emocionales, morales y, por qué no, también espirituales, se dejan sentir. Ando muy ocupada con mi nuevo estilo de vida, pero necesito estar así. Entre el grupo, el servicio y visitas a centros de tratamiento, yo soy quien más se beneficia.

Hoy sé que no estoy sola y que mi Poder Superior nunca me soltó de su mano. Fue más paciente que el mismo alcohol. Busco la recuperación día a día y aunque aún tengo algunos problemas, los puedo enfrentar sin alcohol. Tengo a mis hijas cerca de mí y —otro regalo de Dios que viene en camino— el apoyo de un buen hombre que también es A.A. Cada día que pasa, algo o alguien me dice que lo mejor está por venir.

Me acostumbré a vivir una vida de infierno, de actos impulsivos y mucha inestabilidad, pero nunca me gustó el traje. Yo sabía que no me venía bien pero no sabía qué hacer para cambiarlo. Hoy trato de vivir este día agradecida y vivo tranquila.

Sólo me resta darle las gracias a Dios por haberme acercado a A.A. La única forma de pagarle y mostrarme agradecida es pasar el mensaje y no olvidarme de dónde salí.

(8)

"TANGOBAR"

Este "hombre de los miles de trabajos" estaba en fuga constante. Volvió, décadas después, a la casa paterna donde se había emborrachado por vez primera y allí se le abrió el camino hacia la sobriedad.

OCTUBRE, otoñal y brillante, con olor a nieve, con aire renovador y vibrante, mi mes favorito. La Serie Mundial de béisbol. Posibles ganancias en las apuestas. Mi comité cerebral en control alcohólico. Ese incontrolable sentido de fatalidad, un pendiente sentimiento del desastre que sucedería, sin duda alguna. La salida, un par de tragos más, y esa desesperación se evaporaba, y volvía la falsa algarabía, y un rayito de esperanza de que esto algún día fuera a cambiar. Lo presentía, en desesperada vacilación. Sudando copiosamente a pesar del frío de octubre, entré a mi bar favorito. Había algunos comensales en la barra; saludándome, el *bartender* me preparó un trago de *scotch* y una cerveza. Automáticamente me acerqué a la vieja victrola, donde hacía años repetía las mismas canciones y dejé caer una moneda de veinticinco centavos y apreté la tecla de un tango. Sin saberlo, era mi última selección, en mi apodado "tangobar". Aquella selección sería la última, así como mi último trago en aquel bar y ciudad que me recibieran en mi juventud. Tomé varios tragos, y salí al frío de la tarde; una brisa glaciar me despejó, aunque temporalmente, de la cruda moral interna. Desde allí tomé un taxi al aeropuerto, hacia mi encuentro con Dios, A.A. y mi destino.

Semanas atrás había recibido la terrible noticia en el correo, de que me estaban buscando los federales para una auditoría de impuestos, y querían un pedazo de mi humanidad. Actuando con desafío y locura, decidí, una vez más, escaparme de las responsabilidades de la vida. Siempre lo había hecho. Un cambio geográfico temporal me daría espacio. Llamé por teléfono justo antes de abordar mi vuelo para postergar mi cita. La postergaron un par de meses, y mi adrenalina explotó. Yo podía desde un teléfono compaginar mi vida. Mi escape era una ciudad donde fluía la cachaza y la cerveza. Después de tres días de borrachera, otra ciudad, una semana. De retorno, otra parada, saludar a la banda de amigotes, y luego mi destino final. Habiendo trabajado en aviación comercial, ésta era mi ruta, ya me conocían. El campo estaba fértil, éste era el momento en mi vida en que el milagro iba a suceder. Pero antes, necesito, como en el trabajo de los Pasos, retornar al principio, donde todo comenzó…

Nací en un lugar donde aprendí a cabalgar antes que caminar, y donde beber era absolutamente natural. Así que anduve siempre entre caballos y *grappa*, una bebida que se produce del zumo de la uva, con un peculiar olor y una extraordinaria potencia.

Mi padre era un hombre ejemplar y dedicado a su familia, hasta el momento de empezar a beber. Una de las complejidades del alcoholismo es alcanzar a comprender que mi padre, que Dios lo tenga en su gloria, me enseñó a jugar al ajedrez, de muy niño, entre tragos. Nuestro clan era famoso por un cóctel que llamábamos "potrillo", porque corcoveaba y te derribaba: una mezcla de amargo con vermouth y hielo en un vaso de dieciséis onzas.

Mi madre era una hormiguita: guardaba todo en las buenas épocas para el invierno. Una de sus tantas conservas eran las uvas del viejo parral. En alcohol etílico puro, envasaba las uvas verdes en unos inmensos botellones de cinco galones y los cerraba herméticamente. Los inviernos en esa región son muy rigurosos, particularmente en las madrugadas, y antes de partir hacia la escuela, mi madre nos daba una uvita con "juguito". A espaldas de mi madre, mi hermano y yo nos intoxicábamos con aquel elixir de alcohol y fruta. Yo pasé la mayor parte de mi educación secundaria bajo los efectos de aquel alcohol. Además, hacíamos vino casero, dulce y abundante. Un día de marzo de 1953, mi hermano y yo nos bebimos dos litros de aquel vino. Borracho, me llevé una repisa de vidrio por delante y me reventé el ojo izquierdo. Aquel acontecimiento en 1953 iba a marcar una etapa trascendental en mi desarrollo hacia el alcoholismo. De tal manera que, exactamente treinta años después, en el milagroso año de 1983, iba a llegar a la Comunidad de A.A. Después del accidente, marcas quedarían de por vida. Perdí mi capacidad de atleta, particularmente en los campos competitivos, natación, béisbol, judo y tenis: todos amores míos deportivos. Y comencé a usar, por necesidad, lentes oscuros, recetados por los médicos, de los cuales no me desprendería por más de 35 años. Desde aquel día, comencé a sentirme "diferente". No veía por mi ojo izquierdo y odiaba la palabra 'tuerto', pero eso es lo que era. Sentí que no podía competir en la conquista de muchachas, y comenzó mi martirio depresivo, el cual era aliviado solamente por el alcohol en grandes cantidades. Éramos una banda en la escuela que bebíamos cerveza —primero, botellas, luego, cajas, y finalmente, barriles; una gran cantidad era una absoluta necesidad. Dos del famoso trío cervecero dejaron de existir en la plenitud, a los 47 años, época en la cual Dios me había sacado de los vacíos de mi alcoholismo activo.

Lo mío fue una revancha; perdí la visión, y con mi sentimiento de depresión y diferencia de los demás me dije: "alguien las pagará". Y así me tiré a beber con toda impunidad. Y mientras más bebía, más capacidad de aceptación tenía. Me sentía invencible, capaz de cualquier hazaña, de cualquier desafío.

Después de un bachillerato alcohólico, con buenas notas, intenté universidades, no una, sino dos. Quería ser abogado, escritor, periodista. ¡Cuántas cosas quería! Y comencé un itinerario gitano que me llevaría por el mundo a una decadencia final. Apenas salí de mi país y aterricé en otro donde me enamoré de la famosa "caipirinha", cachaza (ron sin destilar) y limón. Bajo condiciones normales uno bebe un par. Mi caso era empezar para no terminar. El amor con caipirinha fue "amor a primer gusto", acompañado de cerveza en barriles. Rodeado de gente que bebía igual o más que yo. Un matrimonio que nunca debería haber sido, y empecé a rodar. En 1963 me dieron la llave del despacho de bebidas alcohólicas y cigarrillos de una embajada foránea en mi país, para que lo administrara. El mejor trabajo de toda mi vida. Todo el alcohol y cigarrillos disponibles y a mi alcance.

A fines del 63 me largué en un escape geográfico a un nuevo país, y las próximas dos décadas me "distinguirían" como consumado bebedor, tipo desastre. Tres matrimonios. Decenas de trabajos. Inspirado por Hollywood, me identificaba como el "hombre de los mil trabajos".

Durante los años de "vino y rosas" trabajé en la aviación comercial, recorriendo el mundo en una nebulosa de alcohol e irreverencias. Luego, comenzaron las pérdidas de posición, respeto, moralidad y capacidad para manejar mi vida. En medio de este panorama comencé a experimentar con otras sustancias químicas, pastillas y lo que apareciera. Alrededor de un alcohólico activo hay siempre un río de recursos naturales de abuso de todo tipo.

Durante la década de los sesenta, alterné la mitad del tiempo entre dos ciudades. Mi trabajo para compañías de aviación me permitía viajar mucho, particularmente los fines de semana. Me había asociado con una banda de borrachos y vivíamos prácticamente en los hipódromos, entre caballos y whiskey. Nos movíamos entre los hipódromos de la región, entrando y saliendo y siempre con alcohol. De dónde sacábamos dinero, nunca lo supe.

Durante otra escapada, en Europa, pagué la cuenta del hotel con un cheque sin fondos. Todavía no sé por qué la mente reacciona así, sabiendo que era inmoral tal actitud. Cuando me llamaron del banco, tuve un sentimiento de vergüenza inolvidable. La cantidad no era importante, pero sí la irresponsabilidad de hacerlo, sabiendo los resultados. Así fue que me gradué como profesional de los cheques sin fondo. En otra situación muy comprometida, tuve que ir al banco en persona a dar la cara, y el gerente me recibió con una bienvenida bochornosa que me desmoralizó diciéndome: "Ah, usted es el famoso escritor de cheques sin fondos". Tuve suerte de que no me procesaran y aceptaran una restitución y el cierre de la cuenta bancaria. Este fondo moral sucedió muchos años antes de mi fondo alcohólico y siempre asocié ese Primer Paso, a mi llegada a la Comunidad, con la palabra que identificó definitivamente mi existencia: ingobernabilidad. Por esta época, comencé a beber fuera de mi círculo, en bares oscuros y rancios que yo detestaba y llamaba "de bajo fondo".

Ataques frecuentes de ciática me llevaron a depender de barbitúricos y la mezcla de ellos con *scotch* comenzaría otra de las batallas con los demonios que me dominaban. En 1972 tuve una gran oportunidad de negocios en mi país. Retorné, pero el alcohol se había radicado de tal manera que mi vendaval parecía sin solución. Los próximos diez años iban a ser devastadores.

Durante esta estadía en mi país, varios acontecimientos sucedieron como preludio a los próximos años de sufrimiento. Empecé a beber solo, y experimentar violencia.

El suicidio comenzó a rondar mi mente, algo que nunca había sucedido. Perdí mi capacidad de funcionar como un ser humano. Mi familia empezó a esquivarme y a preocuparse. La palabra locura surgió. Después de haberme tomado un par de botellas de vodka, una tarde de mucho calor, decidí que la única salida era eliminarme. Años después, en mi trabajo de Cuarto Paso, comencé a ver la verdadera naturaleza de esta dolencia, que a veces me conducía a cometer actos que eran más cómicos que trágicos. Creo que siempre estuve en el medio de ese dilema.

Sentado en el suelo de una pequeña cocina, decidí abrir todas las llaves de la estufa y dejar que el gas me asfixiara. Pero antes de volver a sentarme con el trago de vodka en la mano, y por las dudas, abrí las ventanas.

Un día de marzo del 73, agredí violentamente a mi pareja de entonces, y su familia y la mía me dieron un ultimátum: O te vas del país o te procesamos. Estaba en el tobogán alcohólico donde no hay retomo. Con una locura sin límites, dejé todo. Teníamos un hermoso departamento que habíamos decorado con muebles hechos a mano, un hermoso presente, con promisorio futuro. Y sin embargo, nunca lo dudé. Así que emprendí otra fuga geográfica. En bancarrota, desmoralizado, otra vez me fugué, una vez más, hacia el norte. A mi llegada, mi ex me pasó papeles de divorcio, me quedé sin casa, sin presente, con mucha sed y muchos sentimientos de venganza y revancha. Así fue que retorné con la mente febril y vencido.

Mis sueños de periodista se realizaron, en parte, cuando comencé a trabajar en uno de los prestigiosos servicios de noticias de aquella época, donde el alcohol corría a ríos y se transmitían por teletipo todas las carreras de todos los hipódromos del país. Era dificilísimo trabajar madrugadas y beber parte del tiempo; la labor era rigurosa, y no duré. Así como me corrieron de este trabajo, me corrieron de una agencia de publicidad, de varios importadores, agencias de navegación y ad infinitum. Pero mi capacidad para conseguir trabajo y hacer dinero nunca me abandonó. Necesitaba sobrevivir, mi ingobernabilidad me tenía atrapado. Estaba enajenado. En medio de estos dilemas de vida, me había envuelto en una relación sentimental y destructiva con una pareja alcohólica.

Así había llegado el otoño del 83 y, sentado bebiendo *scotch* al mediodía, ojeando un diario marítimo, encuentro un trabajo hecho a mi medida. Desde allí, usando el teléfono del bar, llamé. A las cinco de la tarde aquel puesto era mío. Había descubierto que podía actuar como mi propia agencia de empleos desde mi cómoda butaca en el tangobar. Así que comencé a negociar para cuándo iba a comenzar a trabajar. Compaginé con mis nuevos patrones una fecha para comenzar el nuevo empleo, y emprendí el vuelo hacia el encuentro con la cordura y mi despertar a la nueva vida, sin siquiera imaginarlo.

En octubre de 1983 aterricé en mi país con una borrachera atroz, y mi cuñado, otro borracho no declarado que jamás me había venido a recoger, apareció en el aeropuerto. La primera parada, un bar cerca de la casa paterna, donde celebramos un par de horas mi llegada. Lo cómico era que la familia siempre terminaba llamándome por teléfono, siempre a algún bar. Y aquella vez no fue la excepción; mi madre me llamó para preguntarme cuándo íbamos a llegar. Apuré el último trago, no sólo de aquel momento, sino mi último trago. Sin saberlo, había consumido mi trago final.

Mi llegada a la casa paterna y el encuentro familiar marcarían una extraordinaria sensación de paz, un bienestar desconocido. Mi hermano estaba sobrio casi dos años; aquel almuerzo marcó una nueva etapa en nuestra relación, y mi curiosidad no tenía límites. Uno del clan en A.A., casi inaudito.

Por la noche, me dejé guiar a una reunión de A.A. en la misma localidad. Era una reunión cerrada, y decidí no entrar, yo no era alcohólico, no todavía. Me recibieron en comité de apadrinamiento, fuera de la reunión. Al finalizar la reunión, me invitaron a café, camaradería y mucha alegría. Me regalaron el fabuloso folleto "¿Es A.A. para Ud.?" y me dijeron: "Léelo en casa, solo y tranquilo. Tendrás la respuesta concreta, sin duda". Aquella noche inolvidable sentí por primera vez la liberación del alcohol. De alguna manera ni pensé en beber. En medio del sopor que tenía después de una larga borrachera, sucedió lo que después llegué a conocer como "sobriedad de golpe", un impacto espiritual que me sacó del fondo del dolor a la luz del espíritu.

Dormí como un príncipe y, a la mañana siguiente después de haber leído las doce preguntas y contestado "sí" a once, decidí, comprendí, acepté y me identifiqué como alcohólico. Con una seguridad absoluta entré al grupo aquel milagroso día de octubre del 83, y el milagro continúa repitiéndose en cada etapa de mi existencia.

Como borracho de mediodía, visité y me refugié en grupos que funcionan a tal hora. Al conocer mi gitanería de beber en cada aeropuerto, los hermanos me regalaron su experiencia para no tener que beber. Me hablaron de los intergrupos, de los teléfonos, del Libro Grande y de buscar ayuda. En cualquier puerto, aeropuerto, posta, estación de trenes, ómnibus, no importa dónde, A.A. siempre está allí.

Los primeros días de gloria en la Comunidad de A.A. fueron la introducción maravillosa de la fuerza y eficacia de nuestro programa; la abnegación de sus miembros, que sacrifican lo que sea en pos de ayudar al hermano, muy especialmente al recién llegado, que andaba como yo, completamente desorientado y viajando, y siempre con el peligro de la primera copa. Retorné a una ciudad donde siempre había bebido mucho, como lo tenía previsto. Qué diferente fue todo. Llegué a mi hotel y a la media hora estaba hablando con los A.A. de la ciudad, quienes me llevaron a tomar café. Luego me llevaron al grupo y me cobijaron y cuidaron. Verdaderamente, A.A. para mí ha sido una especie de ejército de protección, particularmente en aquel atribulado viaje de sobriedad. Por primera vez en mi vida me di cuenta de que aquella ciudad era más que cachaza y caipirinha.

De regreso a la ciudad donde vivo, fue extraordinario continuar participando en el milagro que es el círculo universal de A.A. Encontré un grupo y asistí a la reunión. Tenía quince días sobrio. Y cuando lo conté en aquel grupo, me dieron un aplauso que todavía lo siento en lo más profundo del corazón.

La sensación de la que tanto hablamos en A.A., "la nube rosada", en mi caso, nunca se ha disipado. Vivo en esa nube, no quiero nunca bajarme. Qué necesidad tengo, si vivo tan bien y confortable, en paz conmigo mismo y con el mundo. Es lo mejor de mi vida.

Lejos estaba de soñar las bienaventuranzas por venir, los miles de colegas que intervendrían en mi vida, enriqueciéndola, en esta gran aventura de vida que es A.A. Gracias A.A., gracias por mi vida.

(9)

"¡¿TE RINDES O ACABO CONTIGO?!"

Al comienzo creyó haber llegado a A.A. en un "día aciago". No quiso dejar que se le quitara su único consuelo, la bebida. Salió de su primera reunión confundido pero convencido de ser alcohólico.

COMO una gran mayoría de los bebedores problema, empecé a consumir a los quince o dieciséis años, bebiendo muy moderadamente para "pasarla bien". Desde niño vivía atemorizado, acomplejado y con muchos problemas, y sentía que no servía para nada. El beber me resultó un refugio que me hacía olvidar que tenía un hogar que poco tenía de tal, a excepción de mi madre a la que me unía un profundo cariño. En esos tiempos, pese al control familiar, me las arreglaba para beber y me gustaba el efecto que tenía en mí la bebida. Me sentía en libertad de expresarme abiertamente, casi "realizado", porque en general, sin bebida, me sentía como un ratón mojado. Así que el descubrir que la bebida me hacía sentir en la gloria fue grandioso.

No es de extrañar que esa condición de bebedor social durase pocos años. A los veintiún años, ya casado, la bebida y una conducta inclinada a la promiscuidad eran ya un problema, porque faltaba al trabajo, descuidaba mis obligaciones con la familia y tenía períodos de amnesia que me hacían sufrir. Pero pasado un tiempo de abstinencia, creía estar bien y volvía a lo mismo.

Entonces perdí esa familia. Desde ese momento, yo, que afirmaba que sólo los tontos bebían decepcionados por perder algo, comencé a beber en serio y con mayores dificultades. En 1972, ya solo, me evadí geográficamente, eludí amigos, problemas, familia, yéndome a otras ciudades de mi país, pero el resultado fue que bebí con mayor intensidad. Tuve muchos y graves problemas, pero no pude escapar de mí mismo.

Desacreditado, avergonzado, sin ganas de vivir siquiera, volví a mi ciudad natal después de cinco años de jolgorio pero también de sufrimientos incontables. No ahorré ni un centavo, pese al excelente salario que percibía. Ese mismo año conocí a una joven agradable. Sarcasmo del destino: ella era agraciada y honesta, yo sólo un mal borracho. Aceptó casarse conmigo creyendo en mi honestidad, que mi forma de beber sería pasajera, que con amor y paciencia lograría cambiarme.

Qué ingenuidad. No conocía al crápula que había escogido por esposo, porque pese a mis buenas intenciones, poco tiempo después, luego de un paro forzado para guardar las apariencias, la emprendí de nuevo con la bebida, las damas fáciles y actitudes deshonestas para costear ese tren de vida. Otra vez lo mismo: evadirse para no dar la cara a la vida.

A esta altura todo se precipitó más rápido. Quisieron ayudarme mi madre, amigos, mi esposa, pero ni ellos ni nadie pudieron hacer nada. Por años había bebido una o dos veces al mes. Eso me hacía decir, cuando me molestaban con consejos que no pedía, que yo no podía ser alcohólico, pues "ésos" bebían a diario. Pero mi consumo se hizo semanal y ya para el 88 me hallaba terriblemente conflictuado. Quien más me quería decía: "Pobre, ¿qué muerte irá a tener?" Entonces los odiaba, ahora los comprendo. Ya no era ese joven pletórico, capaz de grandiosos proyectos. Lo único que cumplí bien fue el ideal del abuelo cuando dijo: "El hombre vale por oler a alcohol, tabaco y pólvora". Ese ideal me convirtió en un despreciable borracho, sin principios, y en alguien que se odiaba tanto que se ponía toda clase de nombres ajenos, tratando de no ser él mismo.

Muchos aseguraban que ya no tenía remedio. En los sitios que viví, al principio decían: "Pobre muchacho, deberían ayudarlo", pero cuando me conocían mejor decían: "Borracho degenerado, ¿por qué no lo expulsan?" Una noche de mayo del 89, decidí que los tragos fuertes me dañaban más y pensé que beber tragos suavecitos y pausadamente sería la solución. Siempre intentando demostrar lo indemostrable, lo de siempre. No sé cuánto tomé. Dos días después desperté en una acera, de madrugada, cubierto por completo de barro hediondo. Durante días lloré por esta situación y vinieron varias borracheras más para olvidar este bochornoso fracaso.

Pero dicen que aun el peor borracho no está perdido, sólo está confundido y camina sin dirección. Éste era mi caso. Entonces, mi esposa, cansada de once años de tolerar mi mala conducta, de pasar horas sin dormir esperándome, de verse obligada a lidiar con un caprichoso individuo que hacía lo que le venía en gana, y de las privaciones a que la obligaba junto a nuestras cuatro hijas, se puso a buscar ayuda para mí, para su verdugo, al que le interesaba sólo la botella. Sí, ese bueno para nada, fue inducido por ella a unirse a A.A., en uno de los dos únicos grupos que había en la ciudad. Fue un día junio de 1989 en el que sucedió un hecho extraño, lleno de sorpresas, pero que me liberó de las cadenas que me ataban al alcohol.

La primera sensación extraña y molesta es que esta gente, que no me gustó nada por cierta actitud de "perdonavidas" que tenían, me convenció de que yo estaba gravemente afectado de algo que siempre me negué siquiera a escuchar: alcoholismo. Aquello no sólo me había afectado a mí, sino a todo aquel que tenía que ver conmigo. Qué rudo golpe, qué desilusión comprobar que nunca fui lo que creía: un tipo bueno, incomprendido, con una costumbre inofensiva, que no dañaba a nadie. Tomé conciencia de mi derrota. Tomé una decisión definitiva: dejaría de beber, sabiendo que al hacerlo me ahorraría muchos pesares, sería agradecido con mis pedantes compañeros que me dedicaban su tiempo tratando de explicarme algunas verdades que desconocía.

Viendo en retrospectiva lo que sucedió en ése, que al principio yo llamaba "un día aciago", considero que fui convertido de un modo espectacular. Nunca antes había tenido creencias definidas. Jamás consideré ser convertido en un beato aburrido como los que conocía. Aunque fui invitado reiteradas veces a hacerlo, me negué rotundamente, no porque creyera que tuviesen algo que reprochar, sino porque yo no podía permitir que me quitaran el único refugio consolador de mis penas que tenía. Pero en A.A. todo se esfumó.

Me sentí como si tuviera la bota de alguien en mi cuello, preguntándome rudamente: "¡¿Te rindes o acabo contigo?!". Si no me rendía sería aplastado como una sabandija y ese abusón, que no era otro que el alcohol, se dispondría a destruirme, olvidando que yo le rendí pleitesía durante más de veintitrés años. Y me rendí. Al llegar a ese denigrante estado, sentí como si hubiera caído a una sima profunda y allí, revolcado, recién me acorraló "don cocol", como lo llamamos los habituales de los antros que abundan en mi ciudad. Me había trepado a una alta cima, por tanto la caída fue muy dura. Eso me transformó en otra persona. Todavía confundido, pero sobrio, desperté a una vida diferente. Poco antes yo era un cadáver ambulante.

La segunda sensación extraña e intrigante fue un "no sé qué" al que esos tipos llamaban "Poder Superior" y toda una monserga de corte místico que escuchaba molesto. "¿De manera que esto había gestionado mi esposa?"

Hasta una oración se había inventado esa especie de corte de los milagros. Hablaban como predicadores, sólo para impresionar. Al principio traté de ir contra corriente en este aspecto, traté de exhibir mi falso ateísmo y restregarles en la cara que no había necesidad de toda esa parafernalia para recuperarse. Pero, hombre afortunado como fui, al escoger un padrino, éste, con tacto y cariño, me pidió que me retractara de mi actitud absurda y que tratara de adaptarme al grupo y que no esperara lo contrario, que por lo menos pensara que creía en algo.

No me agradó la sugerencia; me callé pero seguí asistiendo. Después de mucho tiempo, muchos sinsabores y borracheras secas, capté lo que me estaban transmitiendo. Tenía que tener un sentimiento, dejar mi adorado yo y sentir que alguien con mayor poder aún que el grupo me amaba y se olvidaba de mis desmanes, dándome en cambio una sobriedad a todas luces inmerecida. Por eso, hoy, tímidamente, en mi soledad, le invoco dándole gracias por enseñarme a dar y recibir, por librarme de ese primer trago amargo, por mostrarme lo que Él quiere, con instrucciones de cómo hacerlo. Para llegar a esa postura, nadie me obligó a creer en nada.

Han pasado muchos años desde que renací a una nueva vida. Yo no creo que ningún testimonio pueda explicar extensamente lo que he visto y vivido, pero si de algo sirve lo que diga ahora, me daré por satisfecho. Es posible que no sea un buen exponente de lo que el programa sugiere. Después de todo, treinta y ocho años de vida retorcida, veintitrés de ellos bebiendo, no se cambian en tres lustros y algo más. Cambié, pero no con la rapidez o la calidad de otros más jóvenes y menos afectados. No quisiera ser soberbio, asegurando que por ser más dañado precisaba más tiempo para recuperarme. Pero sé que si persisto en practicar los Doce Pasos, el cambio llegará, no de maquillaje, con apariencia de bondad y tolerancia, sino de naturaleza. No corro más. Voy despacio porque llevo apuro. Soy una persona de hoy y de una copa. De hoy, porque mis fuerzas no alcanzan para proyectos descabellados. Y de una copa, porque con ésa despertará mi monstruosa obsesión aletargada por estos quince años de bendita sobriedad.

No obstante, debo admitir con un asomo de humildad que las cosas, en algún momento, se tornaron feas. En mi segundo año tuve problemas inconmensurables. Empecé a soslayar esos pequeños secretos que hacen grande a A.A. Olvidé que en mi mundo todavía oscuro, sólo necesitaba la luz de A.A. El resultado fue una profunda desazón.

Si había un perfecto borracho seco, ése era yo. El problema salpicó a mi hogar y a mi trabajo. En casa casi no se me veía y mi llegada tarde la justificaba diciendo que había tenido un día duro y estaba además ayudando a los borrachos. En parte era cierto, aunque había más de las viejas actitudes y de un pésimo carácter. Eso enojó a mi esposa, que no sólo me reprochó, sino que dijo: "Eras mejor cuando bebías. A.A. no te sirve para nada. No te aguanto más". Yo me pregunté: ¿Por qué me dice eso? Con el esfuerzo que hago para mantenerme sobrio. Ella no me valoriza.

Entonces cometí otro disparate. Resentido, me marché a otra ciudad de mi país, jurando no volver más. Me divorciaría y reharía mi vida. En esa misma ciudad, traté de iniciar otro grupo, con pobres resultados. Me frustré mucho y empecé a pensar si no había perdido mi tiempo ingresando a algo que me daba sólo problemas y me había separado de mi familia. Entonces, después de dos años, poco más o menos, pensé en beber, porque era muy posible que pasado ese tiempo yo hubiera recobrado la normalidad. Pero como seguía asistiendo a reuniones, un día conocí a un miembro que tenía algún tiempo sobrio y amablemente me invitó a su casa. Su sinceridad me indujo a compartirle mis preocupaciones. Mi amigo al escucharme, preocupado, me dijo: "aun sobrio lo que has hecho es huir de la realidad. Ésta es tu fuga geográfica sin beber. Deberías tratar de madurar. Practica los Doce Pasos, te hacen mucha falta".

Yo pensé en una última autodefensa: "otro que trata de regenerarme" y me retiré molesto. Esa noche, sin poder dormir, me puse a leer algunas páginas del Libro Grande que había llevado y hojeando descubrí una frase que me golpeó duro. Decía: "si no lo lamentamos (lo que hemos hecho) y nuestra conducta sigue dañando a otro, es seguro que beberemos". Esto último me hizo reflexionar y me deprimió. Tuve miedo de beber y retornar al infierno que había sido mi vida anterior y decidí retornar a la paz de mi hogar. Mi esposa, una vez más, perdonó mis desplantes y yo decidí practicar el programa tal como se me sugería. Me puse al servicio de Alguien más grande que mi pobre orgullo. El "sólo por hoy" caló en mi vida con toda su potencia.

En A.A. me siento tan bien como en casa. Asisto constantemente a las reuniones, porque es la forma que tengo de aprender a vivir cada 24 horas. Pero, y esto es importante, aprendo más de los recién llegados que se unen a nosotros, sufridos, avergonzados y equivocados como yo estuviera un día.

Sólo me queda resaltar dos principios que encontré en A.A. Uno es la felicidad, una dama desconocida para mí. La vida en sobriedad es la felicidad misma y la vivo día a día para gozarla plenamente, a pesar de mis tribulaciones.

El otro principio es el amor. Una vez dentro de A.A. supe que la persona no moría cuando dejaba de existir, sino cuando dejaba de amar. Creía que amaba, pero mi "amor" era superficial, de boca. Sólo recibía, nunca daba.

Gracias a A.A. y a los Doce Pasos, sé que es mejor dar que recibir, pero dar de mí mismo, sin limitaciones o condiciones. No necesito abdicar de mis ansias de ser feliz. A.A. me enseñó algo más sublime aún. Es fácil amar cuando se encuentra en ello el propio provecho, pero es de gran elevación amar cuando por la felicidad de otros es preciso sacrificarse y hacerlo por gratitud.

Sólo así mi mundo cambiará, en la medida en que yo me deje cambiar y sólo cambiaré si me valgo del programa de A.A. y la guía de mi querido Dios. Estoy viviendo intensamente ese cambio. Yo se lo puedo asegurar.

(10)

"EL HOMBRE MACHO Y FINO"

Como su padre que murió de alcoholismo, se creía capaz de controlar su forma de beber, pero por mucho que se esforzara innumerables veces por convertirse en bebedor social, acabó perdiendo el control de su vida.

ACÍ hace 51 años en una comunidad, y en una sociedad, donde el uso del alcohol era una forma de relacionarse y hasta de ser "más hombre". Había un dicho que decía: "el hombre macho y fino debe oler a tabaco y vino".

Desde pequeño acompañaba a mi padre a la taberna en la cual él se bebía sus buenos vasos de vino, y recuerdo que me daba un poco, apenas nada, pero que lo bebía con agrado. En casa también bebíamos vino con gaseosa en las comidas, aunque los pequeños en menor cantidad; pero ya le encontraba yo cierto gusto satisfactorio. A los doce años, empecé a trabajar, y este hecho, más la bebida que me daban los oficiales, hacía que me sintiera superior a los niños de mi misma edad. Me creía un hombrecito; tanto era así que cuando fuera mayor quería ser como un tío mío con el cual trabajaba: bebedor y mujeriego. Conforme voy creciendo en este ambiente, observo que la timidez que tenía antes va desapareciendo, y que hago amistades con personas mayores que yo, con las cuales me siento a gusto siempre que haya alcohol de por medio. A los amigos de mi edad los rechazo, son demasiado niños. A los trece años, cojo mi primera gran borrachera al beberme medio litro de coñac ¡de una tocada! Como era por época de Navidades, mis padres creyeron que había sido por algún tipo de broma de alguno de mis amigos, y aunque les recriminaron el acto, yo no dejé su amistad, ni mucho menos la bebida.

A los catorce, y por cuestiones laborales de mi padre, nos encontrábamos en una gran ciudad. Empecé a trabajar y a relacionarme con compañeros, siempre mayores que yo, que se extrañaban de que siendo tan joven bebiera como uno de ellos. Yo me ufanaba de ello y les decía que así éramos de valientes los de mi pueblo.

Conforme voy creciendo, siempre con la bebida, observo que mi padre se va deteriorando cada vez más, y que su comportamiento, aunque no violento, no me gusta nada. Empieza a tener problemas graves en el trabajo y en su relación con mi madre; las relaciones familiares se van distanciando cada vez más, y oigo que empiezan a hablarle de ir al médico, desintoxicación, alcoholismo, etc. Él se resiste, y dice que no es nada, que controla el alcohol. Pero la situación va empeorando; empiezo a odiarlo y a desear su desaparición, cualquier cosa menos verlo, y mucho menos olerlo. No por el ejemplo dejé de beber; sino al contrario me reafirmé con la bebida, en lo que quería ser de pequeño, bebedor y mujeriego como mi tío, pero no alcohólico como mi padre.

Por fin mis plegarias fueron escuchadas y lo ingresaron debido a su alcoholismo, agravado con delirium tremens. De mala gana iba a visitarlo los domingos. Estas visitas me acortaban tiempo para hacer lo que yo ya necesitaba, que era beber e ir con mujeres. En casa ya se daban cuenta de que bebía demasiado, y me advertían de lo que le estaba pasando a mi padre. Yo les decía que no se preocuparan, que yo controlaba el alcohol y que nunca sería como él — un alcohólico. Cierto domingo en que tenía que visitarle, me negué a hacerlo y pasé el tiempo bebiendo. Al llegar a casa excusé mi estado ebrio diciendo que no me habían dejado entrar, porque se había hecho tarde para las visitas; y que, enfadado porque no me habían dejado ver a mi querido padre, había bebido un poco para mitigar la pena.

El día siguiente, lunes, mi padre murió solo, sin el cariño y respeto de su hijo mayor, al que consideraba, pese a su alcoholismo, su ojo derecho. Durante veinte años viví con ese pesar, y también lo usé como una excusa más para seguir bebiendo. Como dice el dicho, "a rey muerto rey puesto"; y aquí me ven con veintiún años como cabeza de familia (madre y tres hermanos menores) y siguiendo los mismos pasos con el alcohol que la persona a quien no quería parecerme. Esta responsabilidad me daba miedo, pero para quitármelo tenía a mi gran aliada, la botella.

Se suponía que como hermano mayor debía ser responsable de que no hubieran malas situaciones, o por lo menos de no crearlas. La realidad era otra: "¡Cada día te pareces más a tu padre, y no sólo en el físico!", me decía mi madre. Yo no lo veía así; creía que todavía controlaba el alcohol, que sólo lo necesitaba para ser más decidido, menos inmaduro; decididamente, el abismo se había abierto para mí, y hacia él salté.

En el trabajo las cosas no iban muy bien, los jefes se quejaban cada vez más de mis faltas laborales y de mi nula producción; los compañeros no querían tenerme como pareja al ser un irresponsable en trabajos de riesgo, en fin: era una auténtica joya laboral. Hay situaciones (o momentos) en la vida en que, incluso estando en el abismo, algunos privilegiados tienen la suerte de tener a su lado a una persona que tiende su mano para que salgas de él.

Yo soy ese privilegiado; a los veinticinco años me casé con una chica ocho años más joven que yo. Ya llevamos juntos veintiséis años, y no puede existir mejor esposa, madre y compañera. Pues bien, el casarme con ella y tener a nuestros hijos fue el colmo de mi inmadurez y cobardía; de mis miedos a "¡y ahora qué hago!" Cualquier cosa que una persona normal de mi edad asumiría con responsabilidad compartida con su pareja, para mí era un suplicio que podía subsanar con alcohol; y así fue nuestra vida: un caos.

Para colmo, me echan del trabajo, y la economía de casa, que ya era mala, empieza a empeorarse; hago trabajos esporádicos, pero no es suficiente para cubrir los gastos, empiezan a acumularse los impagados y las cartas de demora. Siento pánico y, en vez de enfrentarme con la realidad, busco escaparme con el alcohol, y así lo hago, y parece ser que bien. Tengo la excusa perfecta: que ella solucione el caos que yo creo, que sabe hacerlo. Ya hasta comienza a darme ultimatums; si no pongo remedio a mi afición al alcohol, se separará de mí; me entra el terror a quedarme solo, y accedo a ir a un grupo donde dan terapias sobre alcoholismo. También accedo a tomar más medicamentos para combatir las ganas de beber. Y pareció que la cosa cambiaba para bien; iba a mis terapias, tomaba mis medicamentos, mi casa parecía ir bien y, por si fuera poco, me readmitieron en mi antiguo trabajo. Esta aparente felicidad duró siete meses. Una mañana al ir al trabajo, como siempre me tomo mis medicamentos, y al salir a la calle y sin venir a cuento entro en un bar y pido un coñac, me lo tomo ¡y no pasa nada! ¡Ya estoy curado!

Para celebrarlo, una segunda copa, y esta vez sí que hizo reacción. Vivo para contarlo de milagro, pero nunca he visto tan cerca y lista para llevarme a la Parca. Aquí quisiera hacer una reflexión y compartirla con ustedes, y es que si bien con esta terapia y estos medicamentos había dejado de beber, mi vida no había hecho ningún cambio, seguía siendo niño, inmaduro, tímido, cobarde; es decir, seguía siendo la misma persona que cuando bebía: un alcohólico que no bebía, pero que no vivía en sobriedad.

Pues bien, opté por enésima vez por ser un bebedor social. Esta vez sí había aprendido la lección, y controlaría la bebida.

Y vuelta otra vez a lo mismo, poco a poco, día a día, mi vida se hacía ingobernable y fue cuestión de poco tiempo el que volviera de nuevo a beber sin control.

De nuevo me invitaron a marcharme del trabajo, y en mi casa me leyeron la cartilla. Como buen actor y mejor embustero que siempre he sido, excusé mi recaída en el agobio en que vivía en una ciudad grande; que si viviera en una más pequeña y lejos de amigos que me inducían a beber, conseguiría dejarlo. Convencida de que el cambio de ciudad me iría bien, mi mujer accedió y, malvendiendo el piso que teníamos, nos fuimos a otra ciudad más tranquila, donde tenía yo una hermana que vivía junto a su esposo e hijos. Mi hermana sabía de mi problema, y se ofreció con gusto a ayudarnos, compartiendo su casa, comida, y también económicamente hasta que yo encontrara trabajo. Pero lo que encontré era que había más alcohol, ¡y más barato!, y el trabajo lo dejé en segundo plano. Dos trabajos encontré; en el primero duré quince días, en el segundo, tres meses; motivos de despido: ir bebido, trabajar bebido.

El disgusto fue monumental; estaba acogido en una casa en la cual me habían facilitado las cosas para cambiar, y los había decepcionado. Para colmo, mi mujer y mi hija, cogían las maletas y se volvían a la otra ciudad, pero sin mí. No había remedio, sabía que lo tenía todo perdido, y ya estaba convencido de habitar alguna cueva de las muchas que hay por las montañas. Ante esta situación, mi hermana se ofreció a buscarme y acompañarme a algún sitio donde me pudieran ayudar. No había otra alternativa: o ponía remedio ya a mi enfermedad, o mi mujer e hija se iban de mi lado. Ni qué decir que dije que sí, pero no por convencimiento de que estuviese enfermo, sino por miedo a quedarme solo. El cobarde, el actor, el inmaduro, actuaba de nuevo. El pensamiento filosófico fue: acepto = las aguas revueltas se calman = y empiezo a controlar la bebida (esta vez en serio). Total que mi hermana me habla de una comunidad llamada Alcohólicos Anónimos. Y ya el nombre no me gustó, pero como mi pensamiento era el expuesto arriba acepté. Este grupo sesionaba los lunes, miércoles y viernes; y ella se ofreció a acompañarme todos estos días, más bien, porque si iba solo tal vez (seguro) bebiera, para calmar mi cobardía. Casualmente, en el mismo lugar se reunían familiares y amigos nuestros, me refiero a Al-Anon. Y mi hermana aprovechó el acompañarme para asistir a sus reuniones.

Durante mi época de alcoholismo activo tuve una santa mujer que, pese al calvario con que pagué su dedicación a mí, me soportó y me sigue queriendo. También tuve un ángel en forma de mujer que me cogió de la mano y no la soltó, e hizo que diera el primer paso hacia una nueva vida.

Llegamos al sitio, subimos la escalera (yo con miedo) y nos abre la puerta un señor muy mayor que, siempre con una sonrisa, nos invita a pasar y nos pregunta si es la primera vez que venimos; contestamos que sí, y que soy yo el enfermo. Nos dice que esperemos y, al poco rato, sale con otro hombre bien vestido y con tipo de médico, de ayudante técnico sanitario, o algo por el estilo. ¡Ya está! el viejo es el portero y el otro es un psicólogo. Mi hermana se queda en una salita con el más mayor, y yo paso con el "psicólogo".

"¡Hola!", me dice, "me llamo… y soy alcohólico. Si tienes problemas con el alcohol y lo reconoces, has llegado a buen sitio"; y empieza a hablarme de su problema con el alcohol y también de su recuperación. Ni qué decir que la impresión fue tremenda; en Alcohólicos Anónimos yo esperaba encontrar gente mal vestida, mal aseada, oliendo a alcohol, y me veo todo lo contrario. Hasta creeré que el que se identificaba como alcohólico era alguien perteneciente a la Sanidad. Hechas las presentaciones y habiéndome transmitido nuestro Paso Doce, me hace pasar a una salita donde están reunidos hombres y mujeres. Me presento sólo con mi nombre, no con mi condición, y todos a la vez me saludan "¡Hola! Bienvenido". Escucho lo que hablan y observo que no les da vergüenza, que lo hacen con la alegría de quien se siente entendido; algunos ríen (qué poco serios); otros parecen que van a llorar (qué trágicos) y, al final de su intervención, todos les dan las gracias por compartir con ellos.

Pienso que esto no va conmigo, lo tengo decidido, tres meses estaré, y luego adiós. Pero lo que es la vida, mi hermana sigue acompañándome lunes, miércoles y viernes y, conforme van pasando los días y las semanas, mi dependencia del alcohol se va apaciguando. Pero lo que sí me asusta, y a la vez hace que se vaya abriendo mi mente, es que entiendo lo que dice esta gente; más que entender, siento lo que dicen los compañeros; conforme los oigo, noto que su experiencia con el alcohol no es que se parezca, sino que es la mía, en lo siguiente: impotencia ante el alcohol y vida ingobernable. Cada día ya no oigo sino que escucho más claro, que no soy un degenerado, que soy un enfermo, que entre nosotros no curamos la enfermedad pero que la pasamos, etc. Y me voy sintiendo cada vez más identificado con los miembros de A.A.

Cuando cumplí tres meses de ir a las reuniones tres veces a la semana, le dije a mi hermana que si quería podíamos acompañarnos a nuestras reuniones respectivas; pero que creía que yo había dado con el sitio y con la gente que me podía ayudar. Con alegría recibió esta noticia, y me dejó ir solo. Ese mismo día, a los tres meses que me había dado yo de plazo para estar en la Comunidad, me presenté a mi grupo, y cuando me tocó compartir me presenté pero esta vez entero: me llamo Antonio y soy alcohólico.

Ni qué decir que mi vida ha cambiado en todo. No sólo no bebo, sino que esos defectos de carácter voy limándolos, con ayuda de la gente en A.A. Mi vida sí tiene sentido, me acepto y me quiero; tengo a toda mi familia (quién lo iba a decir); tengo mi trabajo otra vez (gracias mil); estoy vivo para ver y compartir con mis nietos lo que no pude hacer con sus madres.

Los tengo a ustedes, hombres y mujeres anónimos, y ninguno me es indiferente. A ustedes los culpo de vivir con alegría, con ganas de servir, de compartir, de sentirme miembro de una comunidad que hace que sus hombres y mujeres tengan el privilegio de pertenecer a ella. Y como les siento culpables de mi felicidad, los quiero, y la única manera y la más eficiente de expresarles mi agradecimiento es transmitirlo.

Después de más de veinte años he ido donde reposa mi padre y le he dicho lo que hice aquel día; humildemente le pedí perdón y creo que me lo concede. Quiero creer que se siente contento al ver que, a la misma edad en que él murió siendo un alcohólico activo, yo vivo sobriamente.

(11)

"POR COSAS DEL DESTINO…"

Arrestado y hospitalizado numerosas veces, seguía sin poder librarse de la sed obsesiva. Al final se acordó de las palabras que un miembro de A.A. visitante le había dirigido en la cárcel y cambió de rumbo.

EL ALCOHOL me persiguió por treinta y cinco años. Soy de una familia de once hermanos. Mi padre y todos mis hermanos tomamos alcohol hasta la embriaguez. Al nacer yo, mi padre, que no conocí hasta los dieciséis años, había emigrado al Norte a trabajar para sacar adelante a la familia, pero al poco tiempo se casó con otra mujer. Mi madre y los once hijos tuvimos que trabajar para poder mantenernos nosotros mismos, porque mi padre sólo nos mandaba de vez en cuando muy poco dinero. Sufrí mucho, tanto en el aspecto económico como también moral.

En el lado económico tuve que pasar por muchas vergüenzas. Soy de un pueblito donde todos los habitantes se conocían y a mí me tocaba salir a vender de lo que había de frutas, legumbres, naranjas, y yo, siendo tan tímido, eso me causó mucha inseguridad. Así fue como me la pasaba mientras estudiaba en la primaria y la secundaria. Tuve que trabajar desde muy chico para poder comprar ropa, zapatos y demás necesidades.

Mi primer trago de vino lo tomé a los ocho años. Mi madre acostumbraba comprar una clase de vino nutritivo para que mis hermanas tomaran una copita antes del almuerzo, pero a mí no me daban un traguito porque todavía era un niño. Entonces, cuando podía, robaba un traguito y me acuerdo que ese vino era de color rojo y cuando lo tomaba me hacía arder el estómago. Pienso que allí, sin saberlo, ya empezaba a entrar en el mundo oscuro de la enfermedad del alcoholismo.

En el tercer año de secundaría ya contaba con quince años de edad y era muy popular, especialmente con las compañeras de escuela; eso valió mucho porque me gradué de la secundaria con libros que pedía prestados. En los últimos meses de mi graduación me pasó algo que hasta ahora no he podido olvidar. Me enamoré por primera vez de una compañera de escuela, y la falta de dinero me causó enojo conmigo mismo porque no podía invitarla a nada. Mi timidez no me permitía contarle mi situación y hasta tuve que mentirle varias veces cuando me invitaba a ir a alguna parte.

Esta situación me traía muy preocupado porque ya me había enamorado mucho de ella (pero no podía decírselo). Una noche asistí a un baile en un pueblo cerca del mío y, como no podía pagar mi entrada, estuve mirando por fuera del salón de baile. Grande fue mi sorpresa porque la vi bailando con otro joven que sí tenía lo que yo carecía, lo económico. Eso me causó tantos celos, enojo e incapacidad de controlar mis emociones, que lo único que pude pensar fue en pedir prestado dinero a mi primo para comprar cervezas. Me tomé tres y eso fue suficiente para que el cielo me diera vueltas. No podía mantener el equilibrio y experimenté una laguna mental que no me acuerdo ni a qué horas, ni cómo llegue a casa. Hoy sé que mi enfermedad del alcoholismo estaba avanzando a pasos muy acelerados. En septiembre de 1973 me separé de los seres que más quiero en la vida, mi novia, mi madre y mis abuelos. Fue una tarde triste, nublada y de lágrimas.

Pasé la frontera y llegué a vivir con unos amigos, todos ellos de mayor edad. Todos tomaban alcohol todos los días.

La melancolía me abatió y extrañaba a todos, pero más a mi novia. Aquí encontré a mi padre, también borracho.

Mi madre me enseñó a respetar a la gente de mayor edad y por eso no tomaba enfrente de él para apagar la nostalgia. Mi madre se quedó en la pobreza y yo le juré que la iba a sacar de eso, pero el alcoholismo de mi padre no le permitió ayudarme a ir a la escuela. Un amigo me consiguió trabajo en una empresa diciendo que yo tenía dieciocho años de edad.

Empecé a mandarle casi todo lo que ganaba a mi madre semanalmente. En lo económico empezaba a ver que iba progresando. A mi novia le escribí tres cartas, pero sólo tuve una contestación muy triste en la que me decía que también ella se había ido del pueblo a vivir a otro estado, y que en lo referente a nuestro amor todo se había terminado. La carta venía sin dirección y se despidió diciendo que me seguía amando pero que lo nuestro era imposible. Eso a mí me rompió el corazón. Juré no enamorarme nunca más, pero empecé a tomar más seguido hasta emborracharme y perder la noción del tiempo en las lagunas mentales, que nunca me dejaron.

Dejé de mandar dinero a mi madre porque veía a mi padre, que se gastaba todo su dinero en las borracheras. Un día me armé de valor y tuve que decirle que empezara a ser responsable y que de ese día en adelante yo iba a dirigir mi propia vida. Ésa fue una decisión muy equivocada porque el dinero que juntaba sólo sirvió para destruir mi vida. Empecé a vivir la vida de una manera descontrolada. Compré mi primer carro y fue una emoción tremenda el poder manejar un vehículo motorizado. Yo ya tomaba más seguido y como todos hacían lo mismo, nunca pasó por mi mente que manejar borracho era contra la ley, ni mucho menos que fuera peligroso para la gente y para mí. Llegué a manejar mi carro con lagunas mentales muchas veces. Era espantoso despertar al día siguiente y darme cuenta de que yo había manejado con el carro lleno de personas sin acordarme de nada, pero no era suficiente para hacerme recapacitar, y lo volvía hacer de nuevo.

Otro de mis problemas fue que me di cuenta de que con las mujeres yo tenía mucho "pegue", especialmente con las mayores. Sin darme cuenta ya estaba envuelto en la prostitución y seguí con la vida desenfrenada. A los diecisiete años me operaron de una hernia y como no tenía a nadie quien me atendiera al salir del hospital, una amiga se ofreció a ayudarme y me llevó a su casa a vivir con ella y su hijo. Después me recuperé y me quedé a vivir con ella. Nacieron dos hijos que yo no quise aceptar y empecé a salir con otras mujeres. Nacieron otros dos hijos más con diferentes madres. Estos problemas fueron acompañados de unos quince arrestos por manejar borracho y así es como conocí las cárceles del condado. Cada vez que me encerraban tenía que faltar a mi trabajo varios días además de los días lunes que faltaba por tener una fuerte resaca.

Paré de conducir mi carro para poder tomar alcohol y no meterme en problemas con la ley, pero mi alcoholismo aumentó. Llegó mi primera hospitalización. Me puse muy mal de salud por el alcohol. Me espanté y por tres largos años no me tomé ni un trago de alcohol. Me ayudó estar en el hospital porque allí me explicaron mucho sobre la enfermedad del alcoholismo. Recuerdo que estando en la cárcel y en el hospital fueron unos compañeros de Alcohólicos Anónimos. Recuerdo a uno de ellos que dijo que si estábamos allí por alcoholismo sería mejor que al salir de la cárcel o del hospital enseguida fuéramos a un grupo de Alcohólicos Anónimos, porque si no lo hacíamos regresaríamos de nuevo a la cárcel o al hospital. Sabían de lo que hablaban porque después de tres años de no tomar volví a beber y tuve cinco hospitalizaciones más.

En los primeros arrestos los policías nada más me quitaban las llaves del carro y las metían en la cajuela. Me dejaban irme caminando y otras veces me llevaban a donde vivía. Pero ya de tantos arrestos fueron viendo que era un problema. Mis arrestos eran más seguidos y empezaron mis problemas con la ley. Me mandaron a las reuniones de A.A. y fui varias veces pero nunca me quedaba. En los últimos arrestos me fijaron una fianza tan alta que un hermano tuvo que hipotecar su casa, nada más para seguir con lo mismo.

Mi supervisor me dio tantas oportunidades que hasta se hizo responsable ante el juez de que yo iría a trabajar en el día y regresaría a dormir en la noche a la cárcel, cosa que no cualquiera quiere hacer. También tuve que incluir a otras personas que me tenían que ir a esperar en la cárcel, llevarme a trabajar y después del trabajo regresar nuevamente a la cárcel.

En mi trabajo siempre me llamaron la atención con amenazas de despedirme pero esta vez ya era en serio. La última vez, mi supervisor me pidió que escogiera entre mi trabajo o mi alcoholismo y yo le dije que escogería mi trabajo. Él me dijo que esa vez lo haría a su modo y me dio de baja tres semanas sin paga. También me pidió que fuera a ver un psicólogo y que fuera a Alcohólicos Anónimos. Si yo lo hacía, me daría mi trabajo de nuevo y si no, perdería mi empleo. Al salir de su oficina, me puse a ver hasta dónde mi vida alcohólica me había llevado y me di cuenta de que habían pasado veintidós años en los que sólo había conseguido hacer sufrir a mis seres más queridos, especialmente a mi madre, mis hijos, y a sus madres.

Tuve que ser hospitalizado nuevamente. Mi última cerveza la compré recolectando los centavos tirados junto a las paredes y debajo de mi cama y, aunque borracho, le pedía a Dios que me ayudara, pero esta vez se lo pedía con el corazón. Fui al psicólogo y a Alcohólicos Anónimos a ver si podían ayudarme y esta decisión fue un milagro, porque el psicólogo me preguntó si estaba buscando otra clase de ayuda y le dije que estaba asistiendo a los grupos de A.A. Sin pensarlo me dijo: "tú ya no me necesitas, quédate en ese programa, allí te van a recuperar". Esto sucedió en 1992 y desde entonces no he vuelto a beber ni una gota de alcohol. Seguí asistiendo al programa de A.A. y por suerte me encontré con un amigo de infancia con quien estudié la primaria en mi pueblo cuando teníamos apenas ocho años de edad. Él llevaba dos años en el programa de A.A. y me presentó a la persona que lo estaba ayudando. Esta persona me llamó mucho la atención por su forma calmada de escuchar y de explicar el programa de A.A. y al poco tiempo le pregunté si podría ser mi padrino. Fue otro milagro en mi vida porque mi padrino fue un gran ejemplo de sobriedad y servicio dentro de A.A.

Dentro de poco asistiré a la próxima Convención Internacional de A.A., y esta vez me acompañará mi esposa, la misma mujer que fuera mi primera novia en mi pueblo, que por cosas del destino (un milagro) Dios me devolvió. En mi trabajo, después de nueve años, me dieron el gran privilegio de ser supervisor y ahora tengo mi licencia de conducir sin problemas. Toda mi familia vive en la ciudad en que vivo, incluyendo a mis padres, que hoy día quiero mucho.

Hasta el día de hoy y, sólo por un día a la vez, quiero pasar una mejor vida aquí en el programa, y seguir manteniéndome sin beber alcohol y ayudando a otros que tengan esta enfermedad tan desconcertante, poderosa y de fatales consecuencias si no se detiene a tiempo.

(12)

LIBRE ENTRE REJAS

Para esta mujer encarcelada, el alcohol había sido su coraje líquido. Un día, sola en su celda, abrumada por un cúmulo de dolores, cayó de rodillas, enojada con Dios, gritando que no podía más. En ese momento de vulnerabilidad absoluta, se sintió bañada por el amor divino.

MIS PADRES eran alcohólicos. Yo no digo que por eso sea alcohólica. En realidad yo nací así. Desde pequeña siempre me sentí fuera de lugar, que no pertenecía a nadie, ni me sentía cómoda en ninguna parte. Tenía un vacío en el corazón. Ansiaba encontrar algo que llenara ese vacío y buscaba en los lugares equivocados. Me sentía incompleta y diferente a los demás. Algo me decía que yo no sabía ni podía vivir la vida como la demás gente; sentía dolor emocional y tenía muchos temores.

Mis padres nos llevaron a vivir con mis abuelos maternos. Siempre me sentía resentida con ellos por habernos abandonado, sobre todo con mi mamá. Al recordarlo ahora, ella volvió su cabeza al partir mirándonos con una expresión de tristeza muy grande.

Mi abuela nos educó y fue una madre maravillosa para nosotras, mis tres hermanas y yo. En realidad, por el hecho de estar sin padres, desarrollamos una relación especial que nunca se ha roto. A mi hermano lo enviaron a un internado de varones. Nos perdimos el crecer juntos y él sintió una soledad aún mayor que la mía. Mis tres tías también fueron madres para nosotras y ayudaron con nuestra educación. Mi abuela murió cuando yo tenía quince años, y ese día me traté de suicidar. Por ese tiempo mis padres se separaron y mi mamá se vino a vivir con nosotras y, la verdad, fue duro para todas pues ella continuaba tomando.

Nos enviaron a otro país a estudiar. Yo me casé con un hombre mayor que yo, muy bueno, que me quería mucho. De ese matrimonio nació una hija. Al tener a mi niña en mis brazos yo le juré que no la iba a abandonar, que iba a ser una buena madre, que la amaría mucho y la haría feliz.

El alcohol y mis demás problemas me impidieron cumplir esa promesa. Con mis emociones torcidas y mi percepción distorsionada de la realidad, es un milagro que no comenzara a tomar hasta los treinta años.

Tuve un accidente de auto, donde murió un joven que había chocado con cuatro autos antes de chocarme a mí. Los dos salimos muy golpeados. Nos llevaron a la sala de emergencia en ambulancia y nos pusieron en la misma sala. Lo vi morir. No puedo olvidar su cara. Este joven estaba manejando alcoholizado.

Dejé de dormir pues miraba la faz de ese chico en mis sueños. Un día, vino un amigo y me dijo: "Tómate un whisky, eso te tranquilizará" y yo, como buena alcohólica en potencia, pensé "un vaso será mejor". Para mí, más es siempre mejor. En cosa de tres meses yo estaba tomando una botella de whisky todas las noches. Poco tiempo después, dejé a mi esposo e hija y me fui a vivir por esos caminos hacia los que el alcoholismo te lleva… sin rumbo hacia la destrucción de los valores morales, principios fundamentales, hacia la deshumanización que te crea un odio hacia ti misma al ver en lo que te estás convirtiendo. Rompí con todos los tabúes, hice todo lo que me enseñaron que no debe hacerse. Pasé años practicando un comportamiento destructivo, viviendo en una prisión mental de temor, odio, desesperanza, resentimiento. De Dios yo no quería ni saber, me hacía sentir culpable. Entré en la negación y empecé a culpar a todos por mi situación, dentro de mí yo sabía quién era la única culpable. ¡Yo compraba el whisky! ¡Yo lo servía! ¡Yo lo tomaba! Nadie hacía eso por mí.

Comencé a juntarme con gentes que hacían cosas ilegales; para mí era excitante pues era algo tan diferente a como fui educada que me envolví en ese mundo. Cada día mi adicción al alcohol era más fuerte, hasta que llegó el momento en que sabía que si seguía así me moriría, pero al mismo tiempo me di cuenta de que ya no podía parar, que ya no podía vivir ni un momento sin alcohol. El alcohol me daba valor. Era coraje líquido. Me quitaba el temor que yo sentía a la vida. El alcoholismo es una enfermedad progresiva. En mí progresó muy rápido.

Mi madre estaba muy enferma y esos años fueron los peores de mi adicción. Andaba en un viaje y mi mamá me llamó, me pidió perdón por no haber sido una buena madre, y me dijo que no me sintiera culpable si un día yo pensaba que no fui una buena hija. Que ella sabía que yo tenía problemas con el alcohol y que si un día el dolor llegaba a ser inaguantable que llamara a Alcohólicos Anónimos. Mi madre en sus últimos años fue miembro de A.A. Dos días después de esa llamada murió sobria. Entré a una iglesia y dije esa famosa petición que decimos cuando sabes que te estás muriendo, cuando ya no aguantas el dolor. "Dios mío, ayúdame… ¡perdóname!"

Emocionalmente no pude presentarme al entierro y ver a mi madre muerta. No pude regresar a la casa de mi madre y no encontrarla en ella. Esos últimos meses son como un sueño; tengo recuerdos pero como en una bruma.

Hice un viaje a otro país. Al llegar al aeropuerto fui arrestada por un crimen relacionado con drogas. Cuando me encontré en esa celda lo único que dije fue: "Qué le hice a mi hija ahora". Después de presentarme ante el juez, me llevaron a una prisión preventiva en otra ciudad hasta que se terminara mi juicio. La desintoxicación fue dura. Estaba muy enferma: temblaba, no podía dormir, mi estómago no podía aguantar la comida. Llegué a pesar 80 libras. Las guardias fueron maravillosas. Me ayudaban a caminar y a bañarme; yo no tenía fuerzas de tanto vomitar. Dejaban la puerta abierta todo el día. Me traían helado y sopa. Yo no podía ni sostener la cuchara de tanto temblar. Me dieron de comer hasta que yo lo pude hacer por mí misma. Sentí que el estar en prisión había salvado mi vida. Dios me llevó a ese lugar en donde recibí respeto, ayuda y fui tratada como un ser humano, como una dama, a pesar de todo.

Al pasar dos meses, me empecé a sentir mejor. Llevaba tantos años bebiendo que ni me acordaba de lo que era tener claridad de mente. Las manos me siguieron temblando un largo tiempo. Recordé las últimas palabras de mi madre: "Si el dolor llega a ser inaguantable, llama a Alcohólicos Anónimos", y eso hice.

Un día me llamaron a la sala de visita, y una mujer hermosa, alta, con una bella sonrisa, me dijo: "Soy Marta y soy alcohólica." Y yo, por primera vez en mi vida, dije en alta voz lo que sabía en mi alma… "soy alcohólica". Ella me abrazó fuerte, y yo lloré. Cada vez que ella venía, me abrazaba y yo lloraba. Me trajo un Libro Grande y me dijo que todo lo que necesitaba saber para mantenerme sobria lo encontraría en esas páginas. Y así fue. Me visitó todas las semanas durante tres años y medio. Me decía que me quería mucho; insistía en que tenía que dar los Pasos, pues ellos iban a ser mis herramientas para poder vivir en el mundo sin tomar. Yo escuché su mensaje porque me fue dado con amor y bondad. Quise aprender a reconstruirme a mí misma y a tratar de sanar las relaciones rotas de mi pasado. A.A. es para toda la vida. Mi madrina me enseñó que yo tenía que ayudar a otros alcohólicos, debía pasar el mensaje que se me dio libremente si yo deseaba mantenerme sobria. Que tenía que ayudar a otra persona a salir de ese lugar de desmoralización y dolor, a caminar de la oscuridad hacia la luz con la ayuda de Dios y los Pasos de Alcohólicos Anónimos.

Los miembros de A.A. del grupo de mi madrina, que sin conocerlos me dieron tanta esperanza y cariño, me enviaban literatura. Ella traía a veces otras personas a visitarme.

Cuando llegué a Alcohólicos Anónimos yo no era nada ni nada tenía. No era nada porque perdí todos mis valores morales y no tenía nada porque no tenía a un Dios en mi vida. Escucho en las reuniones que los alcohólicos somos mentirosos y ladrones. Creo que lo más grande que le robé a mi hija fue la tranquilidad, el sentido de seguridad familiar, del hogar que podría haber tenido. Yo no llegué sola a A.A., traje a mi hija conmigo. El alcoholismo es una enfermedad que afecta a las familias también. Destruimos y herimos profundamente a las personas más cercanas a nosotros, a quienes más nos aman, a quienes nosotros más amamos. El alcohol es más fuerte que el amor.

Mi hermana murió cuando yo estaba en prisión. Fue un golpe terrible el perder a mi hermana menor; ella sabía en lo que yo me había convertido, y aún así siempre me decía que yo era buena persona, que tenía muy buen corazón. No pude enterrar a mi madre, tampoco a mi hermana. La culpabilidad, el dolor y la vergüenza que eso me causó han sido indescriptibles.

Me encontraba en mi celda y me dejé caer de rodillas llorando fuertemente. Estaba enojada con Dios, y grité: "¿Por qué te la llevaste a ella que era tan especial?, ¿por qué no me llevaste a mí que no sirvo para nada?" Sentí que estaba enloqueciendo y grité: "Ya no aguanto el dolor". Y, de repente, escuché dentro de mi cabeza: "Sí puedes". Y empecé a sentir como una lluvia fina que caía sobre mi cabeza, y el dolor de toda una vida iba saliendo por los pies. De repente sentí mucho amor dentro de mí y a mi alrededor y al sentir ese amor tan grande sentí un gozo sin medida. No sé cuanto tiempo duró esa experiencia. Cuando volví en mí estaba en el suelo en posición fetal, y me sentí muy débil, pero con una alegría sin par. Desde ese día, yo sé que Dios me ama y yo lo amo también y sé que no estoy sola nunca.

Llegó el día de mi libertad. Sentí mucho miedo y mi madrina me recordó que yo tenía un Dios y las herramientas necesarias, que tenía que ir a 90 reuniones en 90 días y mantenerme en contacto con miembros de A.A. Eso hice.

Cuando salí de la prisión viví con mi hermana y trabajé en su oficina dos años. También recuperé a mi familia. Mi esposo tuvo un derrame cerebral y a mi suegra le dio Alzheimers. Mi hija tuvo que dejar de ir a la universidad para cuidar a dos enfermos, y me pidió que la ayudara. Yo vi la oportunidad que Dios me estaba ofreciendo para volver con mi familia. Cuidamos de mi suegra cuatro años hasta que falleció, y a mi esposo lo estamos cuidando desde hace más de diez años. Me di cuenta de que Dios me dio los medios de hacer reparaciones con estas dos personas que cuidaron de mi hija y le brindaron mucho amor. Siento mucho el daño que les causé.

También mi vida cambió. Hoy día trabajo de enfermera. Cuido personas de edad y lo trato de hacer con amor y bondad. Siempre pensé sólo en mí, en mi ego. Mi egoísmo era tal que nunca consideré a nadie más. El programa de A.A. y este trabajo me han brindado la posibilidad de dar de mi tiempo y de mí misma, a tener más paciencia y tolerancia, a practicar mi objetivo primordial: ayudar a los alcohólicos que aún sufren y luego a las personas que son parte de mi existencia.

Estoy muy agradecida de que Dios pusiera en mi vida a las personas que yo necesitaba para sentirme completa y útil para poder llevar a cabo el trabajo que él me asignó en mi sobriedad.

En este camino de sobriedad surgen muchas paradojas. Yo siempre sentí que estaba en una prisión mental, cumpliendo una condena. Y resulta que estando en prisión encontré la libertad por medio de Alcohólicos Anónimos, y me sentí "libre entre rejas". Por Alcohólicos Anónimos no he tenido que volver a la prisión. Por Alcohólicos Anónimos tengo la libertad de no tomar más. Por Alcohólicos Anónimos encontré la libertad de protegerme de mí misma, pues yo sola soy un peligro y atento contra el bienestar de mi vida, mente y espíritu. Gracias a los miembros de A.A. por su apoyo y ejemplo. Gracias a mi familia por sus oraciones, por estar presentes en mi vida y amarme aún en mis peores momentos. Gracias por el apoyo que me brindan en mi sobriedad. Estoy muy agradecida por ser lo que soy hoy: una persona sobria.

(13)

EL EFECTO MÁGICO

Sólo con la bebida podía ser tal cual era — por unos pocos momentos. Luego, desaparecidos los efectos, se sentía asqueado y avergonzado. Acosado por la "mala suerte", obligado por la ley, asistía a regañadientes a las reuniones de A.A. En su siguiente visita al bar, dos cervezas fueron lo suficiente para convencerle de ser alcohólico, de estar loco y en condición desesperada.

NACÍ ya hace unos cuantos años, dentro de una familia de clase media. No teníamos mucho, pero sí lo suficiente para vivir. Mis padres eran buenos padres y de gran corazón. Tuve una infancia normal, pero siempre me sentí diferente de otros niños. Sabía que era inteligente, mi familia me lo hacía saber. Sacaba buenas notas en la escuela, pero a la vez no quería ser así; en mi mente, quería ser como los otros niños. Nunca fui bueno en los deportes y eso me molestaba porque quería ser buen jugador de fútbol como los demás. Sufría de asma y eso me molestaba porque quería ser sano como los demás. Fui creciendo y me di cuenta de que no era popular como otros jóvenes de mi edad. En cuanto a mi apariencia física, tenía acné en la cara y me daba vergüenza salir a la calle en esas condiciones. Por un lado, mi madre me sobreprotegió y, por otro lado, mi padre no podía guiarme como él hubiera querido. Crecí muy distante de mi padre, a pesar de que lo veía todos los días.

Mi primera borrachera la tuve al graduarme de la

secundaria. Todos los compañeros de mi aula y unos cuantos profesores fuimos a almorzar a un restaurante y luego a beber vino. Bebí tanto que me enfermé del estómago; llegué a mi casa muy mal. La cabeza me daba vueltas, todo lo que comí y bebí fue a parar al inodoro; mi mamá estaba asustada, mi papá no quiso verme enfermo; aun así, ellos pensaban que mi situación era graciosa. Odié la bebida y pensé que jamás volvería a hacerlo.

Quería ser como otros jóvenes de mi edad: valiente, atlético, arrogante, conversador, galante, buenmozo. Pero era tímido, acomplejado de todo y de nada. El asma me impedía hacer esfuerzo físico. A la edad de veinte años me convertí en un joven individuo lleno de temores y sin ningún rasgo de confianza en mí mismo. Finalmente descubrí que era diferente a los demás. Yo era homosexual. Eso me hacía sufrir aún más. Por ese entonces mi madre tuvo que viajar a otro país para ayudar a mi hermana y se quedó allí; por consiguiente, me quedé solo con mi padre. Al comienzo tuvimos una buena relación.

Logré ingresar a una universidad y estudié leyes con la idea de convertirme en abogado algún día. Adquirí la habilidad de vivir una doble vida. Beber me daba valor para poder entrar en discotecas. La idea de ser reconocido en lugares públicos me causaba mucho temor y vergüenza, así que usaba el alcohol para llenarme de coraje para dar rienda suelta a mi sexualidad y ser lo que yo era. Nunca me gustó el sabor de las bebidas alcohólicas —esa sensación de ardor en la boca, paladar, garganta y estómago era desagradable; pero el efecto que me causaban era mágico. Sólo con alcohol en mi cuerpo podía yo ser tal cual era. Me aceptaba a mí mismo de esa manera y era feliz. Cuando los efectos del alcohol desaparecían entonces sentía remordimiento, asco y vergüenza. Terminé mis estudios universitarios pero nunca me gradué de abogado porque, al finalizar mis estudios, me di cuenta de que no me agradaba lo que hasta ese momento había estudiado. Conseguí un trabajo en el departamento legal de una compañía constructora y me mantuve allí por algunos años. Mi carrera de bebedor continuaba desarrollándose. Mi padre sufrió mucho con mi actitud hacia la vida. Me iba de parranda los fines de semana y algunas veces durante días de semana también. No le informaba a nadie a dónde iba o le mentía sobre mi paradero. Gracias a Dios tuve la oportunidad de viajar a reunirme con mi madre y mi hermana. Pienso que fue un alivio y una esperanza para mi padre el hecho de que yo viajara a un lugar lejano y fuera del alcance de las malas compañías en mi país. Por otro lado, yo mismo pensé que ésa era una gran oportunidad de salir de mi país y poder triunfar. Viví con mi familia un poco más de un año y luego me independicé. Fui a vivir a un apartamento con un amigo. La búsqueda de alcohol empezó otra vez y se fue acelerando rápidamente. Una de las muchas veces que yo salía de un bar, la policía me detuvo por manejar de noche con las luces delanteras apagadas; me hicieron un examen de sobriedad, el cual no pasé, y en consecuencia obtuve mi primera sentencia por manejar ebrio. Además de todas las multas que tuve que pagar, fui enviado a seguir una clase de prevención a la cual me presenté embriagado. En ese entonces yo pensaba que no era justo lo que me estaba pasando; alguna vez todos hemos manejado un vehículo con unas cuantas copas encima y alguna vez también se nos ha olvidado encender las luces delanteras de nuestros propios autos.

Me convencí a mí mismo de que eso no me volvería a pasar. Por motivos de trabajo me mudé a otro estado y por supuesto tenía más libertad que antes. La comunicación con mi familia fue disminuyendo a medida que mi actividad alcohólica iba creciendo. Cancelaba reuniones, les mentía sobre mi vida personal. Me di cuenta de que era más fácil estar lejos de ellos para vivir mi vida desenfrenada. La "mala suerte" me visitó otra vez cuando fui detenido por segunda vez manejando borracho. Tuve un "buen" abogado y nunca perdí mi licencia de manejo, pero tuve que asistir a cierto número de reuniones de Alcohólicos Anónimos. Cada día tomaba decisiones incorrectas y mi temperamento fue cambiando. Un día un compañero de trabajo me preguntó si yo era alcohólico. Eso me ofendió enormemente. Le "seguí la cuerda", como decimos en mi país, y me confesó que él conocía un lugar donde me podían ayudar. Me burlé en su cara y no le hablé por un tiempo. Luego me invitó a su casa para celebrar su cumpleaños. Me dijo que en su casa no se bebía alcohol. Los pocos compañeros de trabajo y su familia la pasamos muy bien y sin beber. En el fondo de mi ser, me sentí alegre por él y a la vez fastidiado porque él pensaba que yo era alcohólico. Renuncié a mi buen trabajo y conseguí otro donde me pagaban mucho menos, pero pensé que eso estaba bien. Dejé mi apartamento para irme a vivir a una casa compartida con otras personas. Todas estas ideas eran producto de mi racionalización en relación con mi enfermedad alcohólica, que yo no podía aceptar en ese momento.

En la búsqueda por un futuro mejor decidí hacer otro cambio geográfico y terminé en una ciudad muy hermosa con la oportunidad de ser un profesional como yo lo había deseado desde hace mucho tiempo. Así que decidí hacer una nueva vida, trabajar mucho y estudiar duro para graduarme.

Me establecí en un pequeño cuarto de dormir con las pocas cosas que me quedaban y con mi gran sueño dorado. Conseguí trabajo cerca de donde yo vivía y me registré en la escuela que era indicada para mis propósitos. Decidí también conectarme con mi mundo. Conocí mucha gente y mi calendario social empezó a estar ocupado. Sin darme cuenta empecé con la misma rutina de siempre: trabajar, ir a los bares, faltar al trabajo de vez en cuando por estar con la resaca de la noche anterior, tener remordimiento, miedo y vergüenza por mis actos. Esta rutina se repetía más a menudo. Mis estudios se vieron perjudicados por la bebida. Yo ya no era un buen estudiante como solía serlo en mis épocas de escuela primaria y secundaria. Me tomaba más tiempo concentrarme en los libros y luchar en contra de las tentaciones; la cerveza se convirtió en mi bebida preferida por ser la bebida más barata y la más fácil de digerir. Ya no iba de vacaciones a visitar a mi familia. Mi relación con la dueña del cuarto donde dormía era cada día más tensa, mi situación económica se volvía más ajustada, gastaba más de lo que ganaba y tenía deudas que no podía pagar a tiempo. Mi salud mental se deterioraba cada vez más porque vivía en constante preocupación por todo. Bebía constantemente y, por supuesto, manejaba muchas veces borracho. Tuve pequeños y grandes accidentes antes de obtener mi tercera sentencia por manejar bajo la influencia del alcohol. En esta oportunidad la locura de mi enfermedad era bien fácil de percibir y yo no quería aceptarla. Gracias a Dios no hubo daños personales; pero sí inmensos daños materiales que reparar. La historia se repetía otra vez pero esta vez era más profunda y penosa. Para aliviar esa gran pena continué tomando. Yo no pensé que nada peor me podría ocurrir puesto que ya no tenía carro ni licencia para manejar. Así que me movilizaba por medio de transporte público y la generosidad de otras personas. A pesar de las advertencias de la escuela, seguí bebiendo y asistiendo a la escuela, pero no por mucho tiempo. Un día me presenté a tomar un examen después de una larga noche bebiendo. Una de las profesoras me detuvo en medio del examen y me llamó aparte para comunicarme que yo quedaba suspendido de la escuela porque el olor a alcohol que emanaba de mi cuerpo era tan intenso que no se podía ocultar. Traté de negar las acusaciones pero no tuve éxito. Esta mujer me explicó que su ex esposo era alcohólico, por lo tanto ella comprendía todos los síntomas de esta enfermedad y me dio la oportunidad de resolver mi problema primero para luego continuar con mis estudios si yo lo quería. Éste fue mi primer despertar espiritual en relación con mi enfermedad. Aún no seguro de esto, continué bebiendo por un tiempo, y tuve que seguir un programa de sesiones de Alcohólicos Anónimos y pasar un probatorio ordenado por la corte, así como participar en un programa estatal de supervisión para enfermeros con problemas de adicción. Detesté enormemente las primeras reuniones de A.A., primero porque yo no sabía qué era un alcohólico. A pesar de que durante toda mi carrera alcohólica tuve señales enviadas por Dios, yo no quise saber nada de esas cosas y seguí divirtiéndome. Obligado por la ley, continué asistiendo a esas reuniones. Recuerdo que me tomaba alrededor de una hora para llegar a esa reunión y otra hora para regresar a mi casa. Algunas veces me quedaba allí para escuchar dos reuniones. En ese edificio antiguo, maloliente, con una gran alfombra sucia y con las paredes descoloridas por el humo del cigarro fue donde llegué a conocer que el alcoholismo es una enfermedad de la mente, cuerpo y alma. Allí aprendí acerca de admitir sinceramente mi derrota ante el alcohol. Después de tres meses de luchar conmigo mismo y cansado de escuchar las cosas extrañas que en esas reuniones se decían, tomé la decisión de volver a mi bar predilecto. Me tomó solamente dos botellas de cerveza para darme cuenta de que yo era alcohólico, que estaba loco y también desesperado. Quería beber como los demás. Siempre me iba al extremo de beber más de lo que yo podía, y la magia de los efectos del alcohol ya no funcionaba más. Esa misma noche, llorando, llamé a un individuo que pertenecía a Alcohólicos Anónimos y le confesé lo que había hecho. Después de una pausa me contestó que él no podía ayudarme en ese momento porque yo ya había bebido, pero que regresara al club al día siguiente y que conversaríamos. Fui al club a la mañana siguiente y no encontré a esa persona pero sí me quedé y empecé a prestar atención a lo que otros con más experiencia decían. Sentí que había esperanza de una vida mejor para mí a condición de que me esforzara. Decidí tener un padrino pero no entendía muy bien la mecánica de esa relación. Cambié de padrino varias veces pero ahora entiendo el concepto de apadrinamiento mucho mejor. Todos mis padrinos me han ayudado a seguir los Pasos de A.A. También me han orientado en mis dudas, consolado en mis momentos de dificultad y me han dicho siempre la verdad. Sólo con la verdad en la mano yo he podido recuperarme. Los principios espirituales de este programa son muy sencillos de comprender y seguir pero, como buen alcohólico que soy, tiendo a complicarme la existencia y analizarlos profundamente. He aprendido que éste es un programa diario y que mi recuperación está basada en lo que yo haga día a día. He encontrado un poder superior a mí al cual he decidido denominarlo Dios. Este poder superior es el único que me ama tal como soy e incondicionalmente. También es el único que me ha liberado de esa terrible obsesión por el alcohol. La fe en Dios me sirve como guía espiritual en todos los asuntos de mi vida, dentro y fuera de A.A. Durante mi recuperación he notado cuán difícil para mí fue admitir que yo era alcohólico; pero con la ayuda de Dios, mi padrino y los compañeros en las reuniones, he aceptado mi enfermedad como parte de mi ser. Esta enfermedad debe ser tratada como cualquier otra, y las reuniones son mi medicina. En estas reuniones, que al principio odié con todo mi corazón, he aprendido muchísimo acerca de mí, de mi enfermedad y de la vida cotidiana. También he encontrado buenas personas dentro de los grupos de A.A. que ahora forman parte de mi vida. Poco después de un año de sobriedad me enteré de que no sólo existen Doce Pasos para la recuperación personal, sino que también hay Doce Tradiciones para la supervivencia de los grupos. Gracias a Dios tengo un programa que me sugiere lo que debo hacer para recuperarme y también para mantener un grupo activo y funcionando. La práctica de estas Tradiciones me ha enseñado humildad en general. Ya no todo es acerca de mí, sino de aquel individuo que está sufriendo y cómo puedo llegar a él cuando pida ayuda.

Puedo decir humildemente que me gusta lo que hago ahora, y es mi forma de pagar lo que otros han hecho por mí durante estos años. He pasado por muy buenos momentos en sobriedad, tales como la culminación de mis estudios, así como he soportado muy malos momentos, como la muerte de mi padre en mi país de origen.

En todo este tiempo me he dado cuenta de que este programa no sólo me ha servido para dejar de beber sino que también me ha enseñado una nueva forma de vida. Mi actitud ante la vida ha cambiado. Me he aceptado como soy. Tengo todas las intenciones de comunicar mi verdad a todo aquel que desee conocerla. Tengo deseo de vivir mi vida así como Dios lo decida. Mi comunicación con Dios crece cada día más. La sobriedad en Alcohólicos Anónimos es una experiencia fantástica que no quiero dejar de disfrutar.

14

SENTENCIADO A LA SOLEDAD

En todas las actividades de su vida quería ser el número uno, pero fue el último en reconocer el daño que la bebida estaba causando a su vida.

AHORA que sé el efecto que el alcohol tiene en las personas, estoy convencido de que desde que tomé el primer trago, el alcoholismo se apoderó de mí.

Yo siempre era el que tomaba la primera copa y el último ron con soda. Era el más gracioso en las reuniones, el que mejor jugaba a la pala, el que más rápido subía al monte, el que más…, el que más. ¿Por qué tenía esa necesidad imperiosa de ser el número uno en todo? ¿Qué estaba tratando de reclamar? ¿De quién quería llamar la atención? Cuántas veces me he preguntado y me he querido convencer a mí mismo: ¿a lo mejor fui víctima de las circunstancias? Quise estudiar y no pude; los trabajos que tuve durante toda mi vida no eran los que yo quería; los amores a principios de los setenta iban y venían; la relación con mi padre era nula, la situación en mi país me arrastraba a una lucha: muchas preguntas y pocas respuestas.

Pero creo que esto nada tiene que ver con mi alcoholismo. Si no hubieran sido éstas las causas, hubieran sido otras. La cuestión es que la enfermedad la he llevado conmigo durante treinta años, de los cuales los ocho o diez últimos, los pasé en el infierno.

Profesionalmente había triunfado. Con los estudios que yo tengo no se podía llegar más alto. Era el capataz general en una empresa de prefabricados del hormigón. Dedicaba todo mi tiempo a mi labor profesional y a beber, cosa que hacía durante todo el día y a todas horas, puesto que nadie me controlaba. En mi casa, lo único que hacía era dormir (casi nada) y decir que me dejaran en paz. Qué osadía, cuando yo había metido en mi casa a una legión de diablos.

Alegando que en el verano hacía mucho calor, mi mujer se iba a dormir a otra habitación (cada vez eran más largos los veranos). En más de una ocasión, la he oído decir en algunas reuniones abiertas, que era insoportable dormir conmigo, por lo que sudaba y por el olor a alcohol que emanaba de mi cuerpo. No sé cómo ha podido soportarme tanto tiempo. Mis hijas ya eran mayores y, cada vez más frecuentemente, mi esposa me decía que yo tenía problemas con el alcohol y me brindaba toda su ayuda. Me habló de A.A., consultó con el médico de cabecera, me trajo papeles para que fuera a ver a un psiquiatra, etc.; pero entre el alcohol y los resentimientos que yo tenía hacia ella, no quería o no podía ver mi realidad, y todas sus sugerencias, una a una, las rechazaba. Los dos veíamos que nuestro matrimonio se iba a pique y me advirtió que, o yo tomaba cartas en el asunto, o las tomaba ella.

Un día dije que no tomaría más alcohol y así lo hice. Lo sustituí por cerveza y licores sin alcohol. Pasaban los días y las semanas; yo seguía con las mismas pautas, cada vez más encerrado en mí mismo. Me estuvieron tratando de estrés, de depresión y de alguna enfermedad más de la mente, pero ahora sé que lo que me pasaba era que no sabía vivir sin beber. Entré en un estado, supongo que, de borrachera seca.

Recuerdo que un domingo al llegar a mi casa a la hora de comer, ya estaba la mesa puesta y mis hijas y mi mujer esperándome; mi mujer me dijo que la situación por la que estábamos pasando era insostenible. No le di oportunidad para que dijera nada más; sentencié: "me voy de casa". Ahora recuerdo la escena y se me saltan las lágrimas: las tres se pusieron a llorar, yo terminé de comer, supongo que no mucho, y me fui a ver una corrida de toros.

Como ya no tenía por quién dejar de beber, empecé a tomar mis tan queridos y echados de menos whiskys. A los quince días justos después de haberme ido, me quedé sin trabajo, un hombro empezó a darme problemas, por las noches dejé de acostarme, no era capaz de pegar ojo. Antes de que abrieran el primer bar, a las cinco de la madrugada, ya estaba yo en la calle, porque los temblores no me dejaban estar en casa de mi madre, que fue la que me recogió y aguantó todos mis malos modos, mis soledades, mis odios hacia el mundo, mi desesperanza y mi pérdida de hombría.

Aprovechando un viaje que mi madre hizo con los de la tercera edad, decidí que las paredes sólo blancas eran muy sosas y, al más puro estilo de la Capilla Sixtina e imitando a Miguel Ángel, me puse manos a la brocha y solamente con barniz de pintar las puertas, empecé a plasmar sobre las paredes toda mi creatividad. Los motivos en los que me inspiré fueron: La Alhambra de Granada, la Giralda de Sevilla, la Torre del Oro, barcas, playas, las tres carabelas de Colón, un perro, un arlequín y todo lo que mi imaginación y el whisky dieron de sí. Cuando llegó mi madre, le enseñé aquella obra maravillosa y le dije: "el Miguel Ángel ése tardó en pintar la capilla ésa una eternidad y yo, fíjate, en un solo día lo que he hecho". Mi madre me dijo: "Muy bien, hijo mío, ni Dios cuando se puso a crear el mundo, hizo nada tan maravilloso". Durante todo el verano tuvo la puerta de la calle abierta para que todo el que quería mirar, viera mi obra. A los seis o siete meses, un día que mi mujer subió, no me acuerdo muy bien a qué, y vio aquel desaguisado, no pudo por menos que ponerse manos a la brocha también e intentar ocultar aquel desastre. Siete u ocho manos de pintura blanca tuvo que darle, pero aún hoy en día se intuye lo que allí había pintado.

Menos mal que no me dio por conocer a otras mujeres, tal vez porque en aquella época casi no tenía dinero y todos mis ahorros y esfuerzos los usaba para beber. Estando una tarde en un bar, pensando en lo inútil de mi existencia, se me acercó un conocido, que parece ser que estaba peor que yo, y en aquel momento más borracho, y me pidió ayuda para que lo acompañara a su casa porque él no podía conducir. Lo acompañé, pero en vez de a su casa, nos fuimos al primer bar con el que tropezamos. Seguimos bebiendo y contándonos las desgracias por las que atravesábamos; me comentó que lo estaba tratando un psicólogo para ayudarlo con el problema de la bebida. Yo no me podía creer lo que estaba oyendo de aquel hombre; reconocí, creo que por primera vez ante otra persona, que tenía dificultades para controlar el alcohol. Entonces él me dijo que me iba a dar el teléfono de este psicólogo para que a mí me tratara también, que a él le estaba ayudando mucho. A pesar de mi borrachera, le dije que si la ayuda era como la que le estaba dando a él, que no la quería. Porque los dos estábamos borrachos como una cuba y sujetándonos a una columna. En aquel momento decidí llamar a A.A. ¿Fue casualidad que alguien con quien no había tenido ninguna relación que no hubiera sido profesional, ese día me pidiera ayuda? ¿O fue el Poder Superior a través de él, el que hizo que yo tomara conciencia de mi realidad?

Fuera como fuera, llamé y me puse en contacto con un compañero, que el nombre que tiene me vino al pelo: "Salvador". Él hizo, con su experiencia y su talante, que yo me quedara en A.A. Hoy en día sigue siendo un ejemplo a seguir por mí. Aquella primera reunión a la que yo asistí, recuerdo que me llenó de gozo; por fin había encontrado un sitio en el que encajaba, por eso cuando salí, me fui a celebrarlo tomándome unas copas. Así estuve unos meses, hasta en el descanso de las reuniones me iba al bar a tomar. Lo pasaba fatal.

Pero llegó el día y dejé de tomar ese primer trago. Durante una semana no pude moverme del sofá, no era capaz de comer porque no podía tragar nada y porque no podía sujetar nada con las manos, casi no podía caminar. Al principio de mi abstinencia creía que Dios me había mandado una enfermedad para dejar de beber; pero ahora estoy convencido de que fue al revés: estuve a punto de que me diera un delirium tremens, pero no fue así, y desde entonces no he vuelto a tomar ni una sola gota de alcohol y, lo que todavía es mejor, desde ese primer día, aún con los temblores, Dios hizo que se me quitara la obsesión por el alcohol.

Desde que decidí asistir a A.A., se lo conté a mis hijas y les dije que, como mi esposa me había ofrecido tantas veces su ayuda y puesto que había reuniones para familiares de alcohólicos, que si ella quería, podía acompañarme a una reunión abierta. Mi esposa dijo que sí y durante toda la reunión estuvo llorando y yo haciéndome el duro, pero con un nudo en la garganta.

No sé si todavía bebía o ya lo había dejado, cuando un día de los que pasaba a recoger a mi mujer para ir a las reuniones, no me preguntó, como era su costumbre, que si había bebido, y a la vuelta tampoco. Para mí, ese día supe que algo iba a cambiar en nuestras vidas. Empezamos a vernos y a salir otra vez como si fuéramos novios. Casi un año más tarde volví otra vez a mi casa, con la misma esposa que había aguantado tantos sinsabores.

Me comí mi orgullo y llamé a mi antiguo jefe y, para mi sorpresa, volvió a darme trabajo. Eso de la humildad daba resultado. Me operaron el hombro y se me curó después de una larga recuperación. Por fin la vida volvía a sonreírme y todo ello por no tomarme esa maldita primera copa.

Mucho han tenido que cambiar mis puntos de vista sobre todos los temas que me rodean y afectan. Hoy tengo inquietudes por aprender, por conocer a las personas y a las cosas. Estoy dispuesto a conceder a mis semejantes las oportunidades que hagan falta, y estoy luchando conmigo mismo para aceptar las cosas como son y no como me gustaría que fueran.

Desde donde me encuentro en este momento, se ve mucho cielo.

15

LA CHICA ALEGRE
QUE QUERÍA DEJAR DE SUFRIR

*Se fue de su tierra para perseguir su sueño, pero
la bebida, que empezó quitándole la tristeza, acabó
conduciéndola por penas y pesadillas hasta el umbral
de la muerte.*

UN DÍA de noviembre de 1984. Todo se oscurece…
Quiero dormir. ¡Qué sed tengo! Quiero una cerveza. ¿Dónde estoy? "¡Levántate! Ven a comer algo". Es
la voz de mi amiga. ¿Cómo llegué aquí?, me pregunto.
No tengo la menor idea de qué está pasando. No quiero
preguntarle a mi amiga. No quiero que me reproche.
¿Qué hice? ¿Dónde estuve? Ah, sí, ya recuerdo… Las
mujeres, los policías… Una voz fuerte dice, "¿qué le pasa
a esa muchacha?" "No sabemos, oficial", contestan voces
extrañas. "¿A dónde quieres ir, querida? ¿Tienes alguna
persona a la que podemos llamar? ¿Tienes a dónde ir?"
Es la voz de una mujer que yo no conozco y no entiendo
lo que me dice. Dios mío, ¿dónde estoy? Quiero correr,
pero ¿a dónde? Estoy temblando. Siento que me voy a
caer. Tengo mucho calor. El oficial de policía me pregunta si puede llevarme a mi casa. Le digo que sí, pero
no recuerdo dónde vivo. Oh, sí, estoy en el centro de la
ciudad, Pero ¿Cómo llegué aquí? ¿Mi carro? ¿Dónde
está mi carro? Oh, sí, quiero ir a la calle 16, allí vive mi
amiga, allí puedo descansar. Ojalá que esté mi amiga allí.
Oh, sí, mi amiga está allí. Abre la puerta y sorprendida

pregunta "¿Qué te pasó?" El oficial pregunta, "¿Usted la conoce? ¿La podemos dejar aquí?" "Sí, sí, la conozco. Es mi amiga", responde.

Esta escena se repitió varias veces en mi actividad alcohólica, con algunas variaciones pero siempre sin recordar muchos detalles. ¿Qué pasó conmigo? Lo único que yo quería en la vida era superarme, ser alguien. Al tratar de recordar, no logro ver la lógica. Pero, ¿es que hay lógica en el alcoholismo? Nací en un hogar de mucha disciplina, con altos valores morales y una religión de acción. Emigré a otro país con el sueño de estudiar leyes. Yo quería ser abogada. Mi madre quería que yo fuera farmacéutica y como ella pagaba, yo tenía que obedecer. En la escuela me enteré de que en otro país podría trabajar y pagarme yo misma la universidad, así que a la primera oportunidad salí de mi tierra para perseguir mi sueño. Lastimosamente era eso, un sueño. Tenía diecisiete años y no estaba preparada para todo lo que me esperaba, y mi sueño nunca se realizó. Con la ayuda de mis padres pasé los primeros meses, encontré trabajo y logré juntar el dinero para mi escuela. Primero estudiaría el idioma y después, de lleno leyes.

No tenía nadie que me guiara pero tampoco nadie que me prohibiese nada. La incertidumbre me daba temor, pero pronto el temor desapareció y empecé a disfrutar mi independencia. Tenía un carácter muy alegre y esto me ayudó a conseguir muchos amigos. En la escuela conocí al hombre con quien yo quise compartir el resto de mi vida. Nos casamos, tuvimos dos hijos y vivimos en el paraíso por un tiempo. Pero el paraíso no duró mucho. Cuando los problemas empezaron, ninguno de los dos éramos lo suficiente maduros para tratar de resolverlos, o tal vez no nos amábamos lo suficiente para luchar. Así que nos separamos y me encontré sola con mis hijos.

Al principio no me importó porque pensé que podríamos salir adelante viviendo modestamente. Pero los niños crecen, se enferman, etc., y yo era la única responsable de su seguridad. Esta responsabilidad y la incertidumbre empezaron a corroer mi alma y empecé a sentirme muy sola. Me invadía una sensación de tristeza; empecé a conocer la depresión. No busqué ayuda porque me daba vergüenza admitir que mi matrimonio había fracasado; así que me lo guardaba todo.

Un verano conocí a una muchacha a la que le gustaba beber cerveza ("por el calor", decía) y me invitaba a beber ("sólo una", me decía). Yo siempre la rechazaba. Un día decidí probar una: el sabor era horrible, sabía a rancio, pero el efecto me encantó; me quitó la tristeza y hasta me puse a cantar. ¡La chica alegre había vuelto a nacer!

Naturalmente, quitarme la tristeza con cerveza se volvió tan rutinario como quitarme el dolor de cabeza con una aspirina. No sé cuánto tiempo me tomó empezar a beber durante los días de semana; ya no esperaba a los fines de semana ni a que mi amiga me trajera la cerveza. Esto me preocupó. Hice cita con el médico y le conté acerca de mi manera de beber. Él me preguntó: "¿Cuántas cervezas se toma?" "De tres a cinco… diarias", respondí. "¡Bah! no se preocupe; eso es muy común, es normal". ¡Qué revelación! Regresé tranquila a mi hogar, y seguí bebiendo ya sin pena ni temor. Bebía porque me encantaba beber: me ponía de buen humor, me quitaba la tristeza. Conforme el tiempo pasó, el uso y abuso del alcohol continuó. Llegó el día en que bebía porque tenía que beber. Era una verdadera alcohólica mas yo no lo sabía.

Un día mis hijos necesitaron un tratamiento médico y mi sueldo regular no me alcanzaba, y pensé en un trabajo extra. Le conté a una amiga y me dijo que en el club donde ella trabajaba se ganaba mucho. Me ofreció una entrevista para el sábado siguiente. Me puse feliz.

El viernes anterior a la entrevista estaba tan optimista que al llegar de mi trabajo regular lo primero que hice fue abrir una lata de cerveza. Mientras que limpiaba, cocinaba, atendía a mis niños y cantaba, seguí bebiendo hasta emborracharme. El sábado amanecí en un estado lamentable. Para entonces ya sentía temblores y para poder controlarlos tenía que beber de cuatro a seis cervezas por lo menos. Me tomé una cerveza, pero tenía la entrevista a las 10 de la mañana; ya no me daba tiempo de beber más cerveza. Tenía que tomar algo más fuerte para controlar los temblores. ¿Qué hacer? Me acordé que había brandy en la despensa y me serví seis onzas para que me hiciera mejor efecto. Cuando llegué a la entrevista estaba borracha. Mi posible jefe se dio cuenta y me dijo que íbamos a hablar más tarde. Al pasar por su oficina vi una botella de licor y decidí tomarme un trago para "el camino". El efecto fue devastador. Salí, arranqué mi carro y emprendí el regreso a mi hogar. No había corrido ni tres cuadras cuando al doblar a la izquierda, no vi al carro que venía por la avenida y chocamos. Perdí el conocimiento. Más tarde me enteré de que me llevaron al hospital en ambulancia. Hasta hoy no recuerdo cuánto tiempo estuve allí, ni quién cuidó de mis hijos; solamente recuerdo que le pedí perdón a Dios y prometí no beber. Como consecuencia, perdí mi carro, mi trabajo regular, mi posible trabajo extra, y además me fracturé el hombro. Los que sufrieron más fueron mis niños, testigos silenciosos de aquel infierno.

Tres meses después fui a la iglesia a implorar perdón y ayuda a Dios. Pasé cinco años sin beber. Durante ese tiempo envié a mis hijos a una academia fuera de la ciudad; esto fue un descanso para ellos aunque seguían siendo víctimas de mi neurosis. Me quedé sola.

El primer fin de semana de septiembre, se me ocurrió ir a visitar a unos viejos amigos, y oí un comentario que trajo a mi mente la conmiseración de otros días. Pronto salí de allí y fui a visitar a mi amiga, la que me comprendía. Le conté lo que me había pasado y también le pedí que me diera una cerveza. Ella me la dio dudando, porque sabía que yo había dejado de beber por algún tiempo. Yo le aseguré que no tenía nada que temer porque habían pasado tantos años que ya no me afectaba como antes. ¡Qué tontería!

Ese día me tomé dos cervezas; después ya no me recuerdo. No sé cómo pude mantener mi trabajo esta vez. Iba y venía del apartamento de mi amiga, donde se bebía y se cantaba y adonde más tarde, en noviembre, me llevó la policía. Allí conocí a una pareja. El esposo me estaba observando, y al ofrecerme una cerveza yo hice el comentario de "No sé por qué estoy bebiendo si ya no quiero beber". Me contestó que si quería saber por qué yo bebía de esa manera, me podía llevar a un sitio donde me lo iban a decir. Le dije: "Pierde su tiempo, porque no creo en el espiritismo". Él me aseguró que no era nada de eso; que el viernes me llevaría, pero que no bebiera ese día. Ofendida, le respondí que yo no bebía durante los días de trabajo. Pasé toda la semana bebiendo. El viernes se volvió a repetir la historia de hace cinco años. Volví a beber brandy porque ya no me daba tiempo de beber toda la cerveza que "necesitaba". De todas maneras me llevó. Entramos en un salón oscuro, donde había muchos hombres, pero como estaba borracha no me importó. Sólo sé que una persona hablaba y yo no entendía lo que decía. También había un hombre sentado detrás de un escritorio. Me imaginé que era un doctor. En un momento dado, mi amigo me hizo levantar la mano. Yo no sabía por qué; sólo sé que todos los presentes aplaudieron. Al terminar la reunión me llevó a su casa; durante tres días su esposa me dio de comer, pues yo no podía sostener la cuchara. Seguí yendo al local, aunque me sentía temerosa y avergonzada de estar allí. Algo me decía que le diera tiempo al tiempo. Había llegado a un grupo de Alcohólicos Anónimos.

Mi esperanza era dejar de sufrir. Los alcohólicos anónimos me dijeron que para dejar de sufrir tenía que dejar de beber. Su falta de comprensión me enfureció; pero no dije nada. Después de todo, todos en el grupo me caían mal por desordenados y malcriados. Mi orgullo y mis resentimientos no me dejaban ver la luz. Tuve que sufrir más para poder comprender que mi sufrimiento no dependía de los demás, sino del alcohol que me dominaba y que me había despojado de toda cordura o sentido común. En enero de 1986 ingresé por segunda vez a un hospital por alcoholismo. Días después la doctora me dijo "…está jugando con su vida, señora. Un trago más y ya no la hubiéramos podido salvar. Estaba completamente saturada de alcohol". Yo volví la cara hacia un lado y vi a mi hijo pequeño. Vi su cara hermosa. Estaba llorando. Le pedí perdón. Él me contestó: "Nunca me avergonzaré de ti, porque tú eres mi madre".

Desde entonces ya no bebo. La doctora me dejó salir del hospital con la condición de no faltar a las reuniones de Alcohólicos Anónimos. Regresé a mi grupo a principios de 1986. He aceptado que soy alcohólica, que pase lo que pase, no debo beber. Los días de dolor y pesadilla serán sólo una historia mientras no beba. El tiempo se encargó de demostrarme lo dulce y lo fuerte que es el amor de los alcohólicos anónimos. Aquellos desordenados y malcriados me enseñaron a amar y a servir. Con el servicio, por fin pude sentirme parte de ese gran todo. Hoy sé que nadie viene a este mundo con las manos vacías. Nos corresponde a nosotros decidir cómo usarlas. Sé que en Alcohólicos Anónimos todo el mundo tiene su lugar y cuando a uno lo llaman a servir es el Ser Superior el que nos está ayudando a encontrar ese lugar. Ya no estoy sola. Por fin pude perdonarme. Tengo el amor y el respeto de mis hijos y tengo una carrera. En Alcohólicos Anónimos encontré el camino hacia un destino feliz.

APÉNDICES

I

LA TRADICIÓN DE A.A.

Para los que ahora estamos en su seno, Alcohólicos Anónimos ha hecho que la desgracia se convierta en sobriedad, y frecuentemente ha significado la diferencia entre la vida y la muerte. A.A. puede, desde luego, significar justamente esto mismo para innumerables alcohólicos a quienes no ha llegado todavía.

Por lo tanto, ninguna otra asociación de hombres y mujeres ha tenido nunca una necesidad más urgente de eficacia continua y unión permanente. Nosotros los alcohólicos vemos que tenemos que trabajar juntos y conservarnos unidos o de lo contrario la mayoría de nosotros pereceremos.

Las "12 Tradiciones" de Alcohólicos Anónimos son, según creemos los que pertenecemos a A.A., las mejores respuestas que ha dado hasta ahora nuestra experiencia a esas siempre apremiantes preguntas: "¿Cómo puede funcionar A.A. de una manera óptima?" y "¿Cuál es la mejor manera de conservar la integridad de A.A., y de asegurar así que sobreviva?"

A continuación aparecen las Doce Tradiciones de

A.A. en su llamada "forma breve", la cual en la actualidad es de uso general. Esta es una versión condensada de la forma larga original que se publicó por primera vez en 1945.

Las Doce Tradiciones

1. Nuestro bienestar común debe tener la preferencia; la recuperación personal depende de la unidad de A.A.

2. Para el propósito de nuestro grupo sólo existe una autoridad fundamental: un Dios amoroso tal como se exprese en la conciencia de nuestro grupo. Nuestros líderes no son más que servidores de confianza. No gobiernan.

3. El único requisito para ser miembro de A.A. es querer dejar de beber.

4. Cada grupo debe ser autónomo, excepto en asuntos que afecten a otros grupos o a A.A., considerado como un todo.

5. Cada grupo tiene un solo objetivo primordial: llevar el mensaje al alcohólico que aún está sufriendo.

6. Un grupo de A.A. nunca debe respaldar, financiar o prestar el nombre de A.A. a ninguna entidad allegada o empresa ajena, para evitar que los problemas de dinero, propiedad y prestigio nos desvíen de nuestro objetivo primordial.

7. Todo grupo de A.A. debe mantenerse completamente a sí mismo, negándose a recibir contribuciones de afuera.

8. A.A. nunca tendrá carácter profesional, pero nuestros centros de servicio pueden emplear trabajadores especiales.

9. A.A. como tal nunca debe ser organizada; pero podemos crear juntas o comités de servicio que sean directamente responsables ante aquellos a quienes sirven.

10. A.A. no tiene opinión acerca de asuntos ajenos a sus actividades; por consiguiente su nombre nunca debe mezclarse en polémicas públicas.

11. Nuestra política de relaciones públicas se basa más bien en la atracción que en la promoción; necesitamos mantener siempre nuestro anonimato personal ante la prensa, la radio y el cine.

12. El anonimato es la base espiritual de todas nuestras Tradiciones, recordándonos siempre anteponer los principios a las personalidades.

Las Doce Tradiciones
(Forma Larga)

Nuestra experiencia en A.A. nos ha enseñado que:

1.—Cada miembro de A.A. no es sino una pequeña parte de una gran totalidad. Es necesario que A.A. siga viviendo o, de lo contrario, la mayoría de nosotros seguramente morirá. Por eso, nuestro bienestar común tiene prioridad. No obstante, el bienestar individual lo sigue muy de cerca.

2.—Para el propósito de nuestro grupo sólo existe una autoridad fundamental — un Dios amoroso tal como se exprese en la conciencia de nuestro grupo.

3.—Nuestra Comunidad debe incluir a todos los que sufren del alcoholismo. Por eso, no podemos rechazar a nadie que quiera recuperarse. Ni debe el ser miembro de A.A. depender del dinero o de la conformidad. Cuando quiera que dos o tres alcohólicos se reúnan en interés de la sobriedad, podrán llamarse un grupo de A.A., con tal de que, como grupo, no tengan otra afiliación.

4.—Con respecto a sus propios asuntos, todo grupo de A.A. debe ser responsable únicamente ante la autoridad de su propia conciencia. Sin embargo, cuando sus planes atañen al bienestar de los grupos vecinos, se debe consultar con los mismos. Ningún grupo, comité regional, o individuo debe tomar ninguna acción que pueda afectar de manera significativa a la Comunidad en su totalidad sin discutirlo con los custodios de la junta de Servicios Generales. Referente a estos asuntos, nuestro bienestar común es de altísima importancia.

5.—Cada grupo de A.A. debe ser una entidad espiritual *con un solo objetivo primordial* — el de llevar el mensaje al alcohólico que aún sufre.

6.—Los problemas de dinero, propiedad, y autoridad nos pueden fácilmente desviar de nuestro principal objetivo espiritual. Somos, por lo tanto, de la opinión de que cualquier propiedad considerable de bienes de uso legítimo para A.A., debe incorporarse y dirigirse por separado, para así diferenciar lo material de lo espiritual. Un grupo de A.A., como tal, nunca debe montar un negocio. Las entidades de ayuda suplementaria, tales como los clubes y hospitales que suponen mucha propiedad o administración, deben incorporarse separadamente de manera que, si es necesario, los grupos las puedan desechar con completa libertad. Por eso, estas entidades no deben utilizar el nombre de A.A. La responsabilidad de dirigir estas entidades debe recaer únicamente sobre quienes las sostienen económicamente. En cuanto a los clubes, normalmente se prefieren directores que sean miembros de A.A. Pero los hospitales, así como los centros de recuperación, deben operar totalmente al margen de A.A. — y bajo supervisión médica. Aunque un grupo de A.A. puede cooperar con cualquiera, esta cooperación nunca debe convertirse en afiliación o respaldo, ya sea real o implícito. Un grupo de A.A. no puede vincularse con nadie.

7.—Los grupos de A.A. deben mantenerse completamente con las contribuciones voluntarias de sus miembros. Nos parece conveniente que cada grupo alcance esta meta lo antes posible; creemos que cualquier solicitud pública de fondos que emplee el nombre de A.A. es muy peligrosa, ya sea hecha por grupos, clubs, hospitales u otras agencias ajenas; que el aceptar grandes donaciones de cualquier fuente, o contribuciones que supongan cualquier obligación, no es prudente. Además nos causan mucha preocupación, aquellas tesorerías de A.A. que sigan acumulando dinero, además de una reserva prudente, sin tener para ello un determinado propósito A.A. A menudo, la experiencia nos ha advertido que nada hay que tenga más poder para destruir nuestra herencia espiritual que las disputas vanas sobre la propiedad, el dinero, y la autoridad.

8.—A.A. debe siempre mantenerse no profesional. Definimos el profesionalismo como la ocupación de aconsejar a los alcohólicos a cambio de una recompensa económica. No obstante, podemos emplear a los alcohólicos en los casos en que ocupen aquellos trabajos para cuyo desempeño tendríamos, de otra manera, que contratar a gente no alcohólica. Estos servicios especiales pueden ser bien recompensados. Pero nunca se debe pagar por nuestro acostumbrado trabajo de Paso Doce.

9.—Cada grupo debe tener un mínimo de organización. La dirección rotativa es la mejor. El grupo pequeño puede elegir su secretario, el grupo grande su comité rotativo, y los grupos de una extensa área metropolitana, su comité central o de intergrupo que a menudo emplea un secretario asalariado de plena dedicación Los custodios de la junta de Servicios Generales constituyen efectivamente nuestro Comité de Servicios Generales de A.A. Son los guardianes de nuestra Tradición de A.A. y los depositarios de las contribuciones voluntarias de A.A., a través de las cuales mantenemos nuestra Oficina de Servicios Generales en Nueva York. Tienen la autoridad conferida por los grupos para hacerse cargo de nuestras relaciones públicas a nivel global — y aseguran la integridad de nuestra principal publicación, el A.A. Grapevine. Todos estos representantes deben guiarse por el espíritu de servicio, porque los verdaderos líderes en A.A. son solamente los fieles y experimentados servidores de la Comunidad entera. Sus títulos no les confieren ninguna autoridad real; no gobiernan. El respeto universal es la clave de su utilidad.

10.—Ningún miembro o grupo debe nunca, de una manera que pueda comprometer a A.A., manifestar ninguna opinión sobre cuestiones polémicas ajenas — especialmente aquellas que tienen que ver con la política, la reforma alcohólica, o la religión. Los grupos de A.A. no se oponen a nadie. Con respecto a estos asuntos, no pueden expresar opinión alguna.

11.—Nuestras relaciones con el público en general deben caracterizarse por el anonimato personal. Opinamos que A.A. debe evitar la propaganda sensacionalista. No se deben publicar, filmar o difundir nuestros nombres o fotografías, identificándonos como miembros de A.A. Nuestras relaciones públicas deben guiarse por el principio de "atracción en vez de promoción." Nunca tenemos necesidad de alabarnos a nosotros mismos. Nos parece mejor dejar que nuestros amigos nos recomienden.

12.—Finalmente, nosotros de Alcohólicos Anónimos creemos que el principio de anonimato tiene una inmensa significación espiritual. Nos recuerda que debemos anteponer los principios a las personalidades; que debemos practicar una verdadera humildad. Todo esto a fin de que las bendiciones que conocemos no nos estropeen; y que vivamos en contemplación constante y agradecida de Él que preside sobre todos nosotros.

II

EXPERIENCIA ESPIRITUAL

Los términos "experiencia espiritual" y "despertar espiritual" son usados muchas veces en este libro, observándose, a través de su lectura detenida, que el cambio de personalidad necesario para dar lugar a la recuperación del alcoholismo se ha manifestado entre nosotros en muchas formas diferentes.

Sin embargo, es cierto que nuestra primera edición dio la impresión a muchos lectores de que estos cambios de personalidad, o experiencias religiosas, tienen que ser de una índole de súbitos y espectaculares sacudimientos. Felizmente para todos, esta conclusión es errónea.

En los primeros capítulos se describen varios cambios revolucionarios. Aunque no era nuestra intención causar esa impresión, muchos alcohólicos a pesar de esto han llegado a la conclusión de que para recuperarse, tienen que adquirir una inmediata y arrolladora "conciencia de Dios", seguida inmediatamente de un gran cambio de sentimientos y de actitud.

Entre los miles de miembros de nuestra Comunidad que está siempre creciendo, tales transformaciones son frecuentes aunque no son la regla. La mayoría de nuestras experiencias son de las que el psicólogo William James llama "variedad educacional", porque se desarrollan lentamente durante un cierto período de tiempo. Muy frecuentemente, los amigos del recién llegado se dan cuenta del cambio mucho antes que él. Éste se da cuenta por fin de que se ha operado en él un profundo cambio en su reacción a la vida, y que ese cambio difícilmente pudo haberse realizado por obra de él solo. Lo que sucede en unos cuantos meses rara vez podría lograrse en años a base de autodisciplina. Con pocas excepciones, nuestros miembros encuentran que han descubierto un insospechado recurso interior, que pronto identifican con su propio concepto de un Poder superior a ellos mismos.

La mayoría de nosotros pensamos que esta conciencia de un Poder superior al nuestro es la esencia de la experiencia espiritual. Nuestros miembros más religiosos la llaman "conciencia de Dios".

Queremos manifestar de la manera más enfática, que (a la luz de nuestra experiencia) cualquier alcohólico capaz de encarar honradamente sus problemas puede recuperarse, siempre que no cierre su mente a todos los conceptos espirituales. Solamente puede ser derrotado por una actitud de intolerancia o de negación beligerante.

Encontramos que nadie tiene por qué tener dificultades con la espiritualidad del programa. *Buena voluntad, sinceridad y una mente abierta son los elementos para la recuperación. Pero estos son indispensables.*

"Hay un principio que es una barrera para toda información, que es una refutación de cualquier argumento y que no puede fallar para mantener a un hombre en una perpetua ignorancia: el principio consiste en despreciar antes de investigar".

—HERBERT SPENCER

III

EL PUNTO DE VISTA MÉDICO

Desde el momento en que el Dr. Silkworth dio su primera recomendación de A.A., muchas asociaciones médicas así como multitud de médicos han manifestado su aprobación por la Comunidad. A continuación aparecen algunos extractos de los comentarios de algunos médicos participantes en la reunión anual de la Asociación Médica del Estado de Nueva York, en la que se presentó una ponencia sobre A.A.:

El Dr. Foster Kennedy, neurólogo, dice: "La organización de Alcohólicos Anónimos apela a dos de las fuentes más grandes de poder conocidas por el ser humano — la religión y el instinto de asociarse con sus semejantes... el instinto gregario. Creo que nuestra profesión debe reconocer este magnífico recurso terapéutico. Si no lo hacemos, tendremos que declararnos culpables de esterilidad emocional y de haber perdido esa fe que mueve montañas, sin la cual es poco lo que la medicina puede hacer".

El Dr. G. Kirby Collier, psiquiatra, expone: "Tengo la impresión de que Alcohólicos Anónimos es una asociación por y para sí misma y que sus mejores resultados pueden conseguirse bajo su propia dirección, como consecuencia de su filosofía. Cualquier procedimiento terapéutico o filosófico que registre un índice de recuperación del 50% al 60% merece nuestra consideración".

El Dr. Harry M. Tiebout, psiquiatra, explica: "Como psiquiatra, he meditado mucho sobre la relación entre mi especialidad y A.A. y he llegado a la conclusión de que nuestra función particular puede ser muy a menudo la de preparar el terreno para que el paciente acepte cualquier tipo de tratamiento o ayuda ajena. La función del psiquiatra, como la concibo ahora, es acabar con la resistencia interna del paciente, a fin de que lo que tienen dentro de sí florezca, como lo hace bajo la actividad del programa de A.A."

Hablando bajo los auspicios de la Asociación Médica Norteamericana, en una emisión de la NBC en 1946, el Dr. W.W. Bauer dijo: "Los Alcohólicos Anónimos no hacen ningún tipo de cruzada — no se trata de una sociedad que aboga por la abstinencia de las bebidas alcohólicas. Los miembros de A.A. saben que no pueden beber nunca. Ayudan a otras personas con problemas parecidos… En este ambiente, el alcohólico frecuentemente supera su ensimismamiento. Aprendiendo a depender de un poder superior y al permitir que su trabajo con otros alcohólicos le absorba, se mantiene sobrio día a día. Los días se transforman en semanas, las semanas en meses y años".

El Dr. John F. Stouffer, jefe de Psiquiatría del Hospital General de Philadelphia, aludiendo a su experiencia con A.A. dijo: "Los alcohólicos que atendemos en nuestro hospital son en su mayor parte aquellos que no pueden costearse un tratamiento privado; A.A. es, con mucho, la mejor cosa que les hemos podido ofrecer. Incluso en aquellos que a veces reingresan en el hospital, vemos una transformación profunda de personalidad. Apenas se les puede reconocer".

La Asociación Psiquiátrica Norteamericana pidió en 1949 que fuera elaborada una ponencia por uno de los miembros más experimentados de A.A., para ser presentada ante la reunión anual de la Asociación ese mismo año. Más tarde, el discurso fue publicado en el número de noviembre de 1949 de la Revista de Psiquiatría Norteamericana.

*(El discurso está disponible en forma de folleto a un precio nominal a través de la mayoría de los grupos de A.A. o en la G.S.O., Box 459, Grand Central Station, New York, N.Y. 10163, con el título "Tres Charlas a Sociedades Médicas por Bill W.")**

*Conforme con una Acción Recomendable de la 67ª Conferencia de Servicios Generales, se ha dejado de publicar el folleto "Tres charlas a sociedades médicas por Bill W". Ejemplares sueltos están disponibles a petición en los Archivos Históricos de la Oficina de Servicios Generales.

IV

EL PREMIO LASKER

En 1951, el Premio Lasker fue conferido a Alcohólicos Anónimos. Parte de la citación decía:

"La Asociación Norteamericana de Salud Pública presenta el Premio del Grupo Lasker de 1951 a Alcohólicos Anónimos, en reconocimiento de su enfoque único y sumamente acertado de ese antiguo problema de salud y problema social, el alcoholismo... Al recalcar el hecho de que el alcoholismo es una enfermedad, el estigma social que acompañaba a esta condición está desapareciendo... Posiblemente, algún día los historiadores reconocerán que Alcohólicos Anónimos ha sido una aventura pionera en su campo, que ha forjado un nuevo instrumento para el progreso social, una nueva terapia basada en la afinidad entre los que tienen un sufrimiento en común, y que dispone de un potencial enorme para la solución de las innumerables enfermedades de la humanidad".

V

LA PERSPECTIVA RELIGIOSA SOBRE A.A.

Los clérigos de casi todas las denominaciones han dado su bendición a Alcohólicos Anónimos:

El Padre Edward Dowling, C.J., dice: "Alcohólicos Anónimos es natural; es natural en el mismo punto donde la naturaleza se acerca más a lo sobrenatural; es decir, en las humillaciones y en la consiguiente humildad. Los museos de bellas artes y las sinfonías tienen algo de espiritual, y la Iglesia Católica aprueba el uso que hacemos de éstos. También A.A. tiene algo de espiritual, y la participación católica en esta Comunidad resulta, casi sin excepción, en que los malos católicos se transformen en mejores católicos".

La redacción de la revista *Living Church*, publicada por la iglesia episcopal, observa: "La base del programa de Alcohólicos Anónimos es el principio verdaderamente cristiano de que sólo ayudando a su prójimo, puede un hombre ayudarse a sí mismo. Los miembros de A.A. describen el programa como una "póliza personal de seguros". Para mucha gente que estaría desesperadamente perdida sin la eficaz y singular terapia del programa, esta "póliza" ha significado la recuperación de la salud física, mental y espiritual.

Hablando en una cena organizada por John D. Rockefeller para presentar a Alcohólicos Anónimos a algunos de sus amigos, el Dr. Henry Emerson Fosdick dijo:

"Creo que, desde un punto de vista psicológico, el enfoque de este movimiento tiene una ventaja que no se puede duplicar. Creo que, si se dirige con prudencia —y parece estar en manos prudentes— las oportunidades que esperan a esta Comunidad en el futuro tal vez sobrepasen los límites de nuestra imaginación".

VI

CÓMO PONERSE EN CONTACTO CON A.A.

La mayoría de los pueblos y ciudades en los Estados Unidos y Canadá tienen grupos de A.A. En tales lugares se puede encontrar A.A. a través de la guía telefónica, la oficina del diario o la estación de policía locales, o al ponerse en contacto con curas o ministros del área. En ciudades grandes, los grupos frecuentemente mantienen oficinas locales donde los alcohólicos o sus familias pueden hacer arreglos para entrevistas u hospitalización. Estas llamadas asociaciones intergrupales se encuentran en las guías telefónicas bajo "A.A." o "Alcohólicos Anónimos."

Alcohólicos Anónimos mantiene su centro de servicios internacionales en Nueva York, EE.UU. La junta de Servicios Generales de A.A. (los custodios) manejan la Oficina de Servicios Generales de A.A., A.A.W.S., Inc., y nuestra revista mensual, el A.A. Grapevine.

Si no puede encontrar A.A. en su localidad, envíe una carta dirigida a la General Service Office, Box 459, Grand Central Station, New York, N.Y. 10163, EE.UU., y recibirá una respuesta inmediata de este centro mundial indicándole el grupo más cercano. Si no hay ninguno cerca, se le invitará a sostener una correspondencia que contribuirá mucho a asegurarle su sobriedad, no importa lo aislado que esté.

Si es usted pariente o amigo de un alcohólico que no demuestra ningún interés en A.A., se sugiere que escriba a: Al-Anon Family Groups, Inc., 1600 Corporate Landing Parkway, Virginia Beach, VA 23454-5617, USA.

Este es un centro de información para los grupos de familia Al-Anon, mayormente constituido por esposas, esposos y amigos de los miembros de A.A. Esta sede le facilitará la dirección del grupo familiar más cercano y, si usted lo desea, mantendrá una correspondencia con usted sobre sus problemas particulares.

VII

LOS DOCE CONCEPTOS (FORMA CORTA)

Los Doce Pasos de A.A. son principios para la *recuperación* personal. Las Doce Tradiciones aseguran la *unidad* de la Comunidad. *Los Doce Conceptos para el Servicio Mundial*, escritos por el co-fundador Bill W. ofrecen un grupo de principios relacionados para ayudar a asegurar que los varios elementos de la estructura de A.A. sean sensibles a las necesidades de quienes sirven y responsables ante ellos.

La "forma corta" de los Conceptos, que aparece a continuación, fue aprobada por la Conferencia de Servicios Generales de 1971.

I. La responsabilidad final y la autoridad fundamental de los servicios mundiales de A.A. deben siempre residir en la conciencia colectiva de toda nuestra Comunidad.

II. La Conferencia de Servicios Generales se ha convertido, en casi todos los aspectos, en la voz activa y la conciencia efectiva de toda nuestra Comunidad en sus asuntos mundiales.

III. Para asegurar su dirección eficaz, debemos dotar a cada elemento de A.A. —la Conferencia, la Junta de Servicios Generales, y sus distintas corporaciones de servicio, personal directivo, comités y ejecutivos— de un "Derecho de Decisión" tradicional.

IV. Nosotros debemos mantener, a todos los niveles de responsabilidad, un "Derecho de Participación" tradicional, ocupándonos de que a cada clasificación o grupo de nuestros servidores mundiales les sea permitida una representación con voto, en proporción razonable a la responsabilidad que cada uno tenga que desempeñar.

V. En toda nuestra estructura de servicio mundial, un "Derecho de Apelación" tradicional debe prevalecer, asegurándonos así que se escuche la opinión de la minoría, y que las peticiones de rectificación de los agravios personales sean consideradas cuidadosamente.

VI. La Conferencia reconoce también que la principal iniciativa y la responsabilidad activa en la mayoría de estos asuntos, deben ser ejercidas en primer lugar por los miembros custodios de la Conferencia, cuando ellos actúan como la Junta de Servicios Generales de Alcohólicos Anónimos.

VII. La Carta Constitutiva y los Estatutos son instrumentos legales, y los custodios están, por consiguiente, totalmente autorizados para administrar y dirigir todos los asuntos de servicios. La Carta de la Conferencia en sí misma no es un instrumento legal; se apoya en la fuerza de la tradición y en las finanzas de A.A. para su eficacia.

VIII. Los Custodios son los principales planificadores y administradores de los grandes asuntos de política y finanzas globales. Con respecto a nuestros servicios constantemente activos e incorporados separadamente, los Custodios, como síndicos fiscales, ejercen una función de supervisión administrativa, por medio de su facultad de elegir a todos los directores de estas entidades.

IX. Buenos directores de servicio en todos los niveles son indispensables para nuestro funcionamiento y seguridad en el futuro. La dirección básica del servicio mundial que una vez ejercieron los fundadores de Alcohólicos Anónimos, tiene necesariamente que ser asumida por los Custodios.

X. A cada responsabilidad de servicio, le debe corresponder una autoridad de servicio equivalente, y el alcance de tal autoridad debe estar siempre bien definido.

XI. Los Custodios deben siempre contar con los mejores comités permanentes y con directores de las corporaciones de servicio, ejecutivos, personal de oficina y consejeros bien capacitados. La composición, cualidades, procedimientos de iniciación y derechos y obligaciones serán siempre asuntos de verdadero interés.

XII. La Conferencia cumplirá con el espíritu de las Tradiciones de A.A., teniendo especial cuidado de que la Conferencia nunca se convierta en sede de peligrosa riqueza o poder; que fondos suficientes para su funcionamiento, más una reserva adecuada, sean su prudente principio financiero, que ninguno de los miembros de la Conferencia sea nunca colocado en una posición de autoridad desmedida sobre ninguno de los otros, que se llegue a todas las decisiones importantes por discusión, votación siempre que sea posible, por unanimidad substancial; que ninguna actuación de la Conferencia sea punitiva a personas, o una incitación a controversia pública, que la Conferencia nunca deba realizar ninguna acción de gobierno autoritaria, y que como la Sociedad de Alcohólicos Anónimos, a la cual sirve, la Conferencia en sí misma siempre permanezca democrática en pensamiento y en acción.

Literatura de A.A.

Publicaciones de A.A. Se pueden obtener formularios de pedidos completos en la Oficina de Servicios Generales de Alcohólicos Anónimos, Box 459, Grand Central Station, New York, NY 10163.

Sitio web: www.aa.org

Libros

Alcohólicos Anónimos
  (Edición regular, portátil, en caracteres grandes y abreviada de bolsillo)
Alcohólicos Anónimos llega a su mayoría de edad
Doce Pasos y Doce Tradiciones
  (Edición en rústica, en caracteres grandes y de bolsillo)
Como lo ve Bill
El Dr. Bob y los buenos veteranos
'Transmítelo'
Reflexiones diarias

Librillos

Llegamos a creer
Viviendo sobrio
A.A. en prisiones: de preso a preso

Folletos de A.A.

Preguntas frecuentes acerca de A.A.
La tradición de A.A. — cómo se desarrolló
Los miembros del clero preguntan acerca de A.A.
A.A. como recurso para los profesionales de la salud
Acceso a A.A.: Los miembros hablan sobre superar las barreras
A.A. para el alcohólico negro y afroamericano
A.A. para el nativo norteamericano
A.A. en su comunidad
¿Es A.A. para usted?
¿Es A.A. para mí?
Esto es A.A.
Un principiante pregunta
¿Hay un bebedor problema en el lugar de trabajo?
¿Se cree usted diferente?
Muchas sendas hacia la espiritualidad
Preguntas y respuestas sobre el apadrinamiento
Las mujeres en A.A.
Los alcohólicos LGBTQ en A.A.
A.A. para los alcohólicos con problemas de salud mental — y sus padrinos
La palabra "Dios": Los miembros de A.A. agnósticos y ateos
A.A. para el alcohólico de edad avanzada — Nunca es demasiado tarde
Alcohólicos Anónimos por Jack Alexander

Los jóvenes y A.A.
El miembro de A.A. — los medicamentos y otras drogas
¿Hay un alcohólico en su vida?
Dentro de A.A.
El grupo de A.A.
R.S.G.
Carta a un preso que puede ser un alcohólico
Los Doce Pasos ilustrados
Los Doce Conceptos ilustrados
  Las Doce Tradiciones ilustradas
Seamos amistosos con nuestros amigos
Cómo cooperan los miembros de A.A.
A.A. en las instituciones correccionales
A.A. en los entornos de tratamiento
Uniendo las orillas
Encuesta de los miembros de A.A.
Si Usted es un profesional
El punto de vista de un miembro de A.A.
Problemas diferentes del alcohol
Comprendiendo el anonimato
Hablando en reuniones no-A.A.
Una breve guía a Alcohólicos Anónimos
Lo que le sucedió a José; Le sucedió a Alicia *(historietas a todo color)*
  ¿Demasiado joven? *(historieta para los adolescentes)*
Es mejor que estar sentado en una celda *(folleto ilustrado para los presos)*

Revistas y boletines

La Viña (bimensual)
Box 4-5-9 (trimestral)
AA Grapevine (mensual, en inglés)

ISBN-13: 978-1-893007-99-4

9 781893 007994